依法治国新常态

吴军 主编
朱学萍 钟明华 副主编

人民日报出版社

图书在版编目（CIP）数据

依法治国新常态 / 吴军主编 . —北京：人民日报出版社，2014.12
ISBN 978-7-5115-2924-4

Ⅰ . ①依⋯　Ⅱ . ①吴⋯　Ⅲ . ①社会主义法制－建设－研究－中国
Ⅳ . ① D920.0

中国版本图书馆 CIP 数据核字（2014）第 289362 号

书　　名：	依法治国新常态
主　　编：	吴　军
出 版 人：	董　伟
责任编辑：	曹　腾　蒋菊平
出版发行：	人民日报出版社
社　　址：	北京金台西路 2 号
邮政编码：	100733
发行热线：	(010) 65369527　65369846　65369509　65369510
邮购热线：	(010) 65369530　65363527
编辑热线：	(010) 65369523　65363486
网　　址：	www.peopledailypress.com
经　　销：	新华书店
印　　刷：	北京朝阳印刷有限公司
开　　本：	710mm×1000mm　1/16
字　　数：	372 千字
印　　张：	26.75
版　　次：	2015 年 2 月第 1 版　2015 年 10 月第 3 次印刷
书　　号：	ISBN 978-7-5115-2924-4
定　　价：	48.00 元

主　编　吴　军
副主编　朱学萍　钟明华
撰写人（以撰稿章节先后为序）
　　　　　吴　军　潘子友　肖　艳　谭　毅　何建军　罗　鹏
　　　　　柯　卫　马　腾　朱学萍　刘军民　樊军平　吴　丹
　　　　　李文珍　钟明华

目 录 Contents

中共中央关于全面推进依法治国若干重大问题的决定 ····· 001
    （二〇一四年十月二十三日中国共产党第十八届中央委员
    会第四次全体会议通过）

关于《中共中央关于全面推进依法治国若干重大问题
    的决定》的说明 ·· 习近平　026

完善以宪法为核心的中国特色社会主义法律体系
    ·· 张德江　040

坚持党的领导　依规管党治党　为全面推进依法治国
    提供根本保证 ·· 王岐山　050

第一章

十八届四中全会《决定》
是全面推进依法治国的纲领性文件

一、新形势下全面推进依法治国的重大意义　　/003

二、坚持全面推进依法治国的正确方向　　/009

三、牢牢把握全面推进依法治国的总目标　　/016

·重要论述·

全面推进依法治国的总目标　　/035
　　中共中央政治局委员、全国人大常委会副委员长、中华全国总工会主席　李建国

在新的历史起点上全面推进依法治国　　/044
　　中国法学会会长　王乐泉

全面推进依法治国的纲领性文件　　/052
　　中央党校中国特色社会主义理论体系研究中心

第二章

完善法律体系
是全面推进依法治国的现实要求

一、立法先行是建设中国特色社会主义法治体系的前提　　/061

二、依法治国首先要依宪治国　依法执政关键是依宪执政　　/065

三、完善立法体制　　/068

四、深入推进科学立法、民主立法　　/070

五、加强重点领域立法　　/072

六、坚持立法基本原则　不断提高立法质量　　/077

· 重要论述 ·

坚持走中国特色社会主义法治道路　/083
　　中共中央政治局委员、中央书记处书记、中央办公厅主任　栗战书

健全宪法实施和监督制度　/090
　　中共中央书记处书记、全国政协副主席　杜青林

完善立法体制　/098
　　全国人大常委会法制工作委员会主任　李适时

第三章

建设法治政府
是全面推进依法治国的关键所在

一、依法全面履行政府职能　/107

二、健全依法决策机制　/111

三、深化行政执法体制改革　/114

四、坚持严格规范公正文明执法　/116

五、强化对行政权力的制约和监督　/117

六、全面推进政务公开　/121

· 重要论述 ·

坚持严格规范公正文明执法　/125
　　国务委员、公安部部长　郭声琨

全面推进政务公开　/133
　　商务部部长　高虎城

建设法治政府　完善法治经济　推进依法治国　/140
　　中央社会主义学院党组书记、第一副院长　叶小文

建设法治中国要破解权大于法难题　/144
　　中国社会科学院学部委员、法学研究所所长　李　林

第四章

公正司法
是全面推进依法治国的重要保障

一、完善确保依法独立公正行使审判权和检察权的制度　/153

二、优化司法职权配置　/156

三、推进严格司法　/161

四、保障人民群众参与司法　/163

五、加强人权司法保障　/166

六、加强对司法活动的监督　/169

·重要论述·

完善司法管理体制和司法权力运行机制　/173
　　中共中央政治局委员、中央政法委书记　孟建柱

推进严格司法　/183
　　最高人民法院院长　周　强

加强对司法活动的监督　/192
　　最高人民检察院检察长　曹建明

严格执法、公正司法是当前实施依法治国的关键　/199
　　全国人大法律委员会主任委员　乔晓阳

全面推进依法治国必须坚持法律面前人人平等　/205
　　中央政策研究室副主任　潘盛洲

第五章

民众的法治信仰和法治观念
是全面推进依法治国的内生动力

一、弘扬法治精神　建设法治文化　/213

二、树立法治意识　开展法治宣传教育　/216

三、推进多层次多领域依法治理　/220

四、建设完备的法律服务体系　/221

五、健全依法维权和化解纠纷机制　推进社会治安综合治理　/229

·重要论述·

增强全社会厉行法治的积极性和主动性　/234
　　国家安全部部长　耿惠昌

推动全社会树立法治意识　/241
　　司法部部长　吴爱英

推进多层次多领域依法治理　/248
　　中央政法委秘书长　汪永清

让法治精神进课堂进教材进头脑　/255
　　北京大学党委书记、教授　朱善璐

第六章

高素质的法治工作队伍是全面推进依法治国的核心力量

一、建设一支忠于党、忠于国家、忠于人民、忠于法律的社会主义法治工作队伍　/259

二、畅通法律人才交流渠道　推进法治工作队伍正规化、专业化和职业化　/262

三、着眼信念坚定、监管有力、结构合理的要求，加强法律服务队伍建设　/268

四、创新人才培养机制　造就大批高素质社会主义法治人才　/275

·重要论述·

大力建设高素质法治工作队伍　/281
　　中央政策研究室副主任　江金权

创新法治人才培养机制 /289
  教育部部长 袁贵仁
建设法治中国该如何培养法律人才 /295
  上海交通大学法学院常务副院长、教授 王先林

第七章

党的领导
是全面推进依法治国的政治保证

一、坚持依法执政 /301
二、加强党内法规制度建设 /304
三、提高党员干部法治思维和依法办事能力 /308
四、推进基层治理法治化 /309
五、深入推进依法治军从严治军 /312
六、依法保障"一国两制"实践和推进祖国统一 /316
七、加强涉外法律工作 /318

· 重要论述 ·

深入推进依法治军从严治军 /321
  中共中央政治局委员、中央军委副主席 许其亮
加强涉外法律工作 /329
  中共中央政治局委员、国务院副总理 汪　洋
坚持依法执政 /337
  中央党校常务副校长 何毅亭
大力加强党内法规制度建设 /344
  中央纪委副书记、监察部部长 黄树贤
提高党员干部法治思维和依法办事能力 /351
  中央组织部常务副部长 陈　希

中共中央关于全面推进依法治国若干重大问题的决定

(二〇一四年十月二十三日中国共产党第十八届中央委员会第四次全体会议通过)

为贯彻落实党的十八大作出的战略部署,加快建设社会主义法治国家,十八届中央委员会第四次全体会议研究了全面推进依法治国若干重大问题,作出如下决定。

一、坚持走中国特色社会主义法治道路,建设中国特色社会主义法治体系

依法治国,是坚持和发展中国特色社会主义的本质要求和重要保障,是实现国家治理体系和治理能力现代化的必然要求,事关我们党执政兴国,事关人民幸福安康,事关党和国家长治久安。

全面建成小康社会、实现中华民族伟大复兴的中国梦,全面深化改革、完善和发展中国特色社会主义制度,提高党的执政能力和执政水平,必须全面推进依法治国。

我国正处于社会主义初级阶段,全面建成小康社会进入决定性阶段,改革进入攻坚期和深水区,国际形势复杂多变,我们党面对的改革发展稳定任务之重前所未有、矛盾风险挑战之多前所未有,依法治国在党和国家工作全局中的地位更加突出、作用更加重大。面对新形势新任务，我们党要更好统筹国内国际两个大局，更好维护和运用我国发展的重要战略机遇期，更好统筹社会力量、平衡社会利益、调节社会关系、规范社会行为，使我国社会在深刻变革中既生机勃勃又井然有序，实现经济发展、政治清明、文化昌盛、社会公正、生态良好，实现我国和平发展的战略目标，必须更好发挥法治的引领和规范作用。

我们党高度重视法治建设。长期以来，特别是党的十一届三中全会以来，我们党深刻总结我国社会主义法治建设的成功经验和深刻教训，提出为了保障人民民主，必须加强法治，必须使民主制度化、法律化，把依法治国确定为党领导人民治理国家的基本方略，把依法执政确定为党治国理政的基本方式，积极建设社会主义法治，取得历史性成就。目前，中国特色社会主义法律体系已经形成，法治政府建设稳步推进，司法体制不断完善，全社会法治观念明显增强。

同时，必须清醒看到，同党和国家事业发展要求相比，同人民群众期待相比，同推进国家治理体系和治理能力现代化目标相比，法治建设还存在许多不适应、不符合的问题，主要表现为：有的法律法规未能全面反映客观规律和人民意愿，针对性、可操作性不强，立法工作中部门化倾向、争权诿责现象较为突出；有法不依、执法不严、违法不究现象比较严重，执法体制权责脱节、多头执法、选择性执法现象仍然存在，执法司法不规范、不严格、不透明、不文明现象较为突出，群众对执法司法不公和腐败问题反映强烈；部分社会成员尊法信法守法用法、依法维权意识不强，一些国家工作人员特别是领导干部依法办事观念不强、能力不足，知法犯法、以言代法、以权压法、徇私枉法现象依然存在。这些问题，违背社会主义法治原则，损害人民群众利益，妨碍党和国家事业发展，必须下大气力加以解决。

全面推进依法治国,必须贯彻落实党的十八大和十八届三中全会精神,高举中国特色社会主义伟大旗帜,以马克思列宁主义、毛泽东思想、邓小平理论、"三个代表"重要思想、科学发展观为指导,深入贯彻习近平总书记系列重要讲话精神,坚持党的领导、人民当家作主、依法治国有机统一,坚定不移走中国特色社会主义法治道路,坚决维护宪法法律权威,依法维护人民权益、维护社会公平正义、维护国家安全稳定,为实现"两个一百年"奋斗目标、实现中华民族伟大复兴的中国梦提供有力法治保障。

全面推进依法治国,总目标是建设中国特色社会主义法治体系,建设社会主义法治国家。这就是,在中国共产党领导下,坚持中国特色社会主义制度,贯彻中国特色社会主义法治理论,形成完备的法律规范体系、高效的法治实施体系、严密的法治监督体系、有力的法治保障体系,形成完善的党内法规体系,坚持依法治国、依法执政、依法行政共同推进,坚持法治国家、法治政府、法治社会一体建设,实现科学立法、严格执法、公正司法、全民守法,促进国家治理体系和治理能力现代化。

实现这个总目标,必须坚持以下原则。

——坚持中国共产党的领导。党的领导是中国特色社会主义最本质的特征,是社会主义法治最根本的保证。把党的领导贯彻到依法治国全过程和各方面,是我国社会主义法治建设的一条基本经验。我国宪法确立了中国共产党的领导地位。坚持党的领导,是社会主义法治的根本要求,是党和国家的根本所在、命脉所在,是全国各族人民的利益所系、幸福所系,是全面推进依法治国的题中应有之义。党的领导和社会主义法治是一致的,社会主义法治必须坚持党的领导,党的领导必须依靠社会主义法治。只有在党的领导下依法治国、厉行法治,人民当家作主才能充分实现,国家和社会生活法治化才能有序推进。依法执政,既要求党依据宪法法律治国理政,也要求党依据党内法规管党治党。必须坚持党领导立法、保证执法、支持司法、带头守法，把依法治国基本方略同依法执政基本方式统一起来，把党总揽全局、协调各方同人大、政府、政协、审判机关、检察机关依法依章程履行职能、开展工作统一起来，把党领导人民制定和实施宪法法律同党坚持在宪法法律范围内活动统一起来，善于使党的主张通过法定程序成为国家意志，善于使党组织推荐的人选通过法定程序成为国家政权机关的领导人员，善于通过国家政权机关实施党对国家和社会的领导，善于运用民主集中制原则维护中央权威、维护全党全国团结统一。

——坚持人民主体地位。人民是依法治国的主体和力量源泉，人民代表大会制度是保证人民当家作主的根本政治制度。必须坚持法治建设为了人民、依靠人民、造福人民、保护人民，以保障人民根本权益为出发点和落脚点，保证人民依法享有广泛的权利和自由、承担应尽的义务，维护社会公平正义，促进共同富裕。必须保证人民在党的领导下，依照法律规定，通过各种途径和形式管理国家事务，管理经济文化事业，管理社会事务。必须使人民认识到法律既是保障自身权利的有力武器，也是必须遵守的行为规范，增强全社会学法尊法守法用法意识，使法律为人民所掌握、所遵守、所运用。

——坚持法律面前人人平等。平等是社会主义法律的基本属性。任何组织和个人都必须尊重宪法法律权威，都必须在宪法法律范围内活动，都必须依照宪法法律行使权力或权利、履行职责或义务，都不得有超越宪法法律的特权。必须维护国家法制统一、尊严、权威，切实保证宪法法律有效实施，绝不允许任何人以任何借口任何形式以言代法、以权压法、徇私枉法。必须以规范和约束公权力为重点，加大监督力度，做到有权必有责、用权受监督、违法必追究，坚决纠正有法不依、执法不严、违法不究行为。

——坚持依法治国和以德治国相结合。国家和社会治理需要法律和道德共同发挥作用。必须坚持一手抓法治、一手抓德治，大力弘扬社会主义核心价值观，弘扬中华传统美德，培育社会公德、职业道德、家庭美德、个人品德，既重视发挥法律的规范作用，又重视发挥道德的教化作用，以法治体现道德理念、强化法律对道德建设的促进作用，以道德滋养法治精神、强化道德对法治文化的支撑作用，实现法律和道德相辅相成、法治和德治相得益彰。

——坚持从中国实际出发。中国特色社会主义道路、理论体系、制度是全面推进依法治国的根本遵循。必须从我国基本国情出发，同改革开放不断深化相适应，总结和运用党领导人民实行法治的成功经验，围绕社会主义法治建设重大理论和实践问题，推进法治理论创新，发展符合中国实际、具有中国特色、体现社会发展规律的社会主义法治理论，为依法治国提供理论指导和学理支撑。汲取中华法律文化精华，借鉴国外法治有益经验，但决不照搬外国法治理念和模式。

全面推进依法治国是一个系统工程，是国家治理领域一场广泛而深刻的革命，需要付出长期艰苦努力。全党同志必须更加自觉地坚持依法治国、更加扎实地推进依法治国，努力实现国家各项工作法治化，向着建设法治中国不断前进。

二、完善以宪法为核心的中国特色社会主义法律体系，加强宪法实施

法律是治国之重器，良法是善治之前提。建设中国特色社会主义法治体系，必须坚持立法先行，发挥立法的引领和推动作用，抓住提高立法质量这个关键。要恪守以民为本、立法为民理念，贯彻社会主义核心价值观，使每一项立法都符合宪法精神、反映人民意志、得到人民拥护。要把公正、公平、公开原则贯穿立法全过程，完善立法体制机制，坚持立改废释并举，增强法律法规的及时性、

系统性、针对性、有效性。

（一）健全宪法实施和监督制度。宪法是党和人民意志的集中体现，是通过科学民主程序形成的根本法。坚持依法治国首先要坚持依宪治国，坚持依法执政首先要坚持依宪执政。全国各族人民、一切国家机关和武装力量、各政党和各社会团体、各企业事业组织，都必须以宪法为根本的活动准则，并且负有维护宪法尊严、保证宪法实施的职责。一切违反宪法的行为都必须予以追究和纠正。

完善全国人大及其常委会宪法监督制度，健全宪法解释程序机制。加强备案审查制度和能力建设，把所有规范性文件纳入备案审查范围，依法撤销和纠正违宪违法的规范性文件，禁止地方制发带有立法性质的文件。

将每年十二月四日定为国家宪法日。在全社会普遍开展宪法教育，弘扬宪法精神。建立宪法宣誓制度，凡经人大及其常委会选举或者决定任命的国家工作人员正式就职时公开向宪法宣誓。

（二）完善立法体制。加强党对立法工作的领导，完善党对立法工作中重大问题决策的程序。凡立法涉及重大体制和重大政策调整的，必须报党中央讨论决定。党中央向全国人大提出宪法修改建议，依照宪法规定的程序进行宪法修改。法律制定和修改的重大问题由全国人大常委会党组向党中央报告。

健全有立法权的人大主导立法工作的体制机制，发挥人大及其常委会在立法工作中的主导作用。建立由全国人大相关专门委员会、全国人大常委会法制工作委员会组织有关部门参与起草综合性、全局性、基础性等重要法律草案制度。增加有法治实践经验的专职常委比例。依法建立健全专门委员会、工作委员会立法专家顾问制度。

加强和改进政府立法制度建设，完善行政法规、规章制定程序，完善公众参与政府立法机制。重要行政管理法律法规由政府法制机构组织起草。

明确立法权力边界，从体制机制和工作程序上有效防止部门利益和地方保护主义法律化。对部门间争议较大的重要立法事项，由决策机关引入第三方评估，充分听取各方意见，协调决定，不能久拖不决。加强法律解释工作，及时明确法律规定含义和适用法律依据。明确地方立法权限和范围，依法赋予设区的市地方立法权。

（三）深入推进科学立法、民主立法。加强人大对立法工作的组织协调，健全立法起草、论证、协调、审议机制，健全向下级人大征询立法意见机制，建立基层立法联系点制度，推进立法精细化。健全法律法规规章起草征求人大代表意见制度，增加人大代表列席人大常委会会议人数，更多发挥人大代表参与起草和修改法律作用。完善立法项目征集和论证制度。健全立法机关主导、社会各方有序参与立法的途径和方式。探索委托第三方起草法律法规草案。

健全立法机关和社会公众沟通机制，开展立法协商，充分发挥政协委员、民主党派、工商联、无党派人士、人民团体、社会组织在立法协商中的作用，探索建立有关国家机关、社会团体、专家学者等对立法中涉及的重大利益调整论证咨询机制。拓宽公民有序参与立法途径，健全法律法规规章草案公开征求意见和公众意见采纳情况反馈机制，广泛凝聚社会共识。

完善法律草案表决程序，对重要条款可以单独表决。

（四）加强重点领域立法。依法保障公民权利，加快完善体现权利公平、机会公平、规则公平的法律制度，保障公民人身权、财产权、基本政治权利等各项权利不受侵犯，保障公民经济、文化、社会等各方面权利得到落实，实现公民权利保障法治化。增强全社会尊重和保障人权意识，健全公民权利救济渠道和方式。

社会主义市场经济本质上是法治经济。使市场在资源配置中起决定性作用和更好发挥政府作用，必须以保护产权、维护契约、统一市场、平等交换、公平竞争、有效监管为基本导向，完善社会主义市场经济法律制度。健全以公平为核心原则的产权保护制度,加强对各种所有制经济组织和自然人财产权的保护,清理有违公平的法律法规条款。创新适应公有制多种实现形式的产权保护制度,加强对国有、集体资产所有权、经营权和各类企业法人财产权的保护。国家保护企业以法人财产权依法自主经营、自负盈亏,企业有权拒绝任何组织和个人无法律依据的要求。加强企业社会责任立法。完善激励创新的产权制度、知识产权保护制度和促进科技成果转化的体制机制。加强市场法律制度建设,编纂民法典,制定和完善发展规划、投资管理、土地管理、能源和矿产资源、农业、财政税收、金融等方面法律法规,促进商品和要素自由流动、公平交易、平等使用。依法加强和改善宏观调控、市场监管,反对垄断,促进合理竞争,维护公平竞争的市场秩序。加强军民融合深度发展法治保障。

制度化、规范化、程序化是社会主义民主政治的根本保障。以保障人民当家作主为核心,坚持和完善人民代表大会制度,坚持和完善中国共产党领导的多党合作和政治协商制度、民族区域自治制度以及基层群众自治制度,推进社会主义民主政治法治化。加强社会主义协商民主制度建设,推进协商民主广泛多层制度化发展,构建程序合理、环节完整的协商民主体系。完善和发展基层民主制度,依法推进基层民主和行业自律,实行自我管理、自我服务、自我教育、自我监督。完善国家机构组织法,完善选举制度和工作机制。加快推进反腐败国家立法,完善惩治和预防腐败体系,形成不敢腐、不能腐、不想腐的有效机制,坚决遏制和预防腐败现象。完善惩治贪污贿赂犯罪法律制度,把贿赂犯罪对象由财物扩大为财物和其他财产性利益。

建立健全坚持社会主义先进文化前进方向、遵循文化发展规律、有利于激发文化创造活力、保障人民基本文化权益的文化法律制度。制定公共文化服务保障法,促进基本公共文化服务标准化、均等化。

制定文化产业促进法，把行之有效的文化经济政策法定化，健全促进社会效益和经济效益有机统一的制度规范。制定国家勋章和国家荣誉称号法，表彰有突出贡献的杰出人士。加强互联网领域立法，完善网络信息服务、网络安全保护、网络社会管理等方面的法律法规，依法规范网络行为。

加快保障和改善民生、推进社会治理体制创新法律制度建设。依法加强和规范公共服务，完善教育、就业、收入分配、社会保障、医疗卫生、食品安全、扶贫、慈善、社会救助和妇女儿童、老年人、残疾人合法权益保护等方面的法律法规。加强社会组织立法，规范和引导各类社会组织健康发展。制定社区矫正法。

贯彻落实总体国家安全观，加快国家安全法治建设，抓紧出台反恐怖等一批急需法律，推进公共安全法治化，构建国家安全法律制度体系。

用严格的法律制度保护生态环境，加快建立有效约束开发行为和促进绿色发展、循环发展、低碳发展的生态文明法律制度，强化生产者环境保护的法律责任，大幅度提高违法成本。建立健全自然资源产权法律制度，完善国土空间开发保护方面的法律制度，制定完善生态补偿和土壤、水、大气污染防治及海洋生态环境保护等法律法规，促进生态文明建设。

实现立法和改革决策相衔接，做到重大改革于法有据、立法主动适应改革和经济社会发展需要。实践证明行之有效的，要及时上升为法律。实践条件还不成熟、需要先行先试的，要按照法定程序作出授权。对不适应改革要求的法律法规，要及时修改和废止。

三、深入推进依法行政，加快建设法治政府

法律的生命力在于实施，法律的权威也在于实施。各级政府必须坚持在党的领导下、在法治轨道上开展工作，创新执法体制，完

善执法程序，推进综合执法，严格执法责任，建立权责统一、权威高效的依法行政体制，加快建设职能科学、权责法定、执法严明、公开公正、廉洁高效、守法诚信的法治政府。

（一）依法全面履行政府职能。完善行政组织和行政程序法律制度，推进机构、职能、权限、程序、责任法定化。行政机关要坚持法定职责必须为、法无授权不可为，勇于负责、敢于担当，坚决纠正不作为、乱作为，坚决克服懒政、怠政，坚决惩处失职、渎职。行政机关不得法外设定权力，没有法律法规依据不得作出减损公民、法人和其他组织合法权益或者增加其义务的决定。推行政府权力清单制度，坚决消除权力设租寻租空间。

推进各级政府事权规范化、法律化，完善不同层级政府特别是中央和地方政府事权法律制度，强化中央政府宏观管理、制度设定职责和必要的执法权，强化省级政府统筹推进区域内基本公共服务均等化职责，强化市县政府执行职责。

（二）健全依法决策机制。把公众参与、专家论证、风险评估、合法性审查、集体讨论决定确定为重大行政决策法定程序，确保决策制度科学、程序正当、过程公开、责任明确。建立行政机关内部重大决策合法性审查机制，未经合法性审查或经审查不合法的，不得提交讨论。

积极推行政府法律顾问制度，建立政府法制机构人员为主体、吸收专家和律师参加的法律顾问队伍，保证法律顾问在制定重大行政决策、推进依法行政中发挥积极作用。

建立重大决策终身责任追究制度及责任倒查机制，对决策严重失误或者依法应该及时作出决策但久拖不决造成重大损失、恶劣影响的，严格追究行政首长、负有责任的其他领导人员和相关责任人员的法律责任。

（三）深化行政执法体制改革。根据不同层级政府的事权和职能，按照减少层次、整合队伍、提高效率的原则，合理配置执法力量。

推进综合执法，大幅减少市县两级政府执法队伍种类，重点在食品药品安全、工商质检、公共卫生、安全生产、文化旅游、资源环境、农林水利、交通运输、城乡建设、海洋渔业等领域内推行综合执法，有条件的领域可以推行跨部门综合执法。

完善市县两级政府行政执法管理，加强统一领导和协调。理顺行政强制执行体制。理顺城管执法体制，加强城市管理综合执法机构建设，提高执法和服务水平。

严格实行行政执法人员持证上岗和资格管理制度，未经执法资格考试合格，不得授予执法资格，不得从事执法活动。严格执行罚缴分离和收支两条线管理制度，严禁收费罚没收入同部门利益直接或者变相挂钩。

健全行政执法和刑事司法衔接机制，完善案件移送标准和程序，建立行政执法机关、公安机关、检察机关、审判机关信息共享、案情通报、案件移送制度，坚决克服有案不移、有案难移、以罚代刑现象，实现行政处罚和刑事处罚无缝对接。

（四）坚持严格规范公正文明执法。依法惩处各类违法行为，加大关系群众切身利益的重点领域执法力度。完善执法程序，建立执法全过程记录制度。明确具体操作流程，重点规范行政许可、行政处罚、行政强制、行政征收、行政收费、行政检查等执法行为。严格执行重大执法决定法制审核制度。

建立健全行政裁量权基准制度，细化、量化行政裁量标准，规范裁量范围、种类、幅度。加强行政执法信息化建设和信息共享，提高执法效率和规范化水平。

全面落实行政执法责任制，严格确定不同部门及机构、岗位执法人员执法责任和责任追究机制，加强执法监督，坚决排除对执法活动的干预，防止和克服地方和部门保护主义，惩治执法腐败现象。

（五）强化对行政权力的制约和监督。加强党内监督、人大监督、民主监督、行政监督、司法监督、审计监督、社会监督、舆论监督制度建设，努力形成科学有效的权力运行制约和监督体系，增强监督合力和实效。

加强对政府内部权力的制约，是强化对行政权力制约的重点。对财政资金分配使用、国有资产监管、政府投资、政府采购、公共资源转让、公共工程建设等权力集中的部门和岗位实行分事行权、分岗设权、分级授权，定期轮岗，强化内部流程控制，防止权力滥用。完善政府内部层级监督和专门监督，改进上级机关对下级机关的监督，建立常态化监督制度。完善纠错问责机制，健全责令公开道歉、停职检查、引咎辞职、责令辞职、罢免等问责方式和程序。

完善审计制度，保障依法独立行使审计监督权。对公共资金、国有资产、国有资源和领导干部履行经济责任情况实行审计全覆盖。强化上级审计机关对下级审计机关的领导。探索省以下地方审计机关人财物统一管理。推进审计职业化建设。

（六）全面推进政务公开。坚持以公开为常态、不公开为例外原则，推进决策公开、执行公开、管理公开、服务公开、结果公开。各级政府及其工作部门依据权力清单，向社会全面公开政府职能、法律依据、实施主体、职责权限、管理流程、监督方式等事项。重点推进财政预算、公共资源配置、重大建设项目批准和实施、社会公益事业建设等领域的政府信息公开。

涉及公民、法人或其他组织权利和义务的规范性文件，按照政府信息公开要求和程序予以公布。推行行政执法公示制度。推进政务公开信息化，加强互联网政务信息数据服务平台和便民服务平台建设。

四、保证公正司法，提高司法公信力

公正是法治的生命线。司法公正对社会公正具有重要引领作用，司法不公对社会公正具有致命破坏作用。必须完善司法管理体制和司法权力运行机制，规范司法行为，加强对司法活动的监督，努力让人民群众在每一个司法案件中感受到公平正义。

（一）完善确保依法独立公正行使审判权和检察权的制度。各级党政机关和领导干部要支持法院、检察院依法独立公正行使职权。建立领导干部干预司法活动、插手具体案件处理的记录、通报和责任追究制度。任何党政机关和领导干部都不得让司法机关做违反法定职责、有碍司法公正的事情，任何司法机关都不得执行党政机关和领导干部违法干预司法活动的要求。对干预司法机关办案的，给予党纪政纪处分；造成冤假错案或者其他严重后果的，依法追究刑事责任。

健全行政机关依法出庭应诉、支持法院受理行政案件、尊重并执行法院生效裁判的制度。完善惩戒妨碍司法机关依法行使职权、拒不执行生效裁判和决定、藐视法庭权威等违法犯罪行为的法律规定。

建立健全司法人员履行法定职责保护机制。非因法定事由，非经法定程序，不得将法官、检察官调离、辞退或者作出免职、降级等处分。

（二）优化司法职权配置。健全公安机关、检察机关、审判机关、司法行政机关各司其职，侦查权、检察权、审判权、执行权相互配合、相互制约的体制机制。

完善司法体制，推动实行审判权和执行权相分离的体制改革试点。完善刑罚执行制度，统一刑罚执行体制。改革司法机关人财物管理体制，探索实行法院、检察院司法行政事务管理权和审判权、检察权相分离。

最高人民法院设立巡回法庭，审理跨行政区域重大行政和民商事案件。探索设立跨行政区划的人民法院和人民检察院，办理跨地区案件。完善行政诉讼体制机制，合理调整行政诉讼案件管辖制度，切实解决行政诉讼立案难、审理难、执行难等突出问题。

改革法院案件受理制度，变立案审查制为立案登记制，对人民法院依法应该受理的案件，做到有案必立、有诉必理，保障当事人诉权。加大对虚假诉讼、恶意诉讼、无理缠诉行为的惩治力度。完善刑事诉讼中认罪认罚从宽制度。

完善审级制度，一审重在解决事实认定和法律适用，二审重在解决事实法律争议、实现二审终审，再审重在解决依法纠错、维护裁判权威。完善对涉及公民人身、财产权益的行政强制措施实行司法监督制度。检察机关在履行职责中发现行政机关违法行使职权或者不行使职权的行为，应该督促其纠正。探索建立检察机关提起公益诉讼制度。

明确司法机关内部各层级权限，健全内部监督制约机制。司法机关内部人员不得违反规定干预其他人员正在办理的案件，建立司法机关内部人员过问案件的记录制度和责任追究制度。完善主审法官、合议庭、主任检察官、主办侦查员办案责任制，落实谁办案谁负责。

加强职务犯罪线索管理，健全受理、分流、查办、信息反馈制度，明确纪检监察和刑事司法办案标准和程序衔接，依法严格查办职务犯罪案件。

（三）推进严格司法。坚持以事实为根据、以法律为准绳，健全事实认定符合客观真相、办案结果符合实体公正、办案过程符合程序公正的法律制度。加强和规范司法解释和案例指导，统一法律适用标准。

推进以审判为中心的诉讼制度改革，确保侦查、审查起诉的案件事实证据经得起法律的检验。全面贯彻证据裁判规则，严格依法收集、固定、保存、审查、运用证据，完善证人、鉴定人出庭制度，保证庭审在查明事实、认定证据、保护诉权、公正裁判中发挥决定性作用。

明确各类司法人员工作职责、工作流程、工作标准,实行办案质量终身负责制和错案责任倒查问责制,确保案件处理经得起法律和历史检验。

(四)保障人民群众参与司法。坚持人民司法为人民,依靠人民推进公正司法,通过公正司法维护人民权益。在司法调解、司法听证、涉诉信访等司法活动中保障人民群众参与。完善人民陪审员制度,保障公民陪审权利,扩大参审范围,完善随机抽选方式,提高人民陪审制度公信度。逐步实行人民陪审员不再审理法律适用问题,只参与审理事实认定问题。

构建开放、动态、透明、便民的阳光司法机制,推进审判公开、检务公开、警务公开、狱务公开,依法及时公开执法司法依据、程序、流程、结果和生效法律文书,杜绝暗箱操作。加强法律文书释法说理,建立生效法律文书统一上网和公开查询制度。

(五)加强人权司法保障。强化诉讼过程中当事人和其他诉讼参与人的知情权、陈述权、辩护辩论权、申请权、申诉权的制度保障。健全落实罪刑法定、疑罪从无、非法证据排除等法律原则的法律制度。完善对限制人身自由司法措施和侦查手段的司法监督,加强对刑讯逼供和非法取证的源头预防,健全冤假错案有效防范、及时纠正机制。

切实解决执行难,制定强制执行法,规范查封、扣押、冻结、处理涉案财物的司法程序。加快建立失信被执行人信用监督、威慑和惩戒法律制度。依法保障胜诉当事人及时实现权益。

落实终审和诉讼终结制度,实行诉访分离,保障当事人依法行使申诉权利。对不服司法机关生效裁判、决定的申诉,逐步实行由律师代理制度。对聘不起律师的申诉人,纳入法律援助范围。

（六）加强对司法活动的监督。完善检察机关行使监督权的法律制度，加强对刑事诉讼、民事诉讼、行政诉讼的法律监督。完善人民监督员制度，重点监督检察机关查办职务犯罪的立案、羁押、扣押冻结财物、起诉等环节的执法活动。司法机关要及时回应社会关切。规范媒体对案件的报道，防止舆论影响司法公正。

依法规范司法人员与当事人、律师、特殊关系人、中介组织的接触、交往行为。严禁司法人员私下接触当事人及律师、泄露或者为其打探案情、接受吃请或者收受其财物、为律师介绍代理和辩护业务等违法违纪行为，坚决惩治司法掮客行为，防止利益输送。

对因违法违纪被开除公职的司法人员、吊销执业证书的律师和公证员，终身禁止从事法律职业，构成犯罪的要依法追究刑事责任。

坚决破除各种潜规则，绝不允许法外开恩，绝不允许办关系案、人情案、金钱案。坚决反对和克服特权思想、衙门作风、霸道作风，坚决反对和惩治粗暴执法、野蛮执法行为。对司法领域的腐败零容忍，坚决清除害群之马。

五、增强全民法治观念，推进法治社会建设

法律的权威源自人民的内心拥护和真诚信仰。人民权益要靠法律保障，法律权威要靠人民维护。必须弘扬社会主义法治精神，建设社会主义法治文化，增强全社会厉行法治的积极性和主动性，形成守法光荣、违法可耻的社会氛围，使全体人民都成为社会主义法治的忠实崇尚者、自觉遵守者、坚定捍卫者。

（一）推动全社会树立法治意识。坚持把全民普法和守法作为依法治国的长期基础性工作，深入开展法治宣传教育，引导全民自觉守法、遇事找法、解决问题靠法。坚持把领导干部带头学法、模范守法作为树立法治意识的关键，完善国家工作人员学法用法制度，把宪法法律列入党委（党组）中心组学习内容，列为党校、行政学

院、干部学院、社会主义学院必修课。把法治教育纳入国民教育体系，从青少年抓起，在中小学设立法治知识课程。

健全普法宣传教育机制，各级党委和政府要加强对普法工作的领导，宣传、文化、教育部门和人民团体要在普法教育中发挥职能作用。实行国家机关"谁执法谁普法"的普法责任制，建立法官、检察官、行政执法人员、律师等以案释法制度，加强普法讲师团、普法志愿者队伍建设。把法治教育纳入精神文明创建内容，开展群众性法治文化活动，健全媒体公益普法制度，加强新媒体新技术在普法中的运用，提高普法实效。

牢固树立有权力就有责任、有权利就有义务观念。加强社会诚信建设，健全公民和组织守法信用记录，完善守法诚信褒奖机制和违法失信行为惩戒机制，使尊法守法成为全体人民共同追求和自觉行动。

加强公民道德建设，弘扬中华优秀传统文化，增强法治的道德底蕴，强化规则意识，倡导契约精神，弘扬公序良俗。发挥法治在解决道德领域突出问题中的作用，引导人们自觉履行法定义务、社会责任、家庭责任。

（二）推进多层次多领域依法治理。坚持系统治理、依法治理、综合治理、源头治理，提高社会治理法治化水平。深入开展多层次多形式法治创建活动，深化基层组织和部门、行业依法治理，支持各类社会主体自我约束、自我管理。发挥市民公约、乡规民约、行业规章、团体章程等社会规范在社会治理中的积极作用。

发挥人民团体和社会组织在法治社会建设中的积极作用。建立健全社会组织参与社会事务、维护公共利益、救助困难群众、帮教特殊人群、预防违法犯罪的机制和制度化渠道。支持行业协会商会类社会组织发挥行业自律和专业服务功能。发挥社会组织对其成员的行为导引、规则约束、权益维护作用。加强在华境外非政府组织管理，引导和监督其依法开展活动。

高举民族大团结旗帜，依法妥善处置涉及民族、宗教等因素的社会问题，促进民族关系、宗教关系和谐。

（三）建设完备的法律服务体系。推进覆盖城乡居民的公共法律服务体系建设，加强民生领域法律服务。完善法律援助制度，扩大援助范围，健全司法救助体系，保证人民群众在遇到法律问题或者权利受到侵害时获得及时有效法律帮助。

发展律师、公证等法律服务业，统筹城乡、区域法律服务资源，发展涉外法律服务业。健全统一司法鉴定管理体制。

（四）健全依法维权和化解纠纷机制。强化法律在维护群众权益、化解社会矛盾中的权威地位，引导和支持人们理性表达诉求、依法维护权益，解决好群众最关心最直接最现实的利益问题。

构建对维护群众利益具有重大作用的制度体系，建立健全社会矛盾预警机制、利益表达机制、协商沟通机制、救济救助机制，畅通群众利益协调、权益保障法律渠道。把信访纳入法治化轨道，保障合理合法诉求依照法律规定和程序就能得到合理合法的结果。

健全社会矛盾纠纷预防化解机制，完善调解、仲裁、行政裁决、行政复议、诉讼等有机衔接、相互协调的多元化纠纷解决机制。加强行业性、专业性人民调解组织建设，完善人民调解、行政调解、司法调解联动工作体系。完善仲裁制度，提高仲裁公信力。健全行政裁决制度，强化行政机关解决同行政管理活动密切相关的民事纠纷功能。

深入推进社会治安综合治理，健全落实领导责任制。完善立体化社会治安防控体系，有效防范化解管控影响社会安定的问题，保障人民生命财产安全。依法严厉打击暴力恐怖、涉黑犯罪、邪教和黄赌毒等违法犯罪活动，绝不允许其形成气候。依法强化危害食品药品安全、影响安全生产、损害生态环境、破坏网络安全等重点问题治理。

六、加强法治工作队伍建设

全面推进依法治国,必须大力提高法治工作队伍思想政治素质、业务工作能力、职业道德水准,着力建设一支忠于党、忠于国家、忠于人民、忠于法律的社会主义法治工作队伍,为加快建设社会主义法治国家提供强有力的组织和人才保障。

(一)建设高素质法治专门队伍。把思想政治建设摆在首位,加强理想信念教育,深入开展社会主义核心价值观和社会主义法治理念教育,坚持党的事业、人民利益、宪法法律至上,加强立法队伍、行政执法队伍、司法队伍建设。抓住立法、执法、司法机关各级领导班子建设这个关键,突出政治标准,把善于运用法治思维和法治方式推动工作的人选拔到领导岗位上来。畅通立法、执法、司法部门干部和人才相互之间以及与其他部门具备条件的干部和人才交流渠道。

推进法治专门队伍正规化、专业化、职业化,提高职业素养和专业水平。完善法律职业准入制度,健全国家统一法律职业资格考试制度,建立法律职业人员统一职前培训制度。建立从符合条件的律师、法学专家中招录立法工作者、法官、检察官制度,畅通具备条件的军队转业干部进入法治专门队伍的通道,健全从政法专业毕业生中招录人才的规范便捷机制。加强边疆地区、民族地区法治专门队伍建设。加快建立符合职业特点的法治工作人员管理制度,完善职业保障体系,建立法官、检察官、人民警察专业职务序列及工资制度。

建立法官、检察官逐级遴选制度。初任法官、检察官由高级人民法院、省级人民检察院统一招录,一律在基层法院、检察院任职。上级人民法院、人民检察院的法官、检察官一般从下一级人民法院、人民检察院的优秀法官、检察官中遴选。

（二）加强法律服务队伍建设。加强律师队伍思想政治建设，把拥护中国共产党领导、拥护社会主义法治作为律师从业的基本要求，增强广大律师走中国特色社会主义法治道路的自觉性和坚定性。构建社会律师、公职律师、公司律师等优势互补、结构合理的律师队伍。提高律师队伍业务素质，完善执业保障机制。加强律师事务所管理，发挥律师协会自律作用，规范律师执业行为，监督律师严格遵守职业道德和职业操守，强化准入、退出管理，严格执行违法违规执业惩戒制度。加强律师行业党的建设，扩大党的工作覆盖面，切实发挥律师事务所党组织的政治核心作用。

各级党政机关和人民团体普遍设立公职律师，企业可设立公司律师，参与决策论证，提供法律意见，促进依法办事，防范法律风险。明确公职律师、公司律师法律地位及权利义务，理顺公职律师、公司律师管理体制机制。

发展公证员、基层法律服务工作者、人民调解员队伍。推动法律服务志愿者队伍建设。建立激励法律服务人才跨区域流动机制，逐步解决基层和欠发达地区法律服务资源不足和高端人才匮乏问题。

（三）创新法治人才培养机制。坚持用马克思主义法学思想和中国特色社会主义法治理论全方位占领高校、科研机构法学教育和法学研究阵地，加强法学基础理论研究，形成完善的中国特色社会主义法学理论体系、学科体系、课程体系，组织编写和全面采用国家统一的法律类专业核心教材，纳入司法考试必考范围。坚持立德树人、德育为先导向，推动中国特色社会主义法治理论进教材进课堂进头脑，培养造就熟悉和坚持中国特色社会主义法治体系的法治人才及后备力量。建设通晓国际法律规则、善于处理涉外法律事务的涉外法治人才队伍。

健全政法部门和法学院校、法学研究机构人员双向交流机制，实施高校和法治工作部门人员互聘计划，重点打造一支政治立场坚定、理论功底深厚、熟悉中国国情的高水平法学家和专家团队，建设高素质学术带头人、骨干教师、专兼职教师队伍。

七、加强和改进党对全面推进依法治国的领导

党的领导是全面推进依法治国、加快建设社会主义法治国家最根本的保证。必须加强和改进党对法治工作的领导，把党的领导贯彻到全面推进依法治国全过程。

（一）坚持依法执政。依法执政是依法治国的关键。各级党组织和领导干部要深刻认识到，维护宪法法律权威就是维护党和人民共同意志的权威，捍卫宪法法律尊严就是捍卫党和人民共同意志的尊严，保证宪法法律实施就是保证党和人民共同意志的实现。各级领导干部要对法律怀有敬畏之心，牢记法律红线不可逾越、法律底线不可触碰，带头遵守法律，带头依法办事，不得违法行使权力，更不能以言代法、以权压法、徇私枉法。

健全党领导依法治国的制度和工作机制，完善保证党确定依法治国方针政策和决策部署的工作机制和程序。加强对全面推进依法治国统一领导、统一部署、统筹协调。完善党委依法决策机制，发挥政策和法律的各自优势，促进党的政策和国家法律互联互动。党委要定期听取政法机关工作汇报，做促进公正司法、维护法律权威的表率。党政主要负责人要履行推进法治建设第一责任人职责。各级党委要领导和支持工会、共青团、妇联等人民团体和社会组织在依法治国中积极发挥作用。

人大、政府、政协、审判机关、检察机关的党组织和党员干部要坚决贯彻党的理论和路线方针政策，贯彻党委决策部署。各级人大、政府、政协、审判机关、检察机关的党组织要领导和监督本单位模范遵守宪法法律，坚决查处执法犯法、违法用权等行为。

政法委员会是党委领导政法工作的组织形式，必须长期坚持。各级党委政法委员会要把工作着力点放在把握政治方向、协调各方职能、统筹政法工作、建设政法队伍、督促依法履职、创造公正司法环境上，带头依法办事，保障宪法法律正确统一实施。政法机关党组织要建立健全重大事项向党委报告制度。加强政法机关党的建设，在法治建设中充分发挥党组织政治保障作用和党员先锋模范作用。

（二）加强党内法规制度建设。党内法规既是管党治党的重要依据，也是建设社会主义法治国家的有力保障。党章是最根本的党内法规，全党必须一体严格遵行。完善党内法规制定体制机制，加大党内法规备案审查和解释力度，形成配套完备的党内法规制度体系。注重党内法规同国家法律的衔接和协调，提高党内法规执行力，运用党内法规把党要管党、从严治党落到实处，促进党员、干部带头遵守国家法律法规。

党的纪律是党内规矩。党规党纪严于国家法律，党的各级组织和广大党员干部不仅要模范遵守国家法律，而且要按照党规党纪以更高标准严格要求自己，坚定理想信念，践行党的宗旨，坚决同违法乱纪行为作斗争。对违反党规党纪的行为必须严肃处理，对苗头性倾向性问题必须抓早抓小，防止小错酿成大错、违纪走向违法。

依纪依法反对和克服形式主义、官僚主义、享乐主义和奢靡之风，形成严密的长效机制。完善和严格执行领导干部政治、工作、生活待遇方面各项制度规定，着力整治各种特权行为。深入开展党风廉政建设和反腐败斗争，严格落实党风廉政建设党委主体责任和纪委监督责任，对任何腐败行为和腐败分子，必须依纪依法予以坚决惩处，决不手软。

（三）提高党员干部法治思维和依法办事能力。党员干部是全面推进依法治国的重要组织者、推动者、实践者，要自觉提高运用法治思维和法治方式深化改革、推动发展、化解矛盾、维护稳定能力，高级干部尤其要以身作则、以上率下。把法治建设成效作为衡量各级领导班子和领导干部工作实绩重要内容，纳入政绩考核指标体系。把能不能遵守法律、依法办事作为考察干部重要内容，在相同条件下，优先提拔使用法治素养好、依法办事能力强的干部。对特权思想严重、法治观念淡薄的干部要批评教育，不改正的要调离领导岗位。

（四）推进基层治理法治化。全面推进依法治国，基础在基层，工作重点在基层。发挥基层党组织在全面推进依法治国中的战斗堡垒作用，增强基层干部法治观念、法治为民的意识，提高依法办事能力。加强基层法治机构建设，强化基层法治队伍，建立重心下移、力量下沉的法治工作机制，改善基层基础设施和装备条件，推进法治干部下基层活动。

（五）深入推进依法治军从严治军。党对军队绝对领导是依法治军的核心和根本要求。紧紧围绕党在新形势下的强军目标，着眼全面加强军队革命化现代化正规化建设，创新发展依法治军理论和实践，构建完善的中国特色军事法治体系，提高国防和军队建设法治化水平。

坚持在法治轨道上积极稳妥推进国防和军队改革，深化军队领导指挥体制、力量结构、政策制度等方面改革，加快完善和发展中国特色社会主义军事制度。

健全适应现代军队建设和作战要求的军事法规制度体系，严格规范军事法规制度的制定权限和程序，将所有军事规范性文件纳入审查范围，完善审查制度，增强军事法规制度科学性、针对性、适用性。

坚持从严治军铁律，加大军事法规执行力度，明确执法责任，完善执法制度，健全执法监督机制，严格责任追究，推动依法治军落到实处。

健全军事法制工作体制,建立完善领导机关法制工作机构。改革军事司法体制机制,完善统一领导的军事审判、检察制度,维护国防利益,保障军人合法权益,防范打击违法犯罪。建立军事法律顾问制度,在各级领导机关设立军事法律顾问,完善重大决策和军事行动法律咨询保障制度。改革军队纪检监察体制。

强化官兵法治理念和法治素养,把法律知识学习纳入军队院校教育体系、干部理论学习和部队教育训练体系,列为军队院校学员必修课和部队官兵必学必训内容。完善军事法律人才培养机制。加强军事法治理论研究。

(六)依法保障"一国两制"实践和推进祖国统一。坚持宪法的最高法律地位和最高法律效力,全面准确贯彻"一国两制"、"港人治港"、"澳人治澳"、高度自治的方针,严格依照宪法和基本法办事,完善与基本法实施相关的制度和机制,依法行使中央权力,依法保障高度自治,支持特别行政区行政长官和政府依法施政,保障内地与香港、澳门经贸关系发展和各领域交流合作,防范和反对外部势力干预港澳事务,保持香港、澳门长期繁荣稳定。

运用法治方式巩固和深化两岸关系和平发展,完善涉台法律法规,依法规范和保障两岸人民关系、推进两岸交流合作。运用法律手段捍卫一个中国原则、反对"台独",增进维护一个中国框架的共同认知,推进祖国和平统一。

依法保护港澳同胞、台湾同胞权益。加强内地同香港和澳门、大陆同台湾的执法司法协作,共同打击跨境违法犯罪活动。

(七)加强涉外法律工作。适应对外开放不断深化,完善涉外法律法规体系,促进构建开放型经济新体制。积极参与国际规则制定,推动依法处理涉外经济、社会事务,增强我国在国际法律事务中的话语权和影响力,运用法律手段维护我国主权、安全、发展利益。

强化涉外法律服务,维护我国公民、法人在海外及外国公民、法人在我国的正当权益,依法维护海外侨胞权益。深化司法领域国际合作,完善我国司法协助体制,扩大国际司法协助覆盖面。加强反腐败国际合作,加大海外追赃追逃、遣返引渡力度。积极参与执法安全国际合作,共同打击暴力恐怖势力、民族分裂势力、宗教极端势力和贩毒走私、跨国有组织犯罪。

各级党委要全面准确贯彻本决定精神,健全党委统一领导和各方分工负责、齐抓共管的责任落实机制,制定实施方案,确保各项部署落到实处。

全党同志和全国各族人民要紧密团结在以习近平同志为总书记的党中央周围,高举中国特色社会主义伟大旗帜,积极投身全面推进依法治国伟大实践,开拓进取,扎实工作,为建设法治中国而奋斗!

(新华社北京10月28日电)

(《人民日报》2014年10月29日01版)

关于《中共中央关于全面推进依法治国若干重大问题的决定》的说明

习近平

受中央政治局委托,我就《中共中央关于全面推进依法治国若干重大问题的决定》起草情况向全会作说明。

一、关于全会决定起草背景和过程

党的十八届三中全会后,中央即着手研究和考虑党的十八届四中全会的议题。党的十八大提出了全面建成小康社会的奋斗目标,党的十八届三中全会对全面深化改革作出了顶层设计,实现这个奋斗目标,落实这个顶层设计,需要从法治上提供可靠保障。

党的十八大提出,法治是治国理政的基本方式,要加快建设社会主义法治国家,全面推进依法治国;到2020年,依法治国基本方略全面落实,法治政府基本建成,司法公信力不断提高,人权得到切实尊重和保障。党的十八届三中全会进一步提出,建设法治中国,必须坚持依法治国、依法执政、依法行政共同推进,坚持法治国家、法治政府、法治社会一体建设。全面贯彻落实这些部署和要求,关系加快建设社会主义法治国家,关系落实全面深化改革顶层设计,关系中国特色社会主义事业长远发展。

法律是治国之重器，法治是国家治理体系和治理能力的重要依托。全面推进依法治国，是解决党和国家事业发展面临的一系列重大问题，解放和增强社会活力、促进社会公平正义、维护社会和谐稳定、确保党和国家长治久安的根本要求。要推动我国经济社会持续健康发展，不断开拓中国特色社会主义事业更加广阔的发展前景，就必须全面推进社会主义法治国家建设，从法治上为解决这些问题提供制度化方案。

改革开放以来，我们党一贯高度重视法治。1978年12月，邓小平同志就指出："应该集中力量制定刑法、民法、诉讼法和其他各种必要的法律，例如工厂法、人民公社法、森林法、草原法、环境保护法、劳动法、外国人投资法等等，经过一定的民主程序讨论通过，并且加强检察机关和司法机关，做到有法可依，有法必依，执法必严，违法必究。"党的十五大提出依法治国、建设社会主义法治国家，强调依法治国是党领导人民治理国家的基本方略，是发展社会主义市场经济的客观需要，是社会文明进步的重要标志，是国家长治久安的重要保障。党的十六大提出，发展社会主义民主政治，最根本的是要把坚持党的领导、人民当家作主和依法治国有机统一起来。党的十七大提出，依法治国是社会主义民主政治的基本要求，强调要全面落实依法治国基本方略，加快建设社会主义法治国家。党的十八大强调，要更加注重发挥法治在国家治理和社会管理中的重要作用。

党的十八大以来，党中央高度重视依法治国，强调落实依法治国基本方略，加快建设社会主义法治国家，必须全面推进科学立法、严格执法、公正司法、全民守法进程，强调坚持党的领导，更加注重改进党的领导方式和执政方式；依法治国，首先是依宪治国；依法执政，关键是依宪执政；新形势下，我们党要履行好执政兴国的重大职责，必须依据党章从严治党、依据宪法治国理政；党领导人民制定宪法和法律，党领导人民执行宪法和法律，党自身必须在宪法和法律范围内活动，真正做到党领导立法、保证执法、带头守法。

现在，全面建成小康社会进入决定性阶段，改革进入攻坚期和深水区。我们党面对的改革发展稳定任务之重前所未有、矛盾风险挑战之多前所未有，依法治国在党和国家工作全局中的地位更加突出、作用更加重大。全面推进依法治国是关系我们党执政兴国、关系人民幸福安康、关系党和国家长治久安的重大战略问题，是完善和发展中国特色社会主义制度、推进国家治理体系和治理能力现代化的重要方面。我们要实现党的十八大和十八届三中全会作出的一系列战略部署，全面建成小康社会、实现中华民族伟大复兴的中国梦，全面深化改革、完善和发展中国特色社会主义制度，就必须在全面推进依法治国上作出总体部署、采取切实措施、迈出坚实步伐。

基于这样的考虑，今年1月，中央政治局决定，党的十八届四中全会重点研究全面推进依法治国问题并作出决定。为此，成立由我任组长，张德江同志、王岐山同志任副组长，相关部门负责同志、两位省里的领导同志参加的文件起草组，在中央政治局常委会领导下进行文件起草工作。

1月27日，党中央发出《关于对党的十八届四中全会研究全面推进依法治国问题征求意见的通知》。2月12日，文件起草组召开第一次全体会议，文件起草工作正式启动。2月18日至25日，文件起草组组成8个调研组分赴14个省区市进行调研。

从各方面反馈的意见和实地调研情况看，大家一致认为，党的十八届四中全会研究全面推进依法治国问题并作出决定，意义重大而深远，符合党和国家事业发展需要和全党全国各族人民期盼。大家普遍希望通过这个决定明确全面推进依法治国的指导思想和总体要求，深刻阐明党的领导和依法治国的关系等法治建设的重大理论和实践问题，针对法治工作中群众反映强烈的突出问题提出强有力的措施，对社会主义法治国家建设作出顶层设计。

文件起草组在成立以来的8个多月时间里，深入调查研究，广泛征求意见，开展专题论证，反复讨论修改。其间，中央政治局常委会召开3次会议、中央政治局召开2次会议分别审议全会决定。8月初，决定征求意见稿下发党内一定范围征求意见，包括征求党内老同志意见，还专门听取了各民主党派中央、全国工商联负责人和无党派人士意见。

从反馈的情况看，各方面一致认为，全会决定直面我国法治建设领域的突出问题，立足我国社会主义法治建设实际，明确提出了全面推进依法治国的指导思想、总目标、基本原则，提出了关于依法治国的一系列新观点、新举措，回答了党的领导和依法治国的关系等一系列重大理论和实践问题，对科学立法、严格执法、公正司法、全民守法、法治队伍建设、加强和改进党对全面推进依法治国的领导作出了全面部署，有针对性地回应了人民群众呼声和社会关切。各方面一致认为，全会决定鲜明提出坚持走中国特色社会主义法治道路、建设中国特色社会主义法治体系的重大论断，明确建设社会主义法治国家的性质、方向、道路、抓手，必将有力推进社会主义法治国家建设。

在征求意见的过程中，各方面提出了许多好的意见和建议。中央责成文件起草组认真梳理和研究这些意见和建议。文件起草组对全会决定作出重要修改。

二、关于全会决定的总体框架和主要内容

中央政治局认为，全面推进依法治国涉及改革发展稳定、治党治国治军、内政外交国防等各个领域，必须立足全局和长远来统筹谋划。全会决定应该旗帜鲜明就法治建设的重大理论和实践问题作出回答，既充分肯定我国社会主义法治建设的成就和经验，又针对

现实问题提出富有改革创新精神的新观点新举措；既抓住法治建设的关键，又体现党和国家事业发展全局要求；既高屋建瓴、搞好顶层设计，又脚踏实地、做到切实管用；既讲近功，又求长效。

全会决定起草突出了5个方面的考虑。一是贯彻党的十八大和十八届三中全会精神，贯彻党的十八大以来党中央工作部署，体现全面建成小康社会、全面深化改革、全面推进依法治国这"三个全面"的逻辑联系。二是围绕中国特色社会主义事业总体布局，体现推进各领域改革发展对提高法治水平的要求，而不是就法治论法治。三是反映目前法治工作基本格局，从立法、执法、司法、守法4个方面作出工作部署。四是坚持改革方向、问题导向，适应推进国家治理体系和治理能力现代化要求，直面法治建设领域突出问题，回应人民群众期待，力争提出对依法治国具有重要意义的改革举措。五是立足我国国情，从实际出发，坚持走中国特色社会主义法治道路，既与时俱进、体现时代精神，又不照抄照搬别国模式。

全会决定共分三大板块。导语和第一部分构成第一板块，属于总论。第一部分旗帜鲜明提出坚持走中国特色社会主义法治道路、建设中国特色社会主义法治体系、建设社会主义法治国家，阐述全面推进依法治国的重大意义、指导思想、总目标、基本原则，阐述中国特色社会主义法治体系的科学内涵，阐述党的领导和依法治国的关系等重大问题。

第二部分至第五部分构成第二板块，从目前法治工作基本格局出发，对科学立法、严格执法、公正司法、全民守法进行论述和部署。第二部分讲完善以宪法为核心的中国特色社会主义法律体系、加强宪法实施，从健全宪法实施和监督制度、完善立法体制、深入推进科学立法民主立法、加强重点领域立法4个方面展开，对宪法实施和监督提出基本要求和具体措施，通过部署重点领域立法体现依法治国同中国特色社会主义事业总体布局的关系。第三部分讲深入推进依法行政、加快建设法治政府,从依法全面履行政府职能、健全依法决策机制、深化行政执法体制改革、坚持严格规范公正文明执法、强化对行政权力的制约和监督、全面推进政务公开6个方面展开。第四部分讲保证公正司法、提高司法公信力,从完善确保依法独立公正行使审判权和检察权的制度、优化司法职权配置、推进严格司法、保障人民群众参与司法、加强人权司法保障、加强对司法活动的监督6个方面展开。第五部分讲增强全民法治观念、推进法治社会建设,从推动全社会树立法治意识、推进多层次多领域依法治理、建设完备的法律服务体系、健全依法维权和化解纠纷机制4个方面展开。

第六部分、第七部分和结束语构成第三板块。第六部分讲加强法治工作队伍建设,从建设高素质法治专门队伍、加强法律服务队伍建设、创新法治人才培养机制3个方面展开。第七部分讲加强和改进党对全面推进依法治国的领导,从坚持依法执政、加强党内法规制度建设、提高党员干部法治思维和依法办事能力、推进基层治理法治化、深入推进依法治军从严治军、依法保障"一国两制"实践和推进祖国统一、加强涉外法律工作7个方面展开。最后,号召全党全国为建设法治中国而奋斗。

三、关于需要说明的几个问题

第一,党的领导和依法治国的关系。党和法治的关系是法治建设的核心问题。全面推进依法治国这件大事能不能办好,最关键的是方向是不是正确、政治保证是不是坚强有力,具体讲就是要坚持党的领导,坚持中国特色社会主义制度,贯彻中国特色社会主义法治理论。党的领导是中国特色社会主义最本质的特征,是社会主义法治最根本的保证。中国特色社会主义制度是中国特色社会主义法治体系的根本制度基础,是全面推进依法治国的根本制度保障。中国特色社会主义法治理论是中国特色社会主义法治体系的理论指导和学理支撑,是全面推进依法治国的行动指南。这3个方面实质上是中国特色社会主义法治道路的核心要义,规定和确保了中国特色社会主义法治体系的制度属性和前进方向。

全会决定明确提出,坚持党的领导,是社会主义法治的根本要求,是党和国家的根本所在、命脉所在,是全国各族人民的利益所系、幸福所系,是全面推进依法治国的题中应有之义;党的领导和社会主义法治是一致的,社会主义法治必须坚持党的领导,党的领导必须依靠社会主义法治。全会决定围绕加强和改进党对全面推进依法治国的领导提出"三统一"、"四善于",并作出了系统部署。

把坚持党的领导、人民当家作主、依法治国有机统一起来是我国社会主义法治建设的一条基本经验。我国宪法以根本法的形式反映了党带领人民进行革命、建设、改革取得的成果,确立了在历史和人民选择中形成的中国共产党的领导地位。对这一点,要理直气壮讲、大张旗鼓讲。要向干部群众讲清楚我国社会主义法治的本质特征,做到正本清源、以正视听。

第二,全面推进依法治国的总目标。全会决定提出,全面推进依法治国,总目标是建设中国特色社会主义法治体系,建设社会主义法治国家,并对这个总目标作出了阐释:在中国共产党领导下,坚持中国特色社会主义制度,贯彻中国特色社会主义法治理论,形成完备的法律规范体系、高效的法治实施体系、严密的法治监督体系、有力的法治保障体系,形成完善的党内法规体系,坚持依法治国、依法执政、依法行政共同推进,坚持法治国家、法治政府、法治社会一体建设,实现科学立法、严格执法、公正司法、全民守法,促进国家治理体系和治理能力现代化。

提出这个总目标,既明确了全面推进依法治国的性质和方向,又突出了全面推进依法治国的工作重点和总抓手。一是向国内外鲜明宣示我们将坚定不移走中国特色社会主义法治道路。中国特色社会主义法治道路，是社会主义法治建设成就和经验的集中体现，是建设社会主义法治国家的唯一正确道路。在走什么样的法治道路问题上，必须向全社会释放正确而明确的信号，指明全面推进依法治国的正确方向，统一全党全国各族人民认识和行动。二是明确全面推进依法治国的总抓手。全面推进依法治国涉及很多方面，在实际工作中必须有一个总揽全局、牵引各方的总抓手，这个总抓手就是建设中国特色社会主义法治体系。依法治国各项工作都要围绕这个总抓手来谋划、来推进。三是建设中国特色社会主义法治体系、建设社会主义法治国家是实现国家治理体系和治理能力现代化的必然要求，也是全面深化改革的必然要求，有利于在法治轨道上推进国家治理体系和治理能力现代化，有利于在全面深化改革总体框架内全面推进依法治国各项工作，有利于在法治轨道上不断深化改革。

第三，健全宪法实施和监督制度。 宪法是国家的根本法。法治权威能不能树立起来，首先要看宪法有没有权威。必须把宣传和树立宪法权威作为全面推进依法治国的重大事项抓紧抓好，切实在宪法实施和监督上下功夫。

党的十八届三中全会提出，要进一步健全宪法实施监督机制和程序，把实施宪法要求提高到一个新水平。这次全会决定进一步提出，完善全国人大及其常委会宪法监督制度，健全宪法解释程序机制；加强备案审查制度和能力建设，依法撤销和纠正违宪违法的规范性文件；将每年12月4日定为国家宪法日；在全社会普遍开展宪法教育，弘扬宪法精神。

全会决定提出建立宪法宣誓制度。这是世界上大多数有成文宪法的国家所采取的一种制度。在142个有成文宪法的国家中，规定相关国家公职人员必须宣誓拥护或效忠宪法的有97个。关于宪法宣誓的主体、内容、程序，各国做法不尽相同，一般都在有关人员开始履行职务之前或就职时举行宣誓。全会决定规定，凡经人大及其常委会选举或者决定任命的国家工作人员正式就职时公开向宪法宣誓。这样做，有利于彰显宪法权威，增强公职人员宪法观念，激励公职人员忠于和维护宪法，也有利于在全社会增强宪法意识、树立宪法权威。

第四，完善立法体制。新中国成立以来特别是改革开放以来，经过长期努力，我国形成了中国特色社会主义法律体系，国家生活和社会生活各方面总体上实现了有法可依，这是一个了不起的重大成就。同时，我们也要看到，实践发展永无止境，立法工作也永无止境，完善中国特色社会主义法律体系任务依然很重。

我们在立法领域面临着一些突出问题，比如，立法质量需要进一步提高，有的法律法规全面反映客观规律和人民意愿不够，解决实际问题有效性不足，针对性、可操作性不强；立法效率需要进一步提高。还有就是立法工作中部门化倾向、争权诿责现象较为突出，有的立法实际上成了一种利益博弈，不是久拖不决，就是制定的法律法规不大管用，一些地方利用法规实行地方保护主义，对全国形成统一开放、竞争有序的市场秩序造成障碍，损害国家法治统一。

推进科学立法、民主立法，是提高立法质量的根本途径。科学立法的核心在于尊重和体现客观规律，民主立法的核心在于为了人民、依靠人民。要完善科学立法、民主立法机制，创新公众参与立法方式，广泛听取各方面意见和建议。全会决定提出，明确立法权力边界，从体制机制和工作程序上有效防止部门利益和地方保护主义法律化。一是健全有立法权的人大主导立法工作的体制机制，发挥人大及其常委会在立法工作中的主导作用；建立由全国人大相关专门委员会、全国人大常委会法制工作委员会组织有关部门参与起草综合性、全局性、基础性等重要法律草案制度；增加有法治实践经验的专职常委比例；依法建立健全专门委员会、工作委员会立法专家顾问制度。二是加强和改进政府立法制度建设，完善行政法规、规章制定程序，完善公众参与政府立法机制；重要行政管理法律法规由政府法制机构组织起草；对部门间争议较大的重要立法事项，由决策机关引入第三方评估，不能久拖不决。三是明确地方立法权限和范围，禁止地方制发带有立法性质的文件。

需要明确的是，在我们国家，法律是对全体公民的要求，党内法规制度是对全体党员的要求，而且很多地方比法律的要求更严格。我们党是先锋队，对党员的要求应该更严。全面推进依法治国，必须努力形成国家法律法规和党内法规制度相辅相成、相互促进、相互保障的格局。

第五，加快建设法治政府。法律的生命力在于实施，法律的权威也在于实施。"天下之事，不难于立法，而难于法之必行。"如果有了法律而不实施、束之高阁，或者实施不力、做表面文章，那制定再多法律也无济于事。全面推进依法治国的重点应该是保证法律严格实施，做到"法立，有犯而必施；令出，唯行而不返"。

政府是执法主体，对执法领域存在的有法不依、执法不严、违法不究甚至以权压法、权钱交易、徇私枉法等突出问题，老百姓深恶痛绝，必须下大气力解决。全会决定提出，各级政府必须坚持在党的领导下、在法治轨道上开展工作，加快建设职能科学、权责法定、执法严明、公开公正、廉洁高效、守法诚信的法治政府。全会决定提出了一些重要措施。一是推进机构、职能、权限、程序、责任法定化，规定行政机关不得法外设定权力，没有法律法规依据不得作出减损公民、法人和其他组织合法权益或者增加其义务的决定；推行政府权力清单制度，坚决消除权力设租寻租空间。二是建立行政机关内部重大决策合法性审查机制，积极推行政府法律顾问制度，保证法律顾问在制定重大行政决策、推进依法行政中发挥积极作用；建立重大决策终身责任追究制度及责任倒查机制。三是推进综合执法，理顺城管执法体制，完善执法程序，建立执法全过程记录制度，严格执行重大执法决定法制审核制度，全面落实行政执法责任制。四是加强对政府内部权力的制约，对财政资金分配使用、国有资产监管、政府投资、政府采购、公共资源转让、公共工程建设等权力集中的部门和岗位实行分事行权、分岗设权、分级授权，定期轮岗，强化内部流程控制，防止权力滥用；完善政府内部层级监督和专门监督；保障依法独立行使审计监督权。五是全面推进政务公开，推进决策公开、执行公开、管理公开、服务公开、结果公开，重点推进财政预算、公共资源配置、重大建设项目批准和实施、社会公益事业建设等领域的政府信息公开。这些措施都有很强的针对性，也同党的十八届三中全会精神一脉相承，对法治政府建设十分紧要。

第六，提高司法公信力。 司法是维护社会公平正义的最后一道防线。我曾经引用过英国哲学家培根的一段话，他说："一次不公正的审判，其恶果甚至超过十次犯罪。因为犯罪虽是无视法律——好比污染了水流，而不公正的审判则毁坏法律——好比污染了水源。"这其中的道理是深刻的。如果司法这道防线缺乏公信力，社会公正就会受到普遍质疑，社会和谐稳定就难以保障。因此，全会决定指出，公正是法治的生命线；司法公正对社会公正具有重要引领作用，司法不公对社会公正具有致命破坏作用。

当前，司法领域存在的主要问题是，司法不公、司法公信力不高问题十分突出，一些司法人员作风不正、办案不廉，办金钱案、关系案、人情案，"吃了原告吃被告"，等等。司法不公的深层次原因在于司法体制不完善、司法职权配置和权力运行机制不科学、人权司法保障制度不健全。

党的十八届三中全会针对司法领域存在的突出问题提出了一系列改革举措，司法体制和运行机制改革正在有序推进。这次全会决定在党的十八届三中全会决定的基础上对保障司法公正作出了更深入的部署。比如，为确保依法独立公正行使审判权和检察权，全会决定规定，建立领导干部干预司法活动、插手具体案件处理的记录、通报和责任追究制度；健全行政机关依法出庭应诉、支持法院受理行政案件、尊重并执行法院生效裁判的制度；建立健全司法人员履行法定职责保护机制，等等。为优化司法职权配置，全会决定提出，推动实行审判权和执行权相分离的体制改革试点；统一刑罚执行体制；探索实行法院、检察院司法行政事务管理权和审判权、检察权相分离；变立案审查制为立案登记制，等等。为保障人民群众参与司法，全会决定提出，完善人民陪审员制度，扩大参审范围；推进审判公开、检务公开、警务公开、狱务公开；建立生效法律文书统一上网和公开查询制度，等等。全会决定还就加强人权司法保障和加强对司法活动的监督提出了重要改革措施。

第七，最高人民法院设立巡回法庭。近年来，随着社会矛盾增多，全国法院受理案件数量不断增加，尤其是大量案件涌入最高人民法院，导致审判接访压力增大，息诉罢访难度增加，不利于最高人民法院发挥监督指导全国法院工作职能，不利于维护社会稳定，不利于方便当事人诉讼。

全会决定提出，最高人民法院设立巡回法庭，审理跨行政区域重大行政和民商事案件。这样做，有利于审判机关重心下移、就地解决纠纷、方便当事人诉讼，有利于最高人民法院本部集中精力制定司法政策和司法解释、审理对统一法律适用有重大指导意义的案件。

第八，探索设立跨行政区划的人民法院和人民检察院。随着社会主义市场经济深入发展和行政诉讼出现，跨行政区划乃至跨境案件越来越多，涉案金额越来越大，导致法院所在地有关部门和领导越来越关注案件处理，甚至利用职权和关系插手案件处理，造成相关诉讼出现"主客场"现象，不利于平等保护外地当事人合法权益、保障法院独立审判、监督政府依法行政、维护法律公正实施。

全会决定提出,探索设立跨行政区划的人民法院和人民检察院。这有利于排除对审判工作和检察工作的干扰、保障法院和检察院依法独立公正行使审判权和检察权,有利于构建普通案件在行政区划法院审理、特殊案件在跨行政区划法院审理的诉讼格局。

第九,探索建立检察机关提起公益诉讼制度。现在,检察机关对行政违法行为的监督,主要是依法查办行政机关工作人员涉嫌贪污贿赂、渎职侵权等职务犯罪案件,范围相对比较窄。而实际情况是,行政违法行为构成刑事犯罪的毕竟是少数,更多的是乱作为、不作为。如果对这类违法行为置之不理、任其发展,一方面不可能根本扭转一些地方和部门的行政乱象,另一方面可能使一些苗头性问题演变为刑事犯罪。全会决定提出,检察机关在履行职责中发现行政机关违法行使职权或者不行使职权的行为,应该督促其纠正。作出这项规定,目的就是要使检察机关对在执法办案中发现的行政机关及其工作人员的违法行为及时提出建议并督促其纠正。这项改革可以从建立督促起诉制度、完善检察建议工作机制等入手。

在现实生活中,对一些行政机关违法行使职权或者不作为造成对国家和社会公共利益侵害或者有侵害危险的案件,如国有资产保护、国有土地使用权转让、生态环境和资源保护等,由于与公民、法人和其他社会组织没有直接利害关系,使其没有也无法提起公益诉讼,导致违法行政行为缺乏有效司法监督,不利于促进依法行政、严格执法,加强对公共利益的保护。由检察机关提起公益诉讼,有利于优化司法职权配置、完善行政诉讼制度,也有利于推进法治政府建设。

第十,推进以审判为中心的诉讼制度改革。充分发挥审判特别是庭审的作用,是确保案件处理质量和司法公正的重要环节。我国刑事诉讼法规定公检法三机关在刑事诉讼活动中各司其职、互相配合、互相制约,这是符合中国国情、具有中国特色的诉讼制度,必须坚持。同时,在司法实践中,存在办案人员对法庭审判重视不够,常常出现一些关键证据没有收集或者没有依法收集,进入庭审的案件没有达到"案件事实清楚、证据确实充分"的法定要求,使审判无法顺利进行。

全会决定提出推进以审判为中心的诉讼制度改革,目的是促使办案人员树立办案必须经得起法律检验的理念,确保侦查、审查起诉的案件事实证据经得起法律检验,保证庭审在查明事实、认定证据、保护诉权、公正裁判中发挥决定性作用。这项改革有利于促使办案人员增强责任意识,通过法庭审判的程序公正实现案件裁判的实体公正,有效防范冤假错案产生。

全面推进依法治国是一个系统工程,是国家治理领域一场广泛而深刻的革命。制定好这次全会决定具有十分重要的意义。大家要深刻领会中央精神,从党和国家事业发展全局出发,全面理解和正确对待全会决定提出的重大改革举措,深刻领会有关改革的重大现实意义和深远历史意义,自觉支持改革、拥护改革。在讨论中,希望大家相互启发、相互切磋,既提出建设性的修改意见和建议,进一步完善全会决定提出的思路和方案,又加深理解,以利于会后传达贯彻。让我们共同努力,把这次全会开好。

(新华社北京10月28日电)

(《人民日报》2014年10月29日02版)

完善以宪法为核心的中国特色社会主义法律体系

张德江

党的十八届四中全会对全面推进依法治国作出战略部署,明确提出建设中国特色社会主义法治体系,必须坚持立法先行,完善以宪法为核心的中国特色社会主义法律体系。这就为新形势下国家立法工作确定了方向和目标,提出了任务和要求。我们必须全面贯彻党的十八届四中全会精神,在新的起点上加强和改进立法工作,推动以宪法为核心的中国特色社会主义法律体系完善发展,为坚持和发展中国特色社会主义提供更加有力的法制保障。

一、充分认识完善我国法律体系的重大意义

以宪法为核心的中国特色社会主义法律体系的形成,是我国社会主义法治建设取得的重大成就,为新形势下全面推进依法治国奠定了重要基础。

改革开放30多年来,在党中央的领导下,经过各方面坚持不懈的共同努力,以宪法为核心,以宪法相关法、民法商法、行政法、经济法、社会法、刑法、诉讼与非诉讼程序法等多个法律部门的法律为主干,由法律、行政法规、地方性法规等多个层次的法律规范构成的中国特色社

会主义法律体系已经形成，国家和社会生活的各个方面总体上实现了有法可依，这是我国社会主义法制建设史上的重要里程碑，是中国特色社会主义制度逐步走向成熟的重要标志。法律体系的形成和发展，有力地推动和保障了改革开放和社会主义现代化建设的顺利进行，有力地维护和发展了最广大人民的根本利益。

在充分肯定我国法制建设的巨大成就和进步的同时，我们也要清醒地看到，我国法律制度还存在诸多不适应经济社会发展和民主法治建设的问题，与党和国家的要求、与人民群众的期待相比还存在不小的差距。同时，事业在发展，形势在变化，法律体系不可能一成不变、一劳永逸。在实践基础上不断完善我国法律体系，是时代向我们提出的新课题新要求。

——完善法律体系是中国特色社会主义事业全面持续发展的客观要求。党的十八大提出，在中国共产党成立一百年时全面建成小康社会，在新中国成立一百年时建成富强民主文明和谐的社会主义现代化国家。习近平总书记提出实现中华民族伟大复兴的中国梦。中国特色社会主义事业的全面发展和不断进步，必然对法治建设和立法工作提出一系列新要求新任务。这就要求我们必须从坚持和发展中国特色社会主义的高度，面向实践、面向未来，加强和改进新形势下的立法工作，适应经济建设、政治建设、文化建设、社会建设、生态文明建设五位一体总体布局的发展要求，进一步提高立法质量，不断完善法律体系，为实现"两个一百年"奋斗目标和中华民族伟大复兴的中国梦创造良好法制环境。

——完善法律体系是全面深化改革、确保重大改革于法有据的必然要求。全面深化改革是时代赋予我们的光荣任务。党的十八届三中全会对全面深化改革作出战略部署，确立了"完善和发展中国特色社会主义制度，推进国家治理体系和治理能力现代化"的总目标。各方面的改革举措，许多都涉及制度体制层面的问题，都涉及法律法规的制定、修改、废止、解释以及相关授权、批准、备案等活动。这就要求我们必须紧紧围绕全面深化改革的战略部署和确定的目标、任务、要求，来谋划和推进依法治国特别是立法工作，坚持解放思想、实事求是、与时俱进、求真务实，善于通过立法形式推动和落实改革举措，努力使立法进程同改革开放进程相适应。

——**完善法律体系是妥善解决各种突出矛盾和问题的紧迫要求。**当前，我国发展仍处于可以大有作为的重要战略机遇期，必须紧紧抓住和用好；同时，我们也遇到了一个过去不曾有过的各种社会矛盾多发、集中和交织叠加的矛盾凸显时期。教育、就业、社会保障、医疗、住房、生态环境、食品药品安全、社会治安、执法司法等关系群众切身利益的问题较多，社会利益关系错综复杂，人民内部矛盾呈现新特点，群体性事件增多。这就要求我们必须善于运用法律的权利与义务、权力与责任机制，通过立法妥善调整和处理各种社会关系、利益关系，充分调动各方面积极性；善于在制度范围内、在法治轨道上，有效应对和化解社会矛盾，促进社会公平正义。

——**完善法律体系是全面推进依法治国的现实要求。**"不以规矩，不能成方圆。"立法是实行依法治国的前提和基础。全面落实依法治国基本方略、加快建设社会主义法治国家，对立法工作提出了新的更高要求。从现实情况看，有的法律法规未能全面反映客观规律和人民意愿，针对性、可操作性不强，立法工作中部门化倾向、争权诿责现象较为突出；有些问题在法律上还不明确，有缺项，需要制定相应的法律；现行的法律规定，有些已不适应形势环境的变化和事业发展的要求，有的需要修改，有的需要废止，有的需要配套；立法体制和工作机制存在一些不适应、不健全的问题，立法效率需要进一步提高。这就要求我们必须以更高的标准加强和改进立法工作，及时进行法律的立改废释，加强法律、法规以及规范性文件的衔接和配套，发挥法律体系整体功效，推动法律体系完善发展。

总之，我国立法工作今天所面临的形势和任务，同过去相比，发生了很大变化，标准更高了，任务更重了，责任更大了。我们必须以高度的政治责任感和使命感投身完善我国法律体系的各项工作中，为全面推进依法治国作出新贡献。

二、牢牢把握完善我国法律体系的总体要求和重要原则

立法活动是国家重要政治活动，关系党和国家事业发展全局。在新的形势下，完善以宪法为核心的中国特色社会主义法律体系、加强和改进立法工作的总体要求是：高举中国特色社会主义伟大旗帜，贯彻落实党的十八大和十八届三中、四中全会精神，以邓小平理论、"三个代表"重要思想、科学发展观为指导，深入贯彻习近平总书记系列重要讲话精神，坚定不移走中国特色社会主义法治道路，全面落实依法治国基本方略；注重发挥立法的引领、推动和保障作用，加强重点领域立法；深入推进科学立法、民主立法，着力提高立法质量；完善立法体制，坚持立改废释并举；为形成完备的法律规范体系、建设社会主义法治国家，为全面建成小康社会、实现中华民族伟大复兴的中国梦提供更加有力的法制保障。

贯彻落实上述总体要求，必须着重把握和遵循以下重要原则。

（一）坚持中国共产党的领导，以中国特色社会主义理论体系为指导

中国共产党是中国特色社会主义事业的领导核心。把党的领导贯彻到依法治国全过程和各方面，是我国社会主义法治建设的一条基本经验。党的基本理论和路线方针政策，党的重大决策部署和立法建议，凝聚了全党全国的集体智慧，体现了最广大人民的根本利益和共同意志。坚持党的领导，是社会主义法治的根本要求，同遵从人民意愿、维护人民利益是完全一致的。

我们要在立法工作中，始终坚持党的领导和理论指导，善于使党的主张通过法定程序成为国家意志，成为全社会一体遵循的行为规范和活动准则，从法律制度上贯彻落实党的路线方针政策和重大决策部署。紧

紧围绕党和国家工作大局谋划、推动和开展立法工作，科学制定立法规划和工作计划，突出立法重点，使立法准确反映经济社会发展要求，更好协调利益关系。坚持以中国特色社会主义理论体系统一思想认识，妥善解决立法工作中遇到的难点问题，不断提高立法的科学化、民主化水平。

（二）坚持人民主体地位，恪守以民为本、立法为民理念

人民是依法治国的主体和力量源泉。保证和发展人民当家作主，充分反映人民意愿、充分实现人民权利、充分保障人民权益，是法治建设的题中应有之义，是新形势下完善法律体系、加强和改进立法工作的根本目的。古人早已看到，"法不察民之情而立之，则不成。"以民为本、立法为民，确立了立法价值取向，要求立法必须为了人民、依靠人民、造福人民、保护人民，贯彻社会主义核心价值观，使每一项立法都符合宪法精神、反映人民意愿、得到人民拥护。

我们要在立法工作中，坚持国家的一切权力属于人民，坚持法律面前人人平等，保证人民依法享有广泛的权利和自由、承担应尽的义务，维护社会公平正义，促进共同富裕。尊重和保障人权，完善体现权利公平、机会公平、规则公平的法律制度，保障公民人身权、财产权、基本政治权利等各项权利不受侵犯，保障公民经济、文化、社会等方面权利得到落实，实现公民权利保障法治化。正确处理权利与权力、权利与义务、权力与责任的关系，统筹兼顾不同方面的利益，从法律制度上更好体现发展为了人民、发展依靠人民、发展成果由人民共享。

（三）坚持从中国的国情和实际出发，积极适应实践发展的需要

法律属于上层建筑，实践是法律的基础，法律是实践经验的总结和提升。脱离国情和实际的立法，即使搞出来，也只是空中楼阁、纸上谈兵，解决不了我国发展面临的实际问题。法治建设和立法工作，必须从

我国长期处于社会主义初级阶段这个最大国情和最大实际出发，同改革开放不断深化和现代化建设不断推进相适应，顺应时代前进潮流、反映实践发展要求。

我们要在立法工作中，牢牢立足基本国情，坚持一切从实际出发，把改革开放和现代化建设的伟大实践作为立法基础，紧紧围绕实现"两个一百年"奋斗目标和任务要求，积极应对立法工作面临的新形势新课题新任务。深入分析立法需求，区分不同情况推进各领域立法，注重各方面法律制度协调发展。根据内外环境、条件和情况的发展变化，及时进行立改废释。汲取中华法律文化精华，吸收人类法治文明成果，借鉴国外立法有益经验，但绝不照抄照搬。

（四）坚持改革决策和立法决策相衔接，确保重大改革于法有据

全面深化改革和全面推进依法治国，二者密切关联。实现全面深化改革总目标，必须全面推进依法治国，不断提高国家治理法治化水平。推进各领域各方面改革，都要坚持依法治国，这是一个破与立辩证统一的过程。古人讲："治国无法则乱，守法而弗变则悖，悖乱不可以持国。"从一定意义上讲，全面推进依法治国也是对全面深化改革战略部署的深化，两个《决定》相得益彰，形成"姊妹篇"。

习近平总书记指出："凡属重大改革都要于法有据。在整个改革过程中，都要高度重视运用法治思维和法治方式，发挥法治的引领和推动作用，加强对相关立法工作的协调，确保在法治轨道上推进改革。"我们要在立法工作中，认真贯彻习近平总书记重要指示精神，努力把改革决策和立法决策更好结合起来，正确处理法律的稳定性与变动性、现实性与前瞻性、原则性与可操作性的关系，努力做到重大改革于法有据、立法主动适应改革和经济社会发展需要。对实践证明行之有效的，要及时上升为法律；对实践条件还不成熟、需要先行先试的，要按照法定程序作出授权；对不适应改革要求的法律法规，要及时修改和废止。

（五）坚持宪法的核心地位，通过完备的法律推动宪法实施

宪法是国家的根本法，是治国安邦的总章程，在中国特色社会主义法律体系中居于核心地位。坚持依法治国首先要坚持依宪治国，坚持依法执政首先要坚持依宪执政。宪法是法律法规的总依据，同时宪法又通过法律法规予以贯彻和体现。在推动宪法实施方面，立法担任着重要角色、发挥着重要作用。宪法所确立的国家根本制度和根本任务、基本原则、方针政策、活动准则等，需要通过一系列行之有效、相互衔接和配套的法律法规来贯彻来落实。

我们要在立法工作中，切实增强宪法意识，自觉恪守宪法原则、弘扬宪法精神、履行宪法使命。加强和改进立法工作，一方面，要遵循宪法确立的制度和原则，从党和国家事业全局出发，从人民根本利益出发，严格依照法定权限和程序开展立法活动，维护国家法制的统一、尊严和权威；另一方面，要通过不断完善法律法规和配套的规范性文件，贯彻落实宪法确立的制度和原则，推动宪法实施，把全面贯彻实施宪法提高到一个新水平。

我们还要在法治实施、法治监督、法治保障等各方面工作中坚决维护宪法法律权威，牢固树立"维护宪法法律权威就是维护党和人民共同意志的权威，捍卫宪法法律尊严就是捍卫党和人民共同意志的尊严，保证宪法法律实施就是保证党和人民共同意志的实现"的观念，全面贯彻实施宪法。全国各族人民、一切国家机关和武装力量、各政党和各社会团体、各企业事业组织，都必须以宪法为根本的活动准则，并且负有维护宪法尊严、保证宪法实施的职责。一切国家机关和武装力量、各政党和各社会团体、各企业事业组织都必须遵守宪法和法律。任何组织或者个人，都不得有超越宪法和法律的特权。一切违反宪法和法律的行为，必须予以追究。

三、认真落实完善我国法律体系的重点任务

党的十八届四中全会《决定》第二部分，从"加强重点领域立法"、

"完善立法体制"、"深入推进科学立法、民主立法"三个方面,提出了新形势下完善我国法律体系、加强和改进立法工作的重点任务。我们必须全面把握,认真贯彻落实。

(一)加强重点领域立法

紧紧围绕中国特色社会主义事业五位一体总体布局,加强和改进新形势下立法工作,推动法律体系完善发展。

以保护产权、维护契约、统一市场、平等交换、公平竞争、有效监管为基本导向,完善社会主义市场经济法律制度,使市场在资源配置中起决定性作用和更好发挥政府作用。编纂民法典,制定和完善发展规划、投资管理、土地管理、能源和矿产资源、农业、财政税收、金融等方面法律法规,加强企业社会责任立法,完善激励创新的产权制度、知识产权保护制度和促进科技成果转化的体制机制。

以保障人民当家作主为核心,坚持和完善人民代表大会制度,坚持和完善基本政治制度,推进社会主义民主政治法治化。加强社会主义协商民主制度建设,完善和发展基层民主制度。完善国家机构组织法,完善选举制度和工作机制,加快推进反腐败国家立法,完善惩治贪污贿赂犯罪法律制度。

建立健全坚持社会主义先进文化前进方向、遵循文化发展规律、有利于激发文化创造活力、保障人民基本文化权益的文化法律制度。制定公共文化服务保障法、文化产业促进法,制定国家勋章和国家荣誉称号法。加强互联网领域立法,完善网络信息服务、网络安全保护、网络社会管理等方面的法律法规,依法规范网络行为。

加快保障和改善民生、推进社会治理体制创新法律制度建设。完善教育、就业、收入分配、社会保障、医疗卫生、食品安全、扶贫、慈善、社会救助和妇女儿童、老年人、残疾人合法权益保护等方面的法律法规。加强社会组织立法,制定社区矫正法。加快国家安全法治建设,推进公共安全法治化。

用严格的法律制度保护生态环境，强化生产者环境保护的法律责任。建立健全自然资源产权法律制度，完善国土空间开发保护方面的法律制度，制定完善生态补偿和土壤、水、大气污染防治及海洋生态环境保护等法律法规，促进生态文明建设。

（二）完善立法体制

加强党对立法工作的领导，完善党对立法工作中重大问题决策的程序。经过30多年来的实践，这方面已经形成了行之有效的制度机制，包括制定立法规划、法律草案起草和审议中的重大问题、修改宪法、提请大会审议法律、保证重大举措于法有据等，应当继续坚持和不断完善。

凡立法涉及重大体制和重大政策调整的，必须报党中央讨论决定。党中央向全国人大提出宪法修改建议，依照宪法规定的程序进行宪法修改。法律制定和修改的重大问题由全国人大常委会党组向党中央报告，全国人大常委会依法将有关法律案列入立法程序。

充分发挥国家权力机关在立法工作中的主导作用，是完善法律体系、加强和改进新形势下立法工作的重要举措。全国人大及其常委会和有地方立法权的地方人大及其常委会，都要按照《决定》的精神，健全发挥主导作用的体制机制。起草综合性、全局性、基础性等重要法律草案，由全国人大相关专门委员会、全国人大常委会法制工作委员会组织有关部门参与，并形成常态化制度。增加有法治实践经验的专职常委比例。依法建立健全专门委员会、工作委员会立法专家顾问制度。

把公正、公平、公开原则贯穿立法全过程，明确立法权力边界，从体制机制和工作程序上有效防止部门利益和地方保护主义法律化。对部门间争议较大的重要立法事项，由决策机关引入第三方评估，充分听取各方意见，协调决定，不能久拖不决。加强法律解释工作，及时明确法律规定含义和适用法律依据。明确地方立法权限和范围，依法赋予设区的市地方立法权。

（三）深入推进科学立法、民主立法

立法质量直接关系到法治的质量。完善法律体系必须抓住提高立法质量这个关键，把深入推进科学立法、民主立法作为提高立法质量的根本途径。科学立法的核心，在于立法要尊重和体现客观规律；民主立法的核心，在于立法要为了人民、依靠人民。科学立法、民主立法，简洁明了地回答了新形势下我们"立什么样的法、怎样立法"这一重大命题。我们必须深刻理解、准确把握、切实贯彻。

加强人大对立法工作的组织协调，健全立法机关主导、社会各方有序参与立法的途径和方式。健全立法起草、论证、协调、审议机制，完善立法项目征集和论证制度。推进立法精细化，尽量具体、明确，增强法律法规的及时性、系统性、针对性、有效性。健全法律法规规章起草征求人大代表意见制度，更多发挥人大代表参与起草和修改法律的作用。

健全立法机关和社会公众沟通机制，开展立法协商，充分发挥政协委员、民主党派、工商联、无党派人士、人民团体、社会组织在立法协商中的作用，探索建立有关国家机关、社会团体、专家学者对立法中涉及的重大利益调整论证咨询机制。拓宽公民有序参与立法途径，健全法律法规规章草案公开征求意见和公众意见采纳情况反馈机制，广泛凝聚社会共识。完善法律草案表决程序，对重要条款可以单独表决。

完善以宪法为核心的中国特色社会主义法律体系，事关全面推进依法治国、建设社会主义法治国家的全局，责任重大光荣，任务艰巨繁重。我们要在以习近平同志为总书记的党中央坚强领导下，坚决贯彻落实《决定》提出的各项目标、任务和要求，使我国立法工作不断迈出新步伐、迈上新台阶，谱写全面推进依法治国、建设社会主义法治国家历史新篇章，为推进社会主义民主法治建设，为全面建成小康社会、实现中华民族伟大复兴的中国梦而努力奋斗。

（《人民日报》2014年10月31日02版）

坚持党的领导　依规管党治党
为全面推进依法治国提供根本保证

王岐山

党的十八届四中全会分析了党面临的形势和任务，对全面推进依法治国作出战略部署。这是我们党从坚持和发展中国特色社会主义出发提出的重大战略任务，对实现两个百年奋斗目标和中华民族伟大复兴中国梦、实现党和国家的长治久安具有深远意义。全会审议通过的《中共中央关于全面推进依法治国若干重大问题的决定》（以下简称《决定》），提出了建设中国特色社会主义法治体系，建设社会主义法治国家总目标。《决定》强调，社会主义法治必须坚持党的领导，党的领导必须依靠社会主义法治。这一重要论断深刻揭示了党的领导对社会主义法治的极端重要性，对我们党怎么样领导和治理国家、怎么样加强党的建设提出新要求。作为执政的中国共产党的各级党组织和全体党员，必须受到党规党纪的刚性约束，必须确保各级党组织和全体党员模范遵守宪法和法律，为全面推进依法治国提供根本保证。

一、旗帜鲜明地坚持党的领导，确保社会主义法治正确政治方向

《决定》开宗明义，把"坚持中国共产党的领导"列为首要原则，

把"加强和改进党对全面推进依法治国的领导"作为重要任务部署，阐述了党的领导和依法治国的关系，强调坚持党的领导是社会主义法治最根本的保证，体现了坚持党的领导地位和发挥党的政治保证作用的高度统一。

中国特色社会主义的最大特色、最本质特征就是党的领导。习近平总书记指出："我们治国理政的根本，就是中国共产党领导和社会主义制度。"在我们国家，东西南北中，工农商学兵政党，党是领导一切的。是历史和人民选择了中国共产党。1840年以来，中国人民和无数志士仁人探索中国走向独立富强的道路，做过许多设计和试验，西方各种主义、思潮也进入中国。最后还是十月革命一声炮响，送来了马克思列宁主义，催生了中国共产党。中华民族的独立和解放，是在党的领导下取得的；解决13亿人民温饱问题和初步建成小康社会，也是在党的领导下实现的。邓小平同志指出，在中国这样的大国，没有共产党的领导，必然四分五裂、一事无成。绵延5000年的中华民族传统文化，决定了我们的国家和民族发展必须有一个主轴；中华民族要走向繁荣、富强和文明，必须有一个坚强的领导核心，这个领导核心无可替代，就是执政的中国共产党。

坚持党的领导是社会主义法治的根本要求。党的十五大提出依法治国、建设社会主义法治国家的奋斗目标。十八大要求坚持依法治国这个党领导人民治理国家的基本方略，加快建设社会主义法治国家。十八届三中全会作出全面深化改革的重大部署，要求推进法治中国建设。三中全会、四中全会是"姊妹篇"，都是十八大精神的具体化。在建设社会主义法治国家进程中，党始终发挥着根本性、全局性领导作用。只有把党建设好，才能真正代表人民、带领人民、组织人民正确制定和严格实施法律；只有加强和改善党的领导，充分发挥党总揽全局、协调各方的领导核心作用，领导立法、保证执法、支持司法、带头守法，才能确保依法治国的正确政治方向；只有在党的领导下依法治国、厉行法治，才能真正实现党的领导、人民当家作主和依法治国的有机统一。我们要始终在党的领导下，坚定不移走中国特色社会主义法治道路。在这个根本问题上，必须旗帜鲜明、立场坚定，决不能含糊动摇。

党的领导必须依靠社会主义法治。党的领导和社会主义法治在本质上是一致的。必须站在中国特色社会主义事业发展的战略高度，准确把握党的领导和依法治国的关系。宪法是国家的根本大法、治国安邦的总章程，它赋予了党治国理政的责任和使命。党章作为党内根本大法、管党治党的总章程，规定党必须在宪法和法律范围内活动，党员必须模范遵守国家的法律法规，它以执政党的纲领保证宪法和法律的实施。依法治国是党领导人民治理国家的基本方略，依法执政是党治国理政的基本方式。党要把自己的路线、方针、政策通过法定程序转化为国家意志，成为全国人民共同遵守的法律规范，实现党的主张和人民意志的有机统一。

提高党的执政能力和执政水平，推进国家治理体系和治理能力现代化。推进国家治理体系和治理能力现代化，毫无疑问包括了党能否坚持依法治国的问题。党是社会主义法治建设的领导者、组织者、实践者，依法治国从根本上讲是对党自身提出的要求。目前，一些党组织依法执政、依法办事的观念和能力不强，有法不依、以权压法现象依然严重，一些党员干部以言代法、违法乱纪、徇私枉法问题突出，群众深恶痛绝。《决定》要求全党同志必须更加自觉地坚持依法治国，向着建设法治中国目标前进。承诺高，期盼更高。全面推进依法治国的旗帜一旦举起，党就必须严格按照宪法和法律治国理政，党员领导干部必须做遵纪守法的模范，决不能打法律的"擦边球"、搞"越位"。否则，党怎么能够要求全社会遵守宪法和法律，又怎么能领导人民建设社会主义法治国家？捍卫宪法和法律的尊严就是捍卫党和人民共同意志的尊严。各级党组织必须转变领导方式、执政方式，提高科学执政、民主执政、依法执政水平，实现党、国家、社会各项事务治理制度化、规范化、程序化。现代化的核心是人的现代化。提高治理能力要靠党员特别是党员领导干部牢固树立法治意识，自觉运用法治思维和法治方式想问题、作决策、办事情,带动全社会尊法、守法、用法,把党的政治优势、社会主义的制度优势转化为管理国家的效能。

二、加强党内法规制度建设,依规管党治党建设党

国有国法,党有党规。依法治国、依法执政,既要求党依据宪法法律治国理政,也要求党依据党内法规管党治党。邓小平同志指出:"没有党规党法,国法就很难保障。"依规管党治党是依法治国的重要前提和政治保障。只有把党建设好,国家才能治理好。

党规党纪是管党治党建设党的重要法宝。拥有一整套党内法规制度,是中国共产党的一大政治优势。在革命战争年代,我们就是靠严明的党规党纪维护党的集中统一,保持党的凝聚力、战斗力。党取得执政地位后,国家法律和党内法规共同成为党治国理政、管党治党的重器。经过近百年的实践探索,我们党已形成了一整套系统完备、层次清晰、运行有效的党内法规制度。这个制度体系包括党章、准则、条例、规则、规定、办法、细则,体现着党的先锋队性质和先进性要求,使管党治党建设党有章可循、有规可依。要充分发挥这一政治优势,把党要管党、从严治党落到实处。

依规管党治党建设党,首要的是维护党章的严肃性。党章规定了党的理想信念、宗旨意识、组织保障、行为规则、纪律约束等基本内容,全党必须一体严格遵行。每一名党员都要无条件地履行党章规定的义务,遵守党的纪律。各级党组织要切实把党章作为指导党的工作、党内活动、党的建设的根本依据。党员干部要树立党的观念,学习党章、遵守党章、贯彻党章、维护党章,加强党性修养,切实维护党章的严肃性和权威性。

党规党纪严于国家法律。党是肩负神圣使命的政治组织,党员是有着特殊政治职责的公民。国家法律是全体公民必须遵循的行为底线。党规党纪对党员的要求严于国家法律对普通公民的要求。申请加入中国共产党,面对党旗宣过誓,就成了有组织的人,就意味着主动放弃一部分普通公民享有的权利和自由,就必须多尽一份义务,就要在政治上讲忠

诚、组织上讲服从、行动上讲纪律。党的领导干部尤其是高级干部放弃的要更多，责任和担当要更大。如果执政党连自己的党规党纪都守不住、执行不下去，依法治国、依法执政就是一句空话。党员违反党纪就必须受到纪律审查，接受组织处理，切实做到以严的标准要求党员、严的措施管住干部。

与时俱进加强党内法规制度建设。当前，党内法规制度建设理论研究相对薄弱，对党规党纪的历史渊源、地位作用、体例形式、产生程序等均需系统研究、予以确定；有的党规党纪与国家法律交叉重复，有的过于原则、缺乏细节支撑，可操作性不强，亟待完善。要认真总结我们党90多年、无产阶级政党100多年、世界政党几百年来制度建设的理论和实践成果，联系实际、求真务实，探索适合自己的党内法规制度建设途径。要根据《中国共产党党内法规制定条例》和《中央党内法规制定工作五年规划纲要（2013—2017年）》的要求，立足当前、着眼长远、统筹推进，确保到建党100周年时，全面建成内容科学、程序严密、配套完备、运行有效的党内法规制度体系。

实现党内法规与国家法律的有机衔接。党规党纪应着重规范党的政治纪律、组织纪律，保证党员坚定理想信念宗旨、保持优良作风、坚守道德操守，做到要义明确、简明易懂、便于执行。党内法规建设要循序渐进，先从提出工作要求入手，探索实践、不断总结，再上升为制度。党内法规对社会主义法治建设具有引领作用。有些规范、要求在全社会还不具备实施条件时，可以通过对党员提出要求，先在党内实行，不断调整完善，辅以在全社会宣传引导，条件成熟时再通过立法在国家层面施行。要及时将全面深化改革的实践经验和制度成果，通过法定程序转化为国家法律法规，保证党的路线、方针、政策得到贯彻。

三、弘扬中华民族优秀传统文化，坚持依法治国和以德治国相结合

《决定》强调，国家和社会治理需要法律和道德共同发挥作用。要

坚持依法治国和以德治国相结合，从中国实际出发，汲取中国传统文化精华，实现法律和道德相辅相成、法治与德治相得益彰。

要吸收中华民族修齐治平的文化营养。文化自信是"三个自信"的总源头。中华文明源远流长，是世界上唯一没有中断的文明。"国家"是中华传统文化独有的概念，国与家紧密相连、不可分离。修身齐家治国平天下，修身为首要，治国从治家开始。只有修好身，才能理好家、治好国。中国人讲的家既指家庭，又包括家族，家族内外长幼有序，讲究道德礼仪。中华传统文化是伦理文化、责任文化，为国尽忠、在家尽孝，天经地义。中华传统文化的核心就是"八德"：孝悌忠信礼义廉耻。这些就是中华文化的DNA，渗透到中华民族每一个子孙的骨髓里。迄今为止，还没有哪个人敢挑战这八个字。家国情怀和修齐治平、崇德重礼的德治思想，把社会教化同国家治理结合起来。要尊重自己的历史文化，把握文化根脉，取其精华、去其糟粕，坚守和弘扬优秀传统，让民族文化生命得以延续。

领导干部要知古鉴今、心存敬畏和戒惧。中国古代政治思想强调"民惟邦本""水则载舟、水则覆舟"，告诫为政者必须体察民情、关注民生。中国传统典籍还有许多官德官箴，告诫为官者，官职越高、权力越大，越应战战兢兢、如履薄冰。《论语》中说：君子三年不为礼，礼必坏；三年不为乐，乐必崩。现在，有的领导干部忘记了自己是党的干部，不知不学党规党纪，无视规制、不讲廉耻，根本不把国法党规当回事，没有戒惧之心。党的十八大以来查处的党员领导干部案例，没有一个不是在违法之前首先违纪的。古人云："自作孽，不可活。"广大党员干部必须信守宗旨、心存敬畏、慎独慎微，讲规则、守戒律，决不能无法无天、胆大妄为。

让崇德重礼和遵纪守法相辅而行。徒法不足以自行。治理国家不可能只靠法律。法律法规再健全、再完备，最终还是要靠人来执行。如果领导干部在德上出了问题，必然导致纲纪松弛、法令不行。中华历史传统注重德治与法治的统一，历朝历代既有许多成功经验，也有不少深刻教训。要借鉴我国古代为政以德、礼法相依、德主刑辅、管权治吏、正心修身等历史经验和思想。孔子说："道之以政，齐之以刑，民免而无耻；道之以德，齐之以礼，有耻且格。"要发挥礼序家规、乡规民约的教化作用，为全面推进依法治国提供历史智慧和文化营养。法律是他律，道德是自律。实现他律和自律的结合、道德教化和法制手段兼施，让道德和法制内化于心、外化于行，才能实现依法治国。

四、从严治党、严明党纪，坚定不移推进党风廉政建设和反腐败斗争

党的十八大以来，以习近平同志为总书记的党中央坚定不移改进作风、坚定不移惩治腐败，旗帜鲜明、态度坚决、意志品质顽强、领导坚强有力。但是，当前党风廉政建设和反腐败斗争形势依然严峻复杂，滋生腐败的土壤依然存在。党风廉政建设和反腐败斗争永远在路上，不可能一蹴而就，一劳永逸。党要管党、从严治党一刻不可放松。

治国必先治党，治党务必从严。我们党是一个有着8600多万党员的大党，相当于一个大国的人口数量，管党治党任务极其繁重。作为执政党，我们肩负着带领13亿人民走中国特色社会主义道路，实现两个百年奋斗目标和中华民族伟大复兴的中国梦的艰巨任务。在我国，各级领导干部绝大多数都是由党员担任，从这个角度看，管党就是治吏、治权。新形势下党面临着"四大考验""四种危险"，面对着各种挑战和风险。党的观念淡漠，组织涣散、纪律松弛，不正之风和腐败问题，都是来自党内的严峻挑战，严重影响着党的凝聚力和战斗力，动摇着党的执政根基，也严重危害法治国家建设。党面临的形势越复杂、肩负的任务越艰巨，就越要坚持从严治党、严明党纪，保证全党统一意志、步调一致，确保党始终成为中国特色社会主义事业的坚强领导核心。

从严治党关键在严格执纪。制度的生命力在于执行。再好的制度不执行、形同虚设，就一定会形成"破窗效应"。习近平总书记强调："党要管党、从严治党，靠什么管，凭什么治？就要靠严明纪律。"严明二

字强调的就是提高执行力，要说到做到，执纪必严，违纪必究。各级党组织和党员领导干部要以身作则、以上率下，带头遵守党规党纪。各级纪检机关要强化监督执纪问责，敢于担当、敢抓敢管，维护党的政治纪律、组织纪律、财经纪律、工作纪律和生活纪律，坚决同违反党纪的行为作斗争，确保党规党纪的刚性约束。要抓早抓小，加强日常管理和监督，防止小错酿成大错，以铁的纪律保持党的先锋队性质和先进性纯洁性。

党风廉政建设和反腐败是一场输不起的斗争。面对依然严峻复杂的形势，《决定》强调要坚决遏制和预防腐败现象。我们党进行的党风廉政建设和反腐败斗争，有立场、有目标、有重点。立场就是坚持有腐必反、有贪必肃，"老虎""苍蝇"一起打，以零容忍态度惩治腐败。目标任务就是保持高压态势，遏制腐败蔓延势头；持之以恒落实八项规定精神，坚决防止"四风"反弹。现阶段的工作重点是：惩治腐败要坚决查处十八大后不收敛不收手，问题反映集中、群众反映强烈，现在重要岗位且可能还要提拔使用的领导干部；纠正"四风"要重点查处十八大后、八项规定出台后、群众路线教育实践活动后仍然顶风违纪的行为，越往后执纪越严。我们要冷静清醒地认识党风廉政建设和反腐败斗争的长期性、复杂性、艰巨性，保持坚强政治定力，坚定必胜信心，坚持不懈地抓下去，让人民群众不断看到实实在在的成效和变化，回应群众期盼、赢得党心民心。

强化"不敢腐"氛围，逐步实现"不能腐""不想腐"。习近平总书记强调，要坚持用制度管权管事管人，抓紧形成不想腐、不能腐、不敢腐的有效机制。当前，要加大正风肃纪、严明纪律、惩治腐败力度，使之"不敢腐"。谁在这样的形势下还敢顶风违纪，谁就要为之付出代价！惩是为了治，要综合施策，加大治本力度。选对一人、造福一方，用错一人、贻害无穷。实现"不能腐"首要的是选对人、用好人，通过不断健全干部选拔任用和管理监督制度，把忠于党、忠于人民的好干部选出来、用起来。要逐步形成不能腐的制度体系，把篱笆扎得更紧，真正把权力关进制度的笼子。要求真务实、探索创新，继续落实好《党的纪律检查体制改革实施方案》，将改革成果固化为制度。要修订《中国共产党党员领导干部廉洁从政若干准则》《中国共产党纪律处分条例》《中国共产党巡视工作条例（试行）》等文件，使党规党纪更好适应新形势新任务的需要。加强对领导干部的日常管理监督，完善激励和问责机制。要不断增强党性修养，坚定理想信念，强化宗旨意识，牢固树立"三个自信"，最终实现"不想腐"。

（《人民日报》2014年11月03日03版）

第一章

十八届四中全会《决定》是全面推进依法治国的纲领性文件

2014年10月,党的十八届四中全会在万众瞩目中胜利召开,它以全面推进依法治国、建设社会主义法治国家为主题,描绘了建设法治中国新的路线图,为加快推进依法治国进程注入了新的强劲动力,是中国特色社会主义法治建设史上新的里程碑。会议审议通过的《中共中央关于全面推进依法治国若干重大问题的决定》(以下简称《决定》),在深刻总结社会主义法治建设历史经验的基础上,明确了全面推进依法治国的总目标和重大任务,对全面推进依法治国作出了新论断、新部署,深刻回答了在当今中国建设什么样的法治国家、怎样建设社会主义法治国家等一系列重大理论和实践问题,是坚持走中国特色社会主义法治道路的纲领性文件。我们要认真学习贯彻党的十八届四中全会精神,把思想和行动统一到党中央关于全面推进依法治国的重大决策部署上来,在以习近平同志为总书记的党中央坚强领导下,加快建设社会主义法治国家,不断开创法治中国建设的新局面,促进中国特色社会主义制度的完善和发展,促进国家治理体系和治理能力的现代化,实现中华民族伟大复兴的中国梦。

一、新形势下全面推进依法治国的重大意义

在领导改革开放和发展社会主义市场经济过程中,党提出并实施了依法治国的基本方略。《决定》指出:"全面建成小康社会、实现中华民族伟大复兴的中国梦,全面深化改革、完善和发展中国特色社会主义制度,提高党的执政能力和执政水平,必须全面推进依法治国。"

（一）全面推进依法治国，是全面建成小康社会、实现中华民族伟大复兴的中国梦的客观要求

作为治国理政的基本方式，法治在全面建成小康社会、实现中国梦的伟大征程中具有重要作用。

1. 全面推进依法治国，是全面建成小康社会、实现中华民族伟大复兴的中国梦的重要内容

法治中国是中国梦的内在要求。中国梦的本质和基本内涵是"国家富强、民族振兴、人民幸福"，是富强梦、民主梦、文明梦、和谐梦，自然也蕴含着一项中国人共同的追求——保证人民群众平等参与、平等发展的权利，实现人民群众追求公平正义、自由和尊严的梦想，即法治中国梦。法治中国梦的基本内容是：依法治国基本方略全面落实，法治政府基本建成，司法公信力不断提高，人权得到切实尊重和保障。因此，要全面建成小康社会、实现中华民族伟大复兴的中国梦，必须奋力推进法治中国建设，坚持依法治国、依法执政、依法行政共同推进，坚持法治国家、法治政府、法治社会一体建设，用法治为实现中国梦保驾护航，让法治中国与美丽中国、文明中国、平安中国相互呼应。

2. 全面推进依法治国，是全面建成小康社会、实现中华民族伟大复兴的中国梦的有效举措

法治中国建设是中国崛起与民族复兴的重要元素与关键力量。全面建成小康社会、实现中华民族伟大复兴的中国梦，要求我们更加注重发挥法治在国家治理和社会管理中的重要作用，以依法治国助推中国梦的实现。全面推进依法治国，有利于把法治建设纳入"五位一体"总布局中去谋划和推进。在中国特色社会主义经济、政治、文化、社会、生态文明建设"五位一体"总布局中，把法治建设作为重要内容，在全面推进依法治国的战略指引下，始终沿着法治轨道推进经济发展、政治民主、文化繁荣、社会和谐、生态文明，使我国政治文明水准不断得到跃升，迈向现代法治国家。全面推进依法治国，有利于营造良好法治环境，以

法治力量推动和保障中国梦的实现。在社会信息化、经济全球化背景下，要赢得发展优势，必须通过法治建设营造良好发展环境。通过加强宪法和法律实施，推动形成办事依法、遇事找法、解决问题用法、化解矛盾靠法的良好法治环境，形成人们不愿违法、不能违法、不敢违法的法治环境，在法治轨道上推动各项工作。全面推进依法治国，有利于用法治来凝聚"中国力量"。法治不仅有助于凝聚改革发展的思想共识、价值共识、制度共识和行为共识，还可以通过法治思维、法治方式、法定程序来汇聚民意、反映民情、集中民智，调动各类主体的积极性、创造性，使不同利益主体求同存异，团结一切可以团结的力量，增强中国梦的向心力、凝聚力。

3. 全面推进依法治国，是全面建成小康社会、实现中华民族伟大复兴的中国梦的法治保障

法治是安邦固本的基石，更是一个国家走向民主、文明、富强的必经阶梯。实现国家富强、民族振兴、人民幸福的中国梦，必须把法治作为国家富强的制度基础，作为民族振兴的制度保障，作为人民幸福的根本要求。实现国家富强离不开法治。古今中外的历史证明，法治兴则国家兴，法治强则国家强。因此，法治是国家富强的制度保证，只有依法推进社会主义经济、政治、文化、社会及生态文明建设，才能不断巩固发展优势，解决现实问题，完善中国特色社会主义制度，实现国家富强。实现民族振兴离不开法治。新中国成立以来的正反面经验和教训都证明，凡是法制被破坏的时候，经济就会停滞甚至崩溃，贪赃枉法的现象就会横行，社会就会分裂，历史就会倒退。反之，拥有比较健全的法制并切实执行依法治国，就可以保证我国经济社会正常和快速发展，社会和谐稳定，大大加速实现中华民族复兴的伟大进程。因此，在极速前行、日益接近实现中华民族伟大复兴的目标之际，我们只有大力弘扬法治精神，加强法治建设，才能真正实现依法治国，使中华民族的伟大复兴获得坚实有力的法制保障。实现人民幸福离不开法治。人民幸福最重要的标志，是有好的教育、稳定的工作、满意的收入、可靠的社会保障、高水平的医疗卫生服务、舒适的居住条件、优美的环境。也就是说，人民幸福是指广大人民群众充分拥有生存权、发展权的基本民生权利，过上更加富裕、更有尊严的生活，实现每个人自由而全面的发展。因此，中国梦与自由、公平、平等、民主、权利等利益密切相关。维护人民的民生权益和幸福生活，法治是必由之路，也是根本保障。习近平同志强调，要依法保障全体公民享有广泛的权利，努力维护最广大人民根本利益，保障人民群众对美好生活的向往和追求。这既突出了法治的核心价值，使社会主义法治建设具有广泛深厚的群众基础，又追求公平正义、民主法制，使中国梦的实现有了动力来源。因此，我们只有把增进人民福祉作为法治建设的最高目标，以法治的方式维护社会公平正义、保护个体权益、保障人的全面发展，在立法、执法、司法等各个领域和环节中尊重和保障人权，保证人民平等参与、平等发展权利，让发展成果更多、更公平地惠及全体人民，提升全社会的幸福指数。

（二）全面推进依法治国，是全面深化改革、完善和发展中国特色社会主义制度的迫切需要

全面深化改革需要法治保障，全面推进依法治国也需要深化改革。当前，中国的改革已经进入深水区，巨大的机遇和严峻的挑战并存，必须建设更为健全的法制体系，进一步强调法制建设的重要性和必要性，通过法治形成更加规范有序推进改革的方式，为改革攻坚战和维护改革成果保驾护航。

1. 全面深化改革需要用法治思维设计改革目标和方案

法治是改革成功与否的界限。2014年2月，习近平同志在中央全面深化改革领导小组第二次会议上强调，凡属重大改革都要于法有据。在整个改革过程中高度重视运用法治思维和法治方式，可以发挥法治的引领和推动作用，加强对改革相关立法工作的协调，确保在法治轨道上推进改革，为全面深化改革能够按照"施工图"蹄疾步稳地向前推进提供法律保障。

2. 全面深化改革需要依法推进各项改革举措

全面推进深化改革、实现改革的战略意图和目标，尤其需要运用法治思维和法治方法来指导改革立法工作，将党的改革举措通过国家制度的形式科学地固定下来，在程序化的环节中予以落实。因此，依法推进改革，可以实现立法和改革决策相衔接，做到重大改革于法有据、立法主动适应改革发展需要；在研究改革方案和改革措施时，可以同步考虑改革涉及的立法问题，及时提出立法需求和立法建议，实践证明行之有效的，及时上升为法律，实践条件还不成熟、需要先行先试的，按照法定程序作出授权，对不适应改革要求的法律法规，及时修改和废止；可以加强法律解释工作，及时明确法律规定含义和适用法律依据；可以把党提出的对依法治国具有重要意义的改革举措，纳入改革任务总台账，一体部署、一体落实、一体督办。

3. 全面深化改革需要运用法治方式解决转型期的新矛盾和新问题

在面对"黄金发展期"与"矛盾凸显期"相互交织的时期，引领中国改革发展必须紧紧依靠法治，不断提高化解矛盾的能力。因此，要采取积极稳妥、循序渐进、成熟先行的办法，抓住主要矛盾和重点问题，加快推进经济体制改革、政治体制改革、司法体制改革，打破诸多已经形成甚至已固化了的利益格局，释放经济社会的内生活力，向改革要"红利"，并由此继续推动经济建设健康发展。

（三）全面推进依法治国，是提高党的执政能力和执政水平的重要保证

依法执政，是加强党的执政能力建设的重要内容，是在新的历史条件下党执政的一个基本方式。坚持和推进依法执政，对于加强和改善党的领导，改革和完善党的领导方式和执政方式，提高党的执政能力和执政水平，具有极其重要的意义。

1. 全面推进依法治国，有助于改革和完善党的领导方式和执政方式

依法治国是在坚持党领导下的依法治国，党必须直接领导国家立法、

执法、司法及法的监督等各项法治建设工作。因此，依法治国反映了党的执政方式、领导方式的基本特征，确立了党在推进依法治国中的领导核心地位，坚持和改善党的执政方式和领导方式成为全面推进依法治国的必然要求。党依法确定和规范党的领导地位和执政地位，正确认识和处理党的政策与法律的关系，理顺执政党与国家立法、司法和行政机关的关系，规范党委与人大、政府、政协以及人民团体的关系，使党的领导方式和执政方式发生重大变化，从依靠政策治理转到依法治国。

2. 全面推进依法治国，有助于防止腐败问题的滋生和蔓延

腐败问题是关系到党和国家生死存亡的根本性问题。用法治思维和法治方式反对腐败，可以形成不敢腐的惩戒机制、不能腐的防范机制、不易腐的保障机制。通过法治反腐，可以加强对权力运行的制约和监督，依法治权。习近平同志强调的"把权力关进制度的笼子里"，就是通过法律制度规范权力运作的范围、过程，为预防腐败提供重要条件。推进依法治权，建立结构合理、配置科学、程序严密、制约有效的权力制约机制，将授权、置权和行权全面纳入宪法和法律规范，确立权力运行的法律秩序，为权力的行使设定不可逾越的底线和不可触碰的红线，使一切权力有法可依、有法必依、违法必究，将权力关进法律制度的笼子，有效地防止贪腐之风死灰复燃。

3. 全面推进依法治国，有助于巩固党的执政地位，实现党和国家的长治久安

近年来，群体性治安事件、暴力执法事件、冤假错案高居不下，削弱了党执政的群众基础。维护社会稳定，巩固党的执政地位，实现党和国家的长治久安，必须依靠法治，通过整体、全面、合理的制度安排，从制度上理顺各种利益关系，平衡不同利益诉求，从源头上有效预防与减少社会矛盾和纠纷，实现政治清明、社会公正、民心稳定，维护党的执政安全和国家的长治久安。

二、坚持全面推进依法治国的正确方向

《决定》指出,全面推进依法治国,必须贯彻落实党的十八大和十八届三中全会精神,高举中国特色社会主义伟大旗帜,以马克思列宁主义、毛泽东思想、邓小平理论、"三个代表"重要思想、科学发展观为指导,深入贯彻习近平总书记系列重要讲话精神,坚持党的领导、人民当家作主、依法治国有机统一,坚定不移走中国特色社会主义法治道路,坚决维护宪法法律权威,依法维护人民权益、维护社会公平正义、维护国家安全稳定,为实现"两个一百年"奋斗目标、实现中华民族伟大复兴的中国梦提供有力法治保障。"这些阐述,为全面推进依法治国指明了正确方向。

(一)把中国特色社会主义理论体系作为全面推进依法治国的行动指南

中国特色社会主义理论体系是全党全国各族人民团结奋斗的共同思想基础,是中国发展进步、实现中华民族的伟大复兴的强大思想武器,不仅极大地推动中国特色社会主义伟大实践的创新,而且为党治国理政、全面推进依法治国提供了行动指南。

1. 把中国特色社会主义理论体系作为全面推进法治中国建设的行动指南,必须丰富和发展社会主义法治理论

新中国成立以来,在历代中央领导集体的不懈努力下,中国特色社会主义法治理论在社会主义建设实践中逐步形成并不断得到丰富和发展,并走出一条符合中国国情、反映人民意志、顺应时代潮流的中国特色社会主义法治道路。以毛泽东同志为代表的第一代中央领导集体初步探索了社会主义法治建设的特点规律,取得了《论人民民主专政》、《中华人民共和国宪法》和党的八大文件等理论成果,建立和巩固了人民民主政权和社会主义法制。以邓小平同志为代表的第二代中央领导集体把党和国家的工作重心由以阶级斗争为纲转移到以经济建设为中心上来,

并确立了加强民主与法制、树立法律权威的方针,取得了《解放思想、实事求是、团结一致向前看》、党的十一届三中全会的公报和1982年《宪法》等理论成果。以江泽民同志为代表的第三代中央领导集体确立了"依法治国,建设社会主义法治国家"这一治国方略,取得了党的十五大文件和三个宪法修正案等理论成果。以胡锦涛同志为代表的党中央提出和论证了社会主义法治理念,并把关注民生、保障人权放到国家生活中的突出位置,取得了党的十七大文件和第四个宪法修正案等理论成果。

党的十八大以来,习近平同志多次就法治建设发表重要论述,深刻阐明了推进法治建设的基本遵循和价值追求,进一步指明了社会主义法治国家建设的方向和道路,丰富和发展了社会主义法治理论,为推进社会主义法治国家建设提供了强大的理论指引和思想武器,标志着社会主义法治国家建设进入新的阶段。当然,理论创新与实践创新永无止境,今后随着认识的不断深化与实践的不断推进,社会主义法治理论会在继承中不断创新发展。

2. 把中国特色社会主义理论体系作为全面推进法治中国建设的行动指南,必须坚定不移走中国特色社会主义政治发展道路

坚持中国特色社会主义政治发展道路,关键是要坚持党的领导、人民当家作主、依法治国有机统一。改革开放以来,我们党团结带领人民在发展社会主义民主政治方面取得了重大进展,成功开辟和坚持了中国特色社会主义政治发展道路,为实现最广泛的人民民主确立了正确方向。这一政治发展道路的核心思想、主体内容、基本要求,都在宪法中得到了确认和体现,其精神实质是紧密联系、相互贯通、相互促进的。因此,坚持依法治国首先要坚持依宪治国,坚持依法执政首先要坚持依宪执政,维护宪法法律权威,使民主制度化、法律化,使这种制度和法律不因领导人的改变而改变,不因领导人的看法和注意力的改变而改变。同时,在坚持中国特色社会主义政治发展道路过程中,确立了国家的根本制度和根本任务,国家的领导核心和指导思想,工人阶级领导的、以工农联盟为基础的人民民主专政的国体,人民代表大会制度的政体,中国共产党领导的多党合作和政治协商制度、民族区域自治制度以及基层群众自治制度,爱国统一战线,社会主义法制原则,民主集中制原则,尊重和保障人权原则等制度和原则,并在宪法中得到确认,我们必须长期坚持、全面贯彻、不断发展。

3. 把中国特色社会主义理论体系作为全面推进法治中国建设的行动指南,必须不断推进社会主义政治制度自我完善和发展

发展社会主义民主政治,最根本的是把坚持党的领导、人民当家作主和依法治国有机统一起来,以政治体制改革促进社会主义政治制度的自我完善和发展,实现社会主义民主政治的制度化、规范化和程序化。因此,要适应扩大人民民主、促进经济社会发展的新要求,积极稳妥推进政治体制改革,不断改革和完善党和国家的领导制度,改革和完善党的领导方式和执政方式,改革和完善决策机制,推进干部人事制度改革,推进行政体制改革,推进司法体制改革,发展城乡基层民主,扩大公民有序的政治参与,保证人民依法实行民主选举、民主决策、民主管理和民主监督,尊重和保障人权,加强对权力的制约监督和反腐败斗争,发展更加广泛、更加充分、更加健全的人民民主,充分发挥我国社会主义政治制度优越性,不断推进社会主义政治制度自我完善和发展。

(二)把坚持党的领导、人民当家作主、依法治国有机统一作为全面推进依法治国的正确路径

坚持党的领导、人民当家作主、依法治国有机统一,这是中国共产党带领人民进行长期实践探索得出的正确结论,也是全面推进依法治国的重要指针。三者的有机统一,事关社会主义民主法治乃至中国特色社会主义伟大事业的兴衰成败,事关我们党、国家和人民的前途命运。

1. 党的领导是人民当家作主和依法治国的根本保证

中国共产党是中国革命和中国特色社会主义伟大事业的领导核心,必须旗帜鲜明地坚持党的领导,这是一条不可动摇的政治原则。坚持党

的领导，关键是切实保证党领导人民有效治理国家。习近平总书记明确指出，要坚持党总揽全局、协调各方的领导核心作用，坚持依法治国基本方略和依法执政基本方式，善于使党的主张通过法定程序成为国家意志。因此，党必须并善于通过法律来治国理政，真正实现和落实法治和各项制度，以确保国家政权运行的制度化、规范化、有序化，保证党领导人民有效治理国家。

2. 人民当家作主是社会主义民主政治的本质和核心，也是我国宪法所确立的根本准则

全面坚持人民主体地位，就是保证公民在法律面前一律平等，尊重和保障人权，保证人民依法享有广泛的权利和自由，保障公民人身权、财产权等各项权利不受侵犯，维护最广大人民根本利益。要坚持人民的主体地位，核心是支持和保证人民通过依法行使国家权力。要切实保障人民当家作主的各项权利，必须推进社会主义民主的制度化、规范化和程序化，通过一系列制度、体制、机制创新，确保民意表达、民主选举、民主决策、民主管理、民主监督落到实处，扩大公民有序政治参与，健全民主制度，丰富民主形式，拓宽民主渠道，保证人民依法行使各项民主权利，充分体现社会主义民主政治的本质特征和根本要求。

3. 依法治国是党领导人民治理国家的基本方略，也是现代民主政治的必然要求

坚持依法治国、依法执政、依法行政，必然要求党领导立法、保证执法、支持司法、带头守法。一方面，人民在党的领导下，依照宪法和法律治理国家，通过各种途径和形式，有效参与国家和社会事务的管理，保障自己当家作主的权利，保证国家各项工作都依法进行，实现社会主义民主的制度化、法律化，使这种制度和法律不因领导人的改变而改变，不因领导人的看法和注意力的改变而改变。另一方面，党领导人民通过国家权力机关制定宪法和各项法律，党领导人民执行宪法和法律，自身又在宪法和法律范围内活动，严格依法执政、依法决策，保障宪法和法律的实施，从而使党的领导、人民当家作主、依法治国有机统一起来。

总之，坚持党的领导、人民当家作主、依法治国有机统一，就是党领导人民，通过依法治国，实现当家作主。这是中国特色社会主义民主政治的本质特征、根本原则和重要优势，也是全面推进法治中国建设的正确路径，必将持续推进社会主义民主法治的进程。

（三）把坚决维护宪法法律权威，依法维护人民权益、维护社会公平正义、维护国家安全稳定作为全面推进依法治国的价值追求

维护宪法法律权威，依法维护人民权益、维护社会公平正义、维护国家安全稳定，是全面推进依法治国的题中应有之义。

1. 维护宪法的最高权威

宪法和法律是执政党的主张、国家主权意志、人民共同意志的集中体现，是通过科学民主立法程序形成的普遍行为规范，是一切国家机关、武装力量、政党和社会组织、企事业单位、全体公民都必须严格遵守的共同行为准则。因此，必须维护宪法的最高权威，把宪法作为保证党和国家兴旺发达、长治久安的根本法，进一步健全宪法实施监督机制和程序，把全面贯彻实施宪法提高到一个新水平；必须建立健全全社会忠于、遵守、维护、运用宪法法律的制度，坚持法律面前人人平等，任何组织或者个人都不得有超越宪法法律的特权，一切违反宪法法律的行为都必须予以追究；必须加强宪法和法律实施，维护社会主义法制的统一、尊严、权威，形成人们不愿违法、不能违法、不敢违法的法治环境，做到有法必依、执法必严、违法必究。

2. 维护人民权益、社会公平正义和国家安全稳定

依法维护人民权益、维护社会公平正义、维护国家安全稳定，是人类社会文明进步的重要标志，也是加强社会主义法治、建设文明强国、实现中国梦的基本要求。随着我国市场经济的发展，社会结构的变动，利益关系的多元化，社会利益失衡、权力滥用现象随之增多。影响社会公平正义的各种矛盾和问题越多，人民群众对党和政府维护社会公平正

义的要求就会越高。社会主义法治建设要回应全社会对公平正义的要求和愿望，使正义的要求法律化、制度化，使权力的运行程序化、公开化。坚持维护公平正义，意味着要确保全体公民在社会发展的各方面都享有平等的生存和发展权利，为每一位社会成员提供创业发展、奉献社会、追求幸福、实现人生价值的同等机会，实现在法律、制度面前人人平等，让每一位社会成员平等地享有权利，平等地履行义务，平等地承担责任，平等地受到保护。因此，必须建立以权利公平、机会公平、规则公平为主要内容的社会公平保障体系，保障公民权利不受侵犯，保障公民权利的正当行使，努力促进经济、社会和文化权利与公民、政治权利的全面、协调发展，调动和发挥广大人民群众参与社会主义建设的主动性、积极性；必须加强执法工作，确保宪法和各项法律法规有效公正实施，做到有法必依，执法必严，违法必究，营造公平、正义、平等、和谐的社会氛围；必须把法治作为调节社会利益关系的基本方式，通过整体、全面、合理的制度安排，从制度上理顺各种利益关系、平衡不同利益诉求，从源头上有效预防与减少社会矛盾和纠纷。

（四）把实现中华民族伟大复兴的中国梦作为全面推进依法治国的奋斗目标

形成经济富裕、政治民主、文化繁荣、社会公平、生态良好的发展格局，是实现中国梦的主要标志。2012年党的十八大明确提出建设社会主义市场经济、社会主义民主政治、社会主义先进文化、社会主义和谐社会、社会主义生态文明"五位一体"的总体布局，这是全面建成小康社会、实现中华民族伟大复兴的中国梦的必由之路，也是全面推进依法治国的奋斗目标。

1. 依法推进社会主义经济建设、政治建设、文化建设、社会建设、生态文明建设，夯实中国梦的物质文化基础

依法推进经济建设，就是加快完善社会主义市场经济体制，加快转变经济发展方式，不断增强发展后劲，促进工业化信息化城镇化和农业现代化同步发展。依法推进政治建设，就是坚持走中国特色社会主义政治发展道路，坚持党的领导、人民当家作主、依法治国有机统一，加快建设社会主义法治国家，建立健全权力运行约束和监督体系，让权力在阳光下运行。依法推进文化建设，就是加强社会主义核心价值体系建设，全面提高公民道德素质，丰富人民精神文化生活，增强文化整体实力和竞争力，建设社会主义文化强国。依法推进社会建设，就是以保障和改善民生为重点，多谋民生之利，多解民生之忧，加快健全基本公共服务体系，加强和创新社会管理，推动和谐社会建设。依法推进生态文明建设，就是加大自然生态系统和环境保护力度，加强生态文明制度建设，努力实现绿色发展，努力建设美丽中国。这样，实现经济持续健康发展，人民民主不断扩大，文化软实力显著增强，人民生活水平全面提高，资源节约型和环境友好型社会建设取得更大进展。

2. 在全面推进依法治国中实现政治清明、经济富强、文化繁荣、社会和谐、生态文明，为实现中国梦提供法治支撑

全面推进依法治国，首先要树立宪法和法律的最高地位和最大权威，让宪法和法律更有地位、更有权威、更有实效、更有尊严，成为全社会的崇高价值和根本依循。宪法和法律如果没有最高地位和最大权威，治国安邦就失去根本依据，公民行为就失去基本规范，公平正义就失去统一标准，政治就不可能清明，经济就不可能发展，社会就不可能和谐，文化就不可能繁荣，人民就不可能幸福。通过全面推进依法治国，使法律和制度更加健全和完善，宪法和法律得到切实实施，法治真正成为治国理政的基本方式，用法律制度和法治机制为社会主义经济建设、政治建设、文化建设、社会建设、生态文明建设提供法治支撑和保障，使法治贯穿改革发展稳定全过程，覆盖国家治理和社会管理各领域，使人民民主更加充分和健全，经济发展更加健康和有序，社会运行更加稳定和和谐，文化发展更加规范和全面，生态环境更加友好文明。

3. 努力建设法治中国，培育及发挥社会主义的制度优势

培育及发挥社会主义的制度优势，全面推进依法治国是必经阶梯。

文明国家的崛起和制度成熟定型，从未离开过法治能力的彰显。法治建设水平和制度创设能力，是一个国家外树形象、内聚民力、永续发展的核心竞争力。依法推进社会主义经济制度、政治制度、文化制度、社会制度、生态文明制度建设，凝聚全国各族人民的发展共识和智慧力量，提高国家治理能力，解决经济社会发展面临的矛盾和问题，建立诚信、维护权利的法治社会。尤其是社会主义法治文明建设，让全体公民切实当家作主，让权利公平、机会公平、规则公平成为全社会奉行的基本准则，让公民在法律面前一律平等得到严格落实，让人权受到切实尊重和保障，让每一个人都活得更加幸福更有尊严，在政治、经济、文化、社会生活等各个领域依法享有广泛平等的权利和自由。这样，社会主义制度的优势才得到最充分的发挥，中国梦更具有吸引力、凝聚力。

三、牢牢把握全面推进依法治国的总目标

《决定》明确指出："全面推进依法治国，总目标是建设中国特色社会主义法治体系，建设社会主义法治国家。这就是，在中国共产党领导下，坚持中国特色社会主义制度，贯彻中国特色社会主义法治理论，形成完备的法律规范体系、高效的法治实施体系、严密的法治监督体系、有力的法治保障体系，形成完善的党内法规体系，坚持依法治国、依法执政、依法行政共同推进，坚持法治国家、法治政府、法治社会一体建设，实现科学立法、严格执法、公正司法、全民守法，促进国家治理体系和治理能力现代化。"这些阐述构成中国特色社会主义法治道路的核心要义，规定和确保了中国特色社会主义法治体系的制度属性和前进方向。

（一）坚持党的领导，为全面推进依法治国提供最根本的保证

全面推进依法治国，是我们党提出来的，是我们党领导人民治理国家的基本方略，必须在党的领导下有步骤地推进。《决定》明确指出："党的领导是中国特色社会主义最本质的特征，也是社会主义法治最根本的

保证。""党的领导是全面推进依法治国、加快建设社会主义法治国家最根本的保证。必须加强和改进党对法治工作的领导，把党的领导贯彻到全面推进依法治国全过程。"

1. 坚持党的领导是社会主义法治建设的根本要求

依法治国的实现并不是自动的，而是需要积极推动的。中国共产党作为社会主义法治建设的领导力量，在法治的实现过程中发挥了全面性、系统性的作用。社会主义国家兴衰成败的经验教训，特别是中国社会主义民主建设、法制建设的经验表明，宪法和法律能否得到有效实施，从根本上取决于中国共产党。全面推进依法治国，加快建设社会主义法治国家，中国共产党起主导作用。党领导人民制定宪法和法律，党自身在宪法和法律的范围内活动，宪法和法律能否得到实施以及在多大程度上得到实施，也最终取决于党的领导和推动。

坚持党的领导，是拓展中国特色社会主义法治道路、实现法治中国的需要。只有在党的领导下依法治国、厉行法治，人民当家作主才能充分实现，国家和社会生活法治化才能有序推进。因此，必须坚持党对立法工作的领导，依靠中国共产党这个政治领导核心的权衡和引导，立法机关把握立法的方向，捕捉立法的时机，使法律代表工人阶级及广大人民群众的意志，符合实际需要、符合客观规律；必须坚持党对执法工作的领导，党通过设在这些国家机关的党组，监督国家机关严格执法、严肃执法，保证行政机关依法行使职权，保证检察院独立行使检察权，保证法院独立行使审判权，使国家机关不受其他机关、团体和个人的干涉，使法律的执行不偏离立法精神，不偏离人民群众的利益和意志；必须坚持党对守法工作的领导，既要加强法制宣传教育，提高干部群众对社会主义法律的认识，培养他们的法律意识，强化守法观念，又要大力开展社会治安的综合治理，严厉打击违法犯罪活动，使任何个人、社会组织都没有凌驾于宪法和法律之上的特权，能够自觉地履行义务，享受权利，遵守禁令；必须坚持党对法律监督的领导，健全和完善以权力机关监督为核心的，以党的监督为灵魂，以检察监督为主体的，包括社会监督、司法监督和行政监督在内的法律监督体系，使法律监督成为实现社会主义法治的保障。

2. 党的领导和社会主义法治是一致的

党的领导和依法治国的关系是中国法治建设的核心问题。《决定》指出，党的领导和社会主义法治是一致的，社会主义法治必须坚持党的领导，党的领导必须依靠社会主义法治。这句话深刻地阐述了党的领导与社会主义法治的辩证关系。一些人不能很好地处理党的领导和法治的关系。一提法治，就认为是否定党的领导，一提党的领导，就认为是否定法治。他们没有认识到，法律与党的路线方针政策是不矛盾的，加强党的领导和依法治国是统一的。党的领导和社会主义法治的一致性表现在：一是我们党的主张是代表和体现人民的意志与利益的。党的主张经过法定程序变成国家意志，通过党组织的活动和党的模范作用，带动人民群众实现党的路线、方针、政策。国家的宪法和法律是人民群众意志的体现，也是党的主张的体现。实现党的主张、国家法律与人民意志的统一，这样就把党对国家事务的领导同依法治国统一起来了。二是党的各级组织和广大党员带头自觉遵守并维护宪法和法律，在宪法和法律范围内活动，严格依法办事，为广大人民群众做出表率，有利于在全社会形成崇尚法治的良好风气，从而使上升为法律的党的各项主张得到更好地贯彻执行。执行宪法和法律，是按广大人民群众的意志办事，也是贯彻党的路线、方针、政策的重要保障。三是各级党组织可以通过法定程序，向各级权力机关、行政机关和司法机关推荐合格干部，从而在组织上保障党的领导、依法治国方针的实施。依法治国把坚持党的领导、发扬人民民主和严格依法办事统一起来，有利于从制度和法律上保证党的基本路线和基本纲领的贯彻执行，保证党始终发挥总揽全局、协调各方的领导核心作用。因此，党的领导和社会主义法治是一致的，社会主义法治必须坚持党的领导，党的领导必须依靠社会主义法治。把坚持党的领导、人民当家作主、依法治国有机统一起来，是我国法治与西方所谓"宪政"的根本区别。

3. 不断提高党依法执政的能力和水平

党的执政能力建设和先进性建设是党的建设的主线。不断巩固党的执政地位，提高依法执政的能力和水平，必须进一步改革和完善党的执政方式，加强和改进党对法治工作的领导，使党始终成为总揽全局、协调各方的坚强领导核心。一是以依法从严治党加强党的领导，为健全社会主义法制、建设社会主义法治国家奠定基础。党自身的先进性、纯洁性关系到全面推进依法治国的伟大事业，因此治国必先治党，治党务必从严。坚持依法治党，必须运用党内法规把党要管党、从严治党落到实处，依照党章党规和党的各项制度，在宪法和法律的范围内，遵循依法治国要求，围绕党和国家的奋斗目标，组织党的各级组织和全体党员不断加强自身建设，使党的各项建设制度化、规范化，不断提高党的领导水平和执政水平、提高拒腐防变和抵御风险的能力，把党建设成社会主义法治国家的坚强领导核心。二是以依法执政保证党的领导，为全面推进依法治国奠定基础。通过依法执政，党领导确立和运用体现广大人民群众利益、意志、愿望的宪法和法律治理国家，并从领导制度上确保法治在国家经济、政治、文化和社会生活中的权威地位和作用，实现党的领导方式和执政方式的规范化，依法代表人民行使国家权力，建设社会主义法治国家。坚持依法执政，关键是做到依法治权。各级党员领导干部要带头遵守法律，带头依法办事，不得违法行使权力，更不能以言代法、以权压法、徇私枉法。要切实提高党员领导干部的法治思维和依法办事能力，把能不能遵守法律、依法办事纳入政绩考核和干部考察体系。各级人大、政府、政协、审判机关、检察机关的党组织要承担起领导和监督本单位模范遵守宪法法律的职责。三是以依法行政实现党的领导，为党依法管理好国家各项事务、治理好国家奠定基础。依法行政，就是国家机关特别是行政机关必须把对广大人民群众根本利益负责与国家法律实施负责统一起来，依法办事，依法确立、使用、规范和制约行政权力，行政违法必须追究责任。尤其要加强基层法治化建设。基层党政组织是国家治理的神经末梢，最直接地反映党的执政理念和执政理想，最有力地确保依法治国大政方针和工作部署的落实。因此，要发挥基层党政组织在全面推进依法治国中的战斗堡垒作用，善于运用法律手段促进经济的繁荣发展和社会的全面进步，管理经济和社会事务，妥善处理人民内部矛盾和其他社会矛盾，切实维护广大人民群众的权益。

（二）贯彻中国特色社会主义法治理论

我国在马克思主义中国化、时代化、大众化的过程中，把马克思主义法学基本原理和中国法治经验有机结合起来，逐步形成了内容丰富、博大精深的中国特色社会主义法治理论。中国特色社会主义法治理论是马克思主义中国化的成果之一，是中国特色社会主义理论体系的重要组成部分，是中国共产党带领全国人民对建设中国特色社会主义法治国家特点规律的深刻认识和实践经验的总结升华，是中国特色社会主义法治体系的理论指导和学理支撑，是推进法治中国建设的行动指南。

中国特色社会主义法治理论具有中国特色、中国风格：一是坚持党的领导、人民当家作主和依法治国的有机统一，这是中国特色社会主义法治的根本原则。二是坚持党的事业至上、人民利益至上和宪法法律至上，这是社会主义法治的根本要求。三是坚持依法治国、建设社会主义法治国家，以民为本、执法为民、严格公正执法、维护公平正义，紧紧围绕中心，保障服务大局，坚持并加强和改善党的领导，这是社会主义法治理念的重要内容。四是坚持人民代表大会制度，这是中国特色社会主义法治的政治基础。五是建设公正高效权威的社会主义司法制度，这是中国特色社会主义法治的重要保障。

贯彻中国特色社会主义法治理论，一是坚持把依法治国作为中国共产党领导人民治理国家的基本方略，作为社会主义法治的核心内容，因为依法治国体现了人民主权、法律权威、法律平等、权力制约等时代精神，是现代文明的重要标志。二是坚持把执法为民作为社会主义法治的本质要求，作为党"执政为民"在法治领域的生动体现，以人民的根本利益和人的全面发展为出发点，以保护基本人权、维护社会正常秩序和国家安全为己任，以文明执法、科学执法为基本要求。三是坚持把公平正义作为社会主义法治的价值追求，以公平正义为标准和尺度，按照法律的规定协调各种利益，处理化解各类纠纷和矛盾，实现经济社会和谐发展。四是坚持把服务大局作为社会主义法治的重要使命，正确认识大局、把握大局，发挥法治在服务国家大局中的特殊功能。五是坚持把党的领导作为实现社会主义法治国家的根本保证，在党的正确领导下完成社会主义法治建设的伟大事业。

（三）形成完备的法律规范体系、高效的法治实施体系、严密的法治监督体系、有力的法治保障体系、完善的党内法规体系

《决定》不仅提出了建设中国特色社会主义法治体系、建设社会主义法治国家的总目标，还明确了中国特色社会主义法治体系的具体内容，那就是要形成完备的法律规范体系、高效的法治实施体系、严密的法治监督体系、有力的法治保障体系，形成完善的党内法规体系。五大体系是一个有机统一体，完备的法律法规体系是前提和基础，高效的法治实施体系是生命，严密的法治监督体系是关键，有力的法治保障体系是屏障，完善的党内法规体系是核心。

1. 形成完备的法律规范体系

目前，我国现行有效法律242部，68部法律的制定或修改列入了本届全国人大及其常委会的立法规划中。但是现有法律体系中不协调、不一致、体系性不强等问题依然突出，一些新生态、新业态不断出现，经济生活领域的大量问题，还缺乏法律法规明确规定。党的十八届四中全会提出要形成完备的法律规范体系，这为新的历史条件下进一步加强和改进立法工作，完善法律体系指明了方向。只有经济社会发展的各方面实现有法可依，只有不断提高立法的科学化、民主化水平，才能实现良法善治，才能为依法治国提供基本制度依循。

形成完备的法律规范体系，首先，要加强重点领域立法，增强法律法规的系统性，解决因体系性不强导致的法律规定在逻辑上、价值取向

上相互"打架"的问题。其次,要重视发挥立法对改革和经济社会发展的引领推动作用,变"政策引领"为"立法引领",坚持改革于法有据,使改革始终在法治轨道上进行。再次,要改进立法体制,健全立法的途径和方式,鼓励公民参与立法,使立法真正成为凝聚社会共识、调整利益分配的过程,使立法更好地体现广大人民的利益和社会公平正义。

2. 形成高效的法治实施体系

建立高效的法治实施体系是全面推进依法治国的核心议题,对于法治国家、法治政府、法治社会的一体建设至关重要。法律的生命力在于实施,法律的权威也在于实施。法律得不到实施,形同虚设。当前,法律实施中还存在不少问题。法治的权威尚未完全树立;有法不依、执法不严时有发生;执法机构权责不清、执法人员的素质不高,造成不文明执法不公正司法和不作为等问题;法律实施的评价考核制度不完善,难以对执法机构和人员形成有效的奖惩机制。

保证法律有效实施,严格执法是关键。我们要依法全面履行政府职能,推进机构、职能、权限、程序、责任法定化,推行政府权力清单制度,做到行政行为于法有据,法无授权不可为,法定职责必须为。深化行政执法体制改革,整合执法机构、充实基层执法、强化综合执法,做到严格高效执法。保证法律有效实施,合理的激励评价制度是动力。应加快建立法律实施的激励保障机制,运用考核、提拔、使用能够确保法律有效实施的干部。

3. 形成严密的法治监督体系

当前,在我国,司法腐败的现象依然存在,关系案、人情案、金钱案等时有发生。缺乏法律实施的监督是重要原因之一。只有加强对法律实施的监督,才能防止腐败,纠正徇私枉法之风,真正做到执法必严,才能在全社会形成遵法守法之风,社会主义法治才会有权威性,社会主义法治国家才能建成。

法治监督体系必须以法律为前提,任何机关、组织或个人都不能干扰、阻挠甚至破坏法律的实施,这是法治监督必须遵守的前提和原则。

而且强调，法治监督体系必须是严密的，这是对法治监督体系提出的具体要求。严密就意味着监督必须是全方位的，监督主体之间必须衔接到位，必须明确规定各职能机构的权限、范围、内容和程序等，明确监督机构的分工和相互关系，绝不能出现法治监督方面的空白。

4. 形成有力的法治保障体系

近些年来，我国法治保障体系不断完善，但仍然存在一些问题。如法治保障体制机制的部门化、行政化，容易出现个别执法、司法行为被干预的情况，损害了法治威信。同时，执法司法人员专业素质有待加强，特别是专业人员的准入、晋升、转任机制不健全，形成职业保障规则不够公平。

有力的法治保障体系，是推进法治中国建设的必然要求，也是促进社会公平正义的重要举措，是法律得以贯彻实施的重要手段。只有保障体系科学、机制健全，才能确保严格执法、公正司法。首先，应加快推进司法管理体制改革，探索建立与行政区划适当分离的司法管辖制度，确保司法机关依法独立公正行使审判权、检察权。其次，理顺司法权与行政权、监督权的关系，健全办案组织体系，健全司法权力运行机制，加快推进司法职权配置合理化、科学化。再次，加快建立健全符合职业特点的司法人员管理制度，推进司法职业化，建立司法人员分类管理体系。

5. 形成完善的党内法规体系

2013年8月，《中共中央关于废止和宣布失效一批党内法规和规范性文件的决定》发布。同年11月，《中央党内法规制定工作五年规划纲要（2013—2017年）》发布，这是我们党历史上第一次在对现有党内法规进行全面清理的基础上，提出基本形成党内法规制度体系框架。

作为一个拥有众多党员且又长期执政的政党，加强党内法规体系化建设，是推进党的建设、保持党的先进性的重要方式与保障，也是进一步提升党的执政能力的内在要求。完善党内法规体系，首先要注意处理好与宪法法律的关系。党内法规是以宪法为核心的中国特色社会主义法律体系的重要组成部分，不是独立于国家法律体系之外的规则体系，更不能超越于宪法法律之上，不能与宪法法律相抵触。党内法规建设应既是国家法律体系发展的动力，又是国家法律体系发展的保证。其次，要把党内法规建设同党情、国情、民情相结合。不掩饰或忌讳党内存在这样或那样的问题，敢于直面包括贪污腐败等直接关系群众利益的问题，采取切实有力的措施。再次，要建立健全权力运行制约制度。国家制度建设与党内制度建设要同步进行，用制度规范权力的运行过程，强化腐败的制度治理，切实把权力关进制度的笼子，确保权力在阳光下运行。

（四）共同推进依法治国、依法执政、依法行政

坚持依法治国、依法执政、依法行政共同推进，是推进法治中国建设的战略部署和根本要求，也是推进国家治理体系和治理能力现代化的必然要求和根本保障。

1. 依法治国是党领导人民治理国家的基本方略

依法治国，就是广大人民群众在党的领导下，依照宪法和法律规定，通过各种途径和形式管理国家事务，管理经济文化事业，管理社会事务，保证国家各项工作都依法进行，逐步实现社会主义民主的制度化、法律化，使这种制度和法律不因个人意志而改变。依法治国把坚持党的领导、发扬人民民主和严格依法办事统一起来，从制度和法律上保证党的基本路线和基本方针的贯彻实施，保证党始终发挥总揽全局、协调各方的领导核心作用。因此，依法治国是中国共产党执政方式的重大转变，有利于加强和改善党的领导，有利于发展社会主义民主、实现人民当家作主，有利于发展社会主义市场经济和扩大对外开放，有利于保障全国各族人民的根本利益，有利于维护社会稳定、实现国家长治久安。

2. 依法执政是我党执政的重要途径和方式

依法执政，是指党通过制定大政方针、提出立法建议、推荐重要干部等执政权力的行使，使党的主张经过法定程序变成国家意志，支持和保证人大、政府、司法机关依法履行职能，不断推进国家经济、政治、

文化、社会生活的法制化、规范化，从制度上、法律上保证党的路线方针政策的贯彻实施。因此，要正确处理党的政策与社会主义法律两者之间的辩证关系，学会将政策通过法定程序及时转化为法律，保证党的各项路线、方针和政策能够及时、有效地成为全社会公众的行为准则。要提高依法执政能力，在治理国家和社会事务中，坚持运用法律手段，解决社会矛盾，协调利益关系，持续获得人民拥护，促进社会生产发展，引导社会整体进步。

3. 依法行政，实质是实现法治行政

依法行政，是指国家机关及其工作人员依据宪法和法律赋予的职责权限，在法律规定的职权范围内，对国家的政治、经济、文化、教育、科技等各项社会事务，依法进行管理的活动。依法行政的本质要求是有效制约和合理运用行政权力，一切国家行政机关和工作人员都必须严格按照法律的规定，在法定职权范围内，充分行使管理国家和社会事务的行政职能，做到既不失职，又不越权，更不能非法侵犯公民的合法权益。依法行政的具体要求是合法行政、合理行政、程序正当、高效便民、诚实守信、权责统一，因此要加强立法工作，提高立法质量，严格规范执法行为；加强行政执法队伍建设，严格、公正、文明执法，不断提高执法能力和水平；深化行政管理体制改革，形成权责一致、分工合理、决策科学、执行顺畅、监督有力的行政管理体制。

4. 依法治国、依法执政、依法行政必须共同推进

依法治国，依法执政，依法行政内在联系、相互统一、层层递进。依法治国本身就包含了依法执政与依法行政两个内容，依法治国需要依法执政的方式来体现，依法执政最重要的是依法行政。依法执政是执政党执政的基本方式，是依法治国的核心和具体化，是依法行政的前提，进一步落实依法执政，需要国家机关工作人员始终坚持依法行政。依法行政是依法治国的应有之义，是依法治国的关键，是依法执政的日常体现和具体落实，为依法治国和依法行政提供保障。因此，全面推进依法治国，必须共同推进依法治国、依法执政、依法行政。

（五）坚持法治国家、法治政府、法治社会一体建设

全面推进依法治国，是一个综合性的系统建设工程，覆盖经济社会发展的方方面面，必须重视建设的整体推进和协调发展。法治国家是依法治国的建设目标，法治政府是依法行政的建设目标，法治社会是我们小康社会的建设目标，小康社会同样也是法治社会。在我国，法治国家、法治政府、法治社会是一个统一体，互为补充。法治国家由法治政府、法治社会所构成、所体现，法治政府是法治国家建设的一部分，法治社会是法治政府建设的依托和支撑。

1. 努力建设法治国家

建设社会主义法治国家是我国现代社会文明进步的重要标志，是中国进入现代社会的必然要求，是深入发展社会主义市场经济的基本保障，解决中国社会现实矛盾、维护社会稳定的有效手段，是实现社会正义的有效方式，实现国富民强的根本保障。建设法治国家，关键是实现国家立法权、监督权、重大问题决定权、行政权、司法权等整个国家权力的法治化，因此必须坚持人民当家作主、主权在民，必须坚持宪法法律至上，必须尊重和保障人权，必须坚持依法执政，必须坚持民主立法、科学立法和高质量的立法，必须坚持依法行政，充分体现法律至上、良法之治、人权保障、司法公正、依法行政的现代法治的基本内涵。

2. 努力建设法治政府

法治政府，是指政府的权力来源有宪法和法律的依据，人民通过宪法和法律授权；依法实施政府行为，把法律作为政府的行为边界；在法治政府的基础上建设廉洁政府、服务政府、高效政府，廉洁高效地为人民服务。建设合法行政、合理行政、程序正当、高效便民、诚实守信、权责统一的法治政府，关键是实现国家行政权行使的法治化，因此法治政府必须依法行政、有法可依，必须以科学立法、民主立法实现政府的依良法行政，法治政府必须是权力受到国家权力机关、司法机关的内部监督以及来自人大的预决算审查制度、特定问题调查制度、质询制度，

行政诉讼制度、法院独立审判制度等外部监督制约的责任政府。

3. 努力建设法治社会

法治社会是指政党和其他社会共同体行使社会公权力的法治化,公民、其他社会组织、政党团体的依法自治、依法活动并承担相应的法律后果。在法治社会中,社会应该具有法治的秩序和法治的信仰、法治的氛围和法治的环境,所有人都在宪法和法律的规范体系保护之下进行自由地活动,享受权利、履行义务,社会矛盾得到有效防范和化解,实现社会的公平正义、团结和谐、稳定有序。

4. 一体化推进法治国家、法治政府、法治社会的建设

要通过战略规划统筹,使法治国家、法治政府、法治社会的建设相互配合、相互协调,在科学的轨道上逐步、有序、顺利地推进。要推动法制宣传教育常态化、持久化,普及法律知识、法律常识,增强法治观念,提高法治意识,在全社会弘扬法治精神,建设法治文化,形成法治信仰,在全社会树立宪法和法律至上的理念、一切以法律为准绳的理念、法律面前人人平等的理念,培育弘扬社会主义法治精神,形成崇尚法律、敬畏法律、遵守法律的社会风尚。广大党员干部特别是领导干部要带头遵法守法、依法办事,提高用法治思维和法治方式深化改革、推动发展、化解矛盾、维护稳定能力,促进法治国家、法治政府、法治社会一体化建设。

(六)实现科学立法、严格执法、公正司法、全民守法

"科学立法、严格执法、公正司法、全民守法",是全面落实依法治国基本方略的新方针,是建设法治中国的基本要求,同时也是实现法治中国的基本标准。科学立法是建设法治中国的前提,严格执法是建设法治中国的关键,公正司法是建设法治中国的防线,全民守法是建设法治中国的基础。

1. 实现科学立法,发挥立法的引领和推动作用

科学立法是一国法律体系是否完善的价值判断标准之一。建设中国

特色社会主义法治体系，必须坚持立法先行，充分发挥立法的引领和推动作用，恪守以民为本、立法为民理念，贯彻社会主义核心价值观，使每一项立法都符合宪法精神、反映人民意志、得到人民拥护。一是构建科学的立法体制。在立法法规定的基础上，科学合理划分中央与地方的立法权限、厘清立法权与行政权的界限、明确人大与其常委会之间立法权限的划分，进一步完善我国的立法体制。坚持立改废释并举，增强法律法规的及时性、系统性、针对性、有效性。二是设定科学的立法程序。科学的立法程序是限制立法者恣意妄为，从而使立法活动彰显和实现程序正义的制度设置，也是国家通过立法手段协调利益冲突、规制社会秩序及配置社会资源的合法路径和正当法律程序。科学的立法程序包括两个方面的内容：一是立法程序的民主化。立法应当体现人民的意志，充分发扬社会主义民主，保障人民通过多种途径参与立法活动。二是立法程序的公开化。法律、法规议案的提起、讨论、审议和表决等过程都应当通过合理途径让公众知晓，并尽可能通过新闻媒体对外传播。除因保密需要外，立法活动应当公开举行。立法活动所形成的文件及所产生的各种记录都应当公开，并允许公民通过合理途径免费查阅。三是进行严谨细致的立法论证。要抓好立法项目论证，在充分论证必要性和可行性的基础上，科学确定立法项目。注重提高立法效益，建立健全法律出台前评估和立法后评估制度，检测其实施状况，发现其中存在的问题，加以修改完善，增强可行性、可操作性，真正将纸上的规定变成现实的东西。

2. 实现严格执法，让严格执法成为政府的常态行为方式

法律的生命力在于实施，法律的权威也在于实施。各级政府必须坚持在党的领导下、在法治轨道上开展工作，加快建设职能科学、权责法定、执法严明、公开公正、廉洁高效、守法诚信的法治政府。一是执法人员必须秉公执法，严肃执法，严格按照法律规定和程序办案，真正做到以事实为依据，以法律为准绳。全面推进政务公开，坚持以公开为常态、不公开为例外原则，推进决策公开、执行公开、管理公开、服务公开、结果公开。二是执法人员必须尽职尽责，对发生的违法行为勇于纠正并依法处罚，不搞态度执法、关系执法、人情执法，做到有法必依，执法必严，违法必究。三是坚持严格规范公正文明执法，依法惩处各类违法行为，加大关系群众切身利益的重点领域执法力度，建立健全行政裁量权基准制度，全面落实行政执法责任制。四是强化对行政权力的制约和监督，完善纠错问责机制。

3. 实现公正司法，切实维护人民权益

司法公正是法律的自身要求，也是依法治国的要求，强调在司法活动的过程和结果中坚持和体现公平与正义的原则和精神。司法公正对社会公正具有重要引领作用，必须完善司法管理体制和司法权力运行机制，规范司法行为，加强对司法活动的监督，努力让人民群众在每一个司法案件中感受到公平正义。一是用司法独立为司法公正提供制度性保障。建立独立、统一的司法系统，实行上下级司法机关垂直领导，抵制行政权力对司法权的支解和侵犯，建立领导干部干预司法活动、插手具体案件处理的记录、通报和责任追究制度，建立健全司法人员履行法定职责保护机制。优化司法职权配置，推动实行审判权和执行权相分离的体制改革试点，最高人民法院设立巡回法庭，探索设立跨行政区划的人民法院和人民检察院，探索建立检察机关提起公益诉讼制度。二是加强对司法活动的监督。推进严格司法，实行办案质量终身负责制和错案责任倒查问责制。完善检察机关行使监督权的法律制度，加强对刑事诉讼、民事诉讼、行政诉讼的法律监督，完善人民监督员制度。保障人民群众参与司法，在司法调解、司法听证、涉诉信访等司法活动中保障人民群众参与，完善人民陪审员制度，构建开放、动态、透明、便民的阳光司法机制。三是提高司法工作人员的专业素质。司法裁判的依据是法律原则和规范，司法工作人员是否正确理解和运用法律，是公正裁判的重要前提。建设高素质法治专门队伍，要加强立法队伍、行政执法队伍、司法队伍建设，畅通立法、执法、司法部门干部和人才相互之间以及与其他部门具备条件的干部和人才交流渠道，推进法治专门队伍正规化、专业

化、职业化，完善法律职业准入制度，建立从符合条件的律师、法学专家中招录立法工作者、法官、检察官制度，健全从政法专业毕业生中招录人才的规范便捷机制，完善职业保障体系。

4. 实现全民守法，让学法、尊法、守法、用法成为社会风尚

全民守法，就是任何组织或者个人都必须在宪法和法律范围内活动，都要依照宪法和法律行使权利或权力、履行义务或职责。全民守法是建设法治国家的基础。

全面推进依法治国是一项复杂的系统工程，不仅需要党和政府的努力、执法部门的努力，更需要全社会的共同推进，需要每一个公民法治意识的增强。一是营造良好的全民守法氛围。推动全社会树立法治意识，深入开展法治宣传教育，把法治教育纳入国民教育体系和精神文明创建。增强全社会厉行法治的积极性和主动性，形成守法光荣、违法可耻的社会氛围，使全体人民都成为社会主义法治的忠实崇尚者、自觉遵守者、坚定捍卫者。二是领导干部要以身作则。法治的核心不是治民，而是治官治权，监督权力。由于部分领导干部守法意识薄弱，"权大于法"的人治思维仍有一定市场，以言代法、以权压法、徇私枉法的现象并不鲜见，严重破坏了社会公众对法治的信心。所以，领导干部要带头主动学习法律，提高法治思维能力，做到心中有法，办事情、想问题、作决策坚持以法治为主要标准、主要手段和基本方式，摒弃人治思维和权力本位的错误观念，自觉守法，为全民守法率先垂范。三是建立完善的法律服务体系。推进覆盖城乡居民的公共法律服务体系建设，完善法律援助制度，健全司法救助体系。健全依法维权和化解纠纷机制，建立健全社会矛盾预警机制、利益表达机制、协商沟通机制、救济救助机制，畅通群众利益协调、权益保障法律渠道。

（七）促进国家治理体系和治理能力现代化

把法治作为治国理政的基本方式，必须更加注重发挥法治在国家治理和社会管理中的重要作用。全面推进依法治国，必然要求实现国家治理体系和治理能力的现代化。习近平同志指出："推进国家治理体系和治理能力现代化，要高度重视法治问题，采取有力措施全面推进依法治国，建设社会主义法治国家，建设法治中国。"只有具有比较完备的中国特色社会主义法制，才能实现国家治理体系和治理能力现代化，才能实现社会可持续发展和经济的不断现代化。

1. 积极推动国家治理体系的现代化

国家治理体系就是在党领导下管理国家的制度体系，包括经济、政治、文化、社会、生态文明和党的建设等各领域体制机制、法律法规安排，是一整套紧密相连、相互协调的国家制度。国家治理体系现代化的目标有：一是规范化，无论政府治理、市场治理和社会治理，都应该有完善的制度安排和规范的公共秩序；二是法治化，任何主体的治理行为必须充分尊重法律的权威，不允许任何组织和个人有超越法律的权力，真正"把权力关进制度的笼子里"；三是民主化，即各项政策要从根本上体现人民的意志和人民的主体地位，各项制度安排都应当充分保障人民当家作主；四是效率化，国家治理体系应当有效维护社会稳定和社会秩序，有利于提高经济效益和行政效率；五是协调性，从中央到地方各个层级，从政府治理到社会治理，各种制度安排作为一个统一的整体相互协调，密不可分。

在全面推进依法治国过程中，必须积极促进国家治理体系现代化，正确处理好政府、市场、社会的关系，使政府、市场、社会关系布局合理，公共权力结构优化，把服务型政党建设、服务型政府建设作为重点，实现政治民主、经济发展、文化繁荣、社会和谐、生态文明的目标。在经济治理体系中，要按照政府调控市场、市场引导企业的逻辑深化经济体制改革，发挥市场在配置经济资源中的决定性作用；在政治治理体系中，要按照党的领导、人民当家作主、依法治国有机统一的逻辑深化政治体制改革，发挥法治在配置政治资源中的决定性作用；在社会治理体系中，要按照党和政府领导、培育、规范社会组织，社会组织配置社会资源的逻辑深化社会体制改革，发挥社会组织在配置社会资源中的决定性作用。

2. 积极推动治理能力的现代化

国家治理能力就是运用国家制度管理社会各方面事务的能力，包括改革发展稳定、内政外交国防、治党治国治军等各个方面。国家治理能力是国家治理体系在实践中的绩效彰显，是检验国家治理体系是否科学、合理的重要杠杆。国家治理能力现代化的要求有：一是治理主体由政府一家独揽转向市场、社会、民众多方合作治理，充分发挥市场在资源配置中的决定性作用，让人民群众以主体身份参与到社会治理中去，避免社会治理的过度行政化、社会资源配置效率低下的弊端。二是转变政府职能，通过简政放权于市场、放权于企业、放权于社会，推动政府职能向创造良好发展环境、提供优质公共服务、维护社会公平正义转变。三是以科学合理的政府组织结构为基础实施有效的国家治理，优化政府职能配置、机构设置、工作流程，完善决策权、执行权、监督权既相互制约又相互协调的行政运行机制，用机制再造流程、简事减费、加强监督、提高效能。

总体而言，我们的国家治理体系和治理能力是好的，是有独特优势的，是适合我国国情和发展要求的。但是，必须清醒认识到，与我国经济社会发展的要求相比，与人民群众的期待相比，与当今世界日趋激烈的国际竞争相比，与实现国家长治久安的历史任务相比，我们在国家治理体系和治理能力方面还有许多不足，还有许多亟待改进的地方；我们的制度还没有达到当年邓小平同志提出的更加成熟、更加定型的要求，有些方面甚至已经成为影响和制约发展稳定的重要因素；我们已经有了比较完善的制度体系，但制度的效能和作用还没有得到充分发挥。因此，必须适应时代的变化和国家现代化的总进程，从各个领域推进国家治理体系和治理能力现代化，保持国家治理体系的有效运转，在着力提高国家治理能力上下功夫。一是改革不适应实践发展要求的体制机制、法律法规，不断构建新的体制机制、法律法规，使各方面制度更加科学、更加完善，实现党、国家、社会各项事务治理制度化、规范化、程序化。二是不断提高党科学执政、民主执政、依法执政水平，提高国家机构履职尽责能力，提高人民群众依法管理国家事务、经济社会文化事务和自身事务的能力，提高运用法治思维和法治方式的能力。三是把国家治理体系的体制和机制转化为治理能力，把各方面的制度优势转化为国家治理的实际效能，不断提高运用中国特色社会主义制度有效治理国家的水平。

3. 全面推进依法治国的总目标

《决定》明确了实现总目标的"五项原则"，是全面推进依法治国的基本遵循。

一是坚持中国共产党的领导。党的领导是中国特色社会主义最本质的特征，是社会主义法治最根本的保证。把党的领导贯彻到依法治国全过程和各方面，是我国社会主义法治建设的一条基本经验。我国宪法确立了中国共产党的领导地位。坚持党的领导，是社会主义法治的根本要求，是党和国家的根本所在、命脉所在，是全国各族人民的利益所系、幸福所系，是全面推进依法治国的题中应有之义。党的领导和社会主义法治是一致的，社会主义法治必须坚持党的领导，党的领导必须依靠社会主义法治。只有在党的领导下依法治国、厉行法治，人民当家作主才能充分实现，国家和社会生活法治化才能有序推进。依法执政，既要求党依据宪法法律治国理政，也要求党依据党内法规管党治党。必须坚持党领导立法、保证执法、支持司法、带头守法，把依法治国基本方略同依法执政基本方式统一起来，把党总揽全局、协调各方同人大、政府、政协、审判机关、检察机关依法依章程履行职能、开展工作统一起来，把党领导人民制定和实施宪法法律同党坚持在宪法法律范围内活动统一起来，善于使党的主张通过法定程序成为国家意志，善于使党组织推荐的人选通过法定程序成为国家政权机关的领导人员，善于通过国家政权机关实施党对国家和社会的领导，善于运用民主集中制原则维护中央权威、维护全党全国团结统一。

二是坚持人民主体地位。人民是依法治国的主体和力量源泉，人民代表大会制度是保证人民当家作主的根本政治制度。必须坚持法治建设为了人民、依靠人民、造福人民、保护人民，以保障人民根本权益为出发点和落脚点，保证人民依法享有广泛的权利和自由、承担应尽的义务，维护社会公平正义，促进共同富裕。必须保证人民在党的领导下，依照法律规定，通过各种途径和形式管理国家事务，管理经济文化事业，管理社会事务。必须使人民认识到法律既是保障自身权利的有力武器，也是必须遵守的行为规范，增强全社会学法尊法守法用法意识，使法律为人民所掌握、所遵守、所运用。

三是坚持法律面前人人平等。平等是社会主义法律的基本属性。任何组织和个人都必须尊重宪法法律权威，都必须在宪法法律范围内活动，都必须依照宪法法律行使权力或权利、履行职责或义务，都不得有超越宪法法律的特权。必须维护国家法制统一、尊严、权威，切实保证宪法法律有效实施，绝不允许任何人以任何借口任何形式以言代法、以权压法、徇私枉法。必须以规范和约束公权力为重点，加大监督力度，做到有权必有责、用权受监督、违法必追究，坚决纠正有法不依、执法不严、违法不究行为。

四是坚持依法治国和以德治国相结合。国家和社会治理需要法律和道德共同发挥作用。必须坚持一手抓法治、一手抓德治，大力弘扬社会主义核心价值观，弘扬中华传统美德，培育社会公德、职业道德、家庭美德、个人品德，既重视发挥法律的规范作用，又重视发挥道德的教化作用，以法治体现道德理念、强化法律对道德建设的促进作用，以道德滋养法治精神、强化道德对法治文化的支撑作用，实现法律和道德相辅相成、法治和德治相得益彰。

五是坚持从中国实际出发。中国特色社会主义道路、理论体系、制度是全面推进依法治国的根本遵循。必须从我国基本国情出发，同改革开放不断深化相适应，总结和运用党领导人民实行法治的成功经验，围绕社会主义法治建设重大理论和实践问题，推进法治理论创新，发展符合中国实际、具有中国特色、体现社会发展规律的社会主义法治理论，为依法治国提供理论指导和学理支撑。汲取中华法律文化精华，借鉴国外法治有益经验，但决不照搬外国法治理念和模式。

· 重要论述 ·

全面推进依法治国的总目标

李建国

依法治国是坚持和发展中国特色社会主义的本质要求和重要保障，是实现国家治理体系和治理能力现代化的必然要求。党的十八届四中全会通过的《中共中央关于全面推进依法治国若干重大问题的决定》（以下简称《决定》）明确提出全面推进依法治国的总目标，即建设中国特色社会主义法治体系，建设社会主义法治国家。习近平总书记指出："提出这个总目标，既明确了全面推进依法治国的性质和方向，又突出了全面推进依法治国的工作重点和总抓手。"这个总目标是贯穿《决定》全篇的一条主线，对全面推进依法治国具有纲举目张的意义。

一、深刻认识全面推进依法治国总目标的重大意义

全面推进依法治国的总目标，是我们党清醒认识我国发展所处的历史阶段，深刻分析国内外形势的新变化，回应广大人民群众的新期待，站在党和国家工作全局的高度提出来的，具有重大战略意义。

（一）明确了全面推进依法治国的正确方向

当今世界，由于各国历史、文化和发展道路的不同，存在着不同的法律制度模式和法治体系。提出这个总目标，就是要明确宣示，我们全面推进依法治国，将坚定不移建设中国特色社会主义法治体系、建设社会主义法治国家，就是要沿着中国特色社会主义法治道路前进，坚持我国法治的社会主义性质，最根本的是坚持党的领导、坚持中国特色社会

主义制度、坚持中国特色社会主义理论体系指导。明确这一根本性问题，有利于明确全面推进依法治国的根本目的和历史任务，有利于统一思想、凝聚全党全国各族人民在法治上的共识，排除和澄清各种模糊认识，保障依法治国沿着正确的方向推进。

（二）规划了全面推进依法治国的总体布局

全面推进依法治国是一个系统工程，涉及立法、执法、司法、守法等各个方面，涉及中国特色社会主义事业五位一体总体布局的各个领域，必须加强顶层设计、统筹谋划，在实际工作中必须有一个总揽全局、牵引各方的总抓手，围绕这个总抓手来谋划和推进依法治国各项工作。这个总抓手就是建设中国特色社会主义法治体系。《决定》针对我国法治建设面临的突出矛盾和问题，体现推进各领域改革发展对提高法治水平的迫切要求，从法律规范体系、法治实施体系、法治监督体系、法治保障体系和党内法规体系等方面对法治体系建设提出目标要求，从依法治国、依法执政、依法行政共同推进和法治国家、法治政府、法治社会一体建设方面对法治中国建设作出战略部署和总体安排。

（三）反映了我们党治国理政思想的重大创新

随着党和国家事业不断发展，我们党对法治地位和作用的认识也在不断深化。"十年动乱"结束后，邓小平同志就深刻指出，制度问题更带有根本性、全局性、稳定性和长期性，为了保障人民民主，必须加强法制。适应这一要求，党的十一届三中全会开启了民主法制建设的新征程。党的十五大确立了依法治国基本方略；党的十六大、十七大重申了这一方略，党的十六届四中全会将依法执政确立为新的历史条件下我们党执政的一个基本方式。党的十八大明确提出法治是治国理政的基本方式，党的十八届三中全会进一步强调建设法治中国。在这些历史性成就的基础上，党的十八届四中全会又根据新的实践和时代发展，与时俱进地提出了全面推进依法治国的总目标。总目标的提出，特别是中国特色社会主义法治体系的提出，不仅在党的历史上是第一次，在世界范围内也具有独创性，是党的治国理政思想的重大创新，标志着我们党对法治发展规律、社会主义建设规律和共产党执政规律的认识达到了一个新的高度。

（四）体现了与全面深化改革总目标的内在联系

党的十八届三中全会确定了全面深化改革的总目标，这就是完善和发展中国特色社会主义制度、推进国家治理体系和治理能力现代化。治理一个国家、一个社会，关键是要立规矩、讲规矩、守规矩。法律是国家最大的规矩，法治是国家治理最基本的手段。提出全面推进依法治国总目标，就是考虑这个总目标与全面深化改革总目标的内在联系和相互衔接，在全面深化改革总体框架内全面推进依法治国各项工作，在法治轨道上不断深化改革，更好发挥法治的引领和规范作用。建设中国特色社会主义法治体系，加快建设社会主义法治国家，本身就是全面深化改革的重要内容，而依法治国的全面推进，必将使中国特色社会主义制度更加完善、更加有效地推进国家治理体系和治理能力现代化。全面深化改革总目标和全面推进依法治国总目标，可以说是党的十八大作出的总体战略部署在时间轴上的顺序展开，全面深化改革、全面依法治国就像两个轮子一样协同驱动，为实现全面建成小康社会提供制度动力和保障。

二、准确把握全面推进依法治国总目标的科学内涵

《决定》对全面推进依法治国总目标的内容作了科学阐释。这就是，在中国共产党领导下，坚持中国特色社会主义制度，贯彻中国特色社会主义法治理论，形成完备的法律规范体系、高效的法治实施体系、严密的法治监督体系、有力的法治保障体系，形成完善的党内法规体系，坚持依法治国、依法执政、依法行政共同推进，坚持法治国家、法治政府、法治社会一体建设，实现科学立法、严格执法、公正司法、全民守法，促进国家治理体系和治理能力现代化。

（一）把握中国特色社会主义法治道路的核心要义

全面推进依法治国，必须切实解决好制度模式的选择问题。一个国

家选择什么样的法治道路、建设什么样的法治体系，是由这个国家的国体政体、历史传承、文化传统、经济社会发展水平决定的，是由这个国家的人民决定的。改革开放以来我国法治建设的成功实践雄辩地证明，我们已经找到了一条符合中国国情、顺应时代潮流的具有中国特色的社会主义法治道路。这条道路的核心要义是，坚持党的领导，坚持中国特色社会主义制度，贯彻中国特色社会主义法治理论。这一核心要义的提出，彰显了我们党的道路自信、理论自信、制度自信，指明了全面推进依法治国的正确方向，从根本上划清了我国社会主义法治与西方所谓"宪政"的本质区别。实现全面推进依法治国的总目标，必须沿着这条正确道路前进。

（二）把握中国特色社会主义法治体系的具体内容

中国特色社会主义法治体系是一个内容丰富的整体，将全面推进依法治国的理论和实践提高到一个新水平。这个法治体系包含以下几个方面的具体内容：

1.完备的法律规范体系。依法治国，首先要有法可依。经过长期努力，我国形成了中国特色社会主义法律体系，国家和社会生活各方面总体上实现了有法可依。但要看到，法律体系形成后，还要随着实践的发展不断完善，抓住提高立法质量这个关键，增强法律法规的及时性、系统性、针对性、有效性，解决现实生活中存在的某些法律规范不协调、不好用的问题。继续加强和改进立法工作，包括完善立法体制，深入推进科学立法、民主立法，加强重点领域立法，以形成完备的法律规范体系，仍然是摆在我们面前的一项紧迫的战略任务。

2.高效的法治实施体系。法律的生命力在于实施，法律的权威也在于实施。目前，法律实施还存在诸多问题，有法不依、执法不严、违法不究的现象在一定范围内存在，有些地方以权谋私、徇私枉法、破坏法治的问题还很严重，人民群众对这些问题意见还很大。法律的有效实施，是全面推进依法治国的重点和难点。为此，必须建立高效的法治实施体系，加强宪法实施，坚持严格执法、公正司法、全民守法，使法治具有最坚实的支撑力量。

3. 严密的法治监督体系。无论是党的执政权，还是立法权、执法权和司法权，都具有权力的天然属性，那就是，缺乏监督的权力必然导致腐败。全面推进依法治国，要建立严密的法治监督体系，健全对权力运行的制约和监督，建立确保宪法法律得以有效实施的责任机制，真正做到将权力关进制度的笼子。

4. 有力的法治保障体系。一是，各级党委要切实加强对依法治国的领导，提高依法执政能力和水平，为全面推进依法治国提供有力的政治和组织保障。二是，加强法治专门队伍和法律服务队伍建设，加强机构建设和经费保障，为全面推进依法治国提供坚实人才保障和物质条件。三是，改革和完善不符合法治规律、不利于依法治国的体制机制，为全面推进依法治国提供完备的制度保障。四是，努力推动形成办事依法、遇事找法、解决问题用法、化解矛盾靠法的社会氛围，完善守法诚信褒奖机制和违法行为惩戒机制，使尊法信法守法成为全体人民的共同追求和自觉行动。

同时，要形成完善的党内法规体系。全面推进依法治国，需要我们党以法治思维和法治方式管党治党、执政兴国。党内法规既是管党治党的重要依据，也是建设社会主义法治国家的有力保障。目前，党内法规的系统性、整体性和与国家法律的协调性不够，亟须推动党内法规制度建设，一手抓科学制定，一手抓坚决执行，形成内容科学、程序严密、配套完备、运行有效的党内法规体系。

（三）把握建设社会主义法治国家的工作布局

建设社会主义法治国家，必须将"一个共同推进"和"一个一体建设"有机结合起来，更加重视法治建设的整体推进和协调发展，更加重视调动各方面的主动性积极性。

1. 坚持依法治国、依法执政、依法行政共同推进。依法治国是党领导人民治理国家的基本方略，依法治国的主体是人民。必须保证人民在党的领导下，依照法律规定，通过各种途径和形式管理国家事务，管经济文化事业,管理社会事务,使国家各项工作都依法进行,实现社会主义民主的制度化、法律化,使这种制度和法律不因领导人的改变而改变,不因领导人看法和注意力的改变而改变。依法执政是新的历史条件下我们党执政的基本方式,依法执政的基本内容体现在四个方面:一是我们党通过法定程序将党的主张上升为国家意志,二是党领导立法,三是党带头遵守宪法法律,四是党确保宪法法律实施。依法行政是法治状态下政府行为的基本原则和基本方式,依法行政的基本要求是合法行政,法定职责必须为、法无授权不可为,要执法严明、公开公正、廉洁高效、守法诚信。

依法治国、依法执政、依法行政是一个有机联系的整体,三者具有内涵的统一性、目标的一致性、成效的相关性,必须彼此协调、共同推进、形成合力。依法治国必须着眼全局、全面部署,努力确保依法执政、依法行政与之齐头并进。

2. 坚持法治国家、法治政府、法治社会一体建设。法治国家是法治建设的目标。法治国家要求国家权力由宪法和法律赋予,依照法律的程序规定行使,并对行使公权力的行为承担相应的法律责任。法治国家必然是民主的国家、依法而治的国家。法治政府是依法设立,职权由法律赋予且依法行使,对其行为承担法律责任的政府。能否建成法治政府,决定着法治国家建设的成败。法治社会是指公民、法人和其他社会组织依照法律行使权利、履行义务,依法承担社会责任,依法办事、依法解决纠纷,社会治理依法进行。

法治国家、法治政府、法治社会,三者相互联系、内在统一,是法治建设的三大支柱,缺少任何一个方面,全面推进依法治国的总目标就无法实现。因此,在全面推进依法治国进程中,必须将法治国家、法治政府、法治社会建设同步规划、同步实施、一体建设。

(四)把握全面推进依法治国的努力方向

全面推进依法治国的总目标包含建设中国特色社会主义法治体系和建设社会主义法治国家两句话,这两句话是有机统一的整体,离开了哪一句都不行。社会主义法治国家为我们描绘了宏伟蓝图,指明了前进方向,中国特色社会主义法治体系则为我们绘制出路线图,指明了具体路径。只有努力建设中国特色社会主义法治体系,才能为建设社会主义法治国家提供基础和前提条件。

如何建设中国特色社会主义法治体系?《决定》给出了精辟的答案,那就是实现科学立法、严格执法、公正司法、全民守法,促进国家治理体系和治理能力现代化。"科学立法、严格执法、公正司法、全民守法"这十六字方针,是对原来的"有法可依、有法必依、执法必严、违法必究"十六字方针的发展和提升,明确了新时期全面推进依法治国的重点环节和主要任务,具有极为重要的指导意义。具体来讲,科学立法是全面推进依法治国的前提,严格执法是全面推进依法治国的关键,公正司法是全面推进依法治国的保障,全民守法是全面推进依法治国的基础。

三、始终坚持实现全面推进依法治国总目标的基本原则

党的十八届四中全会《决定》明确提出并阐述了实现全面推进依法治国总目标必须坚持的五个基本原则,即:坚持中国共产党的领导、坚持人民主体地位、坚持法律面前人人平等、坚持依法治国和以德治国相结合、坚持从中国实际出发。这五个原则的提出,回答了社会普遍关心的涉及依法治国的许多重大理论和实践问题,是全面推进依法治国的重要遵循。

坚持中国共产党的领导,解决的是全面推进依法治国的政治保证问题。《决定》深刻阐述了党的领导和依法治国的关系,指出党的领导是中国特色社会主义最本质的特征,是社会主义法治最根本的保证。把党的领导贯彻到依法治国全过程和各方面,是我国社会主义法治建设的一条基本经验和基本原则。在这个问题上,我们必须有清醒的认识,毫不动摇地坚持党对法治建设的领导,与时俱进地加强和改善党对法治建设的领导,真正做到党领导立法、保证执法、支持司法、带头守法。

坚持人民主体地位，解决的是全面推进依法治国的力量源泉问题。人民是国家和社会的主人。人民当家作主是依法治国的前提和目标。法治建设必须坚持为了人民、依靠人民、造福人民、保护人民，充分发挥人民的主体作用。要坚持和完善人民代表大会制度这个保证人民当家作主的根本政治制度，更好地实现坚持党的领导、人民当家作主、依法治国的有机统一。把体现人民利益、反映人民愿望、维护人民权益、增进人民福祉落实到依法治国全过程。

坚持法律面前人人平等，解决的是全面推进依法治国的价值追求问题。公平正义是社会主义的本质属性，平等是社会主义法律的基本属性。法律面前人人平等，要求法律对所有社会成员一视同仁，任何组织和个人都必须尊重宪法法律权威，都必须在宪法法律范围内活动，都必须依照宪法法律行使权力或权利、履行职责或义务，都不得有超越宪法法律的特权，任何在社会中处于弱势的公民都不得受到歧视。坚持法律面前人人平等，必须维护国家法制统一，加大监督力度，切实保证宪法法律有效实施。

坚持依法治国和以德治国相结合，解决的是全面推进依法治国的精神支撑问题。道德和法律具有天然的联系和共同的价值取向。道德是法律的精神内涵，法律是道德的制度底线。在全面推进依法治国进程中，必须坚持一手抓法治、一手抓德治，大力弘扬社会主义核心价值观，弘扬中华传统美德，既重视发挥法律的规范作用，又重视发挥道德的教化作用，做到法律和道德相辅相成、法治和德治相得益彰。

坚持从中国实际出发，解决的是全面推进依法治国的实践基础问题。法治属于上层建筑，是由经济基础所决定并为经济基础服务的。全面推进依法治国，必须从我国国情和实际出发，突出中国特色、实践特色、时代特色，走中国特色社会主义法治道路。适应改革发展稳定的法治需求，围绕社会主义法治建设重大理论和实践问题，推进法治理论创新，推动法治实践发展。

党的十八届四中全会强调指出，全面推进依法治国是国家治理领域一场广泛而深刻的革命，需要付出长期艰苦努力。让我们紧密团结在以习近平同志为总书记的党中央周围，坚持不懈地全面贯彻落实党的十八届四中全会精神，为实现全面推进依法治国的总目标而努力奋斗！

（作者系中共中央政治局委员、全国人大常委会副委员长、中华全国总工会主席）

（《人民日报》2014年11月05日06版）

在新的历史起点上全面推进依法治国

王乐泉

党的十八届四中全会审议通过的《中共中央关于全面推进依法治国若干重大问题的决定》(以下简称《决定》),提出了全面推进依法治国的总目标和重大任务,深刻回答了在当今中国建设什么样的法治国家、怎样建设社会主义法治国家等一系列重大理论和实践问题,为坚持走中国特色社会主义法治道路提供了根本遵循,指明了前进方向。

一、我国法治建设步入崭新的历史阶段,站在了新的历史起点上

依法治国,是中国共产党执政后的庄严选择。经过65年的不懈探索和追求,我国社会主义法治建设不断推进,取得了历史性成就。站在新的历史起点上,党的十八届四中全会进一步擘画了建设法治中国的新蓝图,我国法治建设步入了崭新的历史阶段。

——中国共产党执政历史上第一次以法治为主题的全会。十八届四中全会是我们党第一次专题研究依法治国问题的中央全会。以法治作为治国理政的基本方式,全面推进依法治国,体现了我们党对执政规律、社会主义建设规律、人类政治文明发展规律认识的进一步深化,体现了我们党对担当执政使命,实现经济发展、政治清明、文化昌盛、社会公正、生态良好等根本性问题的深刻认识,体现了我们党对人民群众的法治需求和依法治国期待的积极回应,表明了党中央加快建设社会主义法治国家的坚定决心和信心。

——首次明确提出了全面推进依法治国的总目标。即建设中国特色

社会主义法治体系，建设社会主义法治国家。这就是，在中国共产党领导下，坚持中国特色社会主义制度，贯彻中国特色社会主义法治理论，形成完备的法律规范体系、高效的法治实施体系、严密的法治监督体系、有力的法治保障体系，形成完善的党内法规体系，坚持依法治国、依法执政、依法行政共同推进，坚持法治国家、法治政府、法治社会一体建设，实现科学立法、严格执法、公正司法、全民守法，促进国家治理体系和治理能力现代化。这个总目标，是我们党在探索和推进依法治国进程中的又一次重大飞跃，体现了党对法治建设更高目标的追求。

——深刻分析了我国法治建设实践中存在的突出问题。我国是一个发展中大国，经济社会发展进程中必然遇到这样那样的诸多问题，法治建设也不例外。全会指出了我国法治建设领域存在的一些主要问题，如：有的法律法规未能全面反映客观规律和人民意愿，立法工作中部门化倾向、争权诿责现象较为突出；有法不依、执法不严、违法不究现象比较严重；群众对执法司法不公和腐败问题反映强烈；一些国家工作人员特别是领导干部依法办事观念不强、能力不足，知法犯法、以言代法、以权压法、徇私枉法现象依然存在，等等。这表明，我们党敢于正视这些问题，并且有能力通过实践解决这些问题，不断推动我国法治事业健康发展。

——清晰部署了全面推进依法治国的重大任务。即完善以宪法为核心的中国特色社会主义法律体系，加强宪法实施；深入推进依法行政，加快建设法治政府；保证公正司法，提高司法公信力；增强全民法治观念，推进法治社会建设；加强法治工作队伍建设；加强和改进党对全面推进依法治国的领导。这些重大任务浑然一体，涵盖法治中国建设的各个领域和重要环节，是坚持和完善社会主义法律制度、推进国家治理体系和治理能力现代化、发展社会主义政治文明的内在要求。

——极大推进了中国特色社会主义法治理论、法学理论的创新。全会围绕全面推进依法治国的总目标和重大任务，提出了许多重大的创新观点，比如，关于"党的领导和社会主义法治是一致的，社会主义法治必须坚持党的领导，党的领导必须依靠社会主义法治"的观点；关于"法治是国家治理体系和治理能力的重要依托"的观点；关于"法律是治国之重器，良法是善治之前提"的观点；关于"公正是法治的生命线。司法公正对社会公正具有重要引领作用，司法不公对社会公正具有致命破坏作用"的观点；关于"人民权益要靠法律保障，法律权威要靠人民维护"的观点，等等。这些重大理论创新，必将有力推动法治中国建设实践。

——系统提出了法治建设的保证机制。主要体现在：党的领导是全面推进依法治国最根本的保证。要加强和改进党对法治工作的领导，把党的领导贯彻到全面推进依法治国全过程，坚持党的领导、人民当家作主、依法治国有机统一；坚持中国特色社会主义制度；贯彻中国特色社会主义法治理论，特别是深入贯彻习近平总书记系列重要讲话精神；坚持以人为本、法治为民，以维护和发展最广大人民群众的利益为法治建设的根本出发点、落脚点；深化法治领域的综合改革，充分发挥改革在全面推进依法治国、加快建设法治中国中的重要推动作用。

二、准确理解和系统把握全面推进依法治国的新思路、新目标、新任务

根据《决定》和习近平总书记讲话精神，全面推进依法治国的新思路、新目标和新任务，主要体现在以下六个方面：

一是坚定不移走中国特色社会主义法治道路。坚持在什么样的道路上推进法治建设，是一个管根本、管全局、管长远的重大问题。实践表明，照抄照搬他国的法治道路模式行不通，会水土不服，甚至会把国家前途命运葬送掉。只有扎根本国土壤、汲取充沛养分的道路，才最可靠、也最管用。新中国成立60多年，特别是改革开放30多年来，我们党领导人民不断深化对共产党执政规律、社会主义法治建设规律、人类社会法治发展规律的认识，不断进行实践探索，成功开辟出了一条符合中国国情，能够切实维护人民权益、维护社会公平正义、维护国家安全稳定、保障经济持续发展的法治道路，这就是中国特色社会主义法治道路。这条道路的鲜明特征在于：党的领导是社会主义法治道路的本质特征，中国特色社会主义制度是社会主义法治道路最根本的制度基础，中国特色社会主义法治理论是社会主义法治道路的理论指导、学理支撑和行动指南。走好中国特色社会主义法治道路，必须做到五个坚持，即坚持中国共产党的领导，坚持人民主体地位，坚持法律面前人人平等，坚持依法治国和以德治国相结合，坚持从中国实际出发。注重借鉴人类法治文明成果，传承中华优秀法律文化。

二是建设中国特色社会主义法治体系。中国特色社会主义法治体系是法学理论的新概念，是法治建设的新思维。建设中国特色社会主义法治体系是中国特色社会主义法律体系形成后，我国法治建设迈入新的历史阶段的必然要求。建设中国特色社会主义法治体系，就是要形成完备的法律规范体系、高效的法治实施体系、严密的法治监督体系、有力的法治保障体系，形成完善的党内法规体系，共同推进依法治国、依法执政、依法行政，形成法治国家、法治政府、法治社会三位一体新格局，为国家治理体系构建坚实的宪法基石和法治基础。

三是全面推进依法治国的"新十六字方针"。即实现科学立法、严格执法、公正司法、全民守法。其中，科学立法是依法治国的前提。依法治国，必须坚持立法先行，发挥立法的引领和推动作用。要恪守立法为民，使每一项立法都符合宪法精神、反映人民意志、得到人民拥护。坚持立改废释并举，增强法律法规的及时性、系统性、针对性、有效性。加强重点领域立法，加快完善体现权利公平、机会公平、规则公平的法律制度。实现立法和改革决策相衔接，确保重大改革于法有据、立法主动适应改革和经济社会发展需要。

严格执法是依法治国的关键。法律的生命力在于实施，法律的权威也在于实施。当前法律实施环节存在的很多问题，不少是由于执法失之于宽、失之于松，选择性执法、随意执法等问题引起的。要深化行政执法体制改革，健全行政执法和刑事司法衔接机制。坚持严格规范公正文明执法，依法惩处各类违法行为，加大关系群众切身利益的重点领域执法力度，建立健全行政裁量权基准制度，全面落实行政执法责任制。加强对执法的监督，坚决查处执法犯法、违法用权等行为，坚决排除对执法活动的干预。

公正司法是依法治国的重心。司法是维护社会公平正义的最后一道防线。习近平同志多次强调，要使人民群众在每一个司法案件中都能感受到公平正义。如果司法不能坚持公平正义，司法就没有公信力，依法治国就难以全面推进。当前实现公正司法，要加快推进司法管理体制改革，完善确保依法独立公正行使审判权、检察权的制度。健全司法权力运行机制，优化司法职权配置。推进严格司法，开展以审判为中心的诉讼制度改革。加强对司法活动的监督，切实保障人民群众诉讼权利。

全民守法是依法治国的基础。人民群众是法律实施的重要主体，是全面推进依法治国的根本力量。人民群众以主人翁意识，发自内心地认同法律、信仰法律、遵守和捍卫法律，把依法办事当成习惯，是全面推进依法治国的基础。人民权益要靠法律保障，法律权威要靠人民维护。要深入开展法治宣传教育，在全社会树立法治意识，弘扬法治精神。要不断增强全社会厉行法治的积极性和主动性。推进多层次多领域依法治理，深化基层组织和部门、行业依法自治，支持各类社会主体依法自我约束、自我管理。

四是在法治轨道上推进国家治理体系和治理能力现代化。依法治国，是实现国家治理体系和治理能力现代化的必然要求，事关党执政兴国，事关人民幸福安康，事关党和国家长治久安。国家治理体系本质上就是国家制度体系，只有通过法制化，将各种国家治理制度上升为宪法和法律，以法律的普遍约束力和国家强制力保证其实施，才能提升国家治理体系的执行力。国家治理能力，包括党科学执政、民主执政、依法执政的能力，国家机构依法履职的能力，人民群众依法管理国家事务、经济社会文化事务、自身事务的能力。提高这些能力，最关键是要提高运用法治思维和法治方式的能力。

五是树立宪法法律权威，深入推进科学立法、民主立法。全面推进依法治国，必须树立宪法法律权威。宪法和法律是党和全体人民共同意志的凝结，维护宪法和法律的权威，就是维护党和人民共同意志的权威。要建立健全全社会忠于、遵守、维护宪法法律的制度，通过国家宪法日、国家工作人员正式就职时向宪法宣誓等，让人们感受到宪法法律就在身边，与每一个人的切身利益密切相关。

强化对行政权力的制约和监督。保证权力正确行使，必须把权力关进制度的笼子里，坚持用制度管权管事管人，建立决策科学、执行坚决、监督有力的权力运行体系。建立公民法人权利负面清单制度，保证公民法人法无禁止皆可为；推行政府权力清单制度，监督政府法定职责必须为、法无授权不可为，确保权力在法治轨道上运行。

深入推进科学立法、民主立法。人民是依法治国的主体和力量源泉。加强法治建设，归根结底就是要实现好、维护好、发展好最广大人民群众的根本利益。要坚持法治建设为了人民、依靠人民、造福人民、保护人民，以保障人民根本权益为出发点和落脚点。要依法保障公民权利，加快完善体现权利公平、机会公平、规则公平的法律制度，保障公民人身权、财产权、基本政治权利等各项权利不受侵犯，实现公民权利保障法治化。要特别重视土地征用、房屋拆迁、环境保护等热点领域的人权保障，充分保障公民的财产权和救济权。

六是坚持依法执政和依据党内法规管党治党相结合。中国共产党是执政党，对国家各项事业发挥总揽全局、协调各方的领导核心作用。党依法执政体现在领导立法、保证执法、支持司法、带头守法上。执政党能不能在宪法和法律范围内活动，依据宪法和法律治国理政，依据党内法规管党治党，直接关系到依法治国的成效。坚持党依据宪法法律治国理政，关键是要健全党领导依法治国的制度和工作机制，完善保证党确定依法治国方针政策和决策部署的工作机制和程序，确保党依照宪法法律行使执政权，实现党的领导方式和执政方式法治化。坚持党依据党内法规管党治党，关键是要加强党内法规制度建设，完善党内法规制定机制，形成配套完备的党内法规制度体系，实现从严治党有规可依、有章可循、有纪可执、执纪必严、违纪必究。把加强权力制约监督、严惩腐败、整风肃纪作为当前党内法规制度建设重点，决不允许有超越党纪国法的特权和特殊党员，决不给腐败留有制度空间。

三、积极投身法治中国建设的伟大实践

广大法学法律工作者是法治建设的中坚力量，担负着全面推进依法治国、建设法治中国的历史使命。要始终坚持正确政治方向，自觉坚持讲政治与讲法治的统一，自觉抵制各种错误观点和思潮，坚定不移跟党走中国特色社会主义法治道路；要增强创新意识，坚持理论联系实际，积极推进中国特色社会主义法治理论创新发展，用法治理论创新引领法治体系创新和法治实践创新；要注重实践，在立法、执法、司法、法律监督、法治宣传、法学教育等领域，创造性地贯彻落实十八届四中全会精神，努力成为依法治国的实践者和推动者。

法学会作为党领导的人民团体、群众团体、学术团体和政法战线的重要组成部分，是推动我国社会主义法治建设事业的重要力量，在全面推进依法治国的伟大进程中要发挥好团结、引领、组织、推动、协调作用，努力形成推进法治中国建设的强大合力。

认真抓好全会精神的学习宣传、贯彻落实。要通过多种形式，运用多种平台，学习、宣传、阐释习近平总书记重要讲话和《决定》精神，把广大法学法律工作者的思想和行动统一到全会精神上来。组织广大法学法律工作者围绕法治建设的全局性、根本性、前沿性问题，围绕全会精神贯彻实施中的重大理论与现实问题，积极开展调查研究，为党和国家建言献策，提供高质量高水平的咨询服务，当好推进法治中国建设的"思想库"和"智囊团"。

积极开展法律服务，更好更有效地服务大局、服务基层、服务群众。

要立足基础广泛、联系面广、人才荟萃等显著特点，特别是联结法学研究、法学教育、法治实践各个领域的独特优势，努力作好各方面法律服务工作，夯实推进法治中国建设的各项基础性工作。

加强人才队伍建设，为法治中国建设提供高素质人力资源。全面推进依法治国，需要高素质法治专门队伍支撑。我们要发挥作为法学界法律界跨界群众团体的优势，积极推进法治队伍建设。创新法治人才培养机制，推动形成完善的中国特色社会主义法学理论体系、学科体系、课程体系，推动中国特色社会主义法治理论进教材进课堂进头脑，培养造就熟悉和坚持中国特色社会主义法治体系的法治人才及后备力量。推进法治专门队伍正规化、专业化、职业化，促进高校科研院所与法律实务部门的高层次人才"双千"计划实施；通过课题研究、学术研讨、对外交流等多种形式和平台，培养、举荐优秀人才特别是中青年法学、法律人才，不断壮大党领导下的社会主义法治工作队伍。

（作者系中国法学会会长）

（《求是》2014年第21期）

全面推进依法治国的纲领性文件

——学习贯彻党的十八届四中全会精神

中央党校中国特色社会主义理论体系研究中心

党的十八届四中全会审议通过的《关于全面推进依法治国若干重大问题的决定》(简称《决定》),顶层设计中国法治路径,统筹设计中国法治方案,既抓总目标,又抓具体任务,切中了中国法治发展的核心要害,深度契合了中国法治全面推进的时代要求,体现了中国共产党在法治轨道和框架下坚持和发展中国特色社会主义,完善和发展中国特色社会主义制度的战略擘画。

《决定》是一个承接党的十一届三中全会以来我国社会主义法治建设历程的纲领性文件

改革开放以来,为实行依法治国、建设社会主义法治国家,我们党团结带领人民进行了艰辛探索。1978年,党的十一届三中全会总结我国民主法制建设正反两方面经验,特别是吸取"文化大革命"中法制遭到严重破坏的沉痛教训,提出了发展社会主义民主、健全社会主义法制的重大方针,确立了"有法可依、有法必依、执法必严、违法必究"的社会主义法制十六字建设方针。1997年,党的十五大把依法治国确定为党领导人民治理国家的基本方略,把建设社会主义法治国家确立为社会主义现代化建设的重要目标。2002年,党的十六大提出和确立了"推进依法行政"的战略任务。2004年,党的十六届四中全会提出"科学执政、民主执政、依法执政",之后在2007年党的十七大上写入《中国共产党章程》。2010年，我国形成了以宪法为统帅的中国特色社会主义法律体系。

2012年，党的十八大提出全面推进依法治国的要求，提出推进"科学立法、严格执法、公正司法、全民守法"的新十六字方针和法治建设总体布局，提出"坚持法律面前人人平等，保证有法必依、执法必严、违法必究"的工作要求，提出"法治是治国理政的基本方式""提高领导干部运用法治思维和法治方式深化改革、推动发展、化解矛盾、维护稳定能力"等重要命题。党的十八届三中全会决定将"推进法治中国建设""深化司法体制改革，加快建设公正高效权威的社会主义司法制度"确立为全面深化改革的重要内容。我们党领导人民不断推进依法治国进程，为改革开放和社会主义现代化建设提供了法治保障。

面向未来，全面建成小康社会对依法治国提出了更高要求。党的十八届四中全会以中国特色社会主义法治理论为指导，坚持中国共产党的领导、坚持人民主体地位、坚持法律面前人人平等、坚持依法治国和以德治国相结合，坚持从中国实际出发等重大原则，形成了全面推进依法治国、加快建设社会主义法治国家的一个系统总体方案，是全面推进依法治国的"顶层设计"。这个"顶层设计"涵盖了依法治国所必需的各个重要环节，是对新的历史条件下全面推进依法治国、加快建设社会主义法治国家作出的科学谋划和战略布局。

《决定》是一个高举中国特色社会主义伟大旗帜、坚持走中国特色社会主义法治道路的纲领性文件

十八届四中全会站在全面建成小康社会、全面深化改革、全面推进依法治国的高度，立足于为实现"两个一百年"奋斗目标、实现中华民族伟大复兴的中国梦提供有力法治保障，对中国特色社会主义法治道路、中国特色社会主义法治理论、中国特色社会主义法治体系等重大命题和重大概念作出的科学阐述，丰富和发展了中国特色社会主义道路、理论体系、制度。

十八届四中全会提出"依法治国，是坚持和发展中国特色社会主义的本质要求和重要保障，是实现国家治理体系和治理能力现代化的必然要求"，是对坚持和发展中国特色社会主义的一个新的重要论断：把法治建设纳入中国特色社会主义道路、理论体系和制度的框架内来推动，就能够更好地走出一条中国特色社会主义法治道路。全会就全面推进依法治国的指导思想、总目标、指导原则的论述和建设法治中国的战略部署，鲜明体现了在法治建设方面坚持和发展中国特色社会主义的一系列基本原则和价值导向。

中国特色社会主义是我们党领导的伟大事业，全面推进党的建设新的伟大工程，是这一伟大事业取得胜利的关键所在。十八届四中全会就加强和改进党对全面推进依法治国的领导作出的七个方面部署，有利于强化全党对"党的领导是中国特色社会主义最本质的特征"的认识，有利于强化全党对"党的领导是全面推进依法治国、加快建设社会主义法治国家最根本的保证"的认识，有利于强化全党对中国共产党领导法治建设内涵、方式、体制等的认识，进一步把党在中国特色社会主义事业中的领导核心作用凸现出来，进一步把党的领导与社会主义法治的一致性凸现出来，进一步把党的领导在具体法治工作中领导立法、保证执法、支持司法、带头守法的四大职责凸现出来，从而有力保障依法治国的"全面推进"和社会主义法治国家的"加快建设"。

《决定》是一个对全面推进依法治国、加快建设社会主义法治国家作出科学谋划和战略布局的纲领性文件

着眼全局推行法治，必须重视依法治国的系统性、整体性、协同性，必须在调查研究的基础上提出全面推进依法治国的顶层设计和总体规划，明确依法治国的目标和战略任务，提出依法治国的总体方案、路线图和时间表，统筹推进重要领域和关键环节的法治突破。

十八届四中全会有的放矢、切中肯綮，明确了全面推进依法治国的总目标是建设中国特色社会主义法治体系，建设社会主义法治国家。这

就是：在中国共产党领导下，坚持中国特色社会主义制度，贯彻中国特色社会主义法治理论，形成完备的法律规范体系、高效的法治实施体系、严密的法治监督体系、有力的法治保障体系，形成完善的党内法规体系，坚持依法治国、依法执政、依法行政共同推进，坚持法治国家、法治政府、法治社会一体建设，实施科学立法、严格执法、公正司法、全民守法，促进国家治理体系和治理能力现代化。

十八届四中全会统筹谋划，协同推进，提出了全面推进依法治国的重大任务，这就是：完善以宪法为核心的中国特色社会主义法律体系，加强宪法实施；深入推进依法行政，加快建设法治政府；保证公正司法，提高司法公信力；增强全民法治观念，推进法治社会建设；加强法治工作队伍建设；加强和改进党对全面推进依法治国的领导。

"4+1"的法治体系建设，6项重大任务，十八届四中全会的一项项部署，逐渐将依法治国的图景描述清晰。在立法层面，着重完善中国特色社会主义法律体系，坚持立法先行，发挥立法的引领和推动作用，抓住提高立法质量这个关键，同时坚持依宪执政，健全宪法实施和监督制度。在执法层面，着重打造法治政府，把权力关进制度的笼子里，推进政府权力清单制度，健全依法决策机制，全面推行政务公开，全面落实行政执法责任制。在司法层面，着重努力让人民群众在每一个司法案件中感受到公平正义，避免领导干部干预司法、插手具体案件，推进严格司法，实行办案质量终身负责制和错案责任倒查问责制。在守法层面，着重增强全民法治观念，弘扬社会主义法治精神，建设社会主义法治文化，推动全社会树立法治意识，推进多层次多领域依法治理，健全依法维权和化解纠纷机制，推进法治社会建设。在法治工作队伍层面，着重加强立法队伍、行政执法队伍、司法队伍建设，完善法律职业准入制度，加强法律服务队伍建设，创新法治人才培养机制，形成完善的中国特色社会主义法学理论体系、学科体系、课程体系。在党的领导层面，着重加强和改进党对法治工作的领导，把党的领导贯彻到全民推进依法治国全过程，坚持依法执政，健全党领导依法治国的制度和工作机制，加强党内法规制度建设，完善党内法规制定体制机制，形成配套完备的党内法规制度体系，提高党员干部法治思维和依法办事能力，推进基层治理法治化，建立重心下移、力量下沉的法治工作机制。

《决定》是一个更好地发挥法治的引领和规范作用、在法治轨道上有力保障全面深化改革顺利推进的纲领性文件

习近平总书记在中央全面深化改革领导小组第六次会议上强调，党的十八届四中全会通过了全面推进依法治国的决定，与党的十八届三中全会通过的全面深化改革的决定形成了姊妹篇。全面深化改革需要法治保障，全面推进依法治国也需要深化改革。全面深化改革是一个系统工程，是涉及社会利益关系调整的一场广泛而深刻的革命；全面推进依法治国也是一个系统工程，是国家治理领域一场广泛而深刻的革命。这"两个革命"，是紧密联系、缺一不可的。在党的十八届三中全会通过《关于全面深化改革若干重大问题的决定》之后，党的十八届四中全会通过《关于全面推进依法治国若干重大问题的决定》，充分体现了以习近平同志为总书记的党中央统筹国内国际两个大局，妥善处理改革发展稳定关系，在社会深刻变革中推进中国特色社会主义事业向前发展的远见卓识和战略定力。

改革与法治，还体现了一对"变"与"不变"的关系。所谓改革，着眼于国家治理之"变"，意在坚定不移推进体制改革；所谓"法治"，着眼于治理法度之"不变"，意在用常态化制度保障国家治理。十八届四中全会通过的《决定》，既厘清了依法治国的体制框架，又作出了一系列改革部署，特别是提出了180多项对依法治国具有重要意义的改革举措，实现了国家治理的"变"与"不变"的有机统一。

落实全面深化改革的各项改革任务，冲出思想观念的障碍，突破利益固化的藩篱，啃下改革中的硬骨头，需要实现立法和改革决策的衔接，做到重大改革于法有据、立法主动适应改革发展需要。在研究改革方案和改革措施时，要同步考虑改革涉及的立法问题，及时提出立法需求和

立法建议。对不适应改革要求的法律法规，要及时修改和废止。要加强法律解释工作，及时明确法律规定含义和适用法律依据。落实全面深化改革的各项改革任务，还需要运用好法治思维和法治方式，在法治的框架内统筹社会力量、平衡社会利益、调节社会关系、规范社会行为。只有在法治的轨道上推进改革，才能是科学有序的改革，才能是久久为功、终见成效的改革，才能是彻底的不留尾巴的改革。

（执笔：赵 杰）

（《解放军报》2014年11月05日01版）

第二章

完善法律体系
是全面推进依法治国的现实要求

中国特色社会主义法律体系的形成，是中国近几十年来法治建设中的重大成就之一。它是以宪法为统帅，以宪法相关法、民法商法等多个法律部门的法律为主干，由法律、行政法规、地方性法规等多个层次的法律规范构成。它是中国特色社会主义基本制度的法制基础，是中国特色社会主义基本制度创新实践的法制体现，是中国特色社会主义兴旺发达的法制保障。在新的起点上，建设中国特色社会主义法治体系，必须坚持立法先行，继续完善中国特色社会主义法律体系。

一、立法先行是建设中国特色社会主义法治体系的前提

（一）法律是治国之重器，良法是善治之前提

以律均清浊，以法定治乱。对于行进在现代化之路上的中国，法治是繁荣稳定的基石；对于掌舵民族复兴航船的中国共产党，法治是执政兴国的支撑。治理一个国家、一个社会，关键是要立规矩、讲规矩、守规矩。法律是治国理政最大的规矩。要跳出"历史周期律"、实现长期执政，要走好中国道路、实现党和国家长治久安，必须以法治提供根本性、全局性、长期性的制度保障。

完善的法律体系是法治体系的重要组成部分，是依法治国的基础与前提，决定着能否全面建成小康社会、实现中华民族伟大复兴的中国梦，能否全面深化改革、完善和发展中国特色社会主义制度，能否提高党的执政能力和执政水平。依法治国的目标是建立一个法治国家、法治政府和法治社会，也就是要求中国共产党要依法执政，各级政府要依法行政，

社会要依法运行，公民要依法维权争权。要达到这样的目标，就需要加强立法，制定出一整套完善的法律体系用以规范党、政府、社会和公民个人，划定各自活动的边界，避免为了追求纯粹的稳定而产生随意性、一窝蜂、运动式行为。

近30年来，我国共立法300余部，正如习近平2013年2月23日在中央政治局就全面推进依法治国进行第四次集体学习时强调：中国已经形成了以宪法为统帅的中国特色社会主义法律体系，我们国家和社会生活各方面总体上实现了有法可依，这是我国社会主义法治建设取得的历史性成就。

但是，必须清醒看到，同党和国家事业发展要求相比，同人民群众期待相比，同推进国家治理体系和治理能力现代化目标相比，我国目前的立法工作还存在许多不适应、不符合的问题：有的法律法规未能全面反映客观规律和人民意愿，针对性、可操作性不强；有的领域法律法规缺乏，无法可依；立法工作中部门化倾向、争权诿责现象较为突出；部分法律法规、自相矛盾的现象时有发生；有的立法权限不够明确。因此，加强科学立法、民主立法就显得尤为重要。

（二）坚持立法先行，发挥立法的引领和推动作用

立法先行，才能保证法治建设有基本依据，才能保证依法治国有基本准绳，才能对我国的改革大业、社会经济发展起到引领和推动的作用。

法治就是按照事先建立的法律规则进行法律适用，避免人治、权治的随意性。"十二铜表法"、"商鞅立信"都是事先立了规矩，向社会宣告颁布，令出必行。包括立法者自己，也要坚决遵守，这都是事先立法。而人治与权治是事后立规，便宜行事，发生事件之后，再随机出台处理原则，随势而为，政策治国，跟着社会状况，随时变化，完全依靠治理者的权力实行治理，碰到德才兼备的人治理，可能产生良好的效果，但是，一旦遇到野心家、阴谋家、冒险家之类的人治理，就可能将自己的权力凌驾于法律之上，随心所欲，践踏法律与社会规范甚至挑战道德底

线，极有可能造成巨大灾难，给国家社会造成极大破坏与动荡。因此，为了减少甚至避免这种人治的随意性，增强社会经济发展的有序性、稳定性，必须走法治道路，必须预先立法，形成大家各自应该遵守的规则，让各个方面都有章可循，也保证了经济社会发展的相对平稳与可持续发展。

依法治国，包括用法律规则治国，用已经形成的成文法原则和规则治国，用法律的头脑、法律人的思维治国，就必须立法先行，规则事先制定，任何即时的权力都要遵守法度，这就必然会制约权力，通过完善的立法机制体制建立起一整套完备的法律体系，形成强有力的"笼子"，将权力装进这个法律制度的"笼子"。对权力的限制，限制的方法，是未来中国立法工作的重点与难点，必须未雨绸缪、深入研究、通盘考虑，既保证政治家有充分的权力和权利去促进社会经济改革与发展，又保证当权力和法律冲突时，政治家能够收敛权力，而服从规则。这就是法治的长远的目标，不可能一蹴而就。

立法的引领与推动作用要得到充分发挥更需要立法先行。对于处于急剧社会变革和转型期的中国，法律约束调节的客体对象是在迅速的演变与发展之中，因此，立法需要与时俱进，需要不断废旧立新，不断自我纠正与调节。如卢梭指出的，过去的法律是不能约束现在的，因此，立法先行就有更大的意义和紧迫性，否则，立法工作落后于社会经济改革与发展，反而会制约、阻滞、甚至破坏社会经济改革与发展。需要时刻根据中国改革发展的具体实际和客观变化进行预先立法，确保立法符合中国国情和当代实际。这就要求立法先行首先保证自身法律规则的一致性与超前性，不能出现自身内在的矛盾与冲突。立法者要先行一步，紧跟时代步伐，深入调查研究，准确把握迅速发展演变中的中国改革大业与经济社会状况，并形成快速有效的立法体制机制，尽早制定出符合中国实际现状的完备的法律体系，才能对正在发展中的社会生活进行法律调节，才能对社会经济发展与改革起到引领与推动作用。

（三）立法先行，为全面深化改革保驾护航

当代中国，全面深化改革和全面推进依法治国是两大主题，无论是深化改革还是依法治国，都是需要艰辛努力的奋斗过程，都需要通过立法制定出一个循序渐进的发展路线图，对中国这样的复杂大国来说，只有通过群策群力、广大公民广泛参与制定出完备的法律体系才能保障两大事业长期顺利发展，既通过立法、依法治国来保障全面深化改革，又通过全面深化改革推动依法治国。

习近平强调要运用法治思维和法治方式推进改革。在整个改革过程中，都要高度重视运用法治思维和法治方式，发挥法治的引领和推动作用，各级政府、各个部门要切实提高运用法治思维和法治方式推进改革的能力和水平。这就更加要求我国把立法作为依法治国的头等大事，需要通过立法为未来的改革方式定调，并在法制轨道上推进改革，为改革松绑、为改革留空间、为改革和改革者打气、为改革者立规矩、为改革定方向、为改革保驾护航，加强改革的立法推进和立法保障方面出台重大、务实措施，都将强化市场经济的法治基础，进一步释放增长潜力。

靠法治为改革护航，是全面深化改革的基本遵循，首先是加强立法，关键是提高立法的质量，立法质量重点体现在立法能够与不断推进的改革大业、不断推出的改革决策、不断探索出的改革创新相衔接，立法能够主动地适应改革和经济社会发展的需要，保证重大改革措施必须有法律依据。30多年来，中国改革的路径正在发生鲜明变化，更多地依靠立法与法治，推进国家治理体系和治理能力现代化更需要法治这个基本方式，只有不断加快、加紧、加强立法，形成中国特色社会主义法律体系，才能使我国的改革进入有法可依的新时代，改革深水区的利益藩篱、攻坚期的复杂难题都需要立法破解。通过完善立法，改革主张才能转换成法治主张，才能化解改革风险，才能确保改革有秩序、不走样，行稳致远。

以法治作为改革的压舱石，安定性是法的基本价值，以立法为改革

保驾护航，对于转型期社会变革日新月异的当代中国尤为重要，立法形成的安定性，不仅体现为政策制定不能朝令夕改、决策出台必须于法有据，更体现为在一个高速前行的转型社会中，对社会秩序和价值理念所起的稳定作用。相对稳定的法律体系是指引中国改革这艘航船风雨中不变航向的灯塔，是阻拦奔腾的市场经济之川不溢出河道的堤坝，是守护30多年改革成果不被蚕食的坚强卫士。以完善的立法、迅速跟进的立法、稳定性与灵活性相结合的立法为迅速推进的改革提供安定保障，促进改革持续向前发展。

二、依法治国首先要依宪治国　依法执政关键是依宪执政

依法治国就是依照体现人民意志和社会发展规律的法律治理国家，而不是依照个人意志、主张治理国家；要求国家的政治、经济运作、社会各方面的活动统统依照法律进行，而不受任何个人意志的干预、阻碍或破坏。简而言之，依法治国就是依照法律来治理国家。它是治国之本，是党领导人民治理国家的基本方略，是发展社会主义市场经济的客观需要，也是社会文明进步的重要标志，还是国家长治久安的重要保障。

（一）宪法的地位、内容决定了依法治国首先必须依宪治国

法治，首先是宪法之治。宪法作为根本法，对于整个国家的法律体系具有统帅作用，是治国安邦的总章程，具有最高的法律地位、法律权威、法律效力，具有根本性、全局性、稳定性、长期性；在我国，依法治国所依之法，包括宪法、法律、行政法规、地方性法规和其他具有效力的地方性文件。在这个法律体系中，宪法的位阶最高，居于最高的法律地位，是法律体系中的母法，具有最高的法律效力，是制定修改解释其他法律法规的根本依据。因此，其他法律法规要想具有权威和效力，宪法必须首先具有权威和效力；其他法律要想得到较好实施，宪法必须首先得到较好实施。

现行宪法以其最高的法律地位、法律权威和法律效力，确立了中国

特色社会主义道路、中国特色社会主义理论体系、中国特色社会主义制度的发展成果，规定了国家公权力的组织体系、职责权限和行为标准，反映了我国各族人民的共同意志和根本利益，成为保持国家统一、民族团结、经济发展、社会进步和长治久安的法律基础，是历史新时期党和国家的中心工作、基本原则、重大方针、重要政策在国家法治上的最高体现。我国现行所有的法律，上升为国家意志的党的路线、方针、政策，都是依据宪法制定的，是对宪法精神、原则和制度的具体化。因此，依宪治国不仅是依法治国的必然要求，也是依法治国的首要之义。新形势下，我们党要履行好执政兴国的重大职责，就是要按照宪法和党章的要求，真正做到党领导立法、保证执法、带头守法。

宪法是党和人民共同意志的体现，是党的事业、人民的根本利益的具体体现；宪法确立的国家的领导核心和指导思想，工人阶级领导的、以工农联盟为基础的人民民主专政的国体，人民代表大会制度的政体，中国共产党领导的多党合作和政治协商制度、民族区域自治制度以及基层群众自治制度，爱国统一战线，社会主义法制原则，民主集中制原则，尊重和保障人权原则，等等，都是中国特色社会主义政治发展道路的具体体现，坚持依宪治国就是坚持中国特色社会主义政治发展道路；改进党的领导方式和执政方式的具体表现就是依法执政、依宪执政；宪法的生命在于实施，宪法的权威也在于实施，全党要坚持不懈地抓好宪法实施工作。

习近平强调，维护宪法权威，就是维护党和人民共同意志的权威。捍卫宪法尊严，就是捍卫党和人民共同意志的尊严。保证宪法实施，就是保证人民根本利益的实现。他还指出，全面贯彻实施宪法，是建设社会主义法治国家的首要任务和基础性工作。这些论述，深刻阐述了宪法和宪法实施在建设社会主义法治国家中的重要地位，具有很强的思想性和指导性。实践证明，抓好宪法实施，坚持依宪治国、依宪执政，社会主义法治的统一、尊严、权威才有坚实基础，国家统一、民族团结、经济发展、社会进步和国家长治久安才有可靠保障，党和国家事业兴旺发达才能获得蓬勃伟力。

（二）依法执政关键是依宪执政

实现依法治国，关键是坚持依宪执政；实现依宪执政，关键在于坚持依宪执政。依宪执政就是作为执政党的中国共产党以宪法为执政的根本依据，全面贯彻宪法的各项制度，充分尊重和切实保障公民广泛的基本权利，运用宪法规范认识和解决执政过程中的各种问题。

依宪执政，最重要的内容就是要推动宪法实施。宪法的生命在于实施，宪法的权威也在于实施。宪法的实施水平，与全面推进依法治国的进程息息相关，没有宪法的全面有效实施，依法治国的目标就不可能真正实现。应当看到，当前保证宪法实施的监督机制和具体制度还不健全，有法不依、执法不严、违法不究现象在一些地方和部门依然存在，公民包括一些领导干部的宪法意识还有待进一步提高。提高宪法实施水平，就要对这些问题高度重视、切实解决。这就要求各级领导干部要自觉提高能力，运用法治思维和法治方式深化改革、推动发展、化解矛盾、维护稳定，在法治轨道上推动各项工作；要进一步健全权力运行制约和监督体系，有权必有责，用权受监督，失职要问责，违法要追究，保证人民赋予的权力始终用来为人民谋利益。只要我们通过具体制度安排，保证宪法从纸面走入生活、走进人民心中，就一定能使我们的社会既严整有序，又充满活力。

《决定》指出，全国各族人民、一切国家机关和武装力量、各政党和各社会团体、各企业事业组织，都必须以宪法为根本的活动准则，并且负有维护宪法尊严、保证宪法实施的职责。一切违反宪法的行为都必须予以追究和纠正。为体现宪法的权威性，要完善全国人大及其常委会宪法监督制度，健全宪法解释程序机制。加强备案审查制度和能力建设，把所有规范性文件纳入备案审查范围，依法撤销和纠正违宪违法的规范性文件，禁止地方制发带有立法性质的文件。

必须加强宪法教育与宣传，增强宪法权威。我国将每年十二月四日定为国家宪法日。在全社会普遍开展宪法教育，弘扬宪法精神。建立宪法宣誓制度，凡经人大及其常委会选举或者决定任命的国家工作人员正式就职时公开向宪法宣誓。

三、完善立法体制

完善立法体制，必须加强党对立法工作的领导，完善党对立法工作中重大问题决策的程序。党的领导和社会主义法治本质上是一致的，把党的领导贯彻到立法体制的全过程和各方面，党在立法工作中的领导必须有法可依。凡立法涉及重大体制和重大政策调整的，必须报党中央讨论决定。党中央向全国人大提出宪法修改建议，依照宪法规定的程序进行宪法修改。法律制定和修改的重大问题由全国人大常委会党组向党中央报告。我国宪法确立中国共产党的执政地位，赋予党治国理政的责任和使命。党章规定党必须在宪法和法律的范围内活动，以执政党纲领保证宪法和法律的实施。党把自己的主张通过法定程序转化为国家意志，成为全国人民共同遵守的法律，引领社会主义法治建设。

（一）完善党内立法的体制机制

坚持党对立法工作的领导，还要加强党内立法，健全党内法律法规建设，完善党内立法的体制机制，运用党内法规把党要管党、从严治党落到实处。中国共产党是中国人民的先锋队，是肩负神圣使命的政治组织，党员是有着特殊政治职责的公民，因此，党规党纪要严于国家法律。将党内法规体系纳入法治体系建设，这是党践行法治理念、实现党的执政方式领导方式法治化现代化的重大抉择，也是党推进国家治理体系和治理能力现代化的重大实践。十八大后，党中央集中清理了党内法规，首次发布了党内法规制定工作五年规划。2013年5月，《中国共产党党内法规制定条例》、《中国共产党党内法规和规范性文件备案规定》公开发布，前者对党内法规的制定权限、制定原则、规划与计划、起草、审批与发布、适用与解释、备案、清理与评估等作出了明确规定，后者对党内法规和规范性文件备案的原则、范围、期限、审查、通报等提出了具体要求。这使得我党拥有了正式的党内"立法法",对提高党内法规制定质量、健全党内法规体系、促进与各项国家法律更为协调统一作用重大。

(二)健全有立法权的人大主导立法工作的体制机制

宪法确立了中国基本的立法体制,而《中华人民共和国立法法》则进一步将立法体制的有关内容予以细化,基本上使中国建立起了以全国人大及其常委会为龙头的立法体制,结构上也基本上达到了合理化。但仍然存在诸多不足需要加以改进。比如立法权分配就存在缺陷,全国人大及其常委会与国务院立法权的分配并不十分明确,地方性法规和地方政府规章之间的界限亦不明确。需要研究建立由全国人大相关专门委员会、全国人大常委会法制工作委员会组织有关部门参与起草综合性、全局性、基础性等重要法律草案制度,增加有法治实践经验的专职常委比例,依法建立健全专门委员会、工作委员会立法专家顾问制度。

(三)加强和改进政府立法制度建设

重要行政管理法律法规由政府法制机构组织起草。根据我国宪法,政府可以制定行政法规和各种规章。既是宪法和法律的具体化措施,也是很多法律未成熟前的暂定规则,具有准法律性质,因此,立法工作也包含各级政府的行政法规、规章命令制定,也要纳入完善的立法体制之中。也要遵循立法科学性的原则,也要体现宪法的精神和人民主权原则,不能变成行政权力的扩展。

完善立法体制,需要明确立法权力边界,各级人大之间、各级政府之间、人大与政府之间、政府各个部门之间都需要明确立法的基本权限与边界,做好立法权的规范分配。从体制机制和工作程序上有效防止部门利益和地方保护主义法律化。对部门间争议较大的重要立法事项,由决策机关引入第三方评估,充分听取各方意见,协调决定,不能久拖不决。这就要发挥党的领导与协调作用,强化宪法权威,完善立法程序,加强法律解释工作,及时明确法律规定含义和适用法律依据。通过立法明确地方立法权限和范围,依法赋予设区的市地方立法权,并以明确的法律和机制对地方立法进行审核、监督。

(四)坚持法律的立改废释并举

立法体制包括创立、修改、废除和解释,根据社会发展变化进行调整,适时创立新法律、修改现行法律、废除过时法律和解释存在疑问的法律,才能增强法律法规的及时性、系统性、针对性、有效性。比如立法解释机制,法律解释的原因很多,法律条文的内容需要在执行中重新确定而导致要解释;法律冲突使某些事件无法调整,究竟需要选择哪一个法律规范或条文,需要解释。这两种需要解释的情况在中国法律文件中已经作了规定,不过,目前没有规定法律在适用中需要进行推理的解释问题,法律推理中的解释直接关系到法律条文与事的结合问题,最能体现立法科学性。另外,中国法律解释在法治实践中权力过于分散,包括立法解释、行政解释、司法解释等,其中,行政解释和司法解释若没有严格的条件限制,必然使行政权和司法权在一定范围内与立法权界限不清。中国地方立法中,有关法律规范的解释则更加混乱,诸多地方规定,某个地方立法文件中的执行机关同时是这个规范的解释机关,因此,迫切需要加强立法解释机制。

四、深入推进科学立法、民主立法

深入推进科学立法、民主立法,必须完善立法项目征集和论证制度,健全立法机关主导、社会各方有序参与立法的途径和方式,拓宽公民有序参与立法途径。

(一)加强人大对立法工作的组织协调机制

加强人大立法工作的组织协调机制,健全立法起草、论证、协调、审议机制，健全向下级人大征询立法意见机制，建立基层立法联系点制度，推进立法精细化。健全法律法规规章起草征求人大代表意见制度，增加人大代表列席人大常委会会议人数，更多发挥人大代表参与起草和修改法律作用。这些机制与制度都需要制定相应的更具体细致的法律法规才能真正落到实处。

完善立法项目征集和论证制度。立法机关需要根据我国法治建设的具体需要，制订不同时限的立法工作规划与计划，按立法需要的轻重缓急制定立法时间表，探索建立需要立法的项目征集制度和项目论证制度，让立法机构、社会团体、智库、专家教授、广大公民都参与这种项目的征集与论证。

（二）健全各方有序参与机制

健全立法机关主导、社会各方有序参与立法的途径和方式。健全法律法规规章草案公开征求意见和公众意见采纳情况反馈机制，广泛凝聚社会共识。创新各种制度和机制，在立法的项目征集、立法启动、草案拟定、论证修改、试点完善等各方面都需要创造多种途径、多种方式，比如网络提议、网络修改、电话咨询、问卷调查、学术研讨、专家咨询等。

探索委托第三方起草法律法规草案。可以委托相关专家、大学研究机构、各种智库、民间团体、社会组织等第三方参与立法起草工作。比如社会组织法，就可以通过挑选一些比较有代表性的社会组织，由它们自己提出自己的权益、权利和权力范围，将它们自身的诉求直接提出写进草案。这种立法更容易体现民主性，更有针对性。

健全立法机关和社会公众沟通机制，开展立法协商，充分发挥政协委员、民主党派、工商联、无党派人士、人民团体、社会组织在立法协商中的作用，探索建立有关国家机关、社会团体、专家学者等对立法中涉及的重大利益调整论证咨询机制。立法必须遵循公开透明原则，加强公民对立法的参与。

（三）完善法律草案表决程序

立法草案起草完成后，从立法的意义上就更需要合法的立法表决程序。法律草案需要按照一定的法律表决程序，不同类型和不同性质的法律法规在不同的立法机构都需要有明确严格的表决程序，特别是草案中影响比较大的重要条款必须经过严格的表决程序单独表决通过才能列入草案。

五、加强重点领域立法

当前我国立法工作，需要加强重点领域立法，依法保障公民权利，加快完善体现权利公平、机会公平、规则公平的法律制度，保障公民人身权、财产权、基本政治权利等各项权利不受侵犯，保障公民经济、文化、社会等各方面权利得到落实，实现公民权利保障法治化。增强全社会尊重和保障人权意识，健全公民权利救济渠道和方式。

（一）加强市场经济领域的立法工作

社会主义市场经济本质上是法治经济。使市场在资源配置中起决定性作用和更好发挥政府作用，必须以保护产权、维护契约、统一市场、平等交换、公平竞争、有效监管为基本导向，完善社会主义市场经济法律制度。

1. 健全以公平为核心原则的产权保护制度

加强对各种所有制经济组织和自然人财产权的保护，清理有违公平的法律法规条款。创新适应公有制多种实现形式的产权保护制度，加强对国有、集体资产所有权、经营权和各类企业法人财产权的保护。国家保护企业以法人财产权依法自主经营、自负盈亏，企业有权拒绝任何组织和个人无法律依据的要求。比如目前国有企业改革力度加大，需要相应的立法保障，混合所有制改革、整体上市、吸引民间资本进入国企等方面都急需立法作为依据。

2. 加强企业社会责任立法

企业为了经济利益而带来环境污染、生产假冒伪劣商品危害社会、破坏正常市场竞争秩序等外部不经济行为问题，需要加强立法予以规范和约束，尽可能减少直至消除。同时，也要求所有类型的企业都必须承担一定的社会责任，比如接纳一定比例的残疾人就业，保障职工合理利益诉求，坚决执行国家福利标准、安全标准、技术标准、环保标准、产业政策、重大国家经济规划等，这些社会责任也要立法加以约束和保障，以达到常态化、制度化。

3. 完善激励创新的产权制度、知识产权保护制度和促进科技成果转化的体制机制

科技是第一生产力，创新是发展的灵魂。我国总体上科技发展仍然落后，创新动力不足，创新的体制机制不够完善。这就要求我们运用法治的思维去促进创新与科技发展，首先就要加强立法支持与保障，重点是制定有效的产权制度特别是知识产权制度、科技成果转化制度等。

4. 加强市场法律制度建设，编纂民法典

制定和完善发展规划、投资管理、土地管理、能源和矿产资源、农业、财政税收、金融等方面法律法规，促进商品和要素自由流动、公平交易、平等使用。比如财税领域，当前财税体制改革包括预算改革、税制改革以及中央和地方关系的改革，比较突出的改革任务是营改增、消费税、资源税、环境税、房地产税和个人所得税，这些都需要加快立法、重点立法。

5. 依法加强和改善宏观调控、市场监管，反对垄断，促进合理竞争，维护公平竞争的市场秩序

当前我国一方面存在宏观调控上审批事项过多、审批环节过多、审批时间过长等问题，另一方面也存在正常监管缺位、不到位、事中事后监管缺失等监管不力问题；一方面存在行业性区域性垄断损害市场公平等市场垄断行为，另一方面又存在假、冒、伪、劣、黑、乱现象泛滥的无序竞争行为；既存在突击式整治等一管就死的现象，又存在因常态化、长效化机制缺乏而一放就乱的现象。这既是体制、机制、制度和观念上

的问题，更是经济运行、市场治理还没有完全走上法治化轨道的问题。原因之一就是我国一些经济与行政法律法规质量不高，对市场主体的权利义务界定不清，对产权的平等保护不够，违法处罚性规定偏软，针对性、可操作性不强，一些领域存在盲点和空白。因此，必须加强立法，以高质量的法律体系克服市场无序、乱序的种种缺陷，维护公平竞争有序的市场秩序。

6. 加强军民融合深度发展法治保障

军民领域的技术与产品相互融合的程度越来越深，军事领域必须体现国家意志，必须由国家主导，但是，军事领域的发展对民用经济与技术的带动作用很大，民用经济基础又是军事优势的强大后盾。因此，需要加强立法促进军民融合深度发展。可以在国家层面建立军民融合的统一领导、军地协调、需求对接、资源共享机制，顺应当今时代发展趋势和军事变革潮流的现实要求，实现富国与强军相统一，统筹国防建设与经济建设，但必须建立在立法保障和法治之上。

（二）加强民主政治领域的立法

制度化、规范化、程序化是社会主义民主政治的根本保障。以保障人民当家作主为核心，坚持和完善人民代表大会制度，坚持和完善中国共产党领导的多党合作和政治协商制度、民族区域自治制度以及基层群众自治制度，根据全国国情的变化和时代要求不断通过更具体的立法对这四项基本政治制度进行保障与落实，推进社会主义民主政治法治化。加强社会主义协商民主制度建设，推进协商民主广泛多层制度化发展，构建程序合理、环节完整的协商民主体系。完善和发展基层民主制度，依法推进基层民主和行业自律，实行自我管理、自我服务、自我教育、自我监督。完善国家机构组织法，完善选举制度和工作机制。加快推进反腐败国家立法，完善惩治和预防腐败体系，形成不敢腐、不能腐、不想腐的有效机制，坚决遏制和预防腐败现象。完善惩治贪污贿赂犯罪法律制度，把贿赂犯罪对象由财物扩大为财物和其他财产性利益。

（三）加强文化领域立法

通过完善文化领域立法，掀起文化建设的新高潮，增强国家文化软实力建设。建立健全坚持社会主义先进文化前进方向、遵循文化发展规律、有利于激发文化创造活力、保障人民基本文化权益的文化法律制度。制定公共文化服务保障法，促进基本公共文化服务标准化、均等化。制定文化产业促进法，把行之有效的文化经济政策法定化，健全促进社会效益和经济效益有机统一的制度规范。制定国家勋章和国家荣誉称号法，表彰有突出贡献的杰出人士。加强互联网领域立法，完善网络信息服务、网络安全保护、网络社会管理等方面的法律法规，依法规范网络行为。

（四）加强社会领域立法

以完善的立法体系加强社会建设。加快保障和改善民生、推进社会治理体制创新法律制度建设。依法加强和规范公共服务，完善教育、就业、收入分配、社会保障、医疗卫生、食品安全、扶贫、慈善、社会救助和妇女儿童、老年人、残疾人合法权益保护等方面的法律法规。

加强社会组织立法，规范和引导各类社会组织健康发展。当前我国社会组织发展迅猛，作用日益突出，但存在着立法层级较低、法规内容滞后、政策不配套等问题，已经成为影响社会组织发展的重要障碍。要落实中央对社会组织的改革举措，必须抓紧开展社会组织立法，适时开展研究论证，提出建议草案，推动条件具备的地方先行先试，为社会组织发展创造良好的法制环境。

制定社区矫正法，将近年来社区矫正试点的成功经验加以总结，加快立法成为国家法律，以作为刑法的重要补充法律并取代已废除的简单的劳动教养制度。

（五）加强国家安全领域立法

通过加强国家安全领域立法，贯彻落实总体国家安全观，构建集政治安全、国土安全、军事安全、经济安全、文化安全、社会安全、科技安全、信息安全、生态安全、资源安全、核安全等于一身的国家安全体系，打造国家安全命运共同体，加快国家安全法治建设，抓紧出台反恐怖、反分裂、产业安全、网络安全、信息安全、核安全等一批急需法律，推进公共安全法治化，构建国家安全法律制度体系。

（六）加强生态建设领域的立法

通过加强生态建设立法，用严格的法律制度保护生态环境，加快建立有效约束开发行为和促进绿色发展、循环发展、低碳发展的生态文明法律制度，强化生产者环境保护的法律责任，大幅度提高违法成本。建立健全自然资源产权法律制度，完善国土空间开发保护方面的法律制度，制定完善生态补偿和土壤、水、大气污染防治及海洋生态环境保护等法律法规，制定完善广大公民保护生态环境、保护自然、节约资源粮食、健康低碳生活的法律法规，以立法促进形成良好的生态文明风尚，促进生态文明建设。

（七）加强实现立法和改革决策相衔接

通过加强立法与改革决策相衔接，做到重大改革于法有据、立法主动适应改革和经济社会发展需要。科学立法是处理改革和法治关系的重要环节。在研究改革方案和改革措施时，要同步考虑改革涉及的立法问题，及时提出立法需求和立法建议。实践证明行之有效的，要及时上升为法律。实践条件还不成熟、需要先行先试的，要按照法定程序作出授权。对不适应改革要求的法律法规，要及时修改和废止。对改革涉及的领域，要加强法律解释工作，及时明确法律规定含义和适用法律依据，使改革有法律依据和保障。要把党的十八届四中全会提出的180多项对依法治国具有重要意义的改革举措，纳入改革任务总台账，一体部署、一体落实、一体督办。以保证依法治国与改革开放相协调、相促进，两翼齐飞。

六、坚持立法基本原则　不断提高立法质量

立法原则是指立法主体据以进行立法活动的重要准绳，是立法的内在精神品格之所在，是立法指导思想在立法实践中的重要体现，是执政者立法意识和立法制度的重要反映。针对我国这样一个社会主义国家来说，立法需要坚持如下基本原则：

（一）立法要体现宪法精神

任何国家的法律体系都是以宪法为基本依据，立法必须以宪法为基础，体现宪法精神，我国也不例外。我国宪法第五条规定："一切法律、行政法规和地方性法规都不得同宪法相抵触。一切国家机关和武装力量、各政党和各社会团体、各企业事业组织都必须遵守宪法和法律。一切违反宪法和法律的行为，必须予以追究。任何组织或者个人都不得有超越宪法和法律的特权。"《中华人民共和国立法法》第三条也规定："立法应当遵循宪法的基本原则。"

体现宪法精神首先要求在立法中必须坚持中国共产党的领导。坚持党的领导是历史和人民的选择。中华民族的独立和解放，是在党领导下取得的；解决13亿人民温饱问题和初步建成小康社会，也是在党领导下实现的。中华民族走向繁荣、富强和文明，必须有一个坚强的领导核心，这个核心无可替代，就是执政的中国共产党。我国在宪法中确立了中国共产党的领导地位，坚持党的领导是推进依法治国的题中应有之义。推进依法治国将加强而不是削弱党的领导，作为执政党，在立法进程中，党必须发挥带头和领导作用。党要带头参与立法，善于把党的主张、想法通过立法程序转化为法律法规，从而成为国家意志。党要发挥善于总揽全局、协调各方的优势，领导人大、政协、政府、司法机关等各部门依据宪法法律章程精神共同参与立法，在群策群力基础上，善于运用民主集中制原则，维护宪法权威，体现宪法精神，促进立法完善。

体现宪法精神就必须坚持法律面前人人平等。平等是社会主义法律

的基本属性。任何组织和个人都必须尊重宪法法律权威，都必须在宪法法律范围内活动，都必须依照宪法法律行使权力、履行职责或义务，都不得有超越宪法法律的特权。必须维护国家法制统一、尊严、权威，切实保证宪法法律有效实施，绝不允许任何人以任何借口任何形式以言代法、以权压法、徇私枉法。当前的立法工作必须以规范和约束公权力为重点，加大对公权力的监督力度，做到有权必有责、用权受监督、违法必追究。在立法启动、协商、运行、表决各环节中都必须坚持法律面前人人平等的原则，所通过的法律也必须能够体现平等原则。

（二）立法要坚持人民主体地位

法是人的意志。法的适用也要靠人，徒法不足以自行。因此，法治也离不开人的主观能动性，"法治"本质上也要靠"人"去"治"。从这个角度看，法治也是人治。但是法治是多数人之治，法律是大家合意的表示，全民意志的表示；而人治却是一个人或极少数人的意志。

我国立法工作始终坚持人民主体地位，始终恪守以民为本、立法为民理念，立法要反映人民意志，得到人民拥护。人民是依法治国的主体和力量源泉，也是立法的主体，人民代表大会制度是保证人民当家作主的根本政治制度，更是立法的主要机构，立法是为了人民、依靠人民、造福人民、保护人民，以保障人民根本权益为出发点和落脚点，保证人民依法享有广泛的权利和自由、承担应尽的义务。在我国，人民主权和政党意志高度一致，党代表了人民的根本利益，坚持党的领导，就是坚持人民主权。党的政策和国家法律都是人民根本意志的反映，本质上一致。党的政策是国家法律的先导和指引，是立法的依据和执法司法的重要指导。立法与政策都要反映人民的意志，得到人民的拥护，使人民认识到法律既是保障自身权利的有力武器，也是必须遵守的行为规范。这样才能增强全社会学法尊法守法用法意识，使法律为人民所掌握、所遵守、所运用。我国宪法第二条明文规定：中华人民共和国的一切权力属于人民。人民行使国家权力的机关是全国人民代表大会和地方各级人民代表大会。人民依照法律规定，通过各种途径和形式，管理国家事务，管理经济和文化事业，管理社会事务。

为了体现立法为民理念，需要加强和推进民主立法，拓宽多种途径和方式，让广大公民广泛参与立法。既是保障人民当家作主、发展社会主义民主的重要方面，也是使民主制度化、法律化，健全社会主义法治的重要环节。可以说，民主立法是人民民主与依法治国的重要结合点，民主立法坚持和实行得好坏，直接关系到中国特色社会主义民主法治建设的成败。

（三）立法要贯彻社会主义核心价值观

中国是社会主义国家，必须大力培育和弘扬社会主义核心价值体系和核心价值观，可以通过加强立法来培育和弘扬社会主义核心价值观，当然立法也必须贯彻社会主义核心价值体系和核心价值观。社会主义核心价值体系是社会主义意识形态的本质体现，包括马克思主义指导思想、中国特色社会主义共同理想、以爱国主义为核心的民族精神和以改革创新为核心的时代精神、社会主义荣辱观等方面；社会主义核心价值观是社会主义核心价值体系的内核，体现社会主义核心价值体系的根本性质和基本特征，反映社会主义核心价值体系的丰富内涵和实践要求，是社会主义核心价值体系的高度凝练和集中表达，党的十八大概括为：富强、民主、文明、和谐的国家层面的价值目标；自由、平等、公正、法治的社会层面的价值取向；爱国、敬业、诚信、友善的公民个人层面的价值准则。

立法要体现社会主义核心价值观，就必须坚持一切立法都要从实际出发。立法必须符合客观对象的规律，符合中国国情与现实，符合中国人民的利益和要求，这样的法律才能真正付诸实施。坚持中国共产党的领导、坚持马克思主义毛泽东思想、坚持走中国特色社会主义道路、坚持中国特色社会主义制度、坚持中国特色社会主义理论体系、坚持改革开放等社会主义核心价值就是当代中国最大的实际，所有的立法工作都必须从尊重这个基本实际的基础出发去进行，立法都需要体现这个客观实际。立法必须从我国基本国情出发，同改革开放不断深化相适应，总结和运用党领导人民实行法治的成功经验，围绕社会主义法治建设重大理论和实践问题，建立符合中国实际、具有中国特色、体现社会发展规律的社会主义法律体系。立法从实际出发，还需要汲取中华法律文化精华，借鉴国外法治有益经验，但决不照搬外国法治理念和模式。

立法要体现社会主义核心价值观，还需要坚持依法治国和以德治国相结合，法治和德治并用，德主刑辅，德治为体，刑治为用，相辅相成，相互促进。既重视发挥法律的规范作用，又重视发挥道德的教化作用，以法治体现道德理念、强化法律对道德建设的促进作用，以道德滋养法治精神、强化道德对法治文化的支撑作用，实现法律和道德相辅相成、法治和德治相得益彰。柏拉图曾经就强调立法者制定法规时要注重美德的整体。善德与法律是并列的，也是相关的。中国是东方礼仪之邦，更需要这种善德，我们的立法需要将中华文化的基因、中国传统道德价值体现出来，也要通过立法对我国优秀的传统文化与道德保护起来。

（四）立法过程要公正、公平、公开

整个立法过程都必须坚持公正、公平、公开的原则，因此需要构建完善的立法体制机制，这样才能保证形成法律规范，才能产生立法的效果。中国目前的立法还存在诸多不足，正如2006年《全国人民代表大会常务委员会报告》中所指出的："代表议案和建议的办理质量有待提高，代表活动的组织工作有待改进。提高立法质量和增强监督实效还有大量工作要做，一些重要的法律亟待制定，一些现行的法律亟需修改，法规和司法解释备案审查工作需要加强。"

要保证立法过程一直坚持公正、公平、公开，就必须形成具有民主性、公开性、交涉性及自律性等特征的立法程序。现代立法程序要体现正义、效率和秩序，任何立法活动都离不开一定的程序。

立法的民意代表性主要通过立法程序的民主性体现，就是一种通过

多数表决作出民主决策而使一切法律具有可变性的制度设置，通过一系列制度化的合理公正的立法程序规则的运作，民主这种尊重多数人理性的制度安排才能真正落到实处，当然也需要通过一定的程序制度设置保证尊重少数人的合法权益。

立法程序的公开性要求具体立法活动，包括提案、质询、讨论、审议和表决等应当让公众知晓；立法听证应当公开进行，尽可能通过新闻媒体对外传播。除涉及国防、外交或其他重大事务不宜公开的外，任何立法会议均应公开举行。立法程序公开的具体方式通常有公布议程、允许公民自由旁听、允许新闻记者自由采访、议事记录公开发表等。立法程序的公开性是公民行使知情权的必然要求，现代公民有权了解和知晓立法机关及立法人员的所作所为，并以行使知情权作为间接参与立法的前提条件。立法程序的公开性也是立法者对选民负责原则的具体体现。

立法程序交涉性的道德基础是妥协、合作和宽容的精神，以此立法程序才能化解利益冲突，同时也是立法者从事立法活动所应具备的职业道德。其中，妥协是立法程序交涉性的必然要求，目前我国立法案的审议往往仅具讨论的意义，从议程、议案的确定到立法案的审议，从会议讨论到会议表决，代表或委员基于充分发表意见将自己的意志通过立法程序融入并转化为集体的意志等机制仍然比较弱，今后需要进一步加强，有必要在立法程序中建立立法辩论制度，真正实现充分的交涉和合议。

立法程序的自律性是立法机关制度化的产物，也是判断立法机关制度化程度的重要指标之一。立法机关需要自行形成一套完善的机制和行为范式，产生约束委员言行的行为规范，对自身立法程序形成自我约束与自我规范，这些都是立法机关自身制度化的表现。

（五）坚持立法的科学性，抓住提高立法质量这个关键

立法是否科学是判断一国法律体系是否完善的标准之一，全面推进依法治国，就必须坚持立法科学性，关键是提高立法的质量。所谓科学的立法是指立法过程中必须以符合法律所调整事态的客观规律作为价值

判断，并使法律规范严格地与其规制的事项保持最大限度地和谐，法律的制定过程尽可能满足法律赖以存在的内外在条件。

立法质量来自立法程序与原则的科学性。科学的立法，不但要考虑立法的人文环境，更要考虑法律涉及事态发展的客观规律与发展情势，还要考虑立法调节的事态是否需要法律调整和人们对这一事态与法律调节关系的认识程度。

坚持立法科学性，提高立法质量必须强调立法的基本构件：第一，立法权的专属性，行使立法权的机关应当具有唯一性和主导型。在我国，党领导立法，全国人大及其常委会和设区城市以上的各级人大有立法权，国务院和地方政府有制定相应行政法规、行政命令的权力，公民可以充分参与立法，需要确定各自具体的立法权边界。第二，立法过程的有准备性，要求立法权的启动在一定的法律动议基础上才能形成，对法律案的论证、综合分析各个不同的行为过程等。第三，立法事态的法调整性，立法中的客体是一种范畴相对较大的事物，也是立法者制定的法律规范与该规制事态之间的关系形式，立法对这种客体事物或关系都具有可调节性。第四，立法行为的程序性，立法是一个动态的行为过程，必须经过相应的程序原则依法制定。

· 重要论述 ·

坚持走中国特色社会主义法治道路

栗战书

道路问题关系全局、决定成败。党的十八届四中全会《决定》提出全面推进依法治国必须坚持走中国特色社会主义法治道路,进一步明确了建设社会主义法治国家的性质和方向,具有重大现实意义和深远历史意义。

一、中国特色社会主义法治道路是建设社会主义法治国家的唯一正确道路

全面推进依法治国是坚持和发展中国特色社会主义的本质要求和重要保障,是实现国家治理体系和治理能力现代化的必然要求,事关我们党执政兴国,事关人民幸福安康,事关党和国家长治久安。把这件大事办好,最关键的是方向一定要正确,政治保证一定要坚强有力。这就必须坚持党的领导,坚持中国特色社会主义制度,贯彻中国特色社会主义法治理论,这三个方面是中国特色社会主义法治道路的核心要义。总起来说,坚持走中国特色社会主义法治道路,就是要在中国共产党领导下,紧紧围绕坚持和完善中国特色社会主义制度,深入贯彻中国特色社会主义法治理论,建设中国特色社会主义法治体系,坚持人民主体地位,坚持法律面前人人平等,坚持依法治国和以德治国相结合,坚持从中国实际出发,建设科学立法、严格执法、公正司法、全民守法的社会主义法治国家。

坚持走中国特色社会主义法治道路,是我国社会主义制度所决定的。法律制度与政治制度紧密相连,有什么样的政治制度,就必须实行与之相适应的法律制度。中国特色社会主义制度是我国社会主义法治的根本制度基础，我国一切法律法规和相关体制机制必须建立在这一基础之上。坚定不移走中国特色社会主义法治道路，是坚持和发展中国特色社会主义的必然要求，是中国特色社会主义道路在法治建设领域的具体体现。

坚持走中国特色社会主义法治道路，是我们党深刻总结社会主义法治建设正反两方面经验得出的根本结论。新中国成立初期，我们党积极运用新民主主义革命时期根据地法制建设的成功经验，抓紧建设社会主义法治。1949年9月中国人民政治协商会议第一届全体会议通过了具有临时宪法性质的《中国人民政治协商会议共同纲领》，彻底摧毁了国民党政府的旧法统。1954年我国第一部宪法正式颁布，确立了新中国的根本政治制度、经济制度和立法、行政、司法体制。这两个根本法的确立，标志着我国民主法制建设实现了历史性跨越和根本性转变，初步奠定了社会主义法治的基础。由于新中国是在经历长期封建统治的基础上开始探索和建设社会主义法治的，加之上世纪50年代后期党在指导思想上发生"左"的错误，逐渐对法制不那么重视了，特别是"文化大革命"十年内乱使法制遭到严重破坏，付出了沉重代价。党的十一届三中全会以来，我们党深刻总结经验教训，把依法治国确定为党领导人民治理国家的基本方略，把依法执政确定为党治国理政的基本方式，在制定重要法律、完善司法制度、建立执法队伍、普及法律知识等方面进行了积极探索和实践，取得巨大成就，走出了一条中国特色社会主义法治道路。

运用法律调节社会关系、维护社会秩序、规范人的行为，是古今中外的通用手段。从我国历史上看，虽然几千年来人治传统根子很深，但春秋战国时期就有了自成体系的成文法典，汉唐时期就形成了比较完备的法典。中国特色社会主义法治道路，汲取中华法律文化精华，借鉴国外法治有益经验，既与时俱进、体现时代精神，又不照抄照搬别国法治模式，是符合中国实际、具有中国特色、体现社会发展规律的法治道路。近年来，"法治"是社会上的热门话题，我国法治建设应该走什么样的道路，有这样那样的议论和争议。敌对势力把法治作为"武器"、有些人把法治作为招牌，大肆渲染西方法治理念和法治模式，目的就是企图从法治问题上打开缺口，否定中国共产党的领导和我国社会主义制度。《决定》旗帜鲜明地向国内外宣示我们坚定不移走中国特色社会主义法治道路，这就在走什么样的法治道路问题上释放了正确而明确的信号，指明了全面推进依法治国的正确方向，对于进一步统一全党全国各族人民的认识和行动具有重要意义。

二、坚持走中国特色社会主义法治道路必须把党的领导贯彻到依法治国全过程

中国特色社会主义的特征有好多条，但集中到一点，最本质的特征就是坚持中国共产党的领导，这也是社会主义法治最根本的保证。我国宪法确立了中国共产党的领导地位，这是历史的选择、人民的选择。坚持党的领导，是党和国家的根本所在、命脉所在，是全国各族人民的利益所系、幸福所系，是社会主义法治的根本要求，是全面推进依法治国的题中应有之义。我们党的性质和宗旨，党在国家政治生活中总揽全局、协调各方的领导核心地位，党始终保持和发展的先进性和纯洁性，党不断增强的创造力凝聚力战斗力，党组织的核心领导作用、战斗堡垒作用和广大共产党员的先锋模范作用，党所拥有的政治优势、组织优势、思想理论优势和密切联系群众的优势，所有这些都决定了只有在党的领导下依法治国、厉行法治，建设社会主义法治国家才有主心骨，人民当家作主才能充分实现，国家和社会生活法治化才能有序推进。坚持中国特色社会主义法治道路，最根本的是坚持中国共产党的领导；推进法治领域各项建设和改革，必须有利于加强和改善党的领导，必须有利于巩固党的执政地位和完成党的执政使命，而决不能削弱党的领导。

党的领导和社会主义法治是一致的，社会主义法治必须坚持党的领导，党的领导必须依靠社会主义法治。坚持党的领导，就要把依法治国基本方略同依法执政基本方式统一起来，把党总揽全局、协调各方同人大、政府、政协、审判机关、检察机关依法依章程履行职能、开展工作

统一起来，把党领导人民制定和实施宪法法律同党坚持在宪法法律范围内活动统一起来，善于使党的主张通过法定程序成为国家意志，善于使党组织推荐的人选通过法定程序成为国家政权机关的领导人员，善于通过国家政权机关实施党对国家和社会的领导，善于运用民主集中制原则维护中央权威、维护全党全国团结统一。做到这"三统一""四善于"，是加强和改善党对法治工作领导的关键，也是全面推进依法治国的重要任务和有力保证。

把党的领导贯彻到依法治国全过程，必须体现到党领导立法、保证执法、支持司法、带头守法的具体实践中。一方面，要坚持党总揽全局、协调各方的领导核心作用，统筹法治建设各领域工作，确保党的意志贯彻到法治建设全过程和各方面。另一方面，要切实改善党对法治建设的领导，不断提高党领导法治建设的水平。党既要坚持依法治国、依法执政，确保党在宪法法律范围内活动，又要依据党内法规管党治党，充分发挥各级党组织和广大党员干部在法治建设中应有的作用。

把党的领导贯彻到依法治国全过程，还要进一步健全党委统一领导和各方分工负责、齐抓共管的责任落实机制，加强党对全面推进依法治国的统一领导、统一部署、统筹协调，把法治建设贯穿于经济建设、政治建设、文化建设、社会建设、生态文明建设以及党的建设各个方面。党政主要负责人不仅自身要带头遵守宪法法律，带头依法办事，而且要抓好领导班子和干部队伍法治素养与能力的培养提高。各级人大、政府、政协、审判机关、检察机关的党组织要领导和监督本单位模范遵守宪法法律，坚决查处执法犯法、违法用权等行为。

三、坚持走中国特色社会主义法治道路必须贯彻中国特色社会主义法治理论

法治属于上层建筑范畴，是意识形态色彩很鲜明的领域，必须坚持正确的指导思想。《决定》强调，全面推进依法治国，必须高举中国特色社会主义伟大旗帜，以马克思列宁主义、毛泽东思想、邓小平理论、

"三个代表"重要思想、科学发展观为指导,深入贯彻习近平总书记系列重要讲话精神。这就从根本上规定和确保了中国特色社会主义法治道路的制度属性和前进方向。

坚定不移走中国特色社会主义法治道路,离不开中国特色社会主义法治理论的科学指引。改革开放以来,我们党把马克思主义基本原理同当代中国法治实际相结合,提出了关于依法治国的一系列重要思想,形成了中国特色社会主义法治理论。这一法治理论,蕴含在邓小平理论、"三个代表"重要思想、科学发展观中,蕴含在习近平总书记系列重要讲话中。

党的十八大以来,围绕建设社会主义法治国家,习近平总书记提出了许多富有创见的新思想新观点新论断新要求,深刻回答了新形势下依法治国的一系列重大理论和实践问题。比如:提出建设法治中国的重要思想,强调推进国家治理体系和治理能力现代化必须高度重视法治问题,采取有力措施全面推进依法治国,建设社会主义法治国家;提出依宪治国、依宪执政的重要思想,强调维护宪法权威就是维护党和人民共同意志的权威,保证宪法实施就是保证人民根本利益的实现,党要履行好执政兴国的重大职责,必须依据宪法治国理政;提出党的领导是法治建设根本保证的重要思想,强调坚持党的领导、人民当家作主、依法治国有机统一,最根本的是坚持党的领导,要不断提高党领导法治工作的能力和水平,关键是要正确处理党的政策和国家法律的关系、坚持党的领导和确保司法机关依法独立公正行使职权的关系这两个重大问题;提出"三位一体"推进依法治国的重要思想,强调建设社会主义法治国家必须坚持依法治国、依法执政、依法行政共同推进,坚持法治国家、法治政府、法治社会一体建设,不断开创依法治国新局面;提出法治和德治相结合的重要思想,强调把法治建设和道德建设紧密结合起来,把他律和自律结合起来,做到法治和德治相辅相成、相互促进;提出坚持人民主体地位的重要思想,强调法治建设要更好反映人民愿望,更多更公平惠及人民群众,依法保障人民享有广泛的权利,依法保障公民的人身权、财产权、基本政治权利等各项权利不受侵犯，努力维护最广大人民根本利益；提出公正司法的重要思想，强调公正司法是维护社会公平正义的最后一道防线，要依法公正对待人民群众的诉求，努力让人民群众在每一个司法案件中都感受到公平正义，所有司法机关都要紧紧围绕这个目标来改进工作；等等。习近平总书记关于依法治国的重要思想内涵丰富、博大精深，进一步指明了建设社会主义法治国家的正确方向，为推进社会主义法治国家建设提供了强大思想武器，对于坚持走中国特色社会主义法治道路具有十分重要的指导作用。

四、坚持走中国特色社会主义法治道路必须建设中国特色社会主义法治体系

中国特色社会主义法治体系是中国特色社会主义制度的重要组成部分，也是坚持走中国特色社会主义法治道路的重要保证。全面推进依法治国涉及很多方面，在实际工作中必须有一个总揽全局、牵引各方的总抓手，这个总抓手就是建设中国特色社会主义法治体系。我们要按照《决定》的要求，加快形成完备的法律规范体系、高效的法治实施体系、严密的法治监督体系、有力的法治保障体系，形成完善的党内法规体系。

法律是治国之重器，良法是善治之前提。经过长期努力，我国形成了中国特色社会主义法律体系，国家生活和社会生活各方面总体上实现了有法可依，这是了不起的重大成就。同时，我们在立法领域还面临一些突出问题，比如立法质量需要进一步提高，有的法律法规全面反映客观规律和人民意愿不够，解决实际问题有效性不足，针对性、可操作性不强，立法工作中部门化、争权诿责现象比较突出等，这些都影响和制约了法律作用的发挥。建设中国特色社会主义法治体系，必须坚持立法先行，发挥立法的引领和推动作用。要恪守以民为本、立法为民理念，贯彻社会主义核心价值观，把公正、公平、公开原则贯穿立法全过程，完善立法体制机制，深入推进科学立法、民主立法，加强重点领域立法，坚持立改废释并举，增强法律法规的及时性、系统性、针对性、有效性。

法律的生命力在于实施，法律的权威也在于实施。目前，法律实施还存在不少问题，有法不依、执法不严、违法不究现象比较严重，执法权责脱节、多头执法、选择性执法现象依然存在，群众对执法司法不公和腐败问题反映强烈，这些问题必须通过建立健全高效的法治实施体系来加以解决。首先要加强宪法实施。宪法是国家的根本法。坚持依法治国首先要坚持依宪治国；坚持依法执政首先要坚持依宪执政。我们要依据宪法治国理政，保证维护宪法权威和尊严，坚决纠正一切违反宪法的行为。同时，要按照有法必依、执法必严、违法必究的要求，加快建设执法、司法、守法等方面的体制机制，坚持依法行政和公正司法，增强全民法治观念，确保法律的全面有效实施。

建立严密的法治监督体系，是建设中国特色社会主义法治体系、全面推进依法治国的重要任务。要以约束公权力为重点，加强党内监督、人大监督、民主监督、行政监督、司法监督、审计监督、社会监督、舆论监督制度建设，努力形成科学有效的权力运行制约和监督体系，增强监督合力和实效，做到有权必有责、用权受监督、违法必追究。

建设中国特色社会主义法治体系，必须进一步健全法治保障体系。这就要加强法治工作队伍建设，建立符合职业特点的法治工作人员管理制度，健全培养、招录、遴选、交流、晋升机制，大力提高法治工作队伍综合素质，为加快建设社会主义法治国家提供强有力的组织和人才保障。

建设中国特色社会主义法治体系，既要求党依据宪法法律治国理政，也要求党依据党内法规管党治党。党内法规既是管党治党的重要依据，也是建设社会主义法治国家的有力保障。要坚持问题导向，遵循管党治党规律，进一步完善党内法规制度，加快形成以党章为根本、配套完备的党内法规制度体系。党的各级组织和广大党员干部不仅要模范遵守国家法律，而且要按照党内法规以更高的标准严格要求自己。

（作者系中共中央政治局委员、中央书记处书记、中央办公厅主任）

（《人民日报》2014年11月10日06版）

健全宪法实施和监督制度

杜青林

党的十八届四中全会是在我国进入全面建成小康社会决定性阶段召开的一次十分重要的会议。全会通过《中共中央关于全面推进依法治国若干重大问题的决定》(以下简称《决定》),对全面推进依法治国进行顶层设计和战略部署,清晰勾画了法治中国建设宏伟蓝图,具体明确了全面推进依法治国在各个领域的路线图和任务书,是一个具有里程碑意义的纲领性文献。《决定》对维护宪法权威、加强宪法实施、弘扬宪法精神作出精辟阐述,提出明确要求,必将把全面贯彻实施宪法提高到一个新水平。

一、宪法是国家的根本法,是治国安邦的总章程

《决定》指出:"宪法是党和人民意志的集中体现,是通过科学民主程序形成的根本法。"要充分认识宪法在国家政治社会生活中的重要地位和作用,切实增强遵守和维护宪法的自觉性和坚定性。

宪法是党和人民共同意志的集中体现。我国宪法同党和人民进行的艰苦奋斗和创造的辉煌成就紧密相连,同党和人民开辟的前进道路和积累的宝贵经验紧密相连。早在1940年,毛泽东同志就指出,"在革命成功有了民主事实之后,颁布一个根本大法,去承认它,这就是宪法"。新中国成立特别是改革开放以来,党的历次代表大会确定的重大方针政策都在宪法中得到充分体现。比如,1982年宪法及其后的四次修正案,及时将"邓小平理论"、"'三个代表'重要思想"、"坚持改革开放"、

"社会主义初级阶段"、"社会主义市场经济"、"依法治国"、"社会主义事业的建设者"等党的重大理论成果写入宪法。现行宪法以国家根本法的形式,确立了中国特色社会主义道路、理论体系和制度的发展成果,反映了我国各族人民的共同意志和根本利益,是党的主张和人民意志的高度统一。维护宪法法律权威就是维护党和人民共同意志的权威,捍卫宪法法律尊严就是捍卫党和人民共同意志的尊严,保证宪法法律实施就是保证党和人民共同意志的实现。要充分认识只有切实尊重和有效实施宪法,党和国家事业发展、人民群众幸福安康才有根本的法律保障。

宪法是人民民主权利和意愿的直接反映。《决定》指出,"党中央向全国人大提出宪法修改建议,依照宪法规定的程序进行宪法修改。"这充分体现了党的领导、人民当家作主和依法治国的有机统一,彰显了我国社会主义民主的鲜明特色。我国宪法在制定修改过程中,充分发扬民主,严格遵循程序,确保全党全社会广泛参与和高度认同。1954年制定我国第一部宪法时,组织国家机关、全国政协、各民主党派、人民团体以及社会各界代表共8000多人参加讨论,提出经整理后的意见6000多条。在随后的全民讨论中有1.5亿人参与,共收到来自全国的100多万条修改意见和建议。1982年现行宪法修改草案在全民中进行了长达4个月的充分讨论,此后的4次修正案都广泛征求了党内外各方面的意见建议。可以说,宪法的形成发展过程,就是人民直接行使民主权利、反映民主意愿的过程,就是高度凝聚全党全国人民智慧和共识的过程。要充分认识宪法是通过科学民主程序形成发展的,是我国社会主义民主最广泛、最真实的体现。

宪法是全社会必须严格遵守的最高行为准则。改革开放以来,我国现行宪法以其至上的法制地位和强大的法制力量,保障了人民当家作主,促进了改革开放和社会主义现代化建设,推动了社会主义法治国家进程,维护了国家统一、民族团结、社会稳定。实践证明,这是一部符合国情、符合实际、符合时代发展要求的好宪法。《决定》强调,"任何组织和个人都必须尊重宪法法律权威"，"全国各族人民、一切国家机关和武装力量、各政党和各社会团体、各企业事业组织，都必须以宪法为根本的活动准则，并且负有维护宪法尊严、保证宪法实施的职责"，进一步彰显了以习近平同志为总书记的党中央坚持依法治国、依宪治国的鲜明态度和坚定决心，确立了宪法在国家治理体系和治理能力法治化中的核心地位。要始终坚持宪法至上，充分认识宪法作为保证党和国家兴旺发达、长治久安的根本法，具有最高权威，必须充分尊重、坚决维护。

二、宪法的生命在于实施，宪法的权威也在于实施

宪法的力量不仅因其地位崇高，更源于其有效实施。否则，宪法只能停留在"政治宣言"和文本层面。《决定》对加强宪法实施提出明确要求。要坚持不懈加强宪法实施，将其作为建设社会主义法治国家的首要任务和基础性工作抓紧抓实，确保宪法在国家治理和社会治理中的统领作用得到充分发挥。

认真履行宪法使命，共同致力于国家富强、民族振兴、人民幸福。宪法确认了我们党领导人民长期奋斗取得的辉煌成果，规定了人民民主专政国家政权的性质和根本制度，明确了国家未来建设发展的根本任务和总的目标，是新时期党和国家中心工作、基本原则、重大方针、重要政策在国家法制上的最高体现。要勇于肩负宪法赋予的历史重任和神圣使命，坚持解放思想，全面深化改革，统筹推进社会主义经济、政治、文化、社会和生态文明建设，努力实现"两个一百年"奋斗目标和中华民族伟大复兴中国梦。要坚持国家一切权力属于人民的宪法理念，适应促进经济社会发展和扩大人民民主的新要求，最广泛地动员和组织人民依照宪法和法律规定，通过各种途径和形式管理国家和社会事务、管理经济和文化事业，共同建设，共同享有，共同发展，使人民群众对美好生活的向往和追求得到最大限度的实现和维护。

始终恪守宪法原则，坚持法律面前人人平等。平等是社会主义法律的基本属性。我国宪法规定："中华人民共和国公民在法律面前一律平

等。"对于我国一切公民，不分民族、性别、职业、家庭出身、宗教信仰、教育程度、财产状况等，在适用法律上一律平等。《决定》再次重申这一重要原则，强调任何组织和个人"都必须在宪法法律范围内活动，都必须依照宪法法律行使权力或权利、履行职责或义务，都不得有超越宪法法律的特权"。要维护国家法制统一、尊严、权威，切实保证宪法法律有效实施，绝不允许任何人以任何借口任何形式以言代法、以权压法、徇私枉法。要以规范和约束公权力为重点，加大监督力度，做到有权必有责、用权受监督、违法必追究，坚决纠正有法不依、执法不严、违法不究行为。

大力弘扬宪法精神，切实体现和贯穿于依法治国的全过程。宪法精神的核心是人民当家作主。《决定》强调，要"完善以宪法为核心的中国特色社会主义法律体系"，"使每一项立法都符合宪法精神、反映人民意志、得到人民拥护"。这是宪法正确统一实施的重要前提和基础。截至 2013 年底，我国现行有效法律 243 件、行政法规 731 件、地方性法规（包括自治条例和单行条例）9347 件，要着重保持这些法律法规与宪法精神相一致。宪法所确立的基本原则和基本制度、所包含的规范国家权力和实现公民权利等基本精神，既需要通过法律、法规和其他规范性文件加以细化，更需要国家行政机关、审判机关、检察机关以及所有社会组织和全体公民自觉遵守来落实。要把宪法作为最高法律规范，严格依照宪法明确的法定权限和要求科学立法、严格执法、公正司法、全民守法，使宪法精神在法治建设各方面都得到充分体现。

切实维护宪法权威，坚决追究和纠正一切违反宪法的行为。有法必依、违法必究，是依法治国的基本要求，更是宪法实施的重要体现。现行宪法适应全面建成小康社会、实现中华民族伟大复兴中国梦的需要，在中国特色社会主义法律体系中的核心地位已经形成。但在现实生活中，一些部门将宪法只是当作一部高高在上的大法，不少群众认为宪法与普通老百姓的关系不大，违反宪法的行为时有发生。针对宪法实施中存在的这些问题，《决定》强调，"一切违反宪法的行为都必须予以追究和纠正"。要制定完善违宪追究制度，对违宪构成要件、违宪责任、违宪追究措施和程序等作出明确规定并严格落实，使违反宪法的行为及时被制止和纠正，使宪法的最高权威切实得到尊重和维护。

坚持党的领导，把党领导人民制定和实施宪法法律同党坚持在宪法法律范围内活动统一起来。这是对我们党治国理政经验的深刻总结，是对我们党执政规律的认识深化，也是以人民主权、基本人权、权力制约和社会主义法治为主要内容的宪法原则的根本体现，是宪法实施的关键所在。我们党领导人民制定宪法，又领导人民遵守和执行宪法。依法治国，首先要依宪治国；依法执政，关键是依宪执政。加强宪法实施，必须始终坚持党总揽全局、协调各方的领导核心作用，坚持党内法规与宪法法律有机衔接，善于使党的主张通过法定程序成为国家意志，善于使党组织推荐的人选通过法定程序成为国家政权机关的领导人员，善于通过国家政权机关实施党对国家和社会的领导，善于运用民主集中制原则维护中央权威、维护全党全国团结统一。

三、健全宪法实施监督机制和程序，切实增强宪法监督实效

宪法监督是保证宪法实施、维护宪法权威和尊严的重要制度形式。宪法实施离不开宪法监督。1954年宪法特别是1982年宪法颁布实施以来，我国不断探索并逐步建立了具有中国特色的宪法监督制度。全面推进依法治国、加强宪法实施，对宪法监督提出了新的更高要求。

完善全国人大及其常委会宪法监督制度。我国宪法规定，全国人大及其常委会负责监督宪法的实施。这体现了全国人大是最高国家权力机关、代表人民统一行使国家权力的制度设计，实践证明符合我国国情。《决定》强调"完善全国人大及其常委会宪法监督制度"，既突出了全国人大及其常委会具有最高的宪法监督权，又指明了推进宪法监督制度化的努力方向。要健全监督机制和程序，进一步明确全国人大及其常委会进行宪法监督的对象、范围、方式等，将原则性要求具体化、程序化，使宪法监督更规范、更有效。

充分发挥宪法解释作用。依据宪法精神对宪法规定的内容、含义和界限作出解释，对于保证和监督宪法全面贯彻实施至关重要。面对错综复杂的国际局势和艰巨繁重的国内任务，特别是在全面建成小康社会的决定性阶段，依法解决改革发展面临的新情况新问题，维护国家统一、民族团结和社会稳定，都需要注重运用宪法解释，强化宪法监督功能和效力。为推进宪法解释具体化、制度化，《决定》强调，"健全宪法解释程序机制"。要建立完善宪法解释制度，明确宪法解释提请的条件、宪法解释请求的提起和受理以及宪法解释案的审议、通过和公布等具体规定，保证宪法解释贯彻落实，同宪法修改等优势互补，与法律解释等同步推进，使我国宪法在保持稳定性和权威性的基础上紧跟时代前进步伐、不断与时俱进。

加强备案审查制度和能力建设。对法律、行政法规、地方性法规等进行备案审查，是宪法监督的重要内容和环节。据统计，截至2013年底，全国人大常委会累计收到报备案的行政法规502件、地方性法规（包括自治条例和单行条例）22253件、司法解释189件，对在审查中发现的同宪法法律相抵触的问题，已督促制定机关修改或废止。《决定》强调，加强备案审查制度和能力建设，把所有规范性文件纳入备案审查范围，依法撤销和纠正违宪违法的规范性文件，禁止地方制发带有立法性质的文件。要健全完善备案审查机制，提高制度执行力和约束力，加强立法监督机构相互合作，建立健全协调沟通机制，切实提升备案审查能力，增强备案审查的实际效能，维护宪法和法律统一。

引导社会各方面积极参与宪法监督。我国一切权力属于人民，对包括宪法实施本身，每个公民都既有自觉尊重和维护的责任，又有参与监督的权利与义务。据统计，自2004年以来，由公民和组织提出的各类审查建议有1137件，其中属于全国人大常委会备案审查范围的475件。要充分发挥社会主义协商民主在宪法监督中的重要作用，注重发挥人民政协和统一战线的民主监督作用，组织引导各民主党派、各人民团体和社会各界人士就宪法实施、宪法修改和宪法解释等涉及的重大问题深入调查研究，积极建言献策。要拓展公民有序参与宪法监督的途径，探索建立意见处理和反馈机制，充分调动社会各方面参与宪法监督的积极性，使之具有更加广泛的共识和坚实基础。

四、宪法的根基在于内心拥护，宪法的伟力源自真诚信仰

宪法只有深入人心，走入人民群众，才能真正成为全体人民的自觉行动。要增强全社会忠于、遵守、维护和运用宪法的自觉意识，树立起对宪法的信仰和敬畏，为全面推进依法治国、建设社会主义法治国家提供精神动力和思想保证。

在全社会普遍开展宪法教育。宪法是"一张写着人民权利的纸"，要为人民所掌握、所遵守、所运用。《决定》将我国现行宪法公布施行的12月4日明确为每年的"国家宪法日"，为集中宣传宪法、普及宪法提供了重要契机。要进一步健全普法教育体制，突出和强化宪法教育，充分利用各种媒体普及宪法知识，阐释宪法精神，传播宪法理念，形成浓厚的学习宪法氛围，让宪法家喻户晓。要把宪法教育纳入国民教育的全过程，从娃娃抓起，从小培养宪法意识。要通过宪法教育，让全体人民都认识到宪法既是必须遵守的最高行为规范，也是保障自身权利的最有力武器，充分相信宪法、主动运用宪法，成为宪法的忠实崇尚者、自觉遵守者和坚定捍卫者。

党员干部要带头维护宪法尊严。党员干部和国家机关工作人员在遵守和维护宪法中具有重要引领和示范作用。《决定》要求，各级人大、政府、政协、审判机关、检察机关的党组织要领导和监督本单位模范遵守宪法法律。要建立健全各级党政领导干部学习宪法制度，把宪法作为党委（党组）理论学习中心组学习内容，作为党员干部教育的重要方面，列为党校、行政学院必修课，全面加强对宪法内容和基本精神的学习掌握。要教育广大党员干部特别是领导干部带头树立宪法意识，培养宪法思维，把宪法作为判断大是大非的准绳；带头严格依宪法办事，增强依宪观察、分析和解决现实问题的能力；带头推动宪法实践，认真履行宪法赋予的职责，同一切破坏宪法权威、践踏宪法尊严的行为作斗争，使宪法真正成为国家治理的最高规则和开展工作必须遵循的根本原则。

建立宪法宣誓制度。《决定》明确提出，"建立宪法宣誓制度，凡经人大及其常委会选举或者决定任命的国家工作人员正式就职时公开向宪法宣誓"。宪法宣誓仪式通过庄重的形式强化宪法精神，有助于增强对宪法的敬畏感，铭记对宪法所作出的庄严承诺；有助于提高宪法意识，培育宪法信仰。这一创新性举措对于弘扬宪法精神、彰显宪法权威具有重要意义。目前，全世界有成文宪法的142个国家中，已有97个国家规定了宣誓制度，我国也在不断探索实践。2013年3月，习近平总书记在十二届全国人大一次会议上表示："将忠实履行宪法赋予的职责，忠于祖国，忠于人民，恪尽职守，夙夜在公，为民服务，为国尽力。"同年12月，最高人民法院501名法官按照《中华人民共和国法官宣誓规定（试行）》，面向国旗庄严宣誓忠于宪法和法律。要认真落实宪法宣誓制度，明确宣誓的具体程序、誓词内容、监督和法律责任，使之成为保证宪法实施、维护宪法权威和尊严的新的重要制度形式。

（作者系中共中央书记处书记、全国政协副主席）
（《人民日报》2014年11月11日06版）

完善立法体制

李适时

《中共中央关于全面推进依法治国若干重大问题的决定》(以下简称《决定》)提出,完善立法体制。这是党中央从建设中国特色社会主义法治体系、建设社会主义法治国家的总目标出发,在中国特色社会主义法律体系已经形成的新的历史起点上提出的一项重要的制度建设要求,对形成完备的法律法规体系,加强和改进立法工作,提高立法质量,坚持立法先行、发挥立法的引领和推动作用,全面推进依法治国,意义重大。

充分认识完善立法体制对加强和改进立法工作的重要意义

立法体制是关于立法机关的设置、立法权限的划分以及立法权运行的基本原则和基本制度的总称。我国是统一的、多民族的、单一制的社会主义国家,但各地经济社会发展很不平衡。从这一基本国情出发,我国1982年宪法确立了统一又分层次的立法体制。2000年,全国人民代表大会通过立法法,对全国人大与国务院、中央与地方的立法权限划分、立法程序、法的适用规范和备案审查作出全面规范。随着经济社会的发展和全面深化改革的推进,现行立法体制也出现一些不相适应的问题,需要加以完善。

充分发挥立法的引领和推动作用,要求完善立法体制。当前,改革发展对立法的要求已经不仅仅是总结以往经验、肯定已有做法,而是需要通过立法做好顶层设计、引领改革进程、推动科学发展。《决定》明确提出,实现立法和改革决策相衔接,做到重大改革于法有据、立法主动适应改革和经济社会发展需要。这就要求，凡是改革举措涉及法律立改废的，及时启动立法程序；立法条件暂不成熟而实践又迫切需要的，由有关方面提请全国人大常委会通过授权的方式先行先试，待条件成熟，再及时制定或者修改法律。适应这一要求，必须完善立法体制，增强立法工作的主动性和及时性。

推进科学立法、民主立法，不断提高立法质量，要求完善立法体制。在中国特色社会主义法律体系已经形成的新起点上，党的十八大、十八届三中和四中全会都对完善法律体系、提高立法质量提出了明确要求。同时，广大人民群众对通过法治实现社会公平正义、解决发展中实际问题的期望值越来越高，对立法的评价标准已经是好不好、管不管用、能不能解决问题。衡量立法质量的高低，要看法律是否反映客观规律、符合人民意愿、解决实际问题。这就要求完善立法体制，进一步推进科学立法、民主立法，把公正、公平、公开原则贯穿立法全过程，立良善之法，立管用之法，增强立法的针对性和可操作性。

解决立法工作中存在的突出问题，要求完善立法体制。同新形势新任务对立法工作的要求相比，当前立法工作还存在一些不相适应的问题。例如，有的法律法规准确反映客观规律和人民意愿不够，针对性、实用性、可操作性不强；有些重要领域的法律法规还有缺失，有的没有因形势变化而及时修改；法律、行政法规、地方性法规、规章之间不够协调等。解决这些问题，需要在党的领导下，发挥人大及其常委会在立法中的主导作用，完善立法体制，合理配置立法资源，明确划分各层级立法权限，进一步完善立法程序、规范立法活动，综合运用立改废释多种方式，加强重点领域立法，及时完善现行法律法规，增强立法的系统性和有效性。

加强党对立法工作的领导，是完善立法体制的核心和根本

党的领导是中国特色社会主义最本质的特征，是建设中国特色社会主义法治体系、建设社会主义法治国家的政治保证。加强党对立法工作的领导，就是要确保党集中了人民意愿的主张通过国家立法机关、按照法律程序转变为国家意志，使之成为全社会一体遵循的行为规范和准则。

立法涉及重大体制和重大政策调整等重大问题的，必须报党中央讨论决定。党中央对国家立法工作的领导主要实行政治即方针政策的领导，立法就是从制度和法律上保证党的路线方针政策的贯彻实施。立法中涉及重大体制和重大政策调整的，决策权在党中央，必须由党中央统筹协调，经党中央讨论决定，以确保重大立法决策体现党的主张和人民的共同意愿。比如，涉及国家机构和政治制度、基本经济制度、基本人权、国家安全等方面法律的制定或修改，如制定立法法、合同法、物权法、公司法、企业破产法，修改选举法、刑事诉讼法等法律，都是由全国人大常委会党组就有关重大问题向党中央报告、由党中央讨论决定。有些问题虽不涉及重大体制和重大政策调整，但社会高度关注、各方面意见分歧较大、难以协调形成共识，也是由全国人大常委会党组向党中央报告、由党中央决策。同时，全国人大常委会编制的每届立法规划，涉及一个时期通过立法贯彻落实党中央的重大战略决策和重大方针政策的安排和部署，也要报党中央批准。此外，在实际工作中，国务院有关方面在起草法律过程中遇有重大问题，也是由国务院报告党中央作出决策。

党中央向全国人大提出宪法修改建议，依照宪法规定的程序进行宪法修改。宪法是党领导人民依照法定程序制定的，是新时期党和国家中心工作、基本原则、重大方针、重要政策在国家法治上的最高体现，是国家的根本大法。宪法的修改是国家的重大政治活动，必须在党中央领导下、依照法定修宪程序进行。新中国成立以来，修改宪法的建议历来都是由党中央提出的。比如，1982年宪法的4次修改都是由中央政治局提出修改宪法的意见、提请中央全会讨论通过后，以中共中央名义向全国人大提出修改宪法的建议，经法定程序由全国人大常委会向全国人民代表大会提出宪法修正案草案的。

完善立法体制的主要举措

为落实立法先行，发挥立法的引领和推动作用，加强和改进立法工作，提高立法质量，《决定》就完善立法体制提出了一系列举措。

发挥人大在立法中的主导作用。立法是一项综合性很强的工作，人大的主导作用应当体现在法律法规的立项、起草、审议、修改、表决等各个环节。《决定》要求，健全有立法权的人大主导立法工作的体制机制，发挥人大及其常委会在立法工作中的主导作用。一是通过每届任期的立法规划、年度立法计划，加强对立法工作的统筹安排。人大常委会在编制立法规划和立法工作计划时，应当围绕党和国家工作大局，着力通过立法推动落实党中央的重大决策部署，加强涉及经济社会发展全局的重要领域立法，广泛征求意见，科学论证评估，对各方面提出的立法需求进行通盘考虑、总体设计，增强立法的针对性、及时性和系统性。全国人大常委会有关工作机构应当积极督促、推动有关方面落实立法规划和年度立法工作计划。二是加强和改进法律起草机制。《决定》指出，建立由全国人大相关专门委员会、全国人大常委会法制工作委员会组织有关部门参与起草综合性、全局性、基础性等重要法律草案制度。探索和逐步形成立法机关主导，有关部门参加，专家学者、企事业单位、人大代表和人民群众共同参与起草法律法规草案的工作机制，有利于使各方面的意见和关切得到充分表达，调动一切积极因素，广泛凝聚社会共识，也有利于加快立法进度、提高立法质量。同时，由有关部门起草的法律草案，全国人大有关的专门委员会、常委会工作机构可以提前参与法律草案的起草工作。对专业性较强的法律，还可以探索委托有关专业单位研究提出方案。三是努力建设一支适应新形势新要求的立法工作队伍。《决定》对建设高素质法治专门队伍包括立法工作队伍提出了要求。这就要求我们下大气力在思想政治素质、业务工作能力、职业道德水准等方面加强立法工作队伍建设，完善立法工作人才选拔任用、激励保障等机制，积极推进干部交流。《决定》提出，增加有法治实践经验的专职常委比例。这是加强人大及其常委会履职能力建设的重要组织举措，也是进一步加强和改进立法工作、提高立法质量的客观要求。《决定》还提出，依法建立健全专门委员会、工作委员会立法专家顾问制度。这也是加强立法队伍建设、增强立法能力的重要措施。此外，发挥人大在立法中的主导作用，还要增加人民代表大会审议法律草案的次数，充分发挥人民代表大会的立法职能；创新和完善各级人大代表参与立法工作的机制，充分发挥人大代表在立法中的作用。

加强和改进政府立法制度建设。一是完善行政法规、规章制定程序，完善公民参与政府立法机制。要按照《决定》要求，不断完善有关程序。完善公众参与政府立法的制度和机制，增强政府立法的公开性、透明性，行政法规和规章草案一般要向社会公开征求意见，并以适当方式反馈意见采纳情况。加强政府法制机构在政府立法中的主导和协调作用，涉及重大意见分歧、达不成一致意见的，要及时报请本级人民政府决定。积极探索开展政府立法成本效益分析、社会风险评估、实施情况后评估工作。二是建立由专门的法制机构组织起草法律法规的工作机制。《决定》提出，重要行政管理法律法规由政府法制机构组织起草。起草过程中既要注意赋予行政机关依法行使职权的必要的权力和手段，又要明晰法定责任，防止部门争权推责，加强对行政权力的规范、制约和监督，促使行政机关依照法定的权限和程序正确行使权力。

明确立法权力边界，从体制机制和工作程序上防止部门利益和地方保护主义法律化。为了防止立法工作中存在的部门利益和地方保护主义法律化的问题，《决定》提出，明确立法权力边界。法律法规以及规章的起草制定，要严格依照立法法规定的立法原则和立法权限进行，从国家整体利益出发，科学合理地规定国家机关的权力和责任。下一步，还要通过立法法的修改，进一步明确不同立法主体的立法权限。国务院部门制定规章，没有法律、行政法规依据，不得增加公民、法人和其他组织的义务，不得扩大本部门的权力、减少本部门的法定职责。还要完善授权立法制度，全国人大及其常委会的授权决定应当明确授权的目的、事项、范围、期限、被授权机关实施授权决定的方式和应当遵循的原则。

完善立法协调沟通机制。立法涉及权利利益关系的调整，立法过程也是不同利益群体间的协商过程。因此，必须加强立法协调沟通，理顺各部门、各工作环节之间的关系，及时解决立法中的重大分歧。在法律的立项、起草和审议的各环节，起草单位和立法机关要广泛听取并认真研究各方面的意见。对于立法中的重点难点问题和部门间意见分歧较大的重要立法事项，牵头起草单位要在深入研究、充分论证的基础上，加强与有关方面的协商沟通，共同研究解决，努力取得共识；必要时，由决策机关邀请有关专家或者委托社会机构对有关问题进行第三方评估，也可以对一些有重大意见分歧的问题，提出若干解决方案，充分听取各方意见后及时作出决定。

加强法律解释工作。《决定》要求，加强法律解释工作，及时明确法律规定含义和适用法律依据。解释法律是宪法赋予全国人大常委会的重要职权，也是加强和改进立法工作、保证法律有效实施的重要内容。法律解释具有针对性强、反应及时、便于操作的特点，可以根据改革要求和法律实施的实际情况，及时对法律规定的含义和适用予以明确，从而保证重大改革依法有序进行。例如，2014年4月，全国人大常委会根据司法实践中的情况和改革的需要，通过关于刑法、刑事诉讼法有关规定的7个法律解释，对有关法律适用问题予以明确。法律解释出台后，各方面普遍给予好评，取得良好的法律和社会效果。

明确地方立法权限和范围。立法权限划分是立法体制的核心内容。我国宪法、地方组织法和立法法规定，有关地方人大及其常委会根据本行政区域的具体情况和实际需要，在不同宪法、法律、行政法规相抵触的前提下，可以制定地方性法规。具体包括：为执行法律、行政法规的规定需要根据本行政区域的实际情况作出具体规定的事项；属于地方事务需要制定地方性法规的事项；国家专属立法权之外的事项，在法律、行政法规尚未制定的情况下，可以先行制定地方性法规。同时，我国行政处罚法、行政许可法和行政强制法对地方立法的相关设定权也作了规定。近年来，一些地方提出赋予地方更大的立法权。对此要总结经验、认真研究。总的精神是，进一步明确地方立法权限，地方立法要确保中央方针政策和国家法律、行政法规在本地区的有效实施，加强对本地区事务的统筹协调，强化执行和执法监管职责，做好面向基层和群众的服务管理，维护市场秩序和社会安定，促进本地区经济和社会事业发展。

依法赋予设区的市地方立法权。随着各地经济社会的发展和城镇化建设的推进，设区的市在城市建设、市容卫生、环境保护等方面普遍有制定地方性法规的客观需求。实际情况是，目前我国除了立法法规定的省、自治区的人民政府所在地的市、经济特区所在地的市和国务院已经批准的较大的市以外，还有233个其他设区的市没有地方立法权。党的十八届三中全会提出，逐步增加有地方立法权的较大的市数量。《决定》进一步明确提出依法赋予设区的市地方立法权。这就要求遵循在中央的统一领导下、充分发挥地方主动性和积极性原则，通过修改立法法赋予设区的市地方立法权。这项工作政治性强、涉及面广，需要积极稳妥地推进。可以考虑在界定地方立法权限和范围、加强立法监督的前提下，有步骤地实施。具体步骤和时间可由省、自治区的人大常委会根据所辖设区的市的人口数量、地域面积、经济社会发展情况及其立法工作机构能力等因素确定。

（作者系全国人大常委会法制工作委员会主任）

（《人民日报》2014年11月26日07版）

第三章

建设法治政府
是全面推进依法治国的关键所在

法律的生命力在于实施,法律的权威也在于实施。习近平指出:"有了法律不能有效实施,那再多法律也是一纸空文,依法治国就会成为一句空话。"《决定》指出,各级政府必须坚持在党的领导下、在法治轨道上开展工作,加快建设职能科学、权责法定、执法严明、公开公正、廉洁高效、守法诚信的法治政府。深入推进依法行政,加快建设法治政府,既是全面推进依法治国、建设法治中国的客观要求,也是提高政府自身建设和管理水平的现实需要。

一、依法全面履行政府职能

《决定》要求,依法全面履行政府职能。完善行政组织和行政程序法律制度,推进机构、职能、权限、程序、责任法定化。行政机关要坚持法定职责必须为、法无授权不可为,勇于负责、敢于担当,坚决纠正不作为、乱作为,坚决克服懒政、怠政,坚决惩处失职、渎职。行政机关不得法外设定权力,没有法律法规依据不得作出减损公民、法人和其他组织合法权益或者增加其义务的决定。推行政府权力清单制度,坚决消除权力设租、寻租空间。

改革开放以来,我国经济基础发生了广泛而深刻的变化,适应经济基础的变化,政府职能转变不断推进,为改革开放和现代化建设提供了重要保障。我国经济体制深刻变革,社会结构深刻变动,利益格局深刻调整,思想观念深刻变化,在给我国发展进步带来巨大活力的同时,也给政府管理带来诸多新情况、新问题。但从总体上看,政府职能转变仍然比较滞后,政府直接配置资源的范围仍然过大,对微观经济主体的干预仍然较多，公共服务供给仍然不足，市场监管和社会管理仍然相对薄弱。比如，市场机制作用范围扩大，政府与市场的相互关系更加复杂；不同社会群体利益诉求差异扩大，利益主体日趋多元化；公共服务需求全面快速增长，满足多样化需求的压力增大；社会流动性增强，流动人口规模扩大；互联网迅速普及，信息传播更加快捷；公众环境意识增强，环境问题引发的群体性事件增多，等等。这就要求政府强化公共服务、社会管理和环境保护等职能，提供优质高效的公共服务，创新社会管理方式，加强环境保护和生态建设。因此，只有全面正确履行政府职能，把该放的权力放开、放到位，把应该由市场承担的职能交给市场，推动政府职能向创造良好发展环境、提供优质公共服务、维护社会公平正义转变，切实用好"看得见的手"、充分用足"看不见的手"，才能充分发挥市场在资源配置中的决定性作用，促进社会主义市场经济体制不断完善。只有全面正确履行政府职能，把该管的事情管好、管到位，才能适应经济社会结构的调整变化，更好地满足人民群众的新期待。

（一）完善行政组织和行政程序法律制度

依法全面履行政府职能，首先要求完善行政组织制度和行政程序法律制度。应当说，行政组织和行政程序法律制度一直是学界呼吁的一个重点立法内容，在我们国家，行政组织化程度是比较低的。《决定》强调要推进机构、职能、权限、程序、责任法定化，是行政组织法定化的具体表现，这恰恰是现行法律体系中的薄弱环节。要依法全面履行政府职能，没有行政组织法做支撑，全面履行政府职能也难以实现。依法全面履行政府职能，其次还要求完善行政程序法律制度。我国的行政管理向来重实体轻程序，忽视程序是普遍现象。《决定》中有很多方面是关于程序的，比如，决策程序的完善、行政执法程序的完善、行政监督程序的完善，重点强调的是程序制度，是对完善行政程序法律制度的补充。所以，完善行政组织制度和完善行政程序法律制度，这两个立法任务非常有针对性，具有重大意义。

（二）推进各级政府事权规范化、法律化

政府事权是指依据政府职能产生，并通过法律授予的管理国家具体事务的权力。现阶段我国政府事权安排的基本现状就是我国政府规模庞大，政府越位与缺位并存。全部政府收支相当于GDP的30%以上，高于世界一般水平。但从结构来看，直接用于企业的各项支出、促进经济发展的各项支出和政府本身支出占据了很大份额，一些基本公共服务开支如基础教育、社会保障、福利、医疗卫生等反而份额较小。各级政府事权目前缺乏明确而正式的划分，宪法原则上对中央和地方政府职责范围做出了规定，但没有通过立法对各级政府的事权加以明确划分，造成实际上各级政府间并没有明显区别，除了少数事权如外交、国防等专属中央政府外，地方政府拥有的事权几乎全是中央政府的事权翻板，从而呈现出"上下对口、职责同构"的特征，以致支出范围的划分过于笼统，而且流于重复，财政分权体制缺乏合理事权划分的配套。《预算法》虽然规定了地方预算自主权，但仅泛泛地划分了中央和地方政府间的支出，中央政府对省级以下各级政府之间的支出划分没有明确，一般是由上级政府顺次决定其下级政府的支出划分，各地区事权划分有所不同。为此《决定》提出，要完善不同层级政府特别是中央和地方政府事权法律制度，强化中央政府宏观管理、制度设定职责和必要的执法权，强化省级政府统筹推进区域内基本公共服务均等化职责，强化市县政府执行职责。

（三）推进政府权力清单制度

所谓的权力清单，是指对政府及政府部门行使的职能、权限，以清单方式列举，行政机关要"依单行权"。通俗地说，就是要把各级政府和各个政府部门所掌握的各项公共权力进行全面统计，并将权力的列表清单公之于众，主动接受社会监督。推行权力清单制度的决定，就是为了给行政权力打造一个制度的笼子，使之科学有效运行。这个笼子以法

律法规为材质，置于阳光下接受监督。实行权力清单制度，推进权力公开运行改革，其目的就是要揭下权力的神秘面纱，强制打开权力封闭运行的"黑箱"，将权力的行使过程公之于众。实践证明，实行权力清单制度，让百姓了解法律法规规定公职人员应如何行使权力以及实际上如何行使权力，有利于维护人民的民主权利，使群众能够有效地监督公职人员行为。同时，实行权力清单制度，使政府体系上下层级、各级政府之间事权划分泾渭分明，让政府掌握的公共资源和公共权力呈现在阳光下，有利于强化政府的内部监督。通过"晒清单"明确各行政部门的职责权限，有助于构建清晰具体的权责体系和法制化的权力运行流程，防止权力恣意和异化。权力清单的本质是政府的权力要受到宪法和法律的严格限制。权力清单在深层次上涉及公共权力的合法性来源和规范政府权力运行的治本之道等方面。政府的权力源于人民的授权，并通过宪法和法律的形式加以固定，以确保行政权力行使的目的是保障公民的基本权利。

推行"权力清单"是民心所盼。一个成熟的法治社会，公民对政府权力及其运作"洞若观火"是一种常态。推行"权力清单"，让权力公开透明，有助于消除权力运行中的暗箱操作、权力寻租和灰色地带，提升权力行使的正当性和民众对权力的信任感。推行"权力清单"是责任所系。权力意味着责任，权力越多，责任越大。把各级政府及其工作部门的权力公布出来，就是将权力运行的各个主体的责任透明化，民众就可以通过"权力清单"知道政府究竟该怎么办事，从而增加了政府的责任意识，促使政府部门要更加慎重地对待和使用手中的权力，从而避免和减少权力滥用的概率。

权力清单的具体制定者本质上应是各级人民代表大会。如果由政府部门自我制定，则会陷入权力自我授予的法理怪圈。考虑到行政权力的纷繁复杂，权力清单的制定可交由本级政府的法制部门，同时要报本级人大审批，以确保政府的权力清单符合人民的意志。权力清单的设立依据应严格限定为规章以上的规范性法律文件，除此之外还要结合行政权力运行的实际状况以及法治政府要求的精简、高效等原则，赋予行政机关一定的自由裁量权和处理紧急事务的权力。权力清单不是一成不变的，政府过多的权力要逐步通过简政放权放给社会、企业和人民。权力清单应该是可以不断调整和变化的。尤其现阶段，政府的权力过大，要通过简政放权，将权力清单压缩到必要、合理的范围。当然，"权力清单"要想真正发挥作用，"责任清单"还得及时跟上。既要强调权力与责任的对等性，同时要有针对权力运行的问责机制。无数事实证明，权力如果不套上"追责机制"的紧箍，就容易导致职能退化或者乱作为乃至权力滥用的乱象。为此，要保证政府部门恪尽职守，阳光作业，还需要列出政府部门的"责任清单"，以防权力不作为、乱作为。

二、健全依法决策机制

决策的失误是最大的失误，是源头上的失误。行政机关由于其权力行使的广泛性，使得行政决策成为与社会公众切身利益最广泛、最密切的公权力运作方式。因此，行政决策与人民利益休戚相关。健全依法决策机制，有利于提高决策的科学性、规范性，杜绝形象工程、政绩工程。

（一）建立行政机关内部重大决策合法性审查机制

决策是一种重要的公权力，它关系到公权力行使的方向和目标，影响着党和政府工作的面貌和成效。四中全会围绕"健全依法决策机制"的改革命题，探索建立重大决策终身责任追究制度，找到了深化政府管理体制改革的难点和政治体制改革的突破口，其实际成效如何，是对改革力度的严格检验和对改革成色的严肃拷问。规范重大行政决策，就是对"一把手"的权力进行规范。决策权在具体的行政权力中属于比较靠前的权力，而且决策涉及很多对未来事项的安排，因此很重要。但在实际中，一些对社会影响非常大的决策，存在着一些问题，也被公众所诟病。大量的决策是政府决策，有的地方政府决策起来非常随意，比如一些地方的重大项目引起了很大的社会矛盾，原因之一就是政府的决策过于草率，没有按规定征求居民的意见，或者没有尊重居民的意见。这些在决策阶段出现的问题，在后续的执行阶段就会暴露出来，解决起来也会相当麻烦。因为重大行政决策的重要性，规范重大行政决策也是依法行政的重要组成部分，更是规范权力运行、避免一把手权力过大的重要方面。目前，国务院正在组织制定重大行政决策的行政法规，该行政法规不但会对重大行政决策的程序做出规定，还会对什么是重大行政决策做出列举，以避免一些地方政府将重大决策当作一般的决策来处理。什么是重大决策也是一个动态的发展过程，在刚刚规范的时候，未必范围越大就越好，而是政府做出对社会有重大影响、公众关注度很高的事项时，一定要遵守相关程序，不但要追求科学化，还要追求民主化，征求公众的意见，决策一定要能够让公众接受。因为重大行政决策没有法定程序，所以会存在一些"潜规则"，特别是一把手说了算，有很多决策给国家造成了重大损失，但没有人负责。规范重大行政决策，就是对"一把手"的权力进行规范，重大行政决策是重大的行政行为，更应该纳入依法治国的范围，所有的重大行政决策都应该于法有据、程序正当。四中全会分别从法定程序、追责制度、追责措施三个方面，明确了健全依法决策机制的重点内容。决策法定程序的五个方面都不可或缺，特别是公众参与，一直是传统决策机制中的薄弱环节，为此，今后在公众参与决策方面要有坚实的法律保障，要增加公众参与在决策中的分量和权重，真正做到"凡是涉及群众切身利益的决策都要充分听取群众意见，凡是损害群众利益的做法都要坚决防止和纠正"。

从更广的范围看，决策法定程序还应当包括更多参与主体，以扩大决策参与的广泛性和代表性。十八大报告提出"把政治协商纳入决策程序，坚持协商于决策之前和决策之中，增强民主协商实效性"，十八届三中全会提出"健全人大讨论、决定重大事项制度，各级政府重大决策出台前向本级人大报告"，重大决策纳入政治协商程序，政府重大决策出台前向同级人大报告，接受人大的监督或审查，都有利于提高重大决策的民主性、科学性，最大限度避免决策失误。

《决定》指出：把公众参与、专家论证、风险评估、合法性审查、集体讨论决定确定为重大行政决策法定程序，确保决策制度科学、程序正当、过程公开、责任明确。因此要坚持一切从实际出发，系统全面地掌握实际情况，深入分析决策对各方面的影响，认真权衡利弊得失。作出重大决策前，要广泛听取、充分吸收各方面意见，意见采纳情况及其理由要以适当形式反馈或者公布。完善重大决策听证制度，扩大听证范围，规范听证程序，听证参加人要有广泛的代表性，听证意见要作为决策的重要参考。重大决策要经政府常务会议或者部门领导班子会议集体讨论决定。重大决策事项应当在会前交由法制机构进行合法性审查，未经合法性审查或者经审查不合法的，不能提交会议讨论、作出决策。此外，《决定》还提出了积极推行政府法律顾问制度，建立政府法制机构人员为主体、吸收专家和律师参加的法律顾问队伍，保证法律顾问在制定重大行政决策、推进依法行政中发挥积极作用，以保证重大决策的科学性。

（二）建立重大决策终身责任追究制度及责任倒查机制

《决定》指出，建立重大决策终身责任追究制度及责任倒查机制，对决策严重失误或者依法应该及时作出决策但久拖不决造成重大损失、恶劣影响的，严格追究行政首长、负有责任的其他领导人员和相关责任人员的法律责任。"建立重大决策终身责任追究制度和责任倒查机制"是一个新的提法，但相关领域已有一些局部和具体的做法，比如一些地方探索建立建筑质量终身责任追究制度、项目质量终身责任追究制度，一些地方逐步建立安全生产责任倒查机制、腐败案件责任倒查机制等等。"终身责任追究"意味着，相关人员一辈子都要和责任绑在一起，永世不得分开——这听起来似乎有些夸张，但单从技术上讲已经没有问题，因为只要把重大决策的每一道程序、每一个环节都详细记录在案，每个参与决策者在决策过程中发挥的影响和起到的作用就同时记录在案，今后如果发生重大责任事故，造成严重后果和重大损失，对重大决策责任的倒查和认定就有迹可循、有案可查，追究相关人员的责任包括终身责任，在理论上和技术上也就不成问题。过去，我们对于重大决策一直采用的是民主集中制原则，即重大决策出台前，必须经过领导班子的集体讨论。但由于"一把手"权力过大，所以一些重大决策的讨论过程往往成为"一把手"的"一言堂"。"一把手"一旦完全掌控了重大决策权，追求政绩就容易出现华而不实的政绩工程；牟取私利就会引发官商勾结等贪腐问题。加上监管监督机制不到位，形成了不少网民所形容的"决策拍脑袋、执行拍胸脯，走人了就拍屁股"现象。四中全会提出"建立重大决策终身责任追究制度及责任倒查机制"，体现出重大决策有法可依、依法追责思路。"最关键的就是'终身'两个字。只要是滥用决策权或失职渎职等原因导致重大决策出错，那么不论时间变化、空间变化，也就是不管经过了多少年，是现职还是已经退居二线，不管身处何地，都要对错误决策付出代价。这些都有利于促进领导干部依法行政、慎重决策"。长期以来，一些领导干部决策短视、随意性大，导致出现决策只注重短期效益等问题。虽然我国早已建立追责制度，但往往只是官员在位时追究，而一旦离任或者退休，一般不再追究。为保障决策的科学性，决定提出把公众参与、专家论证、风险评估、合法性审查、集体讨论决定确定为重大行政决策法定程序，建立重大决策终身责任追究制度及责任倒查机制，对决策严重失误或者依法应该及时作出决策但久拖不决造成重大损失、恶劣影响的，严格追究行政首长、负有责任的其他领导人员和相关责任人员的法律责任。

三、深化行政执法体制改革

行政执法体制既是行政体制的重要组成部分，更是法律实施体制的关键环节。深化行政执法体制改革能否取得显著成效，直接关系到法律法规能否全面正确实施，关系到人民群众合法权益能否得到切实保障，关系到经济社会秩序能否有效维护，关系到依法行政能否真正落到实处。

（一）优化精简机构，推进综合执法

法治政府建设，关键在于加快行政执法体制机制的改革。《决定》

指出，根据不同层级政府的事权和职能，按照减少层次、整合队伍、提高效率的原则，合理配置执法力量。它要求从横向上减少执法机构，从纵向上优化执法层级。从横向上讲，减少专业执法机构，改变多头执法局面。将涉及同一或近似行政领域交叉执法的执法权统一由综合执法部门行使；从纵向上讲，优化执法层级，改变多层执法。推进综合执法，大幅减少市县两级政府执法队伍种类，重点在食品药品安全、工商质检、公共卫生、安全生产、文化旅游、资源环境、农林水利、交通运输、城乡建设、海洋渔业等领域内推行综合执法，有条件的领域可以推行跨部门综合执法。完善市县两级政府行政执法管理，加强统一领导和协调。可以考虑对市区两级行政执法权进行合理分工，市行政执法机构侧重于制定规范、统一标准、宏观指导；区县行政执法机构则主要负责执行行政决策、履行行政执法任务，从而构建统一的综合行政执法机构。将行政执法的力量配置实行重心下移，适当下移至县级、镇行政执法部门。通过这种调整理顺行政执法部门之间的职权关系，做到各司其职、各尽其责的行政执法体制。理顺行政强制执行体制，理顺城管执法体制，加强城市管理综合执法机构建设，提高执法和服务水平。

（二）严格行政执法人员管理制度

行政执法人员素质高低，直接决定行政执法质量。要严格执法人员持证上岗和资格管理制度，对行政执法人员进行一次全面清理，未取得执法资格的人员不得从事执法工作，对被聘用履行行政执法职责的合同工、临时工，应坚决调离行政执法岗位。健全纪律约束机制，狠抓执法纪律和职业道德教育，加强执法人员思想作风建设，全面提高执法人员素质。定期组织行政执法人员参加通用法律知识培训、专门法律知识轮训和新法律法规专题培训，提高他们运用法治思维和法治方式解决执法中突出矛盾和问题的能力。逐步推行行政执法绩效考核制度，科学合理设计考核指标体系，考核结果作为执法人员奖励惩处、晋职晋级的重要依据。严格执行罚缴分离和收支两条线管理制度，严禁收费罚没收入同部门利益直接或者变相挂钩。

四、坚持严格规范公正文明执法

严格、公正、文明执法是依法治国，建立社会主义法治国家的必然要求。"严格"指在执行制度或掌握标准时，认真不放松；"公正"指公平正直，没有偏私；"文明"指人类社会发展到较高阶段和具有较高文化，与野蛮相对。严格、公正、文明作为执法活动中的最高标准，也是社会发展对执法活动的必然要求。当前不能严格公正文明执法的主要表现是：一是定性不准、适用法律法规不当。一些行政执法人员对法律法规一知半解，对法律条款不能正确把握，结果不免会张冠李戴。二是违反法定程序，执法随意性。有的执法人员不注重按法定程序办，重实体法、轻程序法，认为只要执法行为实际效果合法，违反法定程序无关紧要。于是不按规定向当事人公开办事程序，对法定程序随意理解，还在程序上刁难当事人，久拖不决，各行其是。三是违法行政，侵犯公民合法权利。少数执法人员不能树立以人为本意识，以管人者自居，不把执法对象的权利放在眼里，耍特权、抖威风甚至野蛮执法，侵害公民权益。一些执法人员为了私欲，凭借手中的权力和工作之便，接受当事人钱财，吃、拿、卡、要，利用手中的权力徇私舞弊，以权谋私。《决定》指出，依法惩处各类违法行为，加大关系群众切身利益的重点领域执法力度。完善执法程序，建立执法全过程记录制度。明确具体操作流程，重点规范行政许可、行政处罚、行政强制、行政征收、行政收费、行政检查等执法行为。严格执行重大执法决定法制审核制度。

建立健全行政裁量权基准制度，细化、量化行政裁量标准，规范裁量范围、种类、幅度。加强行政执法信息化建设和信息共享，提高执法效率和规范化水平。

全面落实行政执法责任制，严格确定不同部门及机构、岗位执法人员执法责任和责任追究机制，加强执法监督，坚决排除对执法活动的干预，防止和克服地方和部门保护主义，惩治执法腐败现象。

五、强化对行政权力的制约和监督

党的十八届四中全会强调,必须构建决策科学、执行坚决、监督有力的行政权力运行体系,形成科学有效的权力制约和监督机制。这突出了行政权力制约和监督体系建设的重要性和紧迫性,并且从顶层设计的高度提出了明确的改革方向和具体要求,对于建立法治政府,着力规范行政权力行使,从源头上防治腐败,保证人民赋予的权力真正用来为人民谋利益,意义重大。

(一)加强监督制度建设

《决定》指出,"加强党内监督、人大监督、民主监督、行政监督、司法监督、审计监督、社会监督、舆论监督制度建设,努力形成科学有效的权力运行制约和监督体系,增强监督合力和实效。"加强对权力运行的制约和监督,首先要进一步加强党内监督,同时,要把党内监督与人大监督、民主监督、行政监督、司法监督、审计监督、社会监督、舆论监督结合起来,形成监督的整体合力。党内监督。我们党是执政党,党员领导干部手中掌握着大大小小的权力资源。因此,加强对权力运行的制约和监督,重点是加强党内监督。2012年12月,习近平在首都各界纪念现行宪法公布施行30周年大会上的讲话中指出:"要健全权力运行制约和监督体系,有权必有责,用权受监督,失职要问责,违法要追究,保证人民赋予的权力始终用来为人民谋利益。"党的十八大报告又明确要求:"确保决策权、执行权、监督权既相互制约又相互协调,确保国家机关按照法定权限和程序行使权力";"让人民监督权力,让权力在阳光下运行"。这就使权力制约和监督的要求更加明确。坚持并完善了巡视、派驻等重要的监督形式,逐步实现以权制权和依法制权的有机结合。

加强对权力运行的制约和监督,要加强人大监督。人大是国家最高权力机关,其行使监督权是宪法法律赋予的一项最基本的职责,这一职责的发挥，有利于集中体现人民的意志，调动人民参与管理国家和社会事务的积极性和创造性，有利于加强对国家权力的行使进行有效的监督，促进国家机关高效运转，从制度上防止和消除腐败，实现决策的民主化、科学化。

加强对权力运行的制约和监督，要加强民主监督。民主监督作为"自下而上"的非权力性监督，主要通过建议和批评协助国家机关改进工作作风、提高工作效率、克服官僚主义。民主监督是保证政权不腐败的一项重要措施，全社会都应该重视，而不能仅仅限于某个范围，只有全民都来执行监督，才能使执政者不腐败，才能保障政权的清正廉明。

加强对权力运行的制约和监督，要加强行政监督。行政监督应重点强化行政机关内部上下级之间的监督，充分发挥行政监察、审计机关对国家行政机关及其公务人员的监督。行政监督应该首先有法律上的依据，才能使行政监督实现法治化和程序化。行政监督的依法监督原则是指享有监督权的组织和个人在行使监督权时要严格遵循法律的规定。因此，行政监督要求立法上的完善，建立起一整套行政监督法律体系，使相关的监督法律法规具有系统性、可行性的特点，从而使行政监督做到切实有法可依。

加强对权力运行的制约和监督，要加强司法监督。司法机关依法对行政机关及其工作人员的行政行为、权力、职能是否合法的监督。

加强对权力运行的制约和监督，要加强审计监督。充分发挥审计的监督作用，建立完善审计监督法律体系，明确审计主体、审计内容、审计范围，健全经济责任审计报告制度，有效监督行政机关及其工作人员正确行使职权，让权力在阳光下运行。

加强对权力运行的制约和监督，要加强社会监督。人民群众及其他组织对行政机关及其工作人员的行政行为的合法有效性进行监督，并通过社会舆论、新闻媒体、信访申诉等方式实施监督。社会监督体现了人民直接参加国家管理、行使当家作主的权利，使行政机关的权力运行建立在广泛的群众基础之上。

加强对权力运行的制约和监督还要加强舆论监督。人民群众和社会组织通过新闻媒体，依法对行政机关及其公务人员的活动和社会不良现象进行披露、建议、评论乃至批评，使其符合法律法规、公共利益、公共道德准则。其相对于其他监督形式而言，舆论监督具有监督主客体的广泛性、监督方式的公开性、监督影响的及时性、监督效果的威慑性等特点，是人民群众实现对行政权力运行的合理性、合法性实施监督的重要手段，是人民群众参政议政的有效形式。

（二）加强对政府内部权力的制约，是强化对行政权力制约的重点

《决定》指出："对财政资金分配使用、国有资产监管、政府投资、政府采购、公共资源转让、公共工程建设等权力集中的部门和岗位实行分事行权、分岗设权、分级授权，定期轮岗，强化内部流程控制，防止权力滥用。"财政资金分配使用、国有资产监管、政府投资、政府采购、公共资源转让、公共工程建设都属重大敏感项目，由于这些部门和岗位权力过于集中，很容易滋生腐败，容易出现大案、要案、窝案。而内部权力的制约是杜绝权力滥用的重要手段。因此，必须实行分事行权、分岗设权、分级授权，定期轮岗，强化内部流程控制。一是防止权力取得无据、行使无序。权由法定，权责一致，对权力集中的部门和岗位进行权力规范和确认，确保权力来源合法，解决权力取得无据、行使无序的问题。二是防止权力过于集中，必须要科学配权，确保权力架构相互制衡。配权应科学，使决策权、执行权、监督权适度分解与平衡，防止权力过度集中，推行分级决策、分级审批、分级管理。三是防止"暗箱操作"，必须要阳光示权，确保权力运行公开透明。深化政务公开，扩大公开内容，同时增加扩充的数量和范围，规范公开程序，适时公开权力事项，明确公开时限，做到长期公开、常规性工作定期公开、阶段性工作逐段公开、临时性工作随时公开，探索建立信息平台、网络平台、电子平台等，构建阳光、透明的权力运行体系。四是防止权力滥用，必须

要全程控权，确保权力监督及时有效。解决权力滥用问题，需要监控全面覆盖、全程到位，一方面强化内部监控对权力集中的岗位和部门，建立健全内控机制，另一方面，强化外部监督，通过行政投诉、信访举报、专项检查、案件查处等，接受人民群众和社会舆论的监督。

《决定》指出："完善政府内部层级监督和专门监督，改进上级机关对下级机关的监督，建立常态化监督制度。完善纠错问责机制，健全责令公开道歉、停职检查、引咎辞职、责令辞职、罢免等问责方式和程序。"推进行政问责制度和绩效管理制度。行政问责的根本目的在于强化行政监督、提高政府执行力和公信力。对公共资金使用不当、投资项目出现失误的要问责；使行政问责制度化、规范化，进一步明确问责范围、问责程序，加大问责力度，增强行政问责的针对性、操作性和时效性，坚决纠正行政不作为和乱作为。使不同性质的权力由不同部门行使，做到有权必有责、用权受监督、侵权要赔偿，有效地防止滥用权力行为的发生。依据国家公务员管理相关规定，根据职级、岗位特点、后果影响的不同，健全完善责令公开道歉、停职检查、引咎辞职、责令辞职、罢免等问责机制的具体方式和程序。

（三）完善审计制度，保障依法独立行使审计监督权

我国宪法第九十一条规定，"审计机关在国务院总理领导下，依照法律规定独立行使审计监督权，不受其他行政机关社会团体和个人的干涉。"《决定》强调对公共资金、国有资产、国有资源和领导干部履行经济责任情况实行审计全覆盖。审计机关要对公共资金、国有资产、国有资源、领导干部经济责任履行情况进行审计，实行审计监督全覆盖。凡涉及管理、分配、使用公共资金、国有资产、国有资源的部门、单位和个人都要接受审计、配合审计。审计包括会计资料、业务资料、管理资料。《决定》指出，"强化上级审计机关对下级审计机关的领导。"体现了审计工作的极度重要性，构建科学、合理的具有中国特色社会主义的审计管理领导体系，为审计机关依法独立行使审计监督权提供有力的组

织保障。《决定》指出,探索省以下地方审计机关人财物统一管理。省以下地方审计机关人财物实行统一管理,有利于基层审计机关独立行使审计权而不受外界因素的干扰,以保证审计结果的客观性、真实性、权威性。《决定》强调,推进审计职业化建设,有利于审计人才队伍相对稳定,有利于专业化建设,有利于忠实地履行审计职责。

六、全面推进政务公开

政务公开就是让权力在阳光下运行,用制度管人、用制度管事,使国家机关信息公开,行政权力公开透明运行,主要是明确职权、明确政府职能及其运作以及流程。政务公开主要的要求是使政府的工作内容公开化,对于政府筹划或正准备进行的各项工作,如城市建设、道路规划、医疗保健措施、事务处理等分类进行公开,并对各项工作内容及进程予以公开,任何公民都可以通过特定途径进行查询、监督。

(一)全面推进政务公开是落实依法治国的重要举措

全面推进政务公开是坚持立党为公、执政为民,加强党的执政能力建设的具体体现;是坚持和发展社会主义民主,推进依法行政,建设法治社会、法治国家、法治政府的重要举措;是建立健全惩治和预防腐败体系,形成行为规范、运转协调、公正透明、廉洁高效的行政管理体制的重要内容。当前,政务公开工作与完善社会主义市场经济体制、推进社会主义民主法制建设、建设社会主义法治国家的目标还有不小的差距。主要是:有的领导干部对政务公开的重要性认识不足,推行政务公开的力度不够;一些行政机关工作人员依法行政的观念和政务公开的意识还比较淡薄,依法行政的能力和水平有待进一步提高;有的地区和部门政务公开制度不健全,程序不规范,工作不落实,甚至存在形式主义倾向。这些问题在一定程度上影响了政务公开工作的落实,妨碍了人民群众知情权、参与权和监督权的行使。社会主义民主政治的不断发展和依法行政的全面推进,对政务公开工作提出了更高的要求,各级领导干部和行政机关工作人员要切实提高对进一步推行政务公开重要意义的认识，以与时俱进、求真务实的精神，进一步把政务公开工作抓紧抓好。

（二）全面推进政务公开的基本原则和主要内容

1. 推进政务公开的基本原则

《决定》指出，"全面推进政务公开。坚持以公开为常态、不公开为例外原则。"把"坚持以公开为常态、不公开为例外原则"写入《决定》，明确了政务公开的方式、手段、程序、流程，强调重大突发事件和热点问题必须公开，这些既是《决定》的"亮点"，也是政务公开深化的必然要求。公开透明、高效服务是政府运行的目标。目标能不能实现，落实才是根本。在深化政务公开、强化政务服务方面，我们相继出台了很多政策规定，但从目前来看依然存在不少问题，主要原因在于执行不到位。当前政务公开和政务服务工作中还存在一些问题。如政务公开方面，有的存在重形式轻内容现象，有的公开内容不全面、程序不规范，有的不能妥善处理信息公开与保守秘密的关系。政务服务方面，服务体系建设不够完善，公开办理的行政审批和服务事项不能满足群众需求等。

"不公开为例外"原则应该有清晰的界定，以防政府官员个人将可例外的区域放大，影响到政务公开的正常进行。属于例外原则的应该是涉及国家安全、商业秘密、个人隐私等事项，要进行细化，还要经得起《中华人民共和国政府信息公开条例》的约束。如果违反政务公开法规的话，也是无效的。

2. 推进政务公开的主要内容

党的十八届三中全会就已指出："推行地方各级政府及其工作部门权力清单制度，依法公开权力运行流程。完善党务、政务和各领域办事公开制度，推进决策公开、管理公开、服务公开、结果公开。"推动政务公开离不开权力清单制度。通过"晒清单"明确各行政部门的职责权限，有助于构建清晰具体的权责体系和法制化的权力运行流程，防止权力恣意和异化。《决定》指出，各级政府及其工作部门依据权力清单，向社会全面公开政府职能、法律依据、实施主体、职责权限、管理流程、监督方式等事项。重点推进财政预算、公共资源配置、重大建设项目批准和实施、社会公益事业建设等领域的政府信息公开。权力清单的制作过程十分复杂，这项新的探索涉及面广、情况复杂，不可能一蹴而就。这就需要我们从实际出发，在实践中不断创新，不断完善，最终形成决策科学、执行坚决、监督有力的行政权力运行体系，打造"有限、有为、有效"的现代政府，保证人民赋予的权力始终用来为人民谋利益。

3. 推进政务公开的主要形式

推进政务公开就是要坚持方便群众知情、便于群众监督的原则，拓宽工作领域，深化公开内容，丰富公开形式，促进政府自身建设和管理创新。要坚持区别情况、分类指导，提高政务公开的针对性和有效性。坚持创新载体、完善制度，实现政务公开的规范化、标准化。坚持问政于民、问需于民、问计于民，依靠群众积极支持和广泛参与，畅通政府和群众互动渠道，切实提高政务公开的社会效益。要完善政府新闻发布制度，通过政府新闻发布会定期发布政务信息；继续通过政府公报、政务公开栏、公开办事指南和其他形式公开政务；充分利用报刊、广播、电视、网络等媒体，发挥其在政务公开中的作用；积极探索通过社会公示、听证和专家咨询、论证以及邀请人民群众旁听政府有关会议等形式，对行政决策的过程和结果予以公开；通过各类综合或专项行政服务中心，对行政许可、公共服务等事项予以公开；加强政府网站建设，推进电子政务，逐步扩大网上审批、查询、交费、办证、咨询、投诉、求助等服务项目的范围，为人民群众提供快捷、方便的服务。抓好重大突发事件和群众关注热点问题的公开，客观公布事件进展、政府举措、公众防范措施和调查处理结果，及时回应社会关切，正确引导社会舆论。

4. 建立健全政务公开的法规制度

要建立健全主动公开和依申请公开制度。对于应当让社会公众广泛知晓或参与的事项，要及时主动向社会公开。暂时不宜公开或不能公开的，要报上级主管机关备案。公开事项如变更、撤销或终止，要及时公布并作出说明。对于只涉及部分人和事的事项，要按照规定程序，向申请人公开，确实不能公开的要及时做好解释说明工作。

要建立健全政务公开评议制度。把政务公开纳入社会评议政风、行风的范围，组织人民群众对政务公开的内容是否真实、准确、全面，时间是否及时，程序是否符合规定，制度是否落实到位等进行评议。

要建立健全政务公开责任追究制度，明确政务公开工作各部门和单位的责任。对工作不力、搞形式主义的，要严肃批评，限期整改；对弄虚作假、侵犯群众民主权利、损害群众合法利益、造成严重后果的，要严肃查处。

· 重要论述 ·

坚持严格规范公正文明执法

郭声琨

党的十八大报告明确提出，要推进依法行政，切实做到严格规范公正文明执法。十八大以来，习近平总书记反复强调必须坚持严格执法，切实维护公共利益、人民权益和社会秩序。党的十八届四中全会通过的《中共中央关于全面推进依法治国若干重大问题的决定》(以下简称《决定》)，站在完善和发展中国特色社会主义制度、推进国家治理体系和治理能力现代化的战略高度，就全面推进依法治国、建设社会主义法治国家作出了全面部署，对坚持严格规范公正文明执法提出了具体要求。我们要认真学习领会、全面贯彻落实《决定》精神，深刻认识坚持严格规范公正文明执法的重大意义，准确把握坚持严格规范公正文明执法的基本内涵，切实把严格规范公正文明的执法要求贯彻落实到执法实践的方方面面，坚持依法治国、依法执政、依法行政共同推进，坚持法治国家、法治政府、法治社会一体建设，努力建设社会主义法治国家。

一、深刻认识坚持严格规范公正文明执法的重大意义

坚持严格规范公正文明执法，是全面推进依法治国的基本要求，是维护社会公平正义的重大举措，是提升执法公信力的重要途径。当前，我国正处于社会主义初级阶段，全面建成小康社会进入决定性阶段，改革进入攻坚期和深水区，执法工作面临的形势和环境发生了复杂而深刻的变化。形势的发展、环境的变化、事业的开拓、人民的期待，都对执法工作提出了新的更高要求。我们必须从全局的高度，深刻认识坚持严

格规范公正文明执法的重大意义。

（一）坚持严格规范公正文明执法，是全面推进依法治国、建设社会主义法治国家的基本要求

法治是治国理政的基本方式。《决定》提出，全面推进依法治国的总目标是"建设中国特色社会主义法治体系，建设社会主义法治国家"，强调要形成完备的法律规范体系、高效的法治实施体系、严密的法治监督体系、有力的法治保障体系、完善的党内法规体系。坚持严格规范公正文明执法，是形成高效法治实施体系的重要内容，是全面推进依法治国、建设社会主义法治国家的基本要求。目前，中国特色社会主义法律体系已经形成，总体上解决了有法可依问题，如何确保法律得到全面正确实施，已成为全面推进依法治国、建设社会主义法治国家的关键所在。习近平总书记强调，必须加强宪法和法律实施，维护社会主义法制的统一、尊严、权威，形成人们不愿违法、不能违法、不敢违法的法治环境，做到有法必依、执法必严、违法必究。行政执法机关担负着贯彻实施宪法和法律的重要职责，是依法治国方略的实施者、推进者、捍卫者。行政执法机关的执法能力和执法水平如何，很大程度上反映着政府法治形象，体现着国家法治文明程度，影响着法治中国建设进程。只有坚持严格规范公正文明执法，做到有法必依、执法必严、违法必究，才能确保宪法和法律得到全面正确实施，推进社会主义法治国家建设进程。

（二）坚持严格规范公正文明执法，是促进社会公平正义、维护社会和谐稳定的重大举措

促进社会公平正义、维护社会和谐稳定，是行政执法工作最重要的价值追求所在。如果执法不严、执法不公，该处罚的不处罚或者同事不同罚，甚至办关系案、人情案、金钱案，社会就失去了最起码的公平公正，就会引发大量社会矛盾、影响和谐稳定。当前，我国正处于社会转型的特殊历史时期，影响社会和谐稳定的因素大量存在，因劳资纠纷、医患纠纷、环境污染、征地拆迁等问题引发的矛盾多发局面短期内难以根本扭转，对行政执法机关发挥职能作用、促进社会公平正义提出了更

高要求。同时，随着我国民主法治建设深入推进，人民群众法律意识、权利意识日益增强，对实现社会公平正义的要求也越来越迫切。这就要求我们必须紧紧围绕促进社会公平正义、维护社会和谐稳定这一着眼点、着力点，牢牢把握严格规范公正文明执法这一执法工作生命线，进一步转变执法理念、改进执法方式，增强执法素养、提高执法水平，坚定不移地做社会公平正义的促进者、社会和谐稳定的维护者，为全面建成小康社会、实现中华民族伟大复兴的中国梦创造安全稳定的社会环境、公平正义的法治环境和优质高效的服务环境。

（三）坚持严格规范公正文明执法，是维护国家法律权威、提升执法公信力的重要途径

法律的生命力在于实施，法律的权威也在于实施。近年来，随着法治政府建设不断推进，行政执法工作取得了长足进步。同时，必须清醒地看到，同民主法治建设进步和人民群众期待要求相比，执法工作和执法队伍还存在许多不适应的问题，执法制度还不够完善，有法不依、执法不严、违法不究等问题仍比较突出，执法不规范、不公正、不文明和不作为、不勇为、乱作为等问题还时有发生。这些问题的存在，严重违背了社会主义法治原则，影响了执法机关的公信力，败坏了党和政府的形象，损害了国家法律的权威和尊严。行政执法机关履职的基本方式是执法，行政执法的基本要求在于严格规范公正文明。只有坚持严格规范公正文明执法，做到执法要求与执法形式相统一、执法效果与社会效果相统一，才能不断提高执法公信力，切实维护国家法律的权威和尊严。

二、准确把握坚持严格规范公正文明执法的基本内涵

坚持严格规范公正文明执法是一个有机统一的整体。其中，严格是执法基本要求，规范是执法行为准则，公正是执法价值取向，文明是执法职业素养。《决定》紧紧围绕坚持严格规范公正文明执法，就依法惩处各类违法行为、完善执法程序、建立健全行政裁量权基准制度、加强行政执法信息化建设和信息共享、全面落实行政执法责任制等重点工作

提出了明确要求。我们要深刻理解、准确把握坚持严格规范公正文明执法的基本内涵，切实把各项工作部署和要求落到实处。

（一）依法惩处各类违法行为

坚持严格依法办事，保证有法必依、执法必严、违法必究，是社会主义法治原则的基本要求，是检验和衡量执法成效的基本标准。当前，我国正处于各类违法犯罪活动高发期，要有效遏制违法犯罪多发高发态势，必须毫不动摇地坚持严打方针，保持高压威慑态势，依法严厉打击、集中整治各种违法犯罪活动。要突出打击整治重点，积极回应社会关切，紧紧围绕食品药品、安全生产、环境保护、劳动保障、医疗卫生等关系群众切身利益、群众反映强烈的重点领域违法犯罪问题，坚持出重拳、下重手，加大执法力度，坚决遏制违法犯罪多发高发态势，不断提升人民群众安全感。要创新打击治理机制，增强法律执行效果，健全行政执法与刑事司法衔接机制，建立行政执法机关、公安机关、检察机关、审判机关信息共享、案情通报、案件移送制度，对涉嫌犯罪的案件及线索，要加强衔接协作，及时移送起诉，依法追究刑事责任，坚决克服有案不移、有案难移、以罚代刑等现象。要坚持关口前移，加强源头治理，完善以随机抽查为重点的日常监督检查制度，强化源头监管和日常执法，不给违法行为留下生存空间，让违法者付出应有的代价。要深化行政执法体制改革，加强食品药品、安全生产、环境保护、劳动保障、海域海岛等重点领域基层执法力量，不断提升依法惩处各种违法行为的能力。

（二）完善执法程序

严密的执法程序是规范执法的重要前提，也是执法公平公正的重要保障。特别是对一些敏感复杂案事件的处置，如果执法程序规范严密、公开透明，就能最大限度地赢得人民群众对执法工作的理解和支持，最大限度地避免出现执法瑕疵而授人以柄。要规范执法流程，按照标准化、流程化、精细化要求，从容易发生问题的执法环节入手，重点围绕行政许可、行政处罚、行政强制、行政征收、行政收费、行政检查等执法行为，对执法具体环节和有关程序作出具体规定，不断严密执法程序，强化执法指引，规范执法行为，堵塞执法漏洞。要加强执法管理，建立执法全过程记录制度，充分利用执法办案信息系统、现场执法记录设备、视频监控设施等技术手段，加强对执法台账和法律文书的制作、使用、管理，强化对立案、监督检查、调查取证、行政决定等行政执法活动全过程的跟踪，确保所有执法工作都有据可查。要严密执法审核，严格执行重大执法决定法制审核制度，围绕决定的主体是否合法、认定的事实是否清楚、证据是否确凿、程序是否正当、适用法律是否准确、处罚幅度是否适当等进行审核，未经法制审核或者审核未通过的，不得作出决定。对审核中发现的问题，要责令有关部门及时纠正，确保行政执法机关依法履行职责，维护公民法人合法权益。

（三）建立健全行政裁量权基准制度

滥用自由裁量权，同事不同罚，处罚畸重畸轻，显失公平公正，也是当前群众反映强烈的一个突出执法问题。要有效杜绝执法不公、随意执法问题的产生，不断提升执法机关的公信力，一个重要环节就是要规范自由裁量权行使，从制度机制上防止出现"选择性执法""倾向性执法"。要科学合理制定裁量标准，在法律规定的行政处罚幅度内，根据过罚相当原则，结合经济发展、行政案件发案等情况，细化、量化行政裁量标准，规范裁量范围、种类、幅度，为公正执法提供制度依据。要准确把握适用裁量标准，按照依法、公正、合理原则，综合考虑违法行为的性质、情节、社会危害程度以及执法相对人的悔过态度等情形，依法给予相应处罚，做到该宽则宽、当严则严、过罚相当。要积极推行案例指导制度，针对执法过程中容易出现问题的案件种类和执法环节，加强分类指导，正确适用法律，确保处罚公平、裁量公正、执法规范。

（四）加强行政执法信息化建设和信息共享

科技信息化的发展深刻影响了社会变革，也为提升行政执法效能、强化行政执法监督注入了新的生机和活力，必须积极依托科技信息化手段，大力加强行政执法信息化建设和信息共享。要推进网上执法办案系统建设，逐步实现执法信息网上录入、执法程序网上流转、执法活动网上监督、执法培训网上进行，切实加强对执法活动的即时性、过程性、系统性管理。要完善执法信息共享机制，有效整合执法信息资源，在确保信息安全的前提下，积极推进跨地区、跨部门执法信息共享、互联互通，最大限度地用好用活执法资源，着力形成执法合力。要健全执法办案信息查询系统，切实提高执法活动的透明度，有效保障群众的知情权、监督权，坚持以公开促公正，让暗箱操作没有空间，让执法腐败无处藏身。要推进网上行政服务工作，大力推行网上受理、网上审批、网上办公，努力让数据多跑腿、让群众少跑腿，使群众打开电脑就能查询有关事项、足不出户就能享受公共服务。

（五）全面落实行政执法责任制

推行执法责任制，对于构建决策科学、执行坚决、监督有力的权力运行体系，强化对执法权力的监督制约，具有十分重要的作用。要进一步明确执法责任，按照有权必有责的要求，全面梳理行政执法依据，严格确定不同部门及机构、岗位执法人员的执法责任，建立实行权力清单制度。要进一步加强执法考评，按照依法、科学、有效、统一的原则，建立健全执法评议考核指标体系，切实解决"没有指标不干活，有了指标乱干活"的问题，引导执法人员自觉履行法定职责、严格规范执法行为。要进一步完善执法责任追究机制，全面落实错案追究制度，确保执法过程中任何一个环节出现执法问题，都能够被及时发现、及时纠正、及时追究。要进一步强化对执法活动的监督，健全完善监督机制，坚决排除对执法活动的非法干预，坚决防止和克服地方和部门保护主义，坚决防止和克服执法工作中的利益驱动，坚决惩治执法腐败现象，切实做到有权必有责、用权受监督、违法必追究。

三、把严格规范公正文明的执法要求贯彻落实到执法实践的各个方面各个环节

坚持严格规范公正文明执法，确保宪法法律全面准确实施，是一项

长期而艰巨的任务。要深入贯彻习近平总书记系列重要讲话精神，按照《决定》的部署要求，从创新执法理念、完善执法制度、改进执法方式、提高执法素养等方面入手，持续用力、久久为功，切实把严格规范公正文明的执法要求落实到执法实践的全过程。

（一）创新执法理念

理念是行动的先导，没有正确的执法理念就不可能有行动上的高度自觉。要积极适应全面推进依法治国、建设社会主义法治国家的新要求，坚持不懈、持之以恒地开展社会主义法治理念教育，大力宣传社会主义核心价值观，着力弘扬社会主义法治精神，教育引导广大执法人员牢固树立社会主义法治理念，进一步增强严格依法履行职责的观念、法律面前人人平等的观念、尊重和保障人权的观念，进一步强化证据意识、程序意识、权限意识和自觉接受监督意识，坚决纠正一切不合时宜的思想观念和传统做法，自觉抵御权力、关系、人情、利益等各种因素的侵蚀和干扰，严格依照法定的权限、时限和程序履行职责、行使权力，始终做到严格规范公正文明执法，努力让人民群众从每一起案件、每一项执法活动中都能感受到公平正义。

（二）完善执法制度

制度带有根本性、全局性、稳定性和长期性。要在健全执法制度、完善执法机制上下功夫，积极构建系统完备、科学规范、运行有效的执法制度体系，坚持用制度管权、按制度办事、靠制度管人，确保执法工作始终在法治轨道和制度框架内运行。要按照严格规范公正文明的执法要求，加强对与执法工作有关的法律、法规、规章和规范性文件的清理，对制度缺失、规范冲突、要求不当的，要及时推进"立、改、废"，进一步完善执法工作的实体和程序规范，确保各项执法工作有据可依、有章可循。要坚持把立足中国国情与借鉴外国有益经验结合起来，把解决执法突出问题的现实需要与注重制度设计的前瞻性结合起来，注重突出重点，加强建章立制，科学设置每一项执法制度和程序，努力从源头上解决随意执法、粗放执法、执法不公等突出问题。

（三）改进执法方式

衡量和判断执法工作的成效，既要看法律效果，更要看社会效果。要准确把握社会主义初级阶段的基本国情，准确把握人民群众对执法工作的期待要求，坚持把打击犯罪与保护人权、追求效率与实现公正、执法形式与执法目的有机结合起来，努力实现法律效果和社会效果的有机统一。要正确处理严格规范公正文明执法的关系，既要坚持以事实为依据、以法律为准绳，严格执法、不枉不纵，坚决维护法律的权威和尊严，又要准确把握社会心态和群众情绪，改进执法方式，理性文明执法，强化实体规范、程序规范，注重语言规范、行为规范，努力做到融法、理、情于一体，坚持以法为据、以理服人、以情感人，积极争取当事人的理解和支持，力求实现执法效果最大化。

（四）提升执法素养

能不能做到严格规范公正文明执法，关键有赖于执法人员的执法素质和执法能力。要高度重视、大力加强执法队伍素质能力建设，健全领导干部学法制度，推进法治培训长效机制建设，加强对领导干部任职前法律知识考查和依法行政能力测试，将是否遵守法律、能否依法办事作为考察识别干部的重要依据。要健全行政执法人员岗位培训制度，定期组织开展行政执法人员通用法律知识、专门法律知识培训和新法专题培训，使广大执法人员熟练掌握执法依据、执法流程，不断提升执法素养和执法水平。要严格实行行政执法人员持证上岗和资格管理制度，规范和倒逼广大执法人员积极学法、规范执法，努力使广大执法人员在潜移默化中养成严格规范公正文明执法的良好习惯，形成严格规范公正文明执法的高度自觉。

（作者系国务委员、公安部部长）

（《人民日报》2014 年 11 月 13 日 06 版）

全面推进政务公开

高虎城

政务公开是现代行政的一项重要制度安排，是强化权力运行制约和监督体系的重要手段。《中共中央关于全面推进依法治国若干重大问题的决定》（以下简称《决定》）对全面推进政务公开作出系统部署，将对我国深入推进依法行政、加快建设法治政府发挥重大作用。

我国政务公开制度的发展过程

政务公开是伴随我国改革开放历史进程不断完善的一项重要制度。20世纪80年代末，按照中央要求，一些地方开展了政务公开工作试点，进行了有益探索。在总结经验的基础上，党的十五大明确提出："城乡基层政权机关和基层群众性自治组织，都要健全民主选举制度，实行政务和财务公开，让群众参与讨论和决定基层公共事务和公益事业，对干部实行民主监督。"2000年12月，中共中央办公厅、国务院办公厅印发《关于在全国乡镇政权机关全面推行政务公开制度的通知》，对乡（镇）政务公开作出部署，对县（市）级以上政务公开提出了要求。2004年3月，国务院印发《全面推进依法行政实施纲要》，把行政决策、行政管理和政府信息公开作为推进依法行政的重要内容。2005年1月，党中央印发《建立健全教育、制度、监督并重的惩治和预防腐败体系实施纲要》，提出"健全政务公开、厂务公开、村务公开制度"。2007年4月，国务院颁布《中华人民共和国政府信息公开条例》，标志着我国政务公开走上法治化轨道。党的十七大进一步强调，"确保权力正确行使，必须让权力在阳光下运行。"2008年3月,"推进政务公开"写进《国务院工作规则》。

党的十八大以来,党中央、国务院高度重视并继续推进政务公开工作。党的十八届三中全会提出,"完善党务、政务和各领域办事公开制度,推进决策公开、管理公开、服务公开、结果公开。"根据党中央、国务院统一部署,各地区、各部门大力推进政务公开工作,将行政审批、财政预算决算、"三公"经费、保障性住房、食品药品安全、环境保护、安全生产、价格和收费、征地拆迁等重大事项列为公开重点,征询社会意见,接受公众监督。2014年3月,国务院60个部门的1235项行政审批事项清单全部向社会公开。各地区、各部门依法开展依申请公开工作,2013年共办理申请34.86万件,其中按规定公开信息26.16万件,占申请总量的75%。

经过多年发展,我国政务公开初步形成行政权力公开透明运行、政府信息公开、公共企事业单位办事公开的工作格局,有力促进了政府职能转变和经济社会发展。同时也要看到,政务公开工作仍面临一些突出问题,与群众和社会舆论的期待还有差距。比如:一些政府工作人员思想认识上还不够重视,信息公开不主动、不及时;面对一些公共事件和群众关切的重大事项,信息发布不充分,难以化解公众质疑;不善于和群众、媒体进行互动交流,削弱了政府信息发布的效果;等等。这些问题的存在,表明政务公开工作还需要进一步改进。

全面推进政务公开的重要意义

政务公开作为现代行政的一项基本制度,在管理经济社会事务方面发挥着越来越重要的作用。新形势下,我们要充分认识全面推进政务公开的重要意义,切实增强做好这项工作的责任感和紧迫感。

全面推进政务公开是实现人民当家作主、发展社会主义民主政治的需要。广大人民群众依法行使民主权利,是中国特色社会主义民主政治建设的主要内容。我国宪法第二条规定:"中华人民共和国的一切权力属于人民。""人民依照法律规定,通过各种途径和形式,管理国家事务,管理经济和文化事业,管理社会事务。"民主的基础是公开。政务公开,就是以有效的制度安排,保障人民群众对政府行使权力的内容、程序和过程享有知情权、参与权、表达权、监督权。当前,社会开放度显著提高,公众对政府工作知情、参与和监督意识不断增强。全面推进政务公开,有利于让人民群众更主动、更有效、更方便地参与政府工作,实现人民依法行使民主选举、民主决策、民主管理和民主监督权利,加快社会主义民主政治建设进程。

全面推进政务公开是坚持立党为公、执政为民,提升信息化条件下政府履职能力的需要。立党为公、执政为民是我们党的基本执政理念。在信息化时代,互联网技术迅猛发展,信息传播方式深刻变革,各种新媒体手段不断出现,对各级行政机关践行为人民服务宗旨、及时回应群众关切、正确处理社会矛盾提出了更高要求。近些年来,一些热点事件尤其是负面消息通过网络被聚焦放大,激化了干群矛盾,损害了党和政府公信力。造成这种状况的一个重要原因,就是政府一些行政行为公开和透明度不够,为各类谣言滋生蔓延提供了条件。全面推进政务公开,是政府主动适应信息化挑战的自我变革,通过创新政府管理方式,主动告诉全社会政府的所作所为,在政府行政行为中体现人民意志,尊重人民的主体地位和首创精神,始终保持党同人民群众的血肉联系,使作风建设常态化、制度化。

全面推进政务公开是深化经济体制改革、构建开放型经济新体制的需要。经济体制改革是全面深化改革的重点,核心问题是处理好政府和市场的关系,使市场在资源配置中起决定性作用和更好发挥政府作用。从我国的实践看,社会主义市场经济体制是在扩大开放中不断完善的。加入世贸组织以来,我国不折不扣履行透明度等各项义务,及时向世贸组织成员和企业、个人公开相关法律法规文本,接受国际社会和国内公众监督,大大提高了依法行政水平,激发了市场主体活力,促进了开放型经济发展。当前,欧美发达国家力推的高水平国际经贸谈判中,很多都把透明度要求作为谈判的重要内容，这对我国政务公开工作带来新的挑战。全面推进政务公开，有利于推动我国政务公开标准向国际惯例、通行规则看齐，为我国参与国际高标准贸易投资规则谈判、以开放促改革奠定基础，推进构建开放型经济新体制，开创高水平对外开放新局面。

全面推进政务公开是保障权力在阳光下运行、健全惩治和预防腐败体系的需要。阳光是最好的防腐剂。权力只有公开运行，才能防止被滥用。从权力行使看，政务公开增强了政府工作人员的自觉性，在很大程度上避免了行政审批的随意性，促使政府工作人员依法行政、公开行政和透明行政。从权力运行看，政务公开使整个行政系统的运行更加透明，使"暗箱操作""灰色交易""权力寻租"失去生存空间。从权力监督看，政务公开激励普通公民、社会团体和新闻媒体等参与行政事务，有利于防止权力失控、决策失误和行为失范。全面推进政务公开，就是要让公民通过事前了解、事中参与、事后监督等多种手段来规制行政权力，促进行政机关按照法定权限和程序行使权力、履行职责。这对于从源头上预防和惩治腐败具有十分重要的作用。

全面推进政务公开的主要举措

《决定》从政务公开的原则、制度、重点、载体等方面，对全面推进政务公开工作提出了明确要求、进行了系统部署。

转变政务公开观念。公信力是政府有效行政的前提。信任源于坦诚，提高政府公信力必须做到信息公开透明。《决定》指出，"坚持以公开为常态、不公开为例外原则，推进决策公开、执行公开、管理公开、服务公开、结果公开。"这表明，政务公开不是政府可以自由选择的权力，而是对社会公众应尽的义务。各级政府都要将政务公开作为常态化的工作，凡是不涉及国家秘密、商业秘密和个人隐私的政府信息，都要主动、及时向社会公开。政府工作人员要养成在"放大镜""聚光灯"下行使权力的习惯，遵循客观规律和社会进步要求，克服畏难情绪、轻视思想、观望心理、敷衍态度，提高权力运行的透明度，把执政为民的要求落到实处。

建立政务公开制度。权力清单制度是国际上较为通行的政务公开规则，它是指通过清单方式，把政府的各项权力公之于众，告诉社会公众政府的权力范围，促使政府规范履职行为，严格按制度办事。《决定》指出，"各级政府及其工作部门依据权力清单，向社会全面公开政府职能、法律依据、实施主体、职责权限、管理流程、监督方式等事项。"通过制定和公布权力清单，各级政府和政府部门掌握的公共权力将得以明晰，权力的"家底"将公之于众。按照《决定》要求，各级政府要对权力进行审核确认，该调整的调整，该削减的削减，该限制的限制，该下放的下放，对超越法律法规授权范围的权力坚决予以取消，对保留的事项悉数予以公开。全面推行权力清单制度，将进一步督促行政权力"瘦身"，让市场主体"法无禁止即可为"，让政府部门"法无授权不可为"，让阳光封堵权力寻租的"灰色空间"。

突出政务公开重点。全面推进政务公开，要统筹谋划、突出重点，抓好人民群众普遍关心、涉及人民群众切身利益领域的信息公开工作。《决定》指出，"重点推进财政预算、公共资源配置、重大建设项目批准和实施、社会公益事业建设等领域的政府信息公开。"在财政预算领域，政府预算和决算要全部公开到支出功能分类的项级科目，专项转移支付预算和决算公开到具体项目，部门预算和决算尽快公开到基本支出和项目支出。所有财政拨款安排的"三公"经费都要详细公开。在公共资源配置、重大建设项目批准和实施领域，着力抓好征地拆迁、土地使用权出让、产权交易、政府采购、保障性住房分配等涉及公共利益方面的信息公开，推进重大建设项目审批、核准、监管、招标、投标等信息公开。在社会公益事业建设领域，推进教育、科学、文化、卫生、体育、环境保护、灾害救助与社会救助、市政公用事业建设等领域的政府信息公开，不断加强和优化公共服务。

创新政务公开方式。当前，信息技术革命带来社会舆论生态和政府行政环境的深刻变化，做好政务公开工作，应贴近时代脉搏，创新方式和手段，加强载体建设，不断提高政务公开的实际效果。《决定》指出，"推行行政执法公示制度。推进政务公开信息化，加强互联网政务信息数据服务平台和便民服务平台建设。"在推行行政执法公示制度方面，重点是公开行政机关在实施行政许可、行政处罚、行政强制、行政收费、行政征收、行政检查等执法活动中的履职情况，推进执法投诉和执法结果公开，增强执法透明度。在推进政务公开信息化方面，加强互联网政务信息数据服务平台和便民服务平台建设。政府门户网站要畅通互动渠道，注意倾听网民的意见建议，努力做到及时在场、天天在线，与时代同步、与社会同行。把政务公开与行政审批制度改革结合起来，推行网上电子审批、"一个窗口对外"和"一站式"服务，全面提高政府门户网站公共服务水平。善于使用新媒体手段，进一步发挥政务微博、微信、移动客户端等社交网络和即时通信工具的积极作用，善于用老百姓喜闻乐见的方式，灵活传递政务信息，增强政务公开的影响力和舆论引导力。

全面推进政务公开要把握好几个方面

政务公开是政治性、政策性、实践性都很强的一项工作。把《决定》部署的各项任务落实好、完成好，要注意把握好以下几个方面。

加强对全面推进政务公开的组织领导。全面推进政务公开，涉及面广，工作难度大，加强组织领导尤为关键。各地区各部门要按照《决定》要求，把全面推进政务公开摆在各项工作的重要位置，纳入全面深化改革总体规划，统筹考虑、同步推进。加强调查研究，及时掌握群众关注的热点、难点问题，有针对性地制定对策措施。把全面推进政务公开作为党风廉政建设责任制和领导干部年度工作考核的一项重要内容，确保全面推进政务公开各项任务落到实处。

发挥好全面推进政务公开对预防腐败的重要作用。把全面推进政务公开与行政审批制度改革、干部人事制度改革、工程建设项目招标投标等领域的治本工作紧密结合起来，关口前移，防止权力滥用。把对外公开与对内公开紧密结合起来，围绕干部选拔使用、学习培训、机关内部预决算、政府采购、基建工程、资产状况等干部职工关注的问题，采取适当形式予以公开，维护干部职工合法权益，建设为民、务实、清廉机关，增强干部队伍凝聚力和战斗力。

强化全面推进政务公开对人民群众切身利益的保障功能。随着中国特色社会主义事业不断推进，人民群众参政议政的积极性和主动性不断提高。要坚定不移走群众路线，巩固党的群众路线教育实践活动成果，想问题、作决策、干事情都要倾听民意、集中民智、依靠民力，做到公开透明用权、干干净净做事。始终把人民群众普遍关心、涉及人民群众切身利益的事项作为政务公开重点，依法及时向社会公开，引导和保护好群众参与政务公开的积极性。对通过公开发现的问题，要用纠风、惩处的手段坚决纠正、严肃处理，切实维护人民群众的根本利益。

抓好全面推进政务公开的配套制度建设。制度带有根本性、全局性、稳定性和长期性。要抓紧实施全面推进政务公开的各项配套制度建设，进一步规范政务公开各个环节工作。对经过实践检验确属比较成熟的做法和经验，要在总结完善的基础上及时转化为规章制度。把政务公开的要求融入权力运行全过程，做到权力运行到哪里，公开和监督就延伸到哪里，逐步形成比较完善的权力运行监督机制。

（作者系商务部部长）

（《人民日报》2014年12月04日07版）

建设法治政府　完善法治经济　推进依法治国
——认真学习党的十八届四中全会精神

叶小文

党的十八届四中全会明确指出，全面推进依法治国，总目标是建设中国特色社会主义法治体系，建设社会主义法治国家。在我们这样一个13亿多人口的发展中大国全面推进依法治国，是国家治理领域一场广泛而深刻的革命。全面推进依法治国是一个复杂的系统工程，头绪很多，当前要特别着力的是建设法治政府、完善法治经济。

依法全面履行政府职能

党的十八届四中全会把深入推进依法行政，加快建设法治政府作为全面推进依法治国的重大任务。法律的生命力在于实施，法律的权威也在于实施。"天下之事，不难于立法，而难于法之必行。"现实生活中，以下现象和行为皆有之：不懂法、不尊法、以身试法、知法犯法；搞变通、打折扣，以言代法、以权压法；随大溜、存侥幸，视法律为儿戏，藐视、践踏法律。如果有了法律而不实施、束之高阁，或者实施不力，做表面文章，那么制定再多法律也无济于事。全面推进依法治国的重点应该是保证法律严格实施，做到"法立，有犯而必施；令出，惟行而不返"。

对执法领域存在的有法不依、执法不严、违法不究甚至以权压法、权钱交易、徇私枉法等突出问题，老百姓深恶痛绝，政府必须下大力气解决。各级政府必须坚持在党的领导下，在法治轨道上开展工作，加快建设职能科学、权责法定、执法严明、公开公正、廉洁高效、守法诚信的法治政府。例如,有的同志提出,要防止权力过多干预市场、边界不清——改革限权,确保权力界限清晰分明;防止权力取得无据、行使无序——依法确权,确保权力授予依法合规;防止权力过度集中——科学配权,确保权力架构相互制衡;防止"暗箱操作"——阳光示权,确保权力运行公开透明;防止权力滥用——全程控权,确保权力监督及时有效。

必须依法全面履行政府职能,推进机构、职能、权限、程序、责任法定化,推行政府权力清单制度。健全依法决策机制,把公众参与、专家论证、风险评估、合法性审查、集体讨论决定确定为重大行政决策法定程序,建立行政机关内部重大决策合法性审查机制,建立重大决策终身责任追究制度及责任倒查机制。深化行政执法体制改革,健全行政执法和行政司法衔接机制。坚持严格规范公正文明执法,依法惩处各类违法行为,加大关系群众切身利益的重点领域执法力度,建立健全行政裁量权基准制度,全面落实行政执法责任制。强化对行政权力的制约和监督,完善纠错问责机制。全面推进政务公开,坚持以公开为常态、不公开为例外原则,推进决策公开、执行公开、管理公开、服务公开、结果公开。

全面推进依法治国是国家治理领域一场广泛而深刻的革命。在这个系统工程中,要完善法治经济、建设法治政府,保证公正司法、提高司法公信力,增强法治观念、推进法治社会建设,加强法治工作队伍建设,加强和改进党对全面推进依法治国的领导,条条都很重要,必须全面部署,落到实处,以利于在法治轨道上推进国家治理体系和治理能力现代化,在全面深化改革总框架内全面推进依法治国各项工作,在法治轨道上不断深化改革。

在经济建设中用法治规范权力

经过 30 多年改革开放,我国经济进入"新常态",从粗放发展阶段转向科学发展阶段,必须通过法治克服短期化、功利化倾向;改革进入

"深水区"，必须通过法治形成更加规范有序推进改革的方式；社会进入"转型期"，必须通过法治化解决当下社会问题复杂性与应对方式简单化之间的矛盾。无论是从改革方向、问题导向来看，还是从突出问题、人民期待来看，尤其从立法要切实符合宪法精神、反映人民意志、得到人民拥护来看，这个着力点应该是完善法治经济。

社会主义市场经济本质上是法治经济。我们搞市场经济，不是要搞"市场社会"。使市场在资源配置中起决定性作用，不是要使市场在社会生活中也起决定性作用。法治是市场经济健康运行的基本保证，也是经济、社会良性互动的规范和引导。可以说，在大力推进市场经济的条件下，建设法治社会，推进依法治国，必须完善法治经济。

使市场在资源配置中起决定性作用和更好发挥政府作用，都需要坚强有力的法治保障。必须以明晰产权、保护产权、维护契约、统一市场、平等交换、公平竞争为基本导向，完善社会主义市场经济法律制度。必须以法治为依托，健全以公平为核心原则的产权保护制度，加强对各种所有制经济组织和自然人财产权的保护。还要及时规范审判活动，培根说："一次不公正的审判，其恶果甚至超过十次犯罪。因为犯罪虽是无视法律——好比污染了水流，而不公正的审判则毁坏法律——好比污染了水源。"在立法中，还要探索、创新适应公有制多种形式的产权保护制度，加强对国有、集体资产所有权、经营权和各类企业法人财产权的保护。国家依法保护企业依法自主经营、自负盈亏，企业有权拒绝任何组织和个人无法律依据的要求。还要加强企业社会责任立法。完善激励创新的产权制度、知识产权保护制度和促进科技成果转化的体制机制。要加强市场法律制度建设，编纂民法典，制定和完善发展规划、土地管理、矿产资源和能源、农业、财政税收、金融等方面的法律法规，促进商品和要素自由流动、平等交换。依法加强和改善宏观调控、市场监管，促进合理竞争，维护公平竞争的市场秩序。法制好，好人可以充分干好事。法制不好，劣币驱逐良币，就谈不上公平竞争。完善的法治经济，必将鼓励人们干事业、支持人们干成事业，促进一切劳动、知识、技术、管理和资本的活力竞相迸发，一切创造社会财富的源泉充分涌流。

完善法治经济，要在经济建设中用法治制衡权力。不受制约的权力难免腐败，绝对不受制约的权力有可能绝对腐败。法治经济建设决不允许只拥有权力而不承担责任，决不允许只行使权力而不接受监督。否则，每一个执法者都有可能成为潜在的法律破坏者，而每一个公民都有可能成为这种破坏行为的受害者。孟德斯鸠说："一切有权力的人都容易滥用权力，这是万古不变的一条经验。有权力的人们使用权力一直到遇有界限的地方才停止。"当权力调控市场，当权力与资本相遇，不受制约的权力，难免导致普遍性、塌方型腐败。资本不断扩张的冲动和权力不断膨胀的欲望结合，会使道德的界限丧失，法律的界限模糊，甚至成为马克思主义所严厉批判的垄断资本主义，彻底走向党和人民的反面。习总书记强调，必须要"把权力关进制度的笼子里"，当然就应该把权力关在法治的笼子里，才能最大限度减少体制缺陷和制度漏洞，最大限度地防范市场利益的诱惑，并由此形成不敢腐的惩戒机制、不能腐的防范机制、不易腐的保障机制。

毛泽东早就说过，"可能有这样一些共产党人，他们是不曾被拿枪的敌人征服过的，他们在这些敌人面前不愧英雄的称号；但是经不起人们用糖衣裹着的炮弹的攻击，他们在糖弹面前要打败仗。我们必须预防这种情况"。今天，我们党在新的历史条件下，领导全国人民以空前的规模从事经济建设，深化以市场在资源配置中起决定性作用为主导的经济体制改革，该如何"预防这种情况"？必须下大力气完善法治经济，在此基础上建立和实施更严格的党内法规制度，努力形成国家法律法规和党内法规制度相辅相成、相互促进、相互保障的格局。

（作者系中央社会主义学院党组书记、第一副院长）

（《光明日报》2014年10月25日01版）

建设法治中国要破解权大于法难题

李 林

党的十八届三中全会通过的《中共中央关于全面深化改革若干重大问题的决定》(以下简称《决定》),对在新的历史起点上全面深化改革作出了重大部署,明确提出"推进法治中国建设"的战略任务。建设法治中国,既是全面深化改革的重要内容,也是各项改革顺利进行的法治保障。改革开放以来,我国法治建设取得了举世瞩目的成就,法治在保障人权、规范权力、推动改革、促进发展、维护稳定、实现公平正义等方面发挥了重要作用,但有法不依、执法不严、违法不究现象在一些地方和部门依然存在,关系人民群众切身利益的执法司法问题还比较突出,一些公职人员滥用职权、失职渎职、执法犯法甚至徇私枉法严重损害国家法制权威。这些问题的产生,一个深层次原因,是存在权大于法的问题。建设法治中国,应着力破解权大于法的难题。

一

破解权大于法的难题,应当更加重视法治文化建设,着力从思想认识和理论观念上解决问题,努力铲除滋生权大于法的人治土壤。

当前,在某些干部特别是领导干部中,权大于法的人治观念和做法尚未消除,在实践中表现为多种形式。例如,以权压法,以言代法,个人意志凌驾于法律、制度和组织之上;崇尚个人专断、长官意志和行政命令方式,个人说了算,忽视民主集中制,否定法治原则、法治思维、法治方式和法律程序;崇尚官本位,搞特权、裙带关系,甚至无法无天、滥用职权，以权谋私、徇私枉法，贪污腐败，等等。

从根本上说，权大于法是封建人治的表现，与法治原则格格不入。法治与人治的一个根本区别，是法治坚持宪法法律至上和法律面前人人平等的原则，一切行使公权力的人都必须尊法守法，服从制度的规范，受到法律的监督。

从思想观念上破解权大于法的难题，关键是让各级领导干部牢固树立法治信仰。首先，要强化四个意识，即：强化公仆意识，使各级领导干部牢记人民是真正的主人，自己手中的权力来自人民并且属于人民；强化法治意识，努力提高各级领导干部依法决策、依法执政、依法行政、依法办事的水平，提高运用法治思维和法治方式行使职权的能力；强化服务意识，使各级领导干部牢记人民的利益高于一切，坚持以人为本，执政为民；强化责任意识，使各级领导干部牢记自己手中的权力不是特权，而是义务和责任，必须对国家、对人民、对法律负责。同时，要培育五种观念，即：立党为公、执政为民和依法执政的执政观念；以人为本、权为民所用、情为民所系、利为民所谋的民本观念；尊重和保障人权，法律面前人人平等的人权观念；科学立法、严格执法、公正司法、依法监督以及法律红线不能触碰、法律底线不能逾越的法治观念；人民当家作主、民主选举、民主决策、民主管理、民主监督的民主观念。

二

建设法治中国，破解权大于法的难题，应当着力从制度上解决问题。邓小平同志指出："制度问题更带有根本性、全局性、稳定性和长期性。制度好可以使坏人无法任意横行；制度不好可以使好人无法充分做好事，甚至会走向反面。"《决定》指出，"坚持用制度管权管事管人，让人民监督权力，让权力在阳光下运行，是把权力关进制度笼子的根本之策"。在实践中，某些领导干部之所以能够以权压法、以权谋私、权大于法，一个重要原因，是我们的某些法律制度还不完善、法制体系还不健全，尚未将公权力有效关进法律编制的制度笼子里，形成以权力制约权力、以制度保障权力、以法律规范权力、以民主监督权力的良法善治格局。

从制度上破解权大于法的难题，要积极稳妥地全面深化法制改革，不断完善立法、执法、司法等方面的法律制度。

一要坚持科学民主立法，从立法体制、立法机制、立法程序和立法权行使等方面，防止地方保护和部门利益法制化，着力解决立法工作中存在的部门保护主义、借立法扩权卸责、以立法推诿打架、以立法谋部门之私、少数利益群体之私，立法拈易怕难、避重就轻，立法不作为、乱作为、虚作为，民主立法走过场、科学立法徒具其名等立法不当的问题。同时要加强立法工作，制定规范民主科学决策程序、依法执政、行政程序、党政机关编制、领导干部廉洁从政、政务公开等方面的法律，为公权力戴上用法律和制度打制的"紧箍咒"。

二要坚持依法行政，把行政立法权、行政执法权、行政自由裁量权、行政审批权、行政处罚权、行政监督权等，统统纳入法治行政的轨道，置于法律和制度的有效管控之下。要围绕建设法治政府和服务型政府的目标，统筹安排行政体制改革与法治政府建设的工作。当务之急，应当按照《决定》要求，"切实转变政府职能，深化行政体制改革，创新行政管理方式"，理顺政府与市场、政府与社会、政府与企业的关系，优化政府组织结构，深化行政审批制度改革，进一步简政放权，建设服务型政府。同时推进法治政府建设，用法律制度确认和巩固行政体制改革的成果。行政执法中违背依法行政原则的表现，是各种形式的权大于法现象，如多头执法、多层执法、不执法、乱执法以及钓鱼式执法、粗暴野蛮执法、寻租性执法、限制性执法、选择性执法、运动式执法等，广大群众意见最大、批评最多，也影响最坏。把行政执法权关进法治的笼子里，必须坚持严格执法，深化行政执法体制改革，着力解决产生执法不严的体制机制和程序问题。

三要坚持公正司法，确保人民法院、人民检察院依法独立公正行使审判权和检察权。司法领域权大于法的问题，主要表现为：一是来自外部的各种权力、关系、金钱、人情等对司法案件的影响和干预，如个别地方主要领导批示案件、人大代表干预个案、亲戚朋友同学说情案件。二是司法机关内部体制机制不完善，相关制度不健全，滥用侦察权、逮捕权、审讯权、起诉权、审判权、执行权、法律监督权等司法权力，导致司法不公、司法腐败。

　　解决这些问题，就要努力解决司法的行政化、地方化和官僚化问题。要根据宪法和法律的规定，理顺司法与党委、司法与政法委、司法与人大、司法与政府、司法与新闻媒体、司法与社会组织等外部关系，尤其要按照《决定》要求，从"推动省以下地方法院、检察院人财物统一管理，探索建立与行政区划适当分离的司法管辖制度"等方面，确保人民法院人民检察院依法独立公正行使职权。全面改革司法的内部体制，包括法官检察官的招录、任用、交流、遴选、考核和奖惩等，司法活动的规范、评价、监督和问责等，确保法官检察官依法独立行使法定职权，独立履行法律职责。针对"信访不信法"、"信闹不信法"等现象，把涉诉涉法信访全盘纳入法治轨道，充分发挥司法作为解决矛盾纠纷最后一道防线的功能，重建司法终结涉诉涉法矛盾纠纷的良性循环机制，努力构建长治久安的法治秩序。

三

　　坚持党的领导，是中国特色社会主义的本质特征和内在要求，是推进依法治国、建设法治中国的基本前提和根本政治保障。习近平总书记在今年1月7日中央政法工作会议上的重要讲话中强调指出，"政法战线要旗帜鲜明坚持党的领导"。建设法治中国，破解权大于法的难题，确保法治中国建设沿着正确政治方向前进，必须始终坚持、努力加强并不断改善党对法治建设和政法工作的领导。我们不实行西方的三权分立、多党制，在中国特色社会主义理论和制度体系下，坚持党的领导与保障人民民主、实行依法治国是有机统一的，执政党政策与国家法律在本质上是一致的，坚持党的领导与确保司法机关依法独立公正行使职权是有机统一的，任何将它们故意对立起来的主张都是错误的，任何将它们随意割裂开来的观点都有失偏颇。

坚持党的领导，就是要支持和保障人民当家作主，实施好依法治国这个党领导人民治理国家的基本方略。坚持党的领导，必须与时俱进地加强和改善党对政法工作的领导，不断提高党领导政法工作的能力和水平。要做到"三个更加重视"，即更加重视发挥法治在管理国家、治理社会、保障改革、促进发展中的重要作用，更加重视发挥党在统筹领导科学立法、保证严格执法和公正司法、带领全民守法中的重要作用，更加重视发挥政法机关在维护稳定、构建秩序、保障人权、实现社会公平正义中的重要作用。要根据"建设法治中国，必须坚持依法治国、依法执政、依法行政共同推进，坚持法治国家、法治政府、法治社会一体建设"的新要求，全面推进民主执政、科学执政和依法执政，不断提高依宪执政、依法决策和领导法治中国建设的能力和水平。党委政法委要加强对政法工作政治上、思想上和组织上的领导，善于运用法治思维和法治方式领导政法工作。宪法和法律的生命在于实施，宪法和法律的权威也在于实施。党领导人民制定宪法和法律，形成了中国特色社会主义法律体系，各级党组织和广大党员干部必须带头遵守宪法和法律，自觉维护宪法和法律的权威。任何组织或者个人都不得有超越宪法和法律的特权，任何以言代法、以权压法、徇私舞弊、贪赃枉法都是绝对禁止的，任何违反宪法和法律的行为都要依法受到追究。

对于广大党员干部特别是各级领导干部（尤其是政法领导干部）来说，要努力提高运用法治思维和法治方式深化改革、推动发展、化解矛盾、维护稳定的能力，提高推进国家治理体系和治理能力现代化的能力。做到对宪法和法律保持敬畏之心，牢固树立法律红线不能触碰、法律底线不能逾越的观念，决不行使法律未赋予的权力，决不干预法律不允许的事情，决不懈怠法律所要求的责任。在法治国家里，法律不仅是各级领导干部行使权力的依据和圭臬，也是他们"为官从政"的安全绳和保护伞。只要每个领导干部头脑中有法治这根弦，行为上有法律这个度，坚持依法行使权力，权大于法的难题就容易得到破解。

（作者系中国社会科学院学部委员、法学研究所所长）

（《求是》2014年第5期）

第四章

公正司法
是全面推进依法治国的重要保障

"公正是法治的生命线。"司法的基本功能是解决纠纷，这就决定了司法的价值在于实现和维护全社会的公平正义。"司法公正对社会公正具有重要引领作用，司法不公对社会公正具有致命破坏作用。"司法公正包括司法制度合理、司法程序正当、判决结论确定、法官形象端正、司法环境良好。司法制度合理是司法公正的形式要求，主要表现为司法体系完整、司法体制独立、司法权监督制约机制完善等；司法程序正当是司法公正的过程体现，主要表现为程序公开、法官中立、程序参与、程序及时等；判决结论确定是司法公正的结果追求，表现为裁判认定事实清楚、法律适用正确、及时执行等；法官形象端正是司法公正的主体要求，表现为法官具有较高的法律专业水平与职业道德水平；司法环境良好是司法公正的外部因素，表现为审判权、检察权的独立公正行使，公众的法律意识较强等。司法公正要求妥善处理其与司法效率、司法公开、司法民主、司法独立等价值的关系，从实体法到程序法各制度、从受理、裁判、执行各环节、从司法环境、法律机制、法官职责各层面进行一些针对现实司法不公的深入改革。"必须完善司法管理体制和司法权力运行机制，规范司法行为，加强对司法活动的监督，努力让人民群众在每一个司法案件中感受到公平正义。"

一、完善确保依法独立公正行使审判权和检察权的制度

（一）建立领导干部干预司法活动、插手具体案件处理的记录、通报和责任追究制度

各级党政机关和领导干部要支持法院、检察院依法独立公正行使职

权。为保证这一要求落到实处,《决定》指出,建立领导干部干预司法活动、插手具体案件处理的记录、通报和责任追究制度。这一表述彰显了法治高于人治的基本立场。现实中影响独立公正行使审判权检察权的现象还广泛存在,造成各种执法不公的弊端。当前中国法院、检察院独立公正行使审判权检察权的最大障碍,是法律的行政化和地方化问题。在目前的行政体制中,地方法院、检察院在人事、财政、职权各方面都不独立的情况下,地方党政机关就易于对司法审判和检察监督形成各式各样的干预情形。这种地方保护主义和权位思想,将使国家的法治统一遭受严重破坏,冲击和削弱司法公信力。因此,需要构建更加切实具体的制度,保障独立公正行使审判权和检察权。法治实践中存在各种各样的领导意志与政治权力,但它们都应当有各自的界限。党的领导权表现为党的意志能够体现为法律,但这是原则上对法制的指导,而不能转化为对具体司法行为的直接干预。同样,政府的行政权力也不能直接干预司法。一方面申明党政机关和领导干部的禁止性规定,即"任何党政机关和领导干部都不得让司法机关做违反法定职责、有碍司法公正的事情,任何司法机关都不得执行党政机关和领导干部违法干预司法活动的要求。"另一方面,对党政机关和领导干部干预司法活动的行为可采取具体法律措施,即"对干预司法机关办案的,给予党纪政纪处分;造成冤假错案或者其他严重后果的,依法追究刑事责任。"鉴于领导干部干预司法活动是制约独立公正行使司法权审判权的最普遍现象,因此严格执行这一责任追究制度是保证独立公正行使审判权检察权的重中之重。

(二)健全行政机关依法出庭应诉、支持法院受理行政案件、尊重并执行法院生效裁判的制度

独立公正行使审判权检察权在行政诉讼案件中尤为重要,却也稍显薄弱,所以首先应当完善行政诉讼法。在行政诉讼案件中,出庭应诉制度可以搭建官民平等对话与理性沟通的平台,对于法院通过协调促进双

方和解、原告寻求行政纠纷的实质性解决、被告改善自身形象、破解信访困局，都具有重要的推动作用。尤其是行政机关首长作为被告出庭应诉，能够扭转"民告官不见官"、"法官审案不见官"的现象，从根本上树立司法的权威，维护社会的和谐。同时，从受理、出庭、执行各个环节健全行政案件的制度，还有利于推进行政诉讼法的修订，扩大行政诉讼的受案范围。进而，由于行政权力相对公民权利，司法权力仍具有天然优势，还有必要从刑法的角度对妨碍司法权的行为进行惩罚，树立行政案件中司法裁判的最高权威。所以应当"完善惩戒妨碍司法机关依法行使职权、拒不执行生效裁判和决定、藐视法庭权威等违法犯罪行为的法律规定。"

（三）建立健全司法人员履行法定职责保护机制

十八届四中全会提出的建立健全司法人员履行法定职责保护机制，是对我国现行宪法第131条规定的"人民检察院依照法律规定独立行使检察权，不受行政机关、社会团体和个人的干涉"的具体落实，具有针对性和可操作性，也会在一定程度上避免以言压法，以权压法，能够对检察机关依法独立行使检察权起到很好的保障作用。保障独立公正行使审判权、检察权，在法律上既需要对违法违纪领导干部的追究制度，也需要对履行法定职责的司法人员的"保护机制"。"保护机制"包括人身安全不受侵害、执法权不受侵害。当前对司法人员履行法定职责的干预主要表现为行政处分手段的滥用。因此，"保护机制"应当从这一方面着手建构。"非因法定事由，非经法定程序，不得将法官、检察官调离、辞退或者作出免职、降级等处分。"只有通过建立并严格执行责任追究机制、行政机关出庭应诉机制、履行职责保护机制等具有针对性的法律制度，才能让独立行使审判权检察权不再成为口号，而成为惠及人民法律生活的有效方式和行动。司法权真正公正高效权威，正是深化司法体制改革所要达到的目标。

二、优化司法职权配置

（一）优化司法职权配置要求形成完善的权力配合制约机制

优化司法职权配置首先应当明确各种权力的边界。对案件的侦查、拘留、执行逮捕、预审，由公安机关负责；检察、批准逮捕、检察机关直接受理案件的侦查、提起公诉，由人民检察院负责；审判由人民法院负责；执行由司法行政机关负责。"健全公安机关、检察机关、审判机关、司法行政机关各司其职，侦查权、检察权、审判权、执行权相互配合、相互制约的体制机制。"

（二）完善司法体制，推动实行审判权和执行权相分离的体制改革试点

当前我国"审执合一"的司法环境下，执行权不是一项独立权力，经常出现"重审轻执"、"审而不执"的尴尬局面，当事人虽然获得胜诉，却有可能得不到实体权益上的保护，司法公正难以实现。"执行难"有多方面的原因，但根本原因在于执行体制本身，即执行权的依附性。从权力属性而言，执行权和审判权的性质是不同的，在制度建设方面必须将执行权与审判权彻底分离，在法院系统外设立一个平行的执行机构。深化执行权与审判权"两权分离"、"两级分离"的改革趋势，将能从根本上扭转司法执行难的局面。而且，独立机构行使执行权还可以改变不同类型诉讼案件执行分散的局面，有利于国家执行权的统一行使，实现国家执行权资源的优化配置。"完善刑罚执行制度，统一刑罚执行体制。"刑罚执行是刑事诉讼活动的重要环节之一，与侦查、起诉、审判共同构成一个完整的刑诉体系，是实现刑罚目的的重要保障。依照我国法律的规定，刑罚的执行分别由人民法院、司法行政机关、公安机关负责。统一刑罚体制的要求，表明未来的刑罚执行制度应当考虑不同刑罚执行机构主体职责的有效整合。"改革司法机关人财物管理体制，探索实行法

院、检察院司法行政事务管理权和审判权、检察权相分离。"司法地方化的根源是法院、检察院的人、财、物都主要由地方党委政府决定。在这种体制下，法院、检察院难以脱离地方党政的管控，与地方党政也有各种利益勾连。进行人财物管理体制的改革，关乎司法机关与地方政府关系的重构。为了改变目前司法机关人、财、物受制于相应行政区划政府的现状，中央统一管理抑或省级统一管理都是可供选择、可以预期的改革目标。此外，司法行政事务管理权应与审判权、检察权相分离。司法行政事务的管理包括几个方面：一是与案件审判直接相关的司法行政工作；二是对法官人选的考察、推荐以及现任法官的派遣、考评、晋升、福利、保护；司法考试与法官培训、法官惩戒；法院其他人员包括行政人员、辅助人员的编制、工作分配、考评等；三是对财、物的管理及后勤保障；四是外部事务协调。可见，审判权、检察权与司法行政事务管理权有不同的属性，审判、检察工作要求独立公正，为了确保司法公正，不能实行上下垂直领导，故应与司法行政事务管理权相分离。

（三）最高人民法院设立巡回法庭，审理跨行政区域重大行政和民商事案件

巡回法庭的功能是上级法院的法官到地方审理重大疑难案件或存在问题的案件。地方法院的审判，尤其是基层法院存在着审判业务专业能力、审判经验不足的问题，最高法院设立巡回法庭可以对地方审判进行有效指导，并对地方的疑难案件直接审判，促进地方重大疑难案件审理的公正性和专业性，更重要的是可以防止一些行政案件的地方保护问题。最高人民法院作为国家最高司法机关，设立巡回法庭可以带来两方面的效应：一方面起到便利诉讼的功能，可以促进地方重大疑难案件审理的公正性和专业性，统一法律的适用；另一方面起到强化司法权威的功能，可以强化司法权的中央事权属性，减少一些案件的地方保护、控制、干预等问题。同时，"探索设立跨行政区划的人民法院和人民检察院，办理跨地区案件。"目前地方法院的设置，是以行政区划为依据实施的，这是

法院、检察院隶属、受制地方党政的根本原因。设立跨行政区划的法院和检察院，建立超越于行政区划的司法辖区，是深化司法改革的方向，实际上就是法院和检察院脱离地方党政，按照司法规律进行重组。一方面能使各类案件的审判将变得更加独立，从而极大地促进司法公正，另一方面还能现实地解决中国地区经济发展不平衡所带来的司法业务量不一的情形，从而优化司法资源配置。总的来说，设立跨行政区划的人民法院和人民检察院，实施跨地区办案，有利于排除对审判工作和检察工作的干扰、保障法院和检察院依法独立公正行使审判权和检察权，有利于构建普通案件在行政区划法院审理、特殊案件在跨行政区划法院审理的诉讼格局。"完善行政诉讼体制机制，合理调整行政诉讼案件管辖制度，切实解决行政诉讼立案难、审理难、执行难等突出问题。"调整行政诉讼案件管辖制度，主要是从两大原则出发，一是基于方便当事人诉讼，行政诉讼的管辖确定要方便原告、被告等当事人进行诉讼；二是有助于地方法院公正行使审判权，摆脱地方行政机关的干预。目前行政诉讼法关于地域管辖中的"原告就被告"的一般标准的规定，在现实中未必符合方便当事人、促进公正行使审判权的理念。因此，赋予原告诉讼管辖的选择权、调整部分行政案件审级规定，是扭转行政诉讼弊病的有效措施。

（四）改革法院案件受理制度

《决定》指出，改革法院案件受理制度变立案审查制为立案登记制，对人民法院依法应该受理的案件，做到有案必立、有诉必理，保障当事人诉权。

当前法院案件受理采用立案审查制。立案审查制，是指法院在受理案件的过程中依据法律规定对当事人的起诉是否符合受理条件进行审查，以决定是否受理的制度。立案审查制度包括条件审查、形式审查、特殊情形审查等方面，要求对主体资格、诉讼理由、受理范围、管辖范围、诉状规范进行审查，实际上造成起诉条件过高、实体审理前置、立案审查权滥用等弊端，不利于当事人行使诉权。其实，诉权作为公民、法人和其他组织的一种权利，任何人都不得非法侵害或阻碍其行使。采用立案登记制，意味着当事人向法院提起诉讼时，只要提交了符合要求的起诉状，法院无须进行实质审查，应当立案登记。确立立案登记制度旨在保护当事人的诉权，让群众"告状有门"。由此，立案登记制可以扩大受案范围，提高司法效率，最终增强对公民的司法救助力度，抑制行政权力的过度膨胀，促进和谐社会与法治建设。当然，立案登记制扩大受案范围的同时必将造成案件数量的明显上升，客观上会提高诉讼成本、加大司法压力。所以，"要加大对虚假诉讼、恶意诉讼、无理缠诉行为的惩治力度。完善刑事诉讼中认罪认罚从宽制度。"所谓"认罪认罚"，一般是指犯罪嫌疑人和被告人在其犯罪行为被司法机关或有关组织发觉后，在被传唤、讯问时，或在被采取强制措施，在法庭审理中如实交待其所犯罪行的行为，以及在法院定罪量刑之后，服从法院判决的情形。所谓"从宽"，从量刑上讲包括从轻、减轻处罚或免除处罚，也包括宣告缓刑。认罪认罚从宽制度体现了刑事法设计的基本原理，有助于减少司法成本，省刑恤刑，缓解矛盾。

（五）完善审级制度

我国实行二审终审制。《决定》指出，完善审级制度，一审重在解决事实认定和法律适用，二审重在解决事实法律争议、实现终审，再审重在解决依法纠错、维护裁判权威。审级制度，是指法律规定的审判机关在组织体系上的层级划分以及诉讼案件须经几级法院审理才告终结的制度。审级制度的设计应当符合诉讼的基本原理，特别是应当体现公正与效率的两大价值。目前审级制度仍以二审终审为基础，采用再审的纠错模式。这旨在周全地保障中国司法效率与公正。一审、二审都应解决事实与法律的问题，构成对诉讼案件的完整审理程序。再审则重在依法纠错，彰显实质正义。当然，完善审级制度也应逐步规范再审程序，严格控制再审程序的发动，重塑司法审判的程序正义。"完善对涉及公民人身、财产权益的行政强制措施实行司法监督制度。"涉及公民人身、财产权益的行政强制措施容易出现公权力对私权利的倾轧，实行司法监督制度，有助于从司法权的角度保障行政执法的合法性与合理性。"检察机关在履行职责中发现行政机关违法行使职权或者不行使职权的行为，应该督促其纠正。探索建立检察机关提起公益诉讼制度。"公益诉讼，一般是指特定的国家机关和相关的组织和个人，根据法律的授权，对违反法律法规，侵犯国家利益、社会利益或特定的他人利益的行为，向法院起诉，由法院依法追究法律责任的活动。探索建立检察机关提起公益诉讼制度，是司法体制创新改革的重要举措。因为，公益诉讼制度是社会主义民主在诉讼领域的体现，它为社会主义民主的实现提供了现实的途径和司法保障。公益诉讼能使复杂的社会矛盾转化为法律问题，通过司法的途径解决，能使当事人趋于理性，避免纠纷升级，最终能更好地实现社会公平正义，达到和谐稳定。同时，这也显示检察机关的法律监督职能，通过赋予其公益救济，完善相应诉讼制度，扩大司法监督体系的覆盖面。

（六）明确司法机关内部各层级权限，健全内部监督制约机制

司法机关内部层级权限的问题，在实践中呈现为涉及合议庭和审判委员会制度弱化的问题。司法机关在实践中应该立足于案件质量评查制度，保证审判组织成员独立行使表决权，平等参与案件审理、评议、裁判。同时，明确审判组织各成员的权限，明确在案件质量出现问题时被追究的详细标准，并与法官的选任与晋升挂钩，从而促使审判组织功能的完善和司法权威的强化。"司法机关内部人员不得违反规定干预其他人员正在办理的案件，建立司法机关内部人员过问案件的记录制度和责任追究制度。完善主审法官、合议庭、主任检察官、主办侦查员办案责任制，落实谁办案谁负责。"推进办案责任制改革，依法科学划分办案权限，建立办案质量终身负责制，落实谁决定谁负责、谁办案谁负责的政策，是司法公正的重要基础。这些针对内部干预行为的禁止性规定以及对办案责任制的落实，可以更为具体地明确司法人员的职权与义务，

有助于保障法官独立办案、公正司法。

（七）加强职务犯罪线索管理，健全受理、分流、查办、信息反馈制度

职务犯罪是指国家机关、国有公司、企业事业单位、人民团体工作人员利用已有职权，贪污、贿赂、徇私舞弊、滥用职权、玩忽职守，侵犯公民人身权利、民主权利，破坏国家对公务活动的规章规范，依照刑法应当予以刑事处罚的犯罪，包括《刑法》规定的"贪污贿赂罪"、"渎职罪"和国家机关工作人员利用职权实施的侵犯公民人身权利、民主权利犯罪。作为一种特殊类型的犯罪，职务犯罪是国家工作人员滥用权力、亵渎权力的表现，是严重的官员腐败行为。职务犯罪严重侵害国家机关的管理职能，影响正常的管理秩序和工作秩序，破坏由此产生的种种社会关系，败坏政府的威信，损害公众利益，具有严重的危害性。实践中职务犯罪的查办审理，经由纪检监察与刑事司法两方面的通力合作。这要求纪检监察与刑事司法在办案中形成协作机制，促进信息沟通，整合案件资源。明确纪检监察和刑事司法办案标准和程序衔接，依法严格查办职务犯罪案件。

三、推进严格司法

（一）坚持以事实为根据、以法律为准绳原则

"以事实为根据、以法律为准绳"是我国法律的重要原则，在行政诉讼法、民事诉讼法和刑事诉讼法三大诉讼法中都有体现。这一原则要求在司法活动中必须以案件的客观事实作为基础，严格按照法律的规定办事。《决定》指出，健全事实认定符合客观真相、办案结果符合实体公正、办案过程符合程序公正的法律制度。"事实"包括法律上的实体纠纷事实和程序上的事实；"法律"既指向实体法与程序法，也涉及法官基于自由裁量权补充发展的法律。所以，这一原则的贯彻总体上要求实

现实体公正与程序公正的统一。"加强和规范司法解释和案例指导，统一法律适用标准。"司法解释就是依法有权做出的具有普遍司法效力的解释，在我国特指由最高人民法院和最高人民检察院根据法律赋予的职权，对审判和检察工作中具体应用法律所作的具有普遍司法效力的解释。司法解释作为有权机关对法律、法规的具体应用问题所做说明，可以弥补法律的漏洞，因而在司法实践中必不可少。然而，司法解释具有抽象性与滞后性的特征。与之相比，案例指导则更是对典型个案所做规范判决，更具及时性与针对性。加强和规范案例指导，是贯彻落实案例指导制度要求，深入推进司法改革创新的重要举措。案例指导所确定的裁判要点，对人民法院审理类似案件、做出裁判具有指导效力，法官在审判类似案件时应当参照，并可以作为裁判文书的说理依据加以引用。通过指导性案例制度与司法解释制度的相互配合，才能更有效地统一法律适用标准，实现公正司法和依法裁判的目标。

（二）推进以审判为中心的诉讼制度改革

《决定》指出，推进以审判为中心的诉讼制度改革，确保侦查、审查起诉的案件事实证据经得起法律的检验。实践中，公检法互相配合的办案模式常呈现出"以侦查为中心"的诉讼结构特征。推进"以审判为中心"的诉讼制度改革，是刑事案件办案模式的重大转变。"以侦查为中心"意味着刑事诉讼的核心位于公安机关侦查环节，检察院起诉、法院审判时常受制于侦查环节而成为"走过场"，这不符合刑事司法审判的机理。而"以审判为中心"，就是刑事诉讼各阶段之间的关系问题上，将审判阶段作为整个刑事诉讼的中心，侦查、起诉等审判前程序则被视为审判程序开启的准备阶段。只有在审判阶段，诉讼参与人的合法权益才能得到充分的维护，被告人的刑事责任问题才能得到最终的、权威的确定。实际上将构建以法院为中心的诉讼格局，意味着一切案件的举证、质证、辩论等问题的处理核心环节均在法院庭审，这将进一步助推司法公正。进而，"以事实为根据"首先要求查明案件事实，这需要有完备的证据制度与取证手段为保障。"全面贯彻证据裁判规则，严格依法收集、固定、保存、审查、运用证据，完善证人、鉴定人出庭制度，保证庭审在查明事实、认定证据、保护诉权、公正裁判中发挥决定性作用。"证据裁判负责，是指对于案件争议事项的认定，应当依据证据。这要求裁判的形成必须以达到一定要求的证据为依据，没有证据不得认定犯罪事实。全面观测证据裁判规则，突出证据在庭审中的关键意义，是公正司法的题中之义。

（三）实行办案质量终身负责制和错案责任倒查问责制

办案质量终身负责制和错案责任倒查问责制，是从司法人员的角度设计的从根本上减少冤假错案的重要制度。一旦出现案件质量问题，尤其出现冤假错案，原办案的司法人员不管其退休、调离抑或升职，都将依据实际职责承担必要的行政或法律责任。还要求积极推进案件管理机制改革，明确各类司法人员工作职责、工作流程、工作标准，加强办案期限预警、办案程序监控、法律文书使用监管、涉案财物监管以及执法办案风险评估预警等工作；实施案件质量分析评查通报，建立和完善符合司法规律的考评体系，防止片面追求立案数、批捕率、起诉率、有罪判决率等，这可以"确保案件处理经得起法律和历史检验"。

四、保障人民群众参与司法

（一）坚持人民司法为人民，依靠人民推进公正司法，通过公正司法维护人民权益

在司法调解、司法听证、涉诉信访等司法活动中保障人民群众参与。保障人民群众参与司法，有助于司法的公开化、透明化，各种司法活动吸纳民众参与其中，能够最大化地实现司法办案的社会效果，维系社会和谐。目前保障人民群众参与司法的最重要制度是人民陪审员制度。作为一项基本诉讼制度，人民陪审员制度是指国家审判机关吸收普通公民

参与刑事、民事和行政案件审判的制度。然而，当前人民陪审员制度在实际运作中存在参审案件范围小、数量少，陪而不审、合而不议的状况，严重制约人民陪审员制度对人民群众参与司法的保障，亟待针对这一制度现状的改革措施。"完善人民陪审员制度，保障公民陪审权利，扩大参审范围，完善随机抽选方式，提高人民陪审制度公信度。"人民陪审员制度是司法民主的重要形式，在现代法治社会中是专横司法的有力对抗，是精英司法的必要制衡，且有利于实现司法公开、促进司法独立、实现司法廉洁公正、提高司法效益、增强司法裁判的可接受性。作为社会主义国家的民主制度，人民陪审员制度的完善改革应从几个方面入手：首先，应该保障公民的陪审权利。理论上，人民陪审与公民选举具有同质性，因而人民陪审员的资格应参照选民的一般规定来加以设置。然而，目前人民陪审员的要求显然高于选举权与被选举权主体的要求，因此有必要降低人民陪审员的准入门槛，让公民陪审权利得以广泛落实。其次，应扩大参审范围。目前我国法律将人民陪审员的参审范围只限定在一审两类情形的案件，即社会影响较大的刑事、民事、行政案件和刑事案件被告人、民事案件原告或者被告、行政案件原告申请由人民陪审员参加合议庭审判的。应当通过诉讼法的修改，尽量扩大人民陪审员的参审范围，不限于一审案件、社会影响较大的案件，从制度机理上依循人民陪审员群体的司法监督功能，结合其特定的知识结构特征，使之广泛参与到更多诉讼案件中，更加凸显人民陪审制维系司法民主公正的功能；再次，在人民陪审员的遴选方式上，特别强调完善随机抽选方式。现代民主原则及其制度的演进，需要抽签抽选方式在一定程度上的回归。故而，制定细化的随机抽取规则，而非过多考虑人民陪审员的社会地位与身份职业，让符合条件的不特定的社会公民随机参与到司法案件中，才能使人民陪审员制度真正回归司法民主的宗旨。这样可以有效避免人情、关系和权力对司法的干预，保证司法的公平；最后，提高人民陪审制度的公信度。这在终极意义上符合人民陪审制作为提高司法公信度的制度宗旨。"逐步实行人民陪审员不再审理法律适用问题，只参与审理事实认定问题。"当前我国人民陪审员制度是参审模式，不同于西方陪审团制度。在案件审理中，人民陪审员既负责事实审，也参与案件的法律审。明确人民陪审员只参与事实审，将使得人民陪审员在司法中的地位与职能更加明晰，使之符合司法审判活动的基本规律。案件事实认定只需要人民陪审员具有一般人的理性，而法律适用问题则需要专业的法律知识。限于事实审意味着人民陪审员只专注于事实认定，审查判断证据与案情。案件的事实认定很多时候需要依据生活常识来判断，人民陪审员大多来自与案件相关的各个行业，对案件的相关背景比较熟悉，对案件的审判工作有很好的补充功能。法律审则要求人民陪审员根据现行法律和司法解释，对案件作出审理意见。可是，人民陪审员非专业法律人士，一般不具备专业的法律知识，未必能对法律条文形成准确的理解，所以在案件审判中有时很难提出具有建设性的建议。所以，人民陪审员不再审理法律适用问题，是根据司法实践中出现的问题作出的针对性举措。

（二）构建开放、动态、透明、便民的阳光司法机制

推进审判公开、检务公开、警务公开、狱务公开，依法及时公开执法司法依据、程序、流程、结果和生效法律文书，杜绝暗箱操作。阳光是最好的防腐剂，公开是监督的有效方式。实现司法的开放、动态、透明、便民，是落实宪法原则、加强社会主义民主法治建设的基本要求，是坚持以人为本、司法为民的本质体现，是加强司法能力建设，推进社会管理创新的有效途径。《决定》指出，推进审判公开、检务公开、警务公开、狱务公开，依法及时公开执法司法依据、程序、流程、结果和生效法律文书，杜绝暗箱操作。应当在审判、检务、警务、狱务各个方面全面落实公开原则，拓展公开的范围。把积极主动采取公开透明的措施与不折不扣保障当事人的诉讼权利有机结合起来，努力实现立案公开、庭审公开、执行公开、听证公开、文书公开和审务公开。"加强法律文书释法说理，建立生效法律文书统一上网和公开查询制度。"法律文书是法治建设的微观镜像，加强法律文书释法说理有助于增强司法的民主

性。首先在规范上要求准确、具体引用法律条文，其次在内容上要阐明法律原理，述明具体案情，再次在风格上要求以通俗易懂、精练恰当、富有逻辑的语言文字进行表述，最后在方式上应根据个案情况与文书类型寻求专业文字与口语表达的结合。进而，建立生效法律文书统一上网和公开查询制度，便于开拓民众了解司法、监督司法的有效途径。

五、加强人权司法保障

（一）强化诉讼过程中当事人和其他诉讼参与人权利的制度保障

强化诉讼当事人的权利，是人权司法的基础。针对现实中存在的侵犯诉讼当事人合法权益的现象，应当诉诸对实体法与程序法的原则与规则的重申与强化。"健全落实罪刑法定、疑罪从无、非法证据排除等法律原则的法律制度。"这是人权司法最为重要的三大原则。第一，罪刑法定原则是我国刑法的基本原则，是人道主义司法的根基。其基本含义是"法无明文规定不为罪"和"法无明文规定不处罚"，即犯罪行为的界定、种类、构成条件和刑罚处罚的种类、幅度，均事先由法律加以规定，对于刑法分则没有明文规定为犯罪的行为，不得定罪处罚。罪刑法定原则对于定罪量刑要求法定化、实定化、明确化。所谓"法定化"，即犯罪和刑罚必须事先由法律作出明文规定，不允许法官擅断；所谓"实定化"，即对于什么行为是犯罪和犯罪所产生的法律后果，都必须作出实体性的规定；所谓"明确化"，即刑法文字清晰，意思确切，不得含糊其辞或模棱两可。在广泛的刑法实践中，罪刑法定原则还指明以下具体原则：（1）禁止适用类推，对于法律没有明文规定的行为，不能通过类推或者类推解释以犯罪论处。（2）绝对禁止适用习惯法，把成文法作为刑法的唯一渊源。对于刑法上没有明文规定的行为，不允许通过适用习惯法定罪。（3）绝对禁止刑法溯及既往，把从旧原则作为解决刑法溯及力问题的唯一原则。对于行为的定罪量刑，只能以行为当时有效的法律为依据,行为后颁行的新法没有溯及既往的效力。(4)绝对禁止法外刑和不定期刑,即刑罚的名称、种类和幅度,都必须由法律加以确定,并且刑期必须是绝对确定的,既不允许存在绝对的不定期刑,也不允许规定相对的不定期刑。明确重申健全罪刑法定原则,有助于司法正确定罪量刑,减少冤假错案,实现司法公正。第二,"疑罪从无"原则是法治国家应当树立的体现人权司法的刑事原则。本于中国传统人道主义的"慎刑"、"恤刑"观念,也应当始终坚持这一原则。所谓"疑罪",是指司法机关对被告人是否犯罪或罪行轻重难以确证的情况,这原本就是司法实践难以避免的常见现象。现代法治国家普遍遵循"疑罪从无"的原则,这是现代刑法"有利被告"思想的体现,是无罪推定原则的具体内容之一。这一原则要求,如果不能证明被告人有罪又不能证明被告人无罪的情况下,则推定被告人无罪。第三,非法证据排除规则是人权司法的程序法保障。它通常是指在刑事诉讼中,侦查机关及其工作人员使用非法手段取得的证据不得在刑事审判中被采纳的规则。这一规则一方面构成对非法取证行为的否定与制裁,从而向侦查人员发出明确信号,非法取证不仅可能要负法律责任,而且取得的证据也没有法律效力,从而有效遏制违法取证,彰显程序公正价值;另一方面,有助于过滤司法审判中存在瑕疵的事实依据,更准确地认定案件事实,实现刑事诉讼的实体公正价值。"完善对限制人身自由司法措施和侦查手段的司法监督,加强对刑讯逼供和非法取证的源头预防,健全冤假错案有效防范、及时纠正机制。"刑讯逼供是指国家司法工作人员采用肉刑或变相肉刑乃至精神刑等残酷的方式折磨被讯问人的肉体或精神,以获取其供述的一种极恶劣的刑事司法审讯方法。中国刑法、刑事诉讼法中的法律条文均有明文规定禁止刑讯逼供。但在司法实践中,刑讯逼供和暴力取证等违法侦讯行为却依然普遍存在,且由此催生了很多冤假错案。因此,应当加强对刑讯逼供和非法取证的源头预防,从根源上保障人权司法。对于刑讯逼供和非法取证的行为,一旦发现,应当予以严肃惩处;对于冤假错案,一旦发现,应当予以及时纠正。

（二）制定解决与"执行难"相关的配套程序

执行难是当前司法状况中的普遍现象，解决这一困境一方面应从执行主体制度层面釜底抽薪，坚持"审执分离"的改革进路；另一方面应从具体执行程序制度着手，完善司法程序，通过诉讼法确立被执行人强制报告财产制度，建立失信被执行人信用监督、威慑和惩戒法律制度与保障胜诉当事人及时实现权益两手解决执行难问题。要强制执行法，规范查封、扣押、冻结、处理涉案财物的司法程序。加快建立失信被执行人信用监督、威慑和惩戒法律制度。依法保障胜诉当事人及时实现权益。

（三）落实终审和诉讼终结制度，实行诉访分离，保障当事人依法行使申诉权利

以往一些涉诉涉法信访事项终而不结、无限申诉，反复启动法律处理程序。落实终审与诉讼终结制度，既可减轻当事人的负担，也可减少行政资源和司法资源的浪费。而所谓"诉访分离"，是因为"诉"与"访"有不同内涵与不同性质。"诉"具有"诉权"或"诉讼权利"的性质，作为一种法律承认和保障的利益，当事人可以依法通过诉讼程序行使，获得的是司法上的裁判，实现的是司法上的权利救济，整个权利的运行过程都发生于司法领域内。"访"则具有政治权利的性质，是公民政治参与、申诉的渠道，注重保障人民当家作主、参政议政的民主权利。可是，"诉"与"访"都可能为公民诉求提供渠道，因而目前存在诉讼与信访交织、法内处理与法外解决并存的现状，导致有些公民"信访不信法"。这对司法公信力的损害不言而喻。因此，有必要强调"实行诉访分离"，这是实现涉诉信访法治化的重要内容，是解决涉诉信访问题的根本之策。"诉访分离"要求信访部门对到本部门上访的涉诉信访群众，应当引导其到政法机关反映问题；对按规定受理的涉及公安机关、司法行政机关的涉法涉诉信访事项，收到的群众涉法涉诉信件，应当转同级政法机关依法处理。特别是应当把涉诉信访从普通信访中分离出来，符

合条件的导入司法程序，做到依法保障合法权益、依法维护公正结论、依法纠正错误裁决，保护合法信访、制止违法闹访。"对不服司法机关生效裁判、决定的申诉，逐步实行由律师代理制度。对聘不起律师的申诉人，纳入法律援助范围。"律师代理申诉制度，是指律师在代理民事、经济、行政诉讼案件过程中，对人民法院已经生效的判决、裁定，认为其认定事实的主要证据不足，或适用法律确有错误，或违反法定程序，影响案件正确裁判的，可向当事人说明检察机关有法律监督权，经当事人授权，向检察机关民事行政部门申诉并配合检察机关审查的制度。从当事人的角度而言，因不服生效裁判、决定的申诉，也应当通过代理律师进行申诉，其合理性在于：一是律师是绝大多数民事、经济、行政案件的参与者，逐步实行代理制度后，律师群体可以运用法律专业眼光，使得确有问题的判决、裁定进入向检察机关申诉的程序。二是律师具备专业法律知识，法律素质较高，提供的申诉案件线索较为清晰，所以提请、建议提请或提出抗诉的成案率也较高，构成当事人申诉的有力保障。三是律师熟悉代理案件的整个过程，能够通过规范的法律文书叙述案件的前因后果，能够从案件的事实、适用法律和法定程序等方面指出错误所在，对检察机关正确办理案件有参考意义，有助于提高检察人员的工作效率。四是对于法院的判决、裁定基本正确，当事人又不能接受的，由律师向当事人讲述法律知识，进行心理转化，可以维护法院的正确判决、裁定。律师作为有专业知识的申诉代理人，可以让当事人知道申诉并不必然引起抗诉，抗诉也不必然导致法院改判，从而避免无休止的申诉，减少诉累，维护社会稳定。

六、加强对司法活动的监督

（一）完善检察机关行使监督权的法律制度，加强对刑事诉讼、民事诉讼、行政诉讼的法律监督

检察机关是国家法律监督机关。检察机关的主要职责是行使宪法和

法律赋予的法律监督权,确保宪法和法律的统一正确实施。这是党和人民意志的法律体现,是维护国家稳定、巩固安定团结的政治局面的客观需要。检察机关行使监督权是法律监督的基本方面,体现了法律监督的专门性,一方面,法律监督权作为国家权力的一部分,是检察机关的专门职权。检察机关如果放弃对严重违反法律的行为进行监督,就是失职。因而不同于其他一切社会活动主体都能进行的一般性监督。另一方面,检察机关进行法律监督的手段是由法律特别规定的。如对职务犯罪立案侦查、对刑事犯罪提起公诉,以及对诉讼过程中违反法律的情况进行监督等,都是只有检察机关才有权使用的监督手段。当然,检察机关毕竟只能作为国家机关对各种案件进行法律监督,在很多情况下难以站在当事人立场提出诉求,对司法活动的监督是有限的。在此之外,还必须"完善人民监督员制度,重点监督检察机关查办职务犯罪的立案、羁押、扣押冻结财物、起诉等环节的执法活动。"人民监督员制度是检察机关在办案过程中倾听人民群众意见,接受人民群众监督的有效形式,也是检察机关自身强化法律监督职能的重要举措。人民监督员具有联系群众密切、社会经验丰富和专业特长显著的优势,积极参与检察机关的执法办案活动,严格依法监督案件,并将自己亲身参与执法办案的感受与收获,积极向社会宣传,有力地提升检察机关的执法公信力。所以,人民监督员制度既为检察监督权提供了制度保障,也是检察机关做好民众工作的重要载体。"司法机关要及时回应社会关切。规范媒体对案件的报道,防止舆论影响司法公正。"健全的舆论环境是新闻媒体有序、高效、合法、公正地行使监督职能的前提,为了使审判独立与新闻监督保持良好的互动关系,应该健全新闻舆论监督司法的制度环境。舆论反映的是公众观念与社会意识,司法机关只有及时回应社会关切,才能真正收到良好的社会效果,归旨于司法为民的根本价值。媒体对案件的报道可以满足公民的知情权,促进社会的公平正义。法官可以通过媒体阐述自己对法律的认识和把握,为司法机关独立办案消除影响,这有助于推动司法改革,树立法院形象,弘扬法治精神。但是,媒体工作的价值标准取向与司法活动并不一致。媒体报道在促进司法公开、监督司法公正的同时，也可能在客观上干扰司法，特别是一些公众关注的司法案件。舆论本身的传播效应，使得某些司法案件在经历舆论意见、"媒体审判"之后，很难在正常司法过程中依法审理裁判。因此，在承认媒体报道案件彰显司法公开公正价值的同时，应当制定规范媒体行为的制度。妥善处理新闻舆论与司法公正的关系，确为现代法治社会的重要课题。

（二）依法规范司法人员的管理

严禁司法人员私下接触当事人及律师、泄露或者为其打探案情、接受吃请或者收受其财物、为律师介绍代理和辩护业务等违法违纪行为，坚决惩治司法掮客行为，防止利益输送。司法人员对法律规定与职业道德的遵守，是维系司法公正的主体依托。关于司法人员的行为规范一方面基于诉讼法律制度的规定，另一方面仍有赖于司法人员职业道德的重申。法官的职业道德是指法官在行使审判权、履行审判职能的过程中或从事与之相关的活动时，应当遵守的行为规范。作为调节法官职业内部法官之间的关系以及法官与社会各方面关系的行为准则，法官职业道德是评价法官职业行为善恶、荣辱的标准，对法官具有特殊的约束力。法官有良好的职业道德，对于确保司法公正，维护国家法律尊严至关重要。对于违反职业道德的司法人员，也应当通过法律制度加以规范惩罚。重申司法人员职业道德，对于杜绝司法不公现象、保证司法公正具有重要意义。特别是"司法掮客"的普遍存在，造成司法流于"利益输送"现象，司法活动将沦为某些公职人员谋求私利的平台。所谓"司法掮客"，是指那些企图将黑手伸向政法机关、为他人办事、从中捞取钱财或谋取其他利益的特定人群。"司法掮客"的存在严重阻碍司法公正价值的实现，加大对"司法掮客"查处力度，消除"司法掮客"的监管盲区刻不容缓。

对因违法违纪被开除公职的司法人员、吊销执业证书的律师和公证员，终身禁止从事法律职业，构成犯罪的要依法追究刑事责任。司法人员、律师、公证员均是从事法律职业的人员，当前我国对从事法律职业人员违法违纪的规定较为混乱，散见于各类法律文件之中。若要保证公正司法，针对违法违纪、司法人员、律师、公证员的统一法律是不可或缺的。应当出台明确法律条文，将零散的规定系统化明确下来，设定一般法律规则作为法律职业人员的行为准则以及处罚准则。

坚决破除各种潜规则，绝不允许法外开恩，绝不允许办关系案、人情案、金钱案。坚决反对和克服特权思想、衙门作风、霸道作风，坚决反对和惩治粗暴执法、野蛮执法行为。对司法领域的腐败零容忍，坚决清除害群之马。司法潜规则、法外开恩、关系案、人情案、金钱案都是司法腐败的典型现象。特权思想、衙门作风、霸道作风则构成暴力执法的观念元素。不管是司法腐败还是暴力执法，都对当前中国司法改革造成严峻挑战。保证公正司法，提高司法公信力，应当寻求切实有效杜绝司法腐败与暴力执法现象的法制方案。

·重要论述·

完善司法管理体制和司法权力运行机制

孟建柱

党的十八届四中全会通过的《中共中央关于全面推进依法治国若干重大问题的决定》(以下简称《决定》)从全面推进依法治国的战略高度，提出"完善司法管理体制和司法权力运行机制"的改革要求。这是党中央在全面深化改革的新形势下，对深化司法体制改革提出的新的重大任务。我们要认真学习领会《决定》精神，正确把握改革方向、目标和原则，加快建设公正高效权威的社会主义司法制度。

一、充分认识完善司法管理体制和司法权力运行机制的重大意义

司法管理体制是对如何管理司法活动及相关事务的体制设计，司法权力运行机制是对司法权配置、运行及其相互关系的制度性安排。《决定》要求："必须完善司法管理体制和司法权力运行机制，规范司法行为，加强对司法活动的监督，努力让人民群众在每一个司法案件中感受到公平正义。"这一重要部署，意义重大，影响深远。

（一）完善司法管理体制和司法权力运行机制是坚持和完善中国特色社会主义司法制度的必然要求

司法制度是我国政治制度和法律制度的重要组成部分，体现了中国特色社会主义制度的优越性。随着经济社会的快速发展和人民群众司法需求的日益增长，我国司法体制仍然存在一些不适应、不协调的问题，需要不断改革完善。司法管理体制和司法权力运行机制是司法制度的重要内容。《决定》提出"完善司法管理体制和司法权力运行机制"，明确

了深化司法体制改革的重要任务，有利于解决影响司法公正、制约司法能力的深层次问题，完善中国特色社会主义司法制度。

（二）完善司法管理体制和司法权力运行机制是推进国家治理体系和治理能力现代化的客观要求

党的十八届三中全会提出，全面深化改革的总目标是完善和发展中国特色社会主义制度，推进国家治理体系和治理能力现代化。对于国家治理体系和治理能力现代化而言，依法治国理政既是重要标志，也是重要保障。司法制度是国家治理体系的组成部分，司法机关定分止争能力是国家治理能力的重要体现。完善司法管理体制和司法权力运行机制，有利于更好地发挥司法制度在整个国家治理中的功能，促进国家治理体系和治理能力现代化。

（三）完善司法管理体制和司法权力运行机制是维护社会公平正义的迫切需要

习近平总书记指出，深化司法体制改革，一个重要目的是提高司法公信力，让司法真正发挥维护社会公平正义最后一道防线的作用。形成科学合理的司法管理体制和规范高效的司法权力运行机制，有利于保障司法机关依法独立公正行使职权，充分发挥司法的权利救济、定分止争、制约公权、维护社会公平正义等基本功能，让人民群众在每一个司法案件中感受到公平正义。

二、全面把握完善司法管理体制和司法权力运行机制的主要任务

《决定》着眼于保证公正司法、提高司法公信力，从人民群众最期盼的领域改起，从制约司法公正最突出的问题改起，提出了一系列完善司法管理体制和司法权力运行机制的重大措施。

（一）完善确保依法独立公正行使审判权和检察权的制度

人民法院、人民检察院依法独立行使审判权、检察权，是宪法的明确规定，是国家法律统一正确实施的法制保障。《决定》从完善制度入手，提出了具体改革措施。

一是建立各级党政机关和领导干部支持法院、检察院依法独立公正行使职权的制度机制。近年来发生的一些案例表明，一些干部违法干预司法，影响了司法公正，有的甚至酿成冤假错案，教训十分深刻。《决定》提出，"建立领导干部干预司法活动、插手具体案件处理的记录、通报和责任追究制度。"强调"任何党政机关和领导干部都不得让司法机关做违反法定职责、有碍司法公正的事情，任何司法机关都不得执行党政机关和领导干部违法干预司法活动的要求。对干预司法机关办案的，给予党纪政纪处分；造成冤假错案或者其他严重后果的，依法追究刑事责任。"这些硬性规定，为党政机关和领导干部违法干预司法划出了"红线"，为司法机关依法独立公正行使职权提供了有力的制度保障。

二是健全维护司法权威的法律制度。司法权威是司法机关发挥化解纠纷、定分止争功能的重要基础。司法实践中时常发生法院裁判不受尊重、难于执行的问题，严重损害司法权威、影响社会秩序，也不利于从根本上维护群众合法权益。《决定》提出，"健全行政机关依法出庭应诉、支持法院受理行政案件、尊重并执行法院生效裁判的制度。完善惩戒妨碍司法机关依法行使职权、拒不执行生效裁判和决定、藐视法庭权威等违法犯罪行为的法律规定。"这有利于在全社会形成维护司法权威的良好氛围。

三是建立健全司法人员履行法定职责保护机制。司法活动事关当事人权利义务分配和利益归属，事关罪与非罪。司法人员处在矛盾和利害的焦点，时时面对各种干扰和压力。要从法律制度上为司法人员秉公司法撑起"保护伞"，防止各方面的不当干扰，解除他们的后顾之忧。《决定》要求，"建立健全司法人员履行法定职责保护机制。非因法定事由，非经法定程序，不得将法官、检察官调离、辞退或者作出免职、降级等处分。"这有利于防止利用职权干预司法，保障和支持法官、检察官依法履行职责。

（二）优化司法职权配置

如何配置司法职权，是司法体制改革的重要内容。

一是健全司法权力分工负责、互相配合、互相制约的体制机制。《决定》提出，"健全公安机关、检察机关、审判机关、司法行政机关各司其职，侦查权、检察权、审判权、执行权相互配合、相互制约的体制机制。"在我国，司法权分别由不同机关行使。在刑事诉讼活动中，公安机关行使侦查权，人民检察院行使检察权，人民法院行使审判权，司法行政机关行使刑罚执行权，这四种权力既互相配合又互相制约。但宪法和刑事诉讼法只规定了公、检、法三机关分工负责、互相配合、互相制约的原则。《决定》首次明确提出"四机关"各司其职，互相配合、互相制约，反映了新中国成立以来特别是改革开放30多年来司法实践形成的重要制度成果，体现了我国社会主义司法制度的鲜明特色，是对我国司法管理体制的重大发展和完善。

二是推动实行审判权和执行权相分离的体制改革试点。一般来说，审判权是司法权力，而裁判执行权是具有行政性质的权力。在我国，生效民事和行政裁判的执行由人民法院负责，同时，法院还依行政机关或者当事人申请，依法对部分非诉讼事项进行强制执行，而"执行难"在一定程度上影响了司法权威。司法实践中，有的案件判决是公正的，但由于被执行人已经丧失实际履行能力而无法执行，申请执行人往往归咎于法院，对司法公正产生怀疑。审判权和执行权分别由不同的机关或部门行使，符合这两种权力的不同属性，有利于维护司法公正，也是世界各国的通行做法。近年来，人民法院在内部实行审执分离改革，取得了一定成效。《决定》提出"推动实行审判权和执行权相分离的体制改革试点"，这是一项涉及司法职权配置的重大改革措施。要积极探索审判权和执行权相分离的模式，取得实践经验，认真研究论证后再逐步推开。

三是完善刑罚执行制度，统一刑罚执行体制。目前，我国刑罚执行权由多个机关分别行使。其中，死刑缓期二年执行、无期徒刑、有期徒刑由司法行政机关管理的监狱执行；被判处管制、宣告缓刑、假释或者被暂予监外执行的，由司法行政机关的社区矫正机构执行；死刑立即执行和罚金、没收财产的判决，由人民法院执行；拘役由公安机关执行。

刑罚执行权过于分散，不利于统一刑罚执行标准。《决定》提出"统一刑罚执行体制"，有利于加强刑罚统一执行的管理和监督，更好地发挥刑罚教育人改造人的功能，保障罪犯合法权益，实现刑罚预防犯罪的目的。

四是探索实行法院、检察院司法行政事务管理权和审判权、检察权相分离。法院、检察院的人财物管理属于司法行政事务。党的十八届三中全会提出了推动省以下地方法院、检察院人财物统一管理的改革措施。四中全会《决定》明确指出，"改革司法机关人财物管理体制，探索实行法院、检察院司法行政事务管理权和审判权、检察权相分离"，这是对三中全会改革措施的进一步深化。要认真总结历史经验，借鉴国外合理做法，积极探索符合我国国情特点的司法机关人财物管理体制。

（三）完善司法管辖体制

党的十八届三中全会提出探索建立与行政区划适当分离的司法管辖制度，四中全会《决定》进一步提出了具体改革举措。

一是最高人民法院设立巡回法庭。《决定》提出，"最高人民法院设立巡回法庭，审理跨行政区域重大行政和民商事案件。"这有利于审判机关重心下移、就地解决纠纷、方便当事人诉讼；有利于最高人民法院发挥监督指导全国法院工作职能，集中精力制定司法政策和司法解释、监督指导全国法院审判工作，审理对统一法律适用有重大指导意义的案件，提高审判工作水平。

二是探索设立跨行政区划的人民法院和人民检察院。按照人民法院组织法、人民检察院组织法的规定，我国地方各级法院、检察院均按行政区划设置。随着我国经济社会发展，地方法院受理的民商事案件和行政诉讼案件日益增多，跨行政区划的当事人越来越多，许多案情重大、复杂，有的地方部门或领导利用职权和关系插手案件处理，造成相关诉讼出现"主客场"现象，不利于平等保护外地当事人合法权益、保障法院独立审判、监督政府依法行政、维护法律公正实施。《决定》提出，"探索设立跨行政区划的人民法院和人民检察院，办理跨地区案件。"这有利于排除地方保护主义对审判工作和检察工作的干扰、保障法院和检察院依法独立公正行使审判权和检察权,有利于构建普通案件在行政区划法院审理、特殊案件在跨行政区划法院审理的诉讼格局,有利于提高司法公信力。这项改革,考虑对现有铁路运输法院和检察院加以改造,合理调配、充实审判人员和检察人员即可实施。

三是完善行政诉讼体制机制,合理调整行政诉讼案件管辖制度,切实解决行政诉讼立案难、审理难、执行难等突出问题。可以考虑适当提高行政诉讼案件的级别管辖、对行政诉讼案件采取异地集中管辖等方式,以有效排除一些地方政府工作人员对行政诉讼案件审理的不当干预。

（四）完善司法权力运行机制

规范有序的司法权力运行机制,是司法机关依法独立公正行使职权的重要保障。《决定》在这方面提出了多项重大举措。

一是改革法院案件受理制度。目前,我国法院受理一审民商事和行政诉讼案件,实行立案审查制,经审查符合法定受理条件的才予以立案,为有案不立留下了制度缺陷。《决定》要求,"改革法院案件受理制度,变立案审查制为立案登记制"。对人民法院依法应该受理的案件,做到依法有案必立、有诉必理,有利于有效化解群众诉讼难,充分保障当事人诉权。

二是完善刑事诉讼中认罪认罚从宽制度。当前,我国刑事犯罪高发,司法机关办案压力大增,必须实行刑事案件办理的繁简分流、难易分流。2014年6月,全国人大常委会授权最高人民法院、最高人民检察院在部分地区开展刑事案件速裁程序试点工作。四中全会《决定》提出:"完善刑事诉讼中认罪认罚从宽制度。"这是我国刑事诉讼制度改革的重大举措。要加强研究论证,在坚守司法公正的前提下,探索在刑事诉讼中对被告人自愿认罪、自愿接受处罚、积极退赃退赔的,及时简化或终止诉讼的程序制度,落实认罪认罚从宽政策,以节约司法资源,提高司法效率。

三是完善审级制度。根据人民法院组织法规定,人民法院审判案件,实行两审终审制。同时,刑事诉讼法、民事诉讼法、行政诉讼法规定了再审程序。目前，我国法律对一审、二审、再审定位不清、功能交叉，不利于发挥各个审级功能，也影响司法效率。为此，《决定》提出完善审级制度，进一步明晰了各审级功能定位，"一审重在解决事实认定和法律适用，二审重在解决事实法律争议、实现二审终审，再审重在解决依法纠错、维护裁判权威"。

四是推进以审判为中心的诉讼制度改革。审判是人民法院审理案件、作出裁判的司法活动，是诉讼的中心环节。法庭是查明事实、认定证据、形成裁判结果的场所。没有庭审，就没有裁判。充分发挥审判特别是庭审的作用，是确保案件处理质量和司法公正的重要环节。《决定》提出，"推进以审判为中心的诉讼制度改革"，"全面贯彻证据裁判规则，严格依法收集、固定、保存、审查、运用证据，完善证人、鉴定人出庭制度，保证庭审在查明事实、认定证据、保护诉权、公正裁判中发挥决定性作用"。以审判为中心是由司法审判权的判断和裁决性质所决定的，强调司法机关和诉讼参与人的诉讼活动都要围绕庭审进行，确保侦查、审查起诉的案件事实和证据经得起法庭质证的检验，经得起法律的检验，确保诉讼证据出示在法庭、案件事实查明在法庭、诉辩意见发表在法庭、裁判结果形成在法庭。

五是探索建立检察机关提起公益诉讼制度。实践中，一些个人、法人、组织违法或者侵权行为侵害国家和社会公共利益，有的行政机关违法行使职权或者不作为造成对国家和社会公共利益侵害或者有侵害危险，由于没有直接利害关系人或者利害关系人不确定，导致无法提起诉讼。由检察机关提起公益诉讼，有利于督促公民、法人、组织依法规范自身行为、履行法律义务，有利于督促行政机关依法履职，维护国家和社会公共利益。

（五）加强对司法活动的监督

司法权承担着判断是非曲直、解决矛盾纠纷、制裁违法犯罪、调节利益关系等重要职责，必须健全对司法活动监督制约的制度机制，让司法权在制度的笼子里运行。

一是健全司法机关内部监督制约机制。《决定》要求,"明确司法机关内部各层级权限";"司法机关内部人员不得违反规定干预其他人员正在办理的案件,建立司法机关内部人员过问案件的记录制度和责任追究制度";"完善主审法官、合议庭、主任检察官、主办侦查员办案责任制,落实谁办案谁负责";"明确各类司法人员工作职责、工作流程、工作标准,实行办案质量终身负责制和错案责任倒查问责制,确保案件处理经得起法律和历史检验"。

二是加强检察机关法律监督。《决定》要求,"完善检察机关行使监督权的法律制度,加强对刑事诉讼、民事诉讼、行政诉讼的法律监督。"这有利于保障人民检察院依法履行职责,维护和促进司法公正。检察机关要提高监督能力和水平,执法司法机关要自觉接受检察机关的法律监督。

三是加强人民群众监督和社会监督。进一步完善人民陪审员制度,保障人民群众对审判活动的有效参与和监督。完善人民监督员制度,重点监督检察机关查办职务犯罪的立案、羁押、扣押冻结财物、起诉等环节的执法活动。司法机关在办案过程中要依照有关规定主动发布权威信息,及时回应社会关切。规范媒体对案件的报道,防止舆论影响司法公正。

四是依法规范司法人员与当事人、律师、特殊关系人、中介组织的接触、交往行为。《决定》强调,"严禁司法人员私下接触当事人及律师、泄露或者为其打探案情、接受吃请或者收受其财物、为律师介绍代理和辩护业务等违法违纪行为,坚决惩治司法掮客行为,防止利益输送",为司法人员与当事人、律师交往划定了"禁区"。《决定》还明确要求,"对因违法违纪被开除公职的司法人员、吊销执业证书的律师和公证员,终身禁止从事法律职业,构成犯罪的要依法追究刑事责任。"这一"终身职业禁止"的严厉措施,体现了对司法腐败的零容忍、坚决清除害群之马的坚定决心,有利于促进司法廉洁。

三、始终坚持完善司法管理体制和司法权力运行机制的基本要求

完善司法管理体制和司法权力运行机制在整个司法体制改革中居于

基础性地位，具有全局性影响。在推进改革中，必须坚持以下基本遵循：

（一）正确处理党的领导与依法独立行使审判权、检察权的关系，确保司法体制改革的正确政治方向

党的领导是社会主义法治的根本保证。坚持党的领导，是我国社会主义司法制度的根本特征和政治优势。我国宪法确定的人民法院、人民检察院依法独立行使审判权、检察权，是建立在党的领导和人民代表大会统一行使国家权力基础上的，强调的是对案件依法独立审判，与西方国家的司法独立具有本质的不同。深化司法体制改革，完善司法管理体制和司法权力运行机制，必须在党的统一领导下进行。《决定》强调，政法委员会是党委领导政法工作的组织形式，必须长期坚持。各级党委政法委作为党委领导政法工作的职能部门，要加强对深化司法体制改革的组织领导，强化指导协调和督促检查，确保各项改革顺利推进、取得实效。

（二）正确处理按司法规律办事和从中国国情出发的关系，确保走出一条中国特色的司法体制改革之路

习近平总书记指出，一个国家实行什么样的司法制度，归根到底是由这个国家的国情决定的。我国的司法体制改革必须从我国基本国情出发，与我国的政治制度和经济社会发展相适应。同时也要积极吸收借鉴世界上优秀法治文明成果，不能搞自我封闭。但是，如果脱离国情照搬照抄外国司法制度，偏离社会主义方向，就会犯颠覆性错误。司法活动有其固有的规律性，完善司法制度、深化司法体制改革，要遵循司法活动的客观规律，体现权责统一、权力制约、公开公正、尊重程序的要求。司法机关要围绕党和国家的中心工作，自觉服务大局；也要尊重司法权的性质和特点，立足法定职能，遵守法律程序。司法调解是我国的创造，人民法院要正确把握调解与裁判的关系，坚持调判结合，能调则调、当判则判，最大限度实现案结事了。

（三）正确处理促进司法文明进步与维护社会大局稳定的关系，确保司法体制改革积极稳妥推进

司法文明进步是我国社会主义司法制度优越性的重要标志，也是司

法体制改革的重要价值取向。对有利于司法文明进步的改革举措，要在确保社会大局稳定的前提下积极稳妥推进。司法体制改革要从实际出发，不能脱离经济社会发展阶段盲动冒进。要把改革的进度和力度与社会可承受程度统一起来，使改革有利于社会安定，得到人民群众的理解支持。

（四）正确处理顶层设计与实践探索的关系，确保司法体制改革依法有序进行

司法权是中央事权，司法体制改革事关全局，政治性、政策性很强，必须在中央统一领导下，加强顶层设计，自上而下有序推进，确保司法体制改革的方向、思路、目标符合中央精神。同时，我国幅员辽阔，各地经济社会发展不平衡，不能简单套用一个模式。要坚持从实际出发，尊重基层首创精神，鼓励各地根据中央的统一部署和要求，结合不同地区、不同层级司法机关的实际情况积极实践，按照可复制、可推广的要求，推动制度创新。习近平总书记强调，凡属重大改革要于法有据。完善司法管理体制和司法权力运行机制，是国家司法制度和司法体制的重大改革，许多改革举措都涉及现行法律规定，必须坚持顶层设计，需要修改法律的，应当先修改法律，做到先立后破，在法治轨道上推进改革，确保实现改革目标任务。

（作者系中共中央政治局委员、中央政法委书记）

（《人民日报》2014年11月07日06版）

推进严格司法

周 强

党的十八届四中全会通过的《中共中央关于全面推进依法治国若干重大问题的决定》(以下简称《决定》),通篇贯穿了党的十八大和十八届三中全会提出的全面推进依法治国和全面深化改革的精神,堪称三中全会《决定》的姊妹篇,具有里程碑和划时代的重大意义。《决定》首次提出了"严格司法"的要求,并用专条加以具体规定。这是我们党继此前提出"有法必依""执法必严""违法必究",以及"严格执法"和"公正司法"之后,在党的重要文献中对法律实施和司法工作提出的又一重大观点和重要部署,充分体现了党中央和习近平总书记对严格实施法律特别是对司法工作的高度重视,对于有效解决当前司法机关办案中遇到的各种司法难题,具有十分重要的意义。

一、深刻认识推进严格司法的重大意义

司法机关严格司法是指严格按照法定程序办案,不折不扣地把党领导人民制定的法律实施到位。严格司法是对司法工作的基本要求,是实现司法公正进而实现社会公平正义的前提和基础,是解决立案难、诉讼难和执行难的具体抓手,是让人民群众信赖法律、树立司法公信和权威的重要举措。

(一)严格司法是公正司法的前提和基础

公正是司法工作的生命线,司法工作的任务和目标就是实现和维护公正,并通过公正的司法活动维护社会公平正义。人民群众评价司法工

作合格不合格、效果好不好的标准也是公正。习近平总书记反复要求，要努力让人民群众在每一个司法案件中感受到公平正义。对司法机关而言，要实现司法公正，贯彻落实习近平总书记的要求，最重要的就是严格依法办案，严格遵循法律程序，坚决守住法律底线，在法律规定的范围内行使司法权，用严格司法确保公正司法在每一个具体案件中得到实现。

（二）严格司法是确保法律实施的重要途径

古人云，"法贵必行"，"天下之事，不难于立法，而难于法之必行"。全面推进依法治国的重点是保证法律严格实施。习近平总书记指出："如果有了法律而不实施、束之高阁，或者实施不力、做表面文章，那制定再多法律也无济于事。"司法机关肩负法律实施的重要职责，坚持严格司法，不仅能确保相关法律法规得到贯彻实施，而且能够支持、监督和促进行政机关和其他社会组织严格执行法律，推动全社会形成尊重和遵守法律的环境和氛围。

（三）严格司法是破解司法难题的主要抓手

当前，人民群众对法治建设不满意的一个重要方面表现在执法司法领域，当事人反映强烈的"六难三案"问题，即门难进、脸难看、事难办和立案难、诉讼难、执行难以及关系案、人情案、金钱案问题，归根结底是不严格依法办案甚至违法办案造成的，人民群众迫切期待的也是司法机关忠实履职，严格执行法律。因此，只有坚持严格司法，切实规范司法行为，坚决纠正有法不依、执法犯法和以权乱法等顽症，才能有效满足人民群众对法治建设的需求和期待，树立法律公信、权威和司法权威。

二、正确把握推进严格司法的各项任务

《决定》从确保实现司法公正和进一步完善司法制度机制的角度，对严格司法提出了一系列明确、具体的任务和举措。我们要认真学习领会，全面准确把握。

（一）健全保证严格司法的法律制度

《决定》规定："坚持以事实为根据、以法律为准绳，健全事实认定符合客观真相、办案结果符合实体公正、办案过程符合程序公正的法律制度。"以事实为根据，以法律为准绳，是我们党在新中国成立以后，为司法机关执法办案确立的基本原则，现已成为我国司法制度的重要特色。这一原则完全符合司法工作实际，符合中国特色社会主义司法规律，在诉讼活动中必须坚持。《决定》对此加以强调和重申，目的就是要求在坚持这一基本原则的基础上，不断健全严格依照事实和法律办案的法律制度，用严格的程序和制度确保司法机关查明、认定的事实符合案件发生时的客观真相，确保案件的裁判结果是在分清是非的基础上作出的，符合人民群众的公平正义观念，案件的办理过程符合法律规定的程序公正的要求。其中，案件的实体公正是司法活动的出发点和归宿，是诉讼活动追求的最终目的，关系当事人的切身利益和法律适用正确与否。案件的程序公正是指诉讼活动依照法定程序进行，当事人和其他诉讼参与人的诉讼权利得到平等保护和有效行使。就二者的关系而言，实体公正是程序公正的目的和结果，程序公正是实体公正的前提和保障。绝不容许脱离案件的客观真相满足于所谓的法律真实，绝不容许不顾案件纠纷的是非曲直评价裁判的公正与否，绝不容许违背法律程序行使司法权力。

（二）完善严格司法的制度机制

坚持严格司法，需要完善的司法制度机制。其中，司法解释制度和案例指导制度，是保证严格司法的两项非常重要的制度，也是中国特色社会主义司法制度的重要方面，只能加强，不能削弱。《决定》要求："加强和规范司法解释和案例指导，统一法律适用标准。"这是我们党的文献首次对司法解释和案例指导工作提出明确要求，体现了党中央和习近平总书记对这两项司法制度的高度重视，必须认真落实好应用好。

加强和规范司法解释。司法解释是法律赋予最高人民法院、最高人民检察院的一项重要职权，是适用法律的一项重要制度。新中国成立以来，最高人民法院在党中央的正确领导和全国人大常委会的监督指导下，高度重视司法解释工作，单独制定和与最高人民检察院联合制定了3000多件司法解释，这些司法解释对于服务党和国家工作大局，推动立法的修改和完善，统一法律适用标准，促进严格、公正司法，保障人民群众合法权益等方面，发挥了重要作用，作出了突出贡献。加强司法解释工作，就是要紧紧围绕让人民群众在每一个司法案件中感受到公平正义的要求，适应建设公正高效权威的社会主义司法制度的需要，加大司法解释工作力度，适时发布高质量的司法解释，统一执法办案的尺度，为严格、公正司法提供明确的依据。规范司法解释工作，就是要着力推进司法解释规范化建设，进一步完善司法解释的工作程序，保证司法解释制定过程公开透明，有利于权力机关对司法解释工作的监督，有利于吸纳社会公众的意见和建议，有利于通过司法解释凝聚全社会的法治与司法智慧，不断提高司法解释的质量和水平。

加强和规范案例指导。案例指导制度是贯彻党的十七大部署的司法改革举措而诞生的新事物，2010年，最高人民法院、最高人民检察院和公安部分别发布了关于案例指导工作的规定，正式确立了中国特色的案例指导制度。几年来，最高人民法院精心挑选，先后共发布了30多件指导性案例，公安、检察机关也相继发布了一些指导本部门工作的指导性案例。人民法院发布的指导性案例涉及刑事、民事、行政审判和国家赔偿、民事执行等工作领域，对于统一裁判标准，实现同案同判，发挥了重要作用，受到社会各界高度评价。加强案例指导，就要在每年数以千万计的司法案例中，及时选择那些对司法审判有普遍指导意义，对人民群众学法、用法、守法有示范作用的案例，作为指导性案例正式发布，以充分发挥其统一法律标准、指导案件审判和宣传社会主义法治的重要作用。规范案例指导，就是要统一指导性案例的编选标准、工作程序、指导范围和发布机制，提高案例指导工作规范化水平，确保案例指导制度健康发展，使之在通过个案解读法律和统一法律适用标准方面发挥独特作用。

（三）推进以审判为中心的诉讼制度改革

刑事诉讼是一个科学的制度体系，包括侦查制度、公诉制度、辩护制度和审判制度等。我国的刑事诉讼是流水线型的，其中侦查机关负责立案和侦查，侦查程序终结后将案件移送公诉机关。公诉机关负责审查起诉和向法院提起公诉，审判机关负责审判。根据刑事诉讼法规定，三机关在刑事诉讼活动中分工负责、互相配合、互相制约，这是符合中国国情、具有中国特色的诉讼制度，其优点是三机关分工明确，各司其职，有利于刑事案件的办理效率。但是，随着法治的发展进步，人民群众对司法保障人权的意识不断增强，也暴露出一些问题：一是冤假错案时有发生，严重损害司法公信。二是一些公诉案件到了审判阶段以后，由于关键证据没有收集或者没有依法收集，或者起诉的案件没有达到"案件事实清楚、证据确实充分"的定案要求，使审判机关既难以依法定罪也难以依法宣告无罪。如果强行下判，则可能造成冤假错案，如果依法放人，又难以承受来自社会各方的巨大压力，当事人往往被超期羁押，人民群众反映强烈。三是刑事诉讼中审判程序难以发挥对其他诉讼程序的制约作用，严重影响刑事司法尺度的统一和刑事司法公正，必须深化刑事司法改革，推进建立以审判为中心的诉讼制度。《决定》为此规定："推进以审判为中心的诉讼制度改革，确保侦查、审查起诉的案件事实证据经得起法律的检验。"

在刑事诉讼中，审判程序是刑事诉讼的最后一道程序，是最公开透明的诉讼程序，是参与的诉讼主体最多的诉讼程序，也是最终对案件作出裁判并承担法律责任的诉讼程序。因此，推进以审判为中心的诉讼制度改革，就是要高度重视、切实发挥审判程序的职能作用，促使侦查程序和公诉程序始终围绕审判程序的要求进行，确保侦查程序和公诉程序的办案标准符合审判程序的法定定案标准，从源头上防止事实不清、证据不足的案件或者违反法律程序的案件"带病"进入审判程序，从而有效防范冤假错案，提高办案质量，节约诉讼资源，确保侦查、起诉的案件经得起法律的检验。

（四）保证庭审在刑事诉讼中发挥决定性作用

《决定》规定："全面贯彻证据裁判规则，严格依法收集、固定、保存、审查、运用证据，完善证人、鉴定人出庭制度，保证庭审在查明事实、认定证据、保护诉权、公正裁判中发挥决定性作用。"这一规定，突出强调了两个要求，一是全面贯彻证据裁判原则，二是充分发挥庭审的决定性作用。

全面贯彻证据裁判原则。证据裁判原则是现代刑事诉讼普遍遵循的基本原则，是指认定案件事实和定罪量刑，必须根据依法查明的证据进行，裁判案件要以事实为根据，认定事实要以证据为根据，证据是认定案件事实的唯一根据。没有证据不得认定事实，更不得认定犯罪。全面贯彻证据裁判原则，就是在诉讼活动中，所有办案机关和诉讼参与人，都要树立重证据、重调查研究、不轻信口供的意识，坚持依法收集、固定、保存、审查和运用证据，坚持用证据说话，用证据证明案件事实，不搞非法证据，不搞虚假证据，不认定没有证据支持的事实，用严密的证据链条锁定犯罪事实。不仅重视收集和采信证明被告人有罪的证据，而且重视收集和采信证明被告人无罪的证据；不仅要坚持有罪则判，而且要坚持疑罪从无。

保证庭审发挥决定性作用。庭审是以审判为中心的诉讼制度的关键环节，是诉讼参与人参与诉讼活动、行使诉讼权利的主要场所。充分发挥庭审的功能作用，对于确保案件质量至关重要。保证庭审发挥决定性作用，要求办案机关和诉讼参与人都要围绕庭审开展诉讼活动，做到诉讼资源向庭审集中，办案时间向庭审倾斜，办案标准向法庭看齐。确保案件证据展示、质证、认证在法庭，证人、鉴定人作证在法庭，案件事实调查、认定在法庭，诉辩和代理意见发表、辩论在法庭，直接言词原则体现在法庭，当事人及其辩护、代理律师的诉讼权利行使在法庭，公正裁判决定在法庭，裁判说理讲解在法庭，等等。因此，确保庭审在实现案件裁判的实体公正和程序公正，有力打击犯罪和有效保障人权，有效防范冤假错案发生等方面发挥决定性作用，是严格、公正司法的必然要求。

（五）建立健全保障严格司法的办案责任制

推进严格司法，必须建立健全科学的司法权力运行机制，落实好办案质量终身负责制和错案责任倒查问责制两项工作机制，确保谁办案谁负责，谁违法谁担责。《决定》对此明确规定："明确各类司法人员工作职责、工作流程、工作标准，实行办案质量终身负责制和错案责任倒查问责制，确保案件处理经得起法律和历史检验。"贯彻、落实《决定》的上述要求，要在三个方面着力：

明确各类司法人员工作职责、工作流程和工作标准。要贯彻落实党的十八届三中全会和中央有关文件关于司法人员分类管理的要求，在建立符合职业特点的司法人员管理制度的基础上，明确法官、检察官、司法辅助人员和人民警察的司法工作职责，对每一类司法人员行使的司法权力和承担的司法责任，作出科学、具体的规定，把每一项司法权力都关进制度的笼子里，做到有权必有责，用权受监督，违法必追究。坚决纠正有法不依、司法不严、违法不究行为。要以建立中国特色社会主义司法权力运行机制为依托，以案件信息化系统为平台，构建确保严格、公正、高效办案的侦查工作流程、公诉工作流程和审判工作流程，依法管控好办案期限预警、办案程序监控和办案风险评估等办案流程的关键节点，让各个办案流程依法公开运行有机衔接，使违法办案无处藏身。要大力推进司法规范化建设，科学设立符合司法规律的办案程序公正的评价标准、办案质量效率的评价标准和办案人员工作业绩的考核标准，以明确、统一的工作标准激励先进、带动后进，倒逼司法人员严格司法。

实行办案质量终身负责制。司法人员对所办理案件的质量终身负责，这是"让审理者裁判、由裁判者负责"的具体化，是司法责任制的延伸。案件质量涉及事实真相是否查明，法律适用是否正确，当事人权利是否受到依法保护或非法侵害等重要问题，司法人员对案件质量终身负责，就是终身对法律负责，对历史负责，对人民利益负责。因此，必须针对各类司法人员职责和各类案件的具体情况，建立科学合理、切实可行的案件质量终身负责制度，坚持用制度保证司法案件的高质量。

实行错案责任倒查问责制。司法机关办理案件，受客观条件和主观能力所限，发生错案难以完全避免。关键是要敢于面对错案，及时查清造成错案的原因，从错案中汲取经验教训，并用严格的制度防范错案。实行错案责任倒查问责制，一是建立错案倒查制度，二是建立错案问责制度。倒查就是在错案发生以后，要立即组织有关人员，立即启动倒查程序，实事求是地分析错案发生的主客观原因，认定错案的性质和错案危害后果、社会影响等，为错案追究提供依据。对于社会广泛关注的错案，还要向社会公开有关信息，及时回应社会关切。问责就是在查明错案原因的基础上，根据责任人的主观过错程度，追究其应当承担的法律责任。对于故意枉法或者重大过失造成错案的，不负责任将死刑案件或者其他重大案件办成错案的，错案发生后拖延不纠造成损失扩大或恶劣社会影响的，要依法从严追究。情节恶劣的，直至追究相关责任人的刑事责任。

三、全面落实推进严格司法的工作要求

全面落实《决定》提出的推进严格司法的各项任务和要求，是所有司法机关和全体司法人员的工作职责，需要所有司法机关和全体司法人员共同努力。我们要认真学好《决定》，吃透《决定》精神，抓好贯彻落实。

（一）提高推进严格司法的能力

推进严格司法，司法能力是关键。司法能力就是对法律的执行力，是我们党执政能力的重要方面。党领导人民制定的法律有的在实践中得不到贯彻执行，有的贯彻执行不到位，人民群众反映强烈的执法司法中的各种问题，一些案件效率不高、质量低下，往往是由于司法人员的司法能力不足、不强造成的。因此，推进严格司法，当务之急就是要尽快采取有力措施，及时提高司法能力。要提高正确理解和解释法律的能力，深刻把握法律精神和价值的能力，准确运用法律惩罚犯罪、

保障人权、解决纠纷与化解矛盾的能力,依据法律立足本职服务大局、促进发展、维护稳定及构建和谐的能力。要通过教育培训、岗位练兵、座谈研讨和比学赶帮等多种形式提高司法能力,为严格司法提供坚实保障。

(二)发扬敢于严格司法的精神

推进严格司法,司法人员必须发扬刚正不阿、秉公司法、勇于担当的精神,敢于对各种非法干扰亮剑,坚持依法独立行使司法职权。做到始终忠于法律,牢牢守住法律底线,把好社会公平正义最后一道防线。从司法实践看,司法难,难就难在严格司法上,难就难在处理具体案件时各种干扰和诱惑纷至沓来上。因此,司法人员必须坚定信念,廉洁操守,端稳天平,握正法槌,坚持严格公正廉洁司法,不为任何压力所迫,不为任何利诱所动,坚定不移地严格实施法律,义无反顾地维护捍卫法律,始终不渝地忠诚法律。

(三)健全保障严格司法的机制

推进严格司法,需要建立相应的保障机制。《决定》高度重视保障司法机关依法独立公正行使职权的制度机制建设,建立了领导干部干预司法活动、插手具体案件处理的记录、通报和责任追究制度,并建立了法官、检察官依法履职的保障机制。这些制度机制也是严格司法的保障机制,必须严格落实,坚决抵制各种违法干扰和以职权打击报复司法人员严格司法的行为,用制度解除司法人员严格司法的后顾之忧。

(作者系最高人民法院院长)

(《人民日报》2014年11月14日06版)

加强对司法活动的监督

曹建明

党的十八届四中全会通过的《中共中央关于全面推进依法治国若干重大问题的决定》(以下简称《决定》),积极回应全党全社会对司法公正的期盼,把加强对司法活动的监督作为促进司法公正的重要内容,部署了新形势下法治监督体系建设的重大任务和具体要求,对于确保公正司法、增强司法公信力、推进法治中国建设具有十分重要的作用。

一、深刻认识加强对司法活动监督的重要意义

党的十八大以来,以习近平同志为总书记的党中央高度重视对司法活动的监督。党的十八届三中全会明确提出,要优化司法职权配置,健全司法权力分工负责、互相配合、互相制约机制,加强和规范对司法活动的法律监督和社会监督。在中央政法工作会议上,总书记又强调要通过完善的监督管理机制、有效的权力制衡机制、严肃的责任追究机制,加强对执法司法权的监督制约。我们要从全局和战略的高度,深刻认识加强对司法活动监督的重要意义,切实把思想和行动统一到中央的决策部署上来。

加强对司法活动的监督,是司法领域践行执政为民宗旨、把权力关进制度笼子的必然要求。没有监督的权力必然导致腐败。在我们国家,一切权力属于人民。我们党始终把权力监督作为党和国家建设的重大问题来抓,让人民赋予的权力真正用来为人民谋利益。党章总纲明确提出:加强对党的领导机关和党员领导干部特别是主要领导干部的监督,不断

完善党内监督制度。党的十五大、十六大、十七大、十八大都对健全权力结构和运行机制、加强对权力的监督制约作出部署。党的十八届三中全会又专门强调要强化权力运行制约和监督体系。加强对权力的监督也是《决定》的核心要义之一，不仅在基本原则部分强调要以规范和约束公权力为重点加大监督力度，而且在分论部分作了许多重大制度性安排。司法权是国家权力的重要组成部分，以国家强制力为保障，承担着判断是非曲直、解决矛盾纠纷、制裁违法犯罪、调节利益关系等重要职责，必须受到监督，以确保其依法正确运行。

加强对司法活动的监督，是全面推进依法治国、建设中国特色社会主义法治体系的必然要求。《决定》鲜明提出建设中国特色社会主义法治体系的重大论断，这是贯穿全篇的一条红线，既突出了全面推进依法治国的性质和方向，又明确了法治中国建设的工作重点和总抓手，是我们党重大的理论创新和制度创新。中国特色社会主义法治体系包括完备的法律规范体系、高效的法治实施体系、严密的法治监督体系、有力的法治保障体系和完善的党内法规体系。对司法活动的监督，既是对法治实施进行监督的重要环节，更是严密法治监督体系不可或缺的重要组成部分。建设中国特色社会主义法治体系、建设社会主义法治国家，必然要求加强对司法活动的监督，确保宪法法律正确统一实施。

加强对司法活动的监督，是解决司法突出问题、完善中国特色社会主义司法制度的必然要求。长期以来，我国司法机关在维护人民合法权益、维护社会公平正义、维护国家安全和社会稳定等方面发挥了极其重要的作用。但也要清醒看到，执法不严、司法不公、司法腐败仍是当前人民群众反映强烈的突出问题。有的有案不立、有罪不究；有的越权管辖、插手经济纠纷；有的刑讯逼供、滥用强制措施，违法查封扣押冻结处理涉案财物；有的办关系案、人情案、金钱案，甚至徇私舞弊、贪赃枉法；等等。这些问题不仅严重败坏司法公信和法治权威，而且严重损害党和国家形象。对司法活动进行监督的核心，就是规范和约束司法权的行使，纠正有法不依、执法不严、违法不究的问题，是解决司法突出问题的治本之策，也是完善监督管理机制、完善中国特色社会主义司法制度的重要方面。

二、完善检察机关行使监督权的法律制度

我国宪法明确规定，人民检察院是国家的法律监督机关。设立检察机关并赋予其对司法活动进行监督的职责，是中国司法制度乃至中国政治制度的一个重要特色，也是党和国家为加强对司法活动的监督、维护司法公正和廉洁做出的重大制度设计。

《决定》把"完善检察机关行使监督权的法律制度，加强对刑事诉讼、民事诉讼、行政诉讼的法律监督"作为"加强对司法活动的监督"的首要任务进行了部署，抓住了对司法活动进行监督的关键，对完善中国特色社会主义检察制度和司法制度都具有十分重要的意义。第一，要进一步完善人民检察院对司法活动进行监督的范围、方式、程序及保障措施。比如，探索建立重大、疑难案件侦查机关听取检察机关意见和建议的制度；健全刑罚变更执行同步监督机制；完善和规范检察建议的提出、受理、办理、反馈机制；明确对民事执行活动监督的范围和程序；细化对行政诉讼活动监督的范围、程序、方式和要求；等等。第二，检察机关要不断加大监督力度、提高监督水平。要认真履行宪法和法律赋予的职责，坚决防止和纠正不敢监督、不愿监督、不善监督的问题。特别是，要认真贯彻修改后的刑事诉讼法，加强对刑事立案、侦查、审判、刑罚执行等各个环节的法律监督，坚守防止冤假错案底线。认真贯彻修改后的民事诉讼法，综合运用抗诉、检察建议等多种监督手段，重点监督纠正裁判不公、虚假诉讼、民事调解损害国家利益和社会公共利益、审判活动中的违法行为、违法执行等问题。加强对行政诉讼的法律监督。严肃查办执法司法不公背后的职务犯罪。第三，各执法司法机关要依法支持检察机关的法律监督。实践中，有的执法司法人员不能正确处理接受监督与依法独立行使职权的关系，认为监督影响依法独立办案，削弱监督甚至取消监督的声音时有出现。检察机关与其他执法司法机关目的是一致的，都是为了维护司法公正和权威。检察机关要依法规范监督，其他执法司法机关也要依法支持监督。

三、完善人民监督员制度

人民监督员制度是检察机关为加强对查办职务犯罪工作的监督而探索建立的一项重大制度，是人民群众监督司法、参与司法的重要形式。为更好发挥这项制度的重要作用，党的十八届三中全会强调，广泛实行人民陪审员、人民监督员制度，拓宽人民群众有序参与司法渠道。《决定》进一步提出："完善人民监督员制度，重点监督检察机关查办职务犯罪的立案、羁押、扣押冻结财物、起诉等环节的执法活动。"

贯彻《决定》的这一要求，要重点抓好以下工作：一要改革人民监督员选任和管理方式。目前人民监督员是由检察机关商请其他单位、组织民主推荐，检察机关进行考察确认后产生。为解决"自己选人监督自己"的问题，增强监督的公信力，根据中央司法体制改革方案，最高人民检察院和司法部协商，拟由省、市两级司法行政机关负责人民监督员选任和管理工作。司法行政机关建立人民监督员库，检察机关采取随机抽选的方式，邀请人民监督员监督相关职务犯罪案件办理工作。二要拓展人民监督员监督案件范围。《决定》强调要重点监督检察机关查办职务犯罪的立案、羁押、扣押冻结财物、起诉等环节的执法活动，这些都是实践中最容易出现侵犯当事人合法权益和其他违法违规办案问题的重点环节，都应该纳入监督范围。三要完善人民监督员知情权保障制度。建立人民监督员查阅案件台账、参与案件跟踪回访和执法检查等制度，让人民监督员从更多渠道获知办案信息。

四、重视和规范舆论监督

舆论监督是社会主义监督体系的重要组成部分，也是社会主义民主政治进程的重要推动力量。当前，随着网络、微博、微信等新媒体迅速发展，舆论监督对促进司法公正、提升司法公信的影响越来越大。《决定》

适应新的形势，专门对重视和规范舆论监督提出要求。一方面，司法机关要及时回应社会关切。要以更加开放、坦诚、自信的态度，坚持阳光司法，以执法办案信息公开作为重点，着力推进案件信息查询、重大案件信息和典型案例发布等工作，以正确的方式传播真实的声音。要认真听取媒体的意见、建议和批评，尤其对媒体反映的司法活动和队伍中的问题，更要高度重视、认真核查，情况属实的依法依纪严肃处理；情况不实或有偏差的，客观平和说明情况，争取社会公众理解支持。另一方面，要规范媒体对案件的报道，防止舆论影响司法公正。政法宣传工作既要遵循新闻工作的规律，又要遵循司法工作的规律。媒体要从履行社会责任出发，加强对法治新闻报道特别是案件报道的审核把关，确保合法性和准确性。要坚持社会效果第一，对重大敏感案事件理性报道，避免炒作渲染。对司法机关的正确行动要予以支持，加强释疑解惑。对司法机关尚未正式确认的案件事实，不要仅凭当事人一方的描述进行报道。对司法机关正在办理的案件，不要发表倾向性的评论意见。

五、依法规范司法人员对外交往行为

司法人员的对外交往行为，体现司法形象，影响司法公正。司法人员任何不当行为都有可能导致公众对司法公正的怀疑，从而动摇人们对法治的信念。正因为此，世界上许多国家都对司法人员对外交往行为作出严格限制，严禁法官与当事人、律师私下会见，要求避免参加任何与司法公正有冲突的活动。

我国法律对司法人员对外交往行为作出了严格规范。刑事诉讼法第29条规定，审判人员、检察人员、侦查人员不得接受当事人及其委托的人的请客送礼，不得违反规定会见当事人及其委托的人。法官法第32条、检察官法第35条规定，法官、检察官不得私自会见当事人及其代理人，接受当事人及其代理人的请客送礼。最高人民法院、最高人民检察院和司法部先后就规范法官、检察官与律师的相互关系出台制度规定，法官、检察官职业道德基本准则也对司法人员的对外交往行为予以规范和限制。

为进一步筑牢防止司法腐败的隔离墙,《决定》充分吸收司法实践经验,明确要求"依法规范司法人员与当事人、律师、特殊关系人、中介组织的接触、交往行为",强调"严禁司法人员私下接触当事人及律师、泄露或者为其打探案情、接受吃请或者收受其财物、为律师介绍代理和辩护业务等违法违纪行为,坚决惩治司法掮客行为,防止利益输送"。这一规定,对司法人员的对外交往行为划出了底线,不仅有利于树立司法人员的公正形象,避免当事人和社会公众对司法公正的怀疑,也为司法人员建立起一道有效屏障。《决定》提出要规范司法人员与中介组织的关系,很有针对性。实践中,一些中介组织人员与司法人员相勾结,故意违背事实和法律,提供虚假鉴定和证明材料,制造虚假诉讼、虚假拍卖,充当"腐败中介",必须从源头上予以规范。

六、大力加强司法作风建设,坚决惩治司法腐败

司法作风反映和体现着党的作风,关系党和国家的形象。《决定》着眼于建立健全作风建设长效机制,对司法作风建设作出新的部署,为建设过硬司法队伍提供了重要遵循。一要严格落实"三个坚决",持续整治司法不正之风。《决定》鲜明提出:坚决破除各种潜规则,绝不允许法外开恩,绝不允许办关系案、人情案、金钱案;坚决反对和克服特权思想、衙门作风、霸道作风;坚决反对和惩治粗暴执法、野蛮执法行为。这"三个坚决",一针见血指出了人民群众对司法机关最不满意的突出问题,切中了司法不正之风的要害。各级司法机关要始终紧紧盯住自身的问题不放,努力根除司法作风的顽瘴痼疾,以改进作风的新成效取信于民。二要坚决扫除司法领域的腐败现象。《决定》响亮提出:"对司法领域的腐败零容忍,坚决清除害群之马。"这充分体现了我们党反对司法腐败、维护司法廉洁的坚定决心和鲜明态度。司法机关是国家免疫系统的重要组成部分,是营血卫气、祛邪扶正、保证社会肌体健康的重要力量。司法领域的腐败不仅影响司法的公正和廉洁,损害法治的权威和公信，而且影响人民群众对法治的信心、对党和国家的信心，最终影响党和国家事业健康发展。对司法领域的腐败问题必须零容忍，如果掉以轻心，就是对党和人民的事业不负责任，就是失职甚至渎职！各级司法机关要按照中央要求，坚持以最坚决的意志、最坚决的行动扫除司法领域的腐败现象，坚持"老虎"、"苍蝇"一起打，坚决清除害群之马。三要建立终身禁止从事法律职业制度。《决定》提出，对因违法违纪被开除公职的司法人员、吊销执业证书的律师和公证员，终身禁止从事法律职业，构成犯罪的要依法追究刑事责任。这是我们国家法治史上最严格的法律从业人员惩戒制度，体现了党中央对法治工作队伍一贯的从严要求，也体现出法律职业的严肃性和神圣性。法律职业以追求和维护公平正义为使命，法律从业人员必须信仰法治、坚守法治，带头遵纪守法，坚守职业良知。只有这样，社会公众才有理由相信我们能维护公平正义。

《决定》明确指出："公正是法治的生命线。司法公正对社会公正具有重要引领作用，司法不公对社会公正具有致命破坏作用。"我们要按照党的十八届四中全会的部署，进一步加强对司法活动的监督，保证公正司法，提高司法公信力，为建设中国特色社会主义法治体系、建设社会主义法治国家作出更大贡献！

（作者系最高人民检察院检察长）

（《人民日报》2014年11月17日06版）

严格执法、公正司法是当前实施依法治国的关键

——学习习近平同志关于依法治国的重要论述

乔晓阳

习近平同志指出，经过长期努力，中国特色社会主义法律体系已经形成，总体上解决了有法可依的问题。现在，我们的工作重点应该是保证法律实施，做到有法必依、执法必严、违法必究。有了法律不能有效实施，那再多法律也是一纸空文，依法治国就会成为一句空话。这告诉我们，当前实施依法治国的关键环节就是有效地实施法律。政法机关作为执法司法的主体，能否做到严格执法、公正司法，无疑是实施依法治国、建设法治中国的关键。

从重立法转向重执法司法是建设法治中国的必然要求

实施依法治国、建设法治中国的重心从"有法可依"逐步转向"有法必依"，特别是突出严格执法和公正司法，既是法治发展一般规律的要求，也是我国法治发展历史阶段的要求，更是国家治理能力现代化的必然要求。

从法治发展的内在逻辑及世界范围法治国家建设的经验看，有效地建设法治国家，首先必须制定法律，然后才能严格实施法律。特别是在完成大规模立法活动之后，必然面临如何实施法律问题，即如何严格执法、公正司法问题。党的十一届三中全会确立的"有法可依、有法必依、执法必严、违法必究"的社会主义法制建设十六字方针，其中排在首位的就是"有法可依"。直到2010年底，中国特色社会主义法律体系形成，

国家经济建设、政治建设、文化建设、社会建设以及生态文明建设的各个方面都实现了有法可依。

强调改革开放以来立法工作的重要性，并不是说执法和司法在以前不重要，而是说过去30多年来，中国法治建设的主要矛盾始终是如何建立中国特色社会主义法律体系，实现有法可依。如今，这个战略目标已经实现，虽然这个体系还要不断完善，但中国法治建设的主要矛盾已经从有法可依转向有法必依。改革开放以来，我国执法和司法工作有了巨大发展，不仅建立起完善的执法和司法体制，而且建立起一支具有专业素质的执法和司法队伍。但是，与人民群众对严格执法和公正司法的渴求相比还有较大差距，特别是执法不严、司法不公、司法腐败问题还很突出。这就意味着要进一步实施依法治国，就必须将法治中国的战略目标转向有法必依，转向执法和司法。

严格依法办事不仅是我国法治建设的要求，而且是推进国家治理能力现代化的必然要求。习近平同志指出，"国家治理体系和治理能力是一个国家的制度和制度执行能力的集中体现，两者相辅相成。"如果说有法可依属于治理体系的范畴，那么，有法必依则属于治理能力的范畴。严格执法、公正司法体现国家制度的执行能力，它不仅是法治发展的必然要求，也是国家治理能力现代化建设的必然要求。只有推动严格执法、公正司法，强化国家制度的执行能力，才能促进国家治理能力现代化，从而推动中国特色社会主义制度更加成熟、更加定型。

严格执法、公正司法需要处理好三个关系

从建设法治中国的总体布局看，着眼于提高执法司法公信力，坚持依法治国与以德治国相结合，要做到他律与自律、法律强制与道德约束相统一。

在今年中央政法工作会议上，习近平同志再次明确指出，做到严格执法、公正司法，还要靠制度来保障，让执法司法权在制度的笼子里运行。对执法司法权的制约除了依赖制度约束，还要依赖人民群众的监督。

在互联网时代，政法机关要变被动为主动，尽最大可能做到执法公开、司法公开，接受人民群众的监督。阳光是最好的防腐剂。权力运行不见阳光，或有选择地见阳光，公信力就无法树立。执法司法越公开，就越有权威和公信力。公开的目的就是为了接受人民群众监督，最终目的是为了做到严格执法、公正司法，提升执法司法公信力。

严格执法、公正司法，提高执法司法公信力，不能忽略整个社会特别是政法人员的道德建设。习近平同志特别强调，要坚持以德治国和依法治国相结合。法律规范人们的行为，可以强制性地惩罚违法行为，但不能代替解决人们的思想道德问题。法是他律，德是自律，需要二者并用。从国家治理能力现代化的角度看，法律强制与道德约束从来都是相辅相成、相互促进的，二者都有助于制度的落实。严格执法、公正司法，提升执法司法公信力，在加强外部制度约束和监督的同时，必须不断强化整个社会自觉守法、自觉依法办事的道德习惯，尤其要加强政法队伍的道德自律意识和职业伦理建设。

从国家治理能力现代化的角度看，着眼于政法队伍职业伦理建设，坚持大局意识与依法办事相结合，做到执法为民的职业良知与秉公执法的法治精神相统一。

国家治理能力现代化意味着面对社会功能的分化，要克服总体化治理存在的弊端，而采取功能分化的治理模式。就法律治理而言，要特别注意政法工作的特殊性，不能把政法工作与行政工作、政法人员和其他普通公务人员混同起来。因此，对于政法人员不仅要讲政治信念，而且要讲职业伦理和职业操守，甚至要把政治信念转化为职业伦理，从职业伦理的角度来贯彻落实政治信念。正是基于政法机关职业伦理的特殊性，习近平同志指出："政法机关的职业良知，最重要的就是执法为民。"政法队伍只有将执法为民的职业良知贯彻在每个具体执法司法活动中，才能"让人民群众在每一个司法案件中感受到公平正义"。

法律不同于政策，不仅具有普遍性和一般性，而且具有制度刚性。执法司法权不同于行政权，自由裁量的弹性比较小，有时甚至没有自由裁量余地。执法司法的这种特殊性决定了政法队伍必须秉持和坚守法治的职业伦理，只服从法律。只有这样，才能做到秉公执法，不枉不纵。正是针对法律职业的特殊性，习近平同志强调政法队伍要信仰法治，坚守法治，要把法治精神当作主心骨，做知法、懂法、守法、护法的执法者，站稳脚跟，挺直脊梁，只服从事实，只服从法律，一是一，二是二，不偏不倚，不枉不纵，铁面无私，秉公执法。

执法为民是秉公执法的前提，秉公执法是执法为民的保证。一旦离开了法律，脱离开秉公执法，执法必然受到权力、金钱和私情等因素的腐蚀和影响，执法为民就会变成一句空话，甚至蜕变为执法为权、执法为钱、执法为情。因此，面对权力干预、金钱诱惑、私情影响，政法队伍要敢于担当。政法队伍只有树立起捍卫法治、坚守法治的职业信念，才能"不信邪"，做到刚正不阿、勇于担当。同样，政法队伍只有秉公执法、勇于担当，才能逐步提升执法公信力，使得老百姓逐步信仰法律，在整个社会培育出依法办事的社会风尚。

从建设中国特色社会主义法治的长远目标看，着眼于全社会依法办事，实现依法治国，要坚持法律制度与社会风尚相结合，实现实施法律与信仰法律相统一。

作为国家治理现代化的重要环节，法治建设承担着克服传统人情社会弊端、构建新生活形态和新社会风尚的重要使命。做到严格执法、公正司法，推动国家治理能力现代化，建成中国特色社会主义法治，政法机关就必须与传统人情社会陋习进行坚决斗争。习近平同志指出，要从政法机关做起，坚决破除各种潜规则，杜绝法外开恩，逐步改变社会上那种遇事不是找法而是找人的现象，关键是要以实际行动让老百姓相信法不容情、法不阿贵。这就意味着政法机关要在推动国家治理能力现代化事业中成为开路先锋，起到率先垂范的模范作用。

只有将严格执法、公正司法看作是一个有机整体，才能通过执法司法让人民群众理解现代法治的精神，改变传统思维习惯，养成依法办事风尚，形成法治信仰。这样，中国特色社会主义法治也就不再停留在法律书本上，而是铭刻在每个人的心中，成为我们"日用而不知"的文化道德观念的重要组成部分。

党的领导是实现严格执法、公正司法的最大力量

中国特色社会主义最本质的特征就是坚持中国共产党的领导。推动法治中国建设和国家治理现代化对党的领导提出了更高要求，对党的执政能力提出了更高要求。

严格执法、公正司法，必须正确处理党的领导和确保执法司法机关依法独立公正行使职权的关系，使党的领导成为严格执法、公正司法的根本保障。

在建设法治中国的过程中，坚持党的领导就必须改善党的领导，提升党的领导，提高党的执政能力，以适应国家治理体系和治理能力现代化的要求。为此，习近平同志指出，党对政法工作的领导是管方向、管政策、管原则、管干部，不是包办具体事务，不要越俎代庖，领导干部更不能借党对政法工作的领导之名对司法机关工作进行不当干预。

一旦明确了这个原则，那么，党的领导不但不会干预执法司法，反而为执法司法提供强有力保障。党的领导可以为执法司法把握正确的政治方向，协调各方职能、统筹各方资源、建设政法队伍、督促依法办事、创造执法环境，保障党的路线方针政策贯彻落实，保障宪法法律统一正确实施，推动依法治国基本方略落实，推动法治中国建设。

严格执法、公正司法，必须正确处理党规党法和国家法律的关系，使党的各级组织、党的领导干部和广大党员带头严格依法办事，成为严格执法、公正司法的模范。

党规与国法在根本上是一致的。如果党的组织、领导干部和广大党员不严格遵守党规党法，那就很难保障实现严格执法、公正司法。因此，在法治中国建设方略中，党的领导必然包含党领导人民带头执法、守法。习近平同志指出，党的政策成为国家法律后，认真实施法律就是贯彻党的意志，严格依法办事就是执行党的政策。党既领导人民制定宪法法律，也领导人民执行宪法法律，党自身必须在宪法法律范围内活动，做到党领导立法、保证执法、带头守法。

广大党员特别是党的领导干部，应当具有比普通群众更高的理想信念和道德素质。如果说遵守法律、依法办事是普通老百姓都必须守住的底线，那么，对于各级党组织、党的领导干部和广大党员来讲，无疑要成为严格遵守法律、严格依法办事的模范。在这个意义上，党的领导成为推动实现严格执法、公正司法的最大力量，最终在全社会形成依法办事风尚、形成法治信仰，最终实现中华民族伟大复兴的中国梦。

（作者系全国人大法律委员会主任委员）
（《人民日报》2014年10月21日07版）

全面推进依法治国必须坚持法律面前人人平等

潘盛洲

党的十八届四中全会通过的《中共中央关于全面推进依法治国若干重大问题的决定》(以下简称《决定》),高举中国特色社会主义伟大旗帜,全面贯彻党的十八大、十八届三中全会和习近平同志系列重要讲话精神,鲜明提出了关于依法治国的一系列新思想、新观点、新论断、新举措,是一篇闪耀着马克思主义思想光辉、指导法治中国建设的纲领性文献。

《决定》在深刻总结我国社会主义法治建设经验基础上,提出了实现全面推进依法治国总目标的五项原则即"五个坚持",其中之一是"坚持法律面前人人平等"。准确理解法律面前人人平等的涵义并在现实生活中切实做到法律面前人人平等,对于全面推进依法治国、加快建设中国特色社会主义法治体系和社会主义法治国家具有重要意义。

平等是社会主义法律的基本属性

《决定》在阐述"坚持法律面前人人平等"这一原则之前明确指出:"平等是社会主义法律的基本属性。"这一强调是非常必要的,因为"坚持法律面前人人平等"有两个方面的科学内涵:一是指法律的实体内容符合平等的原则;二是指法律的执行程序和结果公平公正。如果法律的内容违反了平等的原则,即使被公平地执行了,结果也不会是平等的。那么,如何准确理解和全面把握"平等是社会主义法律的基本属性"呢?

"法律面前人人平等"的口号,最早是由资产阶级在反对封建主义的斗争中提出来的。众所周知,封建主义法律是公开维护等级与特权的,它不仅使地主官僚阶级可以依据土地多少、官职大小、爵位高低等而享有不同的封建特权，而且使地主官僚阶级、皇亲国戚超脱于法律约束之外，而作为封建社会最高统治者的君主更是可以凌驾于法律之上。资产阶级在与封建专制主义斗争中提出"法律面前人人平等"的口号，要求废除一切等级和身份特权，应该说是一个很大的进步，对推翻封建专制主义发挥了重要作用。资产阶级革命成功之后，"法律面前人人平等"被确立为资产阶级民主制度和法律制度的一项重要原则，并用宪法的形式确定下来。其后各资产阶级国家的宪法或宪法性文件中，一般都有这一规定。但是，由于资产阶级的统治是建立在资本主义生产关系之上的，其所确立的民主制度和法律制度都是以财产占有不平等为基础的，所以，它所强调的法律上的平等掩盖了人们在实际生活中存在的事实上的不平等。简言之，在资产阶级统治的资本主义国家，广大劳动人民群众是不可能真正享有同资产阶级一样的平等权利的。因此，所谓"法律面前人人平等"是不可能真正实现的。正如马克思所指出的那样，资产阶级法律面前人人平等原则只是形式上的平等。

　　社会主义社会的建立，开辟了人类历史新纪元。根据马克思主义基本原理，社会主义社会是共产主义社会的第一阶段。在这个阶段，国家实行的是以生产资料公有制为基础的按劳分配制度（由于我国正处于并将长期处于社会主义初级阶段，国家实行公有制为主体、多种所有制经济共同发展的基本经济制度和按劳分配为主体、多种分配方式并存的分配制度）和人民当家作主的政治制度，社会主义的本质是解放生产力，发展生产力，消灭剥削，消除两极分化，最终达到共同富裕，从而为实现共产主义创造条件。这就意味着，在社会主义国家，随着生产力的不断发展和各项制度的不断完善，经济剥削最终必然要被消灭，一切不平等和不公正的体制和制度必然要被消除，全体人民在经济、政治、文化等各个方面都将享有同等的权利，从而最终实现人的自由而全面的发展。因此，社会主义从本质上体现了公正、平等的要求，平等是社会主义题中应有之义。而社会主义法律作为由社会主义国家立法机关或国家机关制定、由国家政权保证执行的各种行为规则的总和，反映了广大人民的根本利益和共同意志，其根本目的是营造公平的社会环境，保证全体人民依法管理国家事务和社会事务、管理经济和文化事业、平等参与社会主义现代化建设、平等享有各项权益。因此，平等是社会主义法律的基本属性。

坚持法律面前人人平等是我们党的一贯主张

作为一个把全心全意为人民服务确立为自己根本宗旨的马克思主义政党，我们党在革命、建设、改革各个历史时期，都把坚持法律面前人人平等作为自己的政治主张，并为实现这一主张进行了长期艰苦卓绝的奋斗。

1931年11月，在我们党领导创建的赣南、闽西中央革命根据地召开的中华苏维埃第一次全国代表大会上，依据我们党关于宪法原则要点制定的《中华苏维埃共和国宪法大纲》明确规定："中国苏维埃政权所建设的是工人和农民的民主专政的国家。苏维埃全政权是属于工人、农民、红军兵士及一切劳苦民众的。""在苏维埃政权下，所有工人、农民、红军兵士及一切劳苦民众都有权选派代表掌握政权的管理""在苏维埃政权领域内的工人、农民、红军兵士及一切劳苦民众和他们的家属，不分男女、种族（汉、满、蒙、回、藏、苗、黎和在中国的台湾，高丽，安南人等）、宗教，在苏维埃法律前一律平等"。

1954年9月，我们党在广泛征求社会各界意见基础上领导制定的《中华人民共和国宪法》在一届全国人大一次会议上通过。根据人民民主原则，宪法对公民的基本权利和义务作出明确规定："中华人民共和国公民在法律上一律平等。"

改革开放以来，我们党对保障全体人民享有平等的法律权利问题更加重视，不仅在1982年宪法中重申了法律平等原则，而且从党的十五大开始，在每次党的全国代表大会报告中都对这一问题进行了强调和阐释。比如，党的十五大报告指出："维护宪法和法律的尊严，坚持法律面前人人平等，任何人、任何组织都没有超越法律的特权。"党的十六大报告指出："坚持法律面前人人平等。加强对执法活动的监督，推进依法行政，维护司法公正，提高执法水平，确保法律的严格实施。"党的十七大报告指出："加强宪法和法律实施，坚持公民在法律面前一律平等，维护社会公平正义，维护社会主义法制的统一、尊严、权威。"党的十八大报告指出："要推进科学立法、严格执法、公正司法、全民守法，坚持法律面前人人平等，保证有法必依、执法必严、违法必究。"

从我国宪法法律的有关规定中可以看出，法律面前人人平等的涵义概括起来讲包括三个方面：一是任何公民，不分民族、种族、性别、职业、家庭出身、教育程度、财产状况、居住期限，都一律平等地享有宪法和法律规定的各项权利，同时也都必须平等地履行宪法和法律所规定的各项义务。二是在公民的一切合法权益都一律平等地受到保护的同时，任何人不论其地位多高、权力多大、身份多特殊，一旦违法犯罪都要毫无例外地受到法律的制裁，决不允许任何违法犯罪分子逍遥法外。三是不允许任何公民享有法律以外的特权，任何人不得强迫任何公民承担法律以外的义务，不得使公民受到法律以外的惩罚。

坚持法律面前人人平等，对于强化社会主义法治理念、推进法治中国建设具有十分重要的意义。首先，它可以充分显示中国特色社会主义制度的优越性，使人民在依法治国中的主体地位得到尊重和保障，从而有利于增强人民群众的主人翁责任感。其次，它鲜明地反对法外特权、法外开恩，对掌握一定权力的领导干部形成制约，从而有利于预防特权思想和各种潜规则对干部队伍的侵蚀。再次，它鲜明地反对法外歧视，有利于贯彻执行"以事实为依据、以法律为准绳"的司法原则。最后，它要求人人都严格依法办事，既充分享有法律规定的各项权利，又切实履行法律规定的各项义务，有利于维护法律权威、健全社会主义法制，确保实现建设中国特色社会主义法治体系和建设社会主义法治国家这一全面推进依法治国的总目标。

采取有效措施促进法律面前人人平等

当今中国政治清明,贯彻执行法律面前人人平等原则是大势所趋、民心所向,必须采取更加有效的措施,确保这一重要原则得到真正贯彻执行。根据《决定》精神,应把以下三个方面作为工作重点。

必须确保任何组织和个人都不得有超越宪法法律的特权。《决定》指出,任何组织和个人都必须尊重宪法法律权威,都必须在宪法法律范围内活动,都必须依照宪法法律行使权力或权利、履行职责或义务,都不得有超越宪法法律的特权。这就明确地告诉我们,全国各族人民、一切国家机关和武装力量、各政党和各社会团体、各企事业组织,都必须以宪法和法律为根本活动准则,都必须依照宪法法律行使自己的权力或权利、履行自己的职责或义务,都不得违反(犯)宪法法律。为进一步提高全体人民特别是各级领导干部和国家机关工作人员的宪法法律意识和观念,应在全社会进一步加强宪法法律宣传教育,使广大干部群众真正认识到宪法法律不仅是全体公民必须遵循的行为规范,而且是保障公民权利的有效武器。各级各类学校尤其是各级党校、行政学院、干部学院、社会主义学院都应开展宪法法律教育。应把宪法法律教育作为党员干部教育的重要内容,使各级领导干部和国家机关工作人员都能掌握宪法法律的基本知识,牢固树立敬畏宪法法律、遵守宪法法律和维护宪法法律的自觉性、坚定性。

必须维护国家法制统一、尊严、权威。《决定》指出,必须维护国家法制统一、尊严、权威,切实保证宪法法律有效实施,绝不允许任何人以任何借口任何形式以言代法、以权压法、徇私枉法。新中国成立后尤其是改革开放以来,我国宪法法律实施状况不断改善,依照宪法法律办事正在成为全党全社会普遍遵循的行为准则,维护社会主义法制统一、尊严、权威的状况总体是好的。但也必须看到,由于种种原因,特别是由于目前我国法律和体制机制不健全以及一些执法人员自身素质不适应、不符合等问题,有法不依、执法不严、违法不究等现象仍然比较严重，群众对执法司法不公等问题反映强烈；一些领导干部依法办事观念不强、能力不够，知法犯法、以言代法、以权压法、徇私枉法现象依然存在。对这些违背社会主义法治原则、损害人民群众利益的问题，必须下大气力加以解决。首先，领导干部必须带头守法。要求人民群众做到的，领导干部自己必须先做到。其次，必须加大惩处力度。对那些不严格按照法律办事的执法人员和以权压法、徇私枉法的领导干部，经过批评教育又不改正的，必须坚决依法予以撤职、罢免，涉嫌犯罪的必须依法治罪。

必须以规范和约束公权力为重点。《决定》指出，必须以规范和约束公权力为重点，加大监督力度，做到有权必有责、用权受监督、违法必追究。应以形成科学有效的权力运行制约和监督体系为目标，进一步加强党内监督、人大监督、民主监督、行政监督、司法监督、审计监督、社会监督、舆论监督制度建设，不断增强监督合力和实效，切实把权力关进制度的笼子里。一要强化对行政权力的监督。加强对政府内部权力的制约，对涉及财政资金分配使用、国有资产监管、政府投资、政府采购、公共资源转让、公共工程建设等权力集中的部门和岗位实行分事行权、分岗设权、分级授权，定期轮岗，强化内部流程控制，防止权力滥用。完善政府内部层级监督和专门监督，改进上级机关对下级机关的监督，建立常态化监督制度。完善审计制度，保障依法独立行使审计监督权，对公共资金、国有资产、国有资源和领导干部履行经济责任情况实行审计全覆盖。二要强化对司法活动的监督。完善检察机关行使监督权的法律制度，加强对刑事诉讼、民事诉讼、行政诉讼的法律监督。完善人民监督员制度，重点监督检察机关查办职务犯罪的立案、羁押、扣押冻结财物、起诉等环节的执法活动。司法机关在办案过程中要接受舆论监督，及时回应社会关切。

（作者系中央政策研究室副主任）

（《人民日报》2014年11月21日07版）

第五章

民众的法治信仰和法治观念是全面推进依法治国的内生动力

法律的权威源自人民的内心拥护和真诚信仰。人民权益要靠法律保障，法律权威要靠人民维护。信仰法律，这是确保法律全面正确实施的认识基础，是建设法治国家的思想基础。法学家伯尔曼在《法律与宗教》中的一句名言："法律必须被信仰，否则它将形同虚设。"卢梭说过，一切法律中最重要的法律，既不是刻在大理石上，也不是刻在铜表上，而是铭刻在公民的内心里。只有当法律成为包括政府部门和社会公民在内整个国家的共同信仰，权力既不敢逾越法律的底线，公众亦恪守法律的规范，法治精神才会成为法治中国的新常态。因此，必须坚持把增强全民法治观念作为依法治国的长期性、基础性工作，这将是推进法治社会建设的最坚实的力量来源。

一、弘扬法治精神　建设法治文化

法治精神是法治的灵魂，人们没有法治精神，社会没有法治风尚，法治只能是无本之木、无源之水。只有让法律抵达人心，只有在全社会高度弘扬法治精神，法治方能"形神兼具"。这正像2012年12月习近平在首都各界纪念现行宪法公布施行30周年大会上的讲话中所指出的，"只有保证公民在法律面前一律平等，尊重和保障人权，保证人民依法享有广泛的权利和自由，宪法才能深入人心，走入人民群众，宪法实施才能真正成为全体人民的自觉行动。"而法治精神的培育则需要通过大力进行社会主义法治文化建设。法治文化是一个国家或民族长期积淀形成的，它体现了对社会法律生活的价值观和评判标准，是法治社会的精神要素和文化土壤，对法治建设起着无可替代的支撑作用。培养法治文化要从加强法治文化阵地建设、开展法治文化活动和营造法治文化环境入手。

（一）加强社会主义法治文化阵地建设

法治文化阵地，指的是法治文化传播的媒体、形式、渠道、场所等。从法治文化的内核——价值观层面上说，法治文化阵地是人心所向的社会制度心理空间。信息社会里的文化传播正如各种信息传播一样，无边无际地包裹着、影响着所有的社会成员，在这个"心理空间"，没有法治文化就会有别的文化，所谓"文化的荒漠"其实并非文化出现了真空，而只是另一种文化形态。大量事实证明，思想文化阵地，法治思想不去占领，各种非法治思想甚至反法治思想就会去占领。加强社会主义法治文化阵地建设，首先就要加强舆论阵地建设，充分发挥大众传媒在法制宣传教育中的积极作用，切实强化广播、电视、报刊、网络等新闻媒体的社会责任。按照主题鲜明、格调高雅、因地制宜、注重实效的原则，建设不同类型、不同特色的法治场馆、法治画廊、法治公园、法治文化广场、法治文化街区等。使法治文化阵地覆盖每个市、县（市、区）、乡镇街道和村（居）。依托图书馆、博物馆、展览馆、纪念馆、群艺馆、文化馆、文化站、农家书屋、社区文化中心等，逐步完善基层法治文化公共设施体系，发挥其功效。积极整合地方法制网站资源，实现互联互通、资源共享，努力提高法制宣传教育的覆盖面。加强法制文艺阵地建设，经常组织法律文艺工作者深入基层、深入群众，开展有针对性感染力较强的法制宣传教育活动，深化广大群众对法治建设重要性的认识。要多渠道增加投入，加强农村和社区法制宣传阵地建设，增加公共场所法制宣传教育设施，逐步形成覆盖城乡的法制宣传教育设施，逐步形成覆盖城乡的法制宣传阵地网络，为群众提供方便的学法场所和快捷的公益性法律信息服务。

（二）大力开展社会主义法治文化活动

随着法律文化活动逐渐变为社会自学活动，对法治的信仰将融入公民的血液中。总体来看，今天越来越多的人懂得法律是维护自身权利的有力武器，运用法律解决身边的问题，这本身就是普法效果的具体体现，也是巨大的社会进步。我国已开始普法文化活动，使公众逐渐由"知法、用法"向"守法、敬法、护法"转变，推动形成办事依法、遇事找法、解决问题用法、化解矛盾靠法的良好环境，在整个社会培育法治文化、树立法治信仰。开展社会主义法治文化活动，应组织多种形式的法治论坛、法治文化成果展，开展"法治人物"、"法治好新闻"评选，以及法律知识竞赛、学法用法演讲、法治故事宣讲、法治文艺汇演、法治电影巡映、法治书画展览等法治文化活动，扶持和鼓励文化馆、图书馆、艺术团体、电影公司等文化部门开展形式多样的法治文化成果进机关、进乡村、进社区、进校园、进企业、进单位、进军营活动，开展优秀法治文化作品的宣传、展示工作，扩大法治文化的引导力和影响面。把法治题材纳入文学艺术创作，舞台艺术表演，电影、电视剧和动画制作，以及报刊、图书、音像电子与网络出版计划，着力打造一批在全国有影响的思想性、艺术性和观赏性相统一，深受群众喜爱的法治文化精品力作。引导文化企事业单位开发推广优秀法治影视戏曲作品，组织创作贴近实际、贴近群众、贴近生活的法治文艺、法治故事、法治漫画等作品，并适时组织作品征集等主题活动。开展丰富多彩的法治文化作品评奖表彰活动。努力打造技术先进、传输快捷、覆盖广泛的社会主义法治文化传播平台，运用优秀文艺作品和优质文化服务感染人、熏陶人、影响人，促进公民对社会主义法治的情感认同和心理认同。

（三）推动全社会参与营造良好法治环境

法治环境是指在现实社会中形成的，有利于推动法治发展、实现法治目标的客观条件。我们这里所说的法治环境，是建设法治国家、法治政府和法治社会必不可少的特定社会条件。[①] 法治环境是长期潜移默化

---

① 《法治中国》，人民法院出版社2014年版，第136页。

逐渐形成，即从法治城市、法治乡村、法治社会、法治宣传教育、法治队伍建设、营造良好法治环境、扩大公民有序参与等多方面入手，增强全社会厉行法治的积极性和主动性，形成守法光荣、违法可耻的社会氛围，使全体人民都成为社会主义法治的忠实崇尚者、自觉遵守者和坚定捍卫者，全面提升公民法治理念。习近平在党的十八届中央政治局第四次集体学习时指出，要加强宪法和法律实施，维护社会主义法制的统一、尊严、权威，形成人们不愿违法、不能违法、不敢违法的法治环境。把握法治文化环境建设的规律，在法治实践中不断丰富和发展法治文化环境建设。注重文化融合，既要继承传统文化中的法治元素，又要大胆吸收借鉴外来先进法治文化。强化法治文化的传播推广，选择百姓关注、影响力大、富有时代特征和地方特色的事件，设计并推出各种形式的法治文化活动和法治文艺活动，让参与者受到生动形象、潜移默化的法治熏陶。鼓励引导支持法治文艺创作，努力为群众提供丰富的法治文化产品。

二、树立法治意识　开展法治宣传教育

树立法治意识，是指依法办事、依法行政、依法律己、依法维护自己权利的意识。有了法治意识，法律才能变成生活，成为干部和民众的内在自我要求，严格执法光荣、守法光荣、违法可耻、徇私枉法可恶的道德标准和价值观才能树立起来，"路不拾遗，夜不闭户"的情况才会出现。法治宣传教育是树立法治意识、确立法治观念和全面推进依法治国的基础性工作。要树立全民的法治意识，必须加强法治宣传教育。我国从20世纪末举行"一五"普法教育开始到现在正在进行的"六五"普法教育，都是提高法治意识的必要途径。这种大规模的、有计划的法律宣传教育活动，能使广大干部和民众在短时间内掌握必要的法治知识。邓小平同志非常重视法制宣传教育工作，他指出，法制教育要从娃娃开始，小学、中学都要进行这个教育，社会上也要进行这个教育。党的十八大明确提出，"深入开展法制宣传教育，弘扬社会主义法治精神，

树立社会主义法治理念，增强全社会学法尊法守法用法意识。"十八届四中全会提出来了"坚持把全民普法和守法作为依法治国的长期基础性工作，深入开展法治宣传教育，引导全民自觉守法、遇事找法、解决问题靠法。只有深入开展法治宣传教育，推动全社会树立法治意识，确立法治观念，才能切实维护人民群众合法权益和社会公平正义。只有在社会治理过程中，在立法、司法、执法和守法等各个环节中，开展法治宣传，推动全社会确立法治观念，才能彰显法治的力量，使社会得以良法善治，切实保障公平正义，才能推动法治建设不断进步。健全普法宣传教育机制，各级党委和政府要加强对普法工作的领导，宣传、文化、教育部门和人民团体要在普法教育中发挥职能作用。

（一）加强立法宣传教育

加强立法宣传教育，使每一项立法都得到人民群众普遍拥护。立法是通过法定程序把国家意志制度化、法律化的政治活动，法乃公器，公则生威。立法建制必须自觉把人民满意不满意作为工作最高标准，才能得到人民群众的普遍拥护。要立足国情，从重点任务入手，从人民群众反映最强烈的矛盾和问题入手，以宪法为根本，与上位法相衔接，依照地方立法的权限，遵循法定程序，创造性地搞好地方立法。坚持立、改、废并举，不断完善社会、民生、环境、财税以及规范机关组织运行的法规，切实提高立法的针对性、现实性和系统性。要切实坚持以人为本、立法为民理念，提高立法的科学化、民主化水平，完善立法工作机制和程序，支持开门立法，最大限度地扩大公众有序参与，认真倾听各方声音，着力排除部门利益干扰，把公正、公平、公开原则贯穿于每一部法律法规制定的全过程，使每一部法规都广集民智、汇聚民意，都能在实践中立得住、行得通、能管用，真正符合人民群众的意愿。要引导干部群众积极参与到立法过程中来，更全面地了解立法的背景、目的和程序，让人民群众看到推进法治建设的决心，看到党以法律手段维护人民群众利益的决心，把立法的过程真正变成法治宣传教育的过程。

（二）加强执法宣传教育

加强执法宣传教育，使每一部法律法规都得到严格执行。法贵于行，法律的生命力在于实施。如果有了法律而不实施或者实施不力，那制定再多也无济于事，反而会降低法律的公信力。要通过法治宣传教育，把社会主义法治观念、法治思维、法治方式等基本要求贯穿到经济建设、政治建设、文化建设、社会建设和生态文明建设的各个领域、各个方面，使严格执法获得最广泛的支持。要通过法治宣传教育，推进法治建设，健全完善执法程序制度，细化量化执法裁量权，严格落实行政执法责任制，坚决纠正执法中的违法行为，确保执法部门带头严格公正文明执法，切实维护公共利益、人民权益和社会秩序。要通过法治宣传教育，加强行政执法人员的法治教育培训，严格落实行政执法人员执法资格制度，提高行政执法人员公正执法、文明执法能力，切实遵守执法程序，注重人性化执法，在持之以恒、公平公正的执法中体现法律的权威和尊严。实行国家机关"谁执法谁普法"的普法责任制，加强执法过程中对人民群众的宣传教育，提高执法人员释理明法的能力，通过执法过程，让执法对象和旁观者加深对法律法规的理解，提高知法守法的能力，让执法收到更好的效果，早日形成不愿违法、不能违法、不敢违法的法治环境。

（三）加强司法宣传教育

加强司法宣传教育，使每一个司法案件都体现公平正义。司法正义是社会公平正义的最后防线，也是底线。事断于法，国之大道，顺乎民心。习近平指出，努力让人民群众在每一个司法案件中都感受到公平正义，强调为民公正司法。公正司法不仅能在具体案件中起到保护人权、惩罚罪犯的作用，更能通过惩恶扬善为整个社会树立公平正义的价值理念。要通过法治宣传教育，在司法机关牢固树立"司法为民"理念，改进司法工作作风，通过深化司法救助和法律援助，切实解决好老百姓打官司难的问题，真正实现好、维护好、发展好人民群众的根本利益。要通过法治宣传教育，为公正司法营造良好的社会环境，确保法院、检察院依法独立公正行使审判权、检察权，以事实为依据，以法律为准绳，不受外部干扰、不受权力干扰、不受金钱人情关系干扰，严格程序、依法公正地作出裁决。要通过法治宣传教育，提高司法工作者的公正司法能力，严格规范司法行为，切实遵守法定程序，准确适用法律法规，公道公平对待案件参与各方，用公正高效廉洁的审判赢得人民群众的信任。要加大以案说法的宣传力度，建立法官、检察官、行政执法人员、律师等以案释法制度，在化解矛盾纠纷中体现法律价值和司法智慧，将每一个案件变成展示法律权威和法治力量的最佳载体，让公众实实在在感受到法治带来的实惠和便利。

（四）加强守法宣传教育

加强守法宣传教育，使每一名干部群众都成为守法公民。坚持把领导干部带头学法、模范守法作为树立法治意识的关键，完善国家工作人员学法用法制度，把宪法法律列入党委（党组）中心组学习内容，列为党校、行政学院、干部学院、社会主义学院必修课。要分级分类开设法治讲堂，新提任领导干部必须通过法治理论知识考试，推行领导干部学法、守法、用法情况任前考察、年度考核、离任评估制度，把能不能依法办事、遵守法律作为考察识别干部的重要条件，不断提高运用法治思维和法治方式深化改革、推动发展、化解矛盾、维护稳定的能力，绝不允许以言代法、以权压法、徇私枉法。

十八届四中全会指出："把法治教育纳入国民教育体系，从青少年抓起，在中小学设立法治知识课程。""法治"是社会主义核心价值观的重要内容之一，将法治教育"纳入"国民教育体系，不仅凸显了"法治"在社会主义核心价值观中核心地位，也更加表明了党中央推进依法治国的坚强决心。把法治教育纳入国民教育体系，表明法治教育是一种全程性教育，从基础教育、高等教育、职业技术教育到成人教育等不同阶段、不同类型的教育中，法治教育都是必须开设的内容。

健全普法宣传教育机制。各级党委和政府要加强对普法工作的领导，宣传、文化、教育部门和人民团体要在普法教育中发挥职能作用。加强普法讲师团、普法志愿者队伍建设。把法治教育纳入精神文明创建内容，开展群众性法治文化活动，健全媒体公益普法制度，加强新媒体、新技术在普法中的运用，提高普法实效。

法治教育作为一种全民性教育，既是公民应享有的权利，也是公民应自觉履行的义务。要教育公民牢固树立有权力就有责任、有权利就有义务观念，加强社会诚信建设，健全公民和组织守法信用记录，完善守法诚信褒奖机制和违法失信行为惩戒机制，使尊法守法成为全体人民共同追求和自觉行动。加强公民道德建设，弘扬中华优秀传统文化，增强法治的道德底蕴，强化规则意识，倡导契约精神，弘扬公序良俗。发挥法治在解决道德领域突出问题中的作用，引导人们自觉履行法定义务、社会责任、家庭责任。

三、推进多层次多领域依法治理

党的十八届四中全会指出："深入开展多层次多形式法治创建活动，深化基层组织和部门、行业依法治理，支持各类社会主体自我约束、自我管理。"中央宣传部、司法部2011年3月制定的《关于在公民中开展法制宣传教育的第六个五年规划》规定，扎实开展多层次、多领域依法治理工作主要包括：一是推进法治城市、法治县（市、区）创建活动，总结推广经验，建立健全制度，不断提高创建水平。二是开展依法行政示范单位创建活动，推进部门行业结合自身特点开展依法治理，认真贯彻《全面推进依法行政实施纲要》和《国务院关于加强法治政府建设的意见》，健全行政执法程序，规范行政执法行为，强化行政监督和问责，完善执法责任制、执法公示制和执法过错责任追究制，积极推进法律的有效实施，不断提高政府公信力和执行力。三是开展基层法治创建活动，推进基层依法治理，促进基层民主法治建设。围绕社会热点难点问题和社会管理薄弱环节，开展法治宣传教育和专项治理活动，提高社会管理法治化水平。

人民团体和社会组织在基层法治社会建设中发挥着重要作用。培育社会组织，实现社会治理主体多元化，是党的十八大以来社会治理的鲜明特征。在全面深化改革的时代大背景下，不管是转变政府职能，还是创新社会治理体制，都需要充满活力的社会组织作为基石。社会组织既是市场经济的重要组成部分，又是提供公共服务的重要力量。统计数据显示，1988年，我国的社会组织仅有4000余个，到2013年这个数字就猛增到54万多个。《决定》强调，建立健全社会组织参与社会事务、维护公共利益、救助困难群众、帮教特殊人群、预防违法犯罪的机制和制度化渠道。支持行业协会商会类社会组织发挥行业自律和专业服务功能。发挥社会组织对其成员的行为导引、规则约束、权益维护作用。加强在华境外非政府组织管理，引导和监督其依法开展活动。2013年，民政部出台通知，规定行业协会商会类、科技类、公益慈善类和城乡社区服务类等四类社会组织，可以依法直接向民政部门申请登记，不再经由业务主管单位审查和管理，已经成立的也要与原主管单位"脱钩"。为了保证社会组织在创新社会管理过程中不走形、不变样，仍然需要发挥好党委领导核心作用、政府主导作用；政府也要加强对社会组织的引导，健全和完善社会组织监管体系，确保社会组织持续健康发展。

四、建设完备的法律服务体系

习近平2014年4月在对司法行政工作的重要指示中特别强调，要紧紧围绕经济社会发展的实际需要，努力做好公共法律服务体系建设。十八届四中全会进一步指出，推进覆盖城乡居民的公共法律服务体系建设，加强民生领域法律服务。完善法律援助制度，扩大援助范围，健全司法救助体系，保证人民群众在遇到法律问题或者权利受到侵害时获得及时有效的法律帮助。

（一）推进公共法律服务体系建设

　　平等地获得法律帮助，是法律赋予每一个公民的基本权利。随着我国经济社会的快速发展，国家治理现代化水平和全体公民的法律素质明显提高，越来越多的群众运用法律武器维护自身权益的意识日渐增强，平等享受改革发展成果和法律保护的愿望也更加强烈。建设公共法律服务体系，是回应人民群众关切的现实要求，对于保障公民平等享受社会公平正义，具有重要意义。

　　公共法律服务是由司法行政机关统筹提供的，旨在保障公民基本权利，维护人民群众合法权益，实现社会公平正义和保障人民安居乐业所必需的法律服务。具体包括：为全民提供法律知识普及教育和法治文化活动；为经济困难和特殊案件当事人提供法律援助；开展公益性法律顾问、法律咨询、辩护、代理、公证、司法鉴定等法律服务；预防和化解民间纠纷的人民调解活动等。近些年来，在党中央、国务院和各级党委、政府的领导下，各级司法行政机关整合工作资源，发挥职能优势，为服务经济社会发展和改善民生作出了贡献。2014年2月，司法部印发《关于推进公共法律服务体系建设的意见》，就推进公共法律服务体系建设作出全面部署。但随着形势的发展变化，法律服务网络覆盖不全、供给不足、发展不平衡的矛盾日益显现，法律服务提供能力与群众日益增长的法律需求还有一定差距，法律服务整体水平与我国社会主义民主法制建设进程还不相适应，需要我们着眼国家基本公共服务体系建设的大局，以改革创新精神，进一步完善工作体制机制，推动法律服务工作上新水平。

　　一是发展律师、公证等法律服务业，构建全面覆盖、布局合理的法律服务网络。加快解决欠发达地区律师资源不足问题，推进律师资源合理分布、均衡发展。进一步健全基层法律服务所和基层法律服务工作者准入机制，引导基层法律服务所主要为乡镇（街道）、村居（社区）提供公益性法律服务。大力发展县域公证工作，积极解决欠发达地区公证员短缺问题。推进城乡社区法律援助工作站建设、村居联络点和便民服务窗口建设，着力打造"一小时（半小时）法律援助服务圈"。

二是整合资源，拓展多层次、多元化法律服务领域。进一步建立健全县（市、区）司法行政法律服务中心、乡镇（街道）法律服务工作站、村（社区）法律服务点（窗口），在政府已设立的政务服务平台设立法律服务窗口等方式，集中受理和解决群众的法律服务事项，提供综合性、"一站式"服务。全面加强司法所规范化建设，将司法所真正打造成化解矛盾、宣传法治、服务群众的一线综合平台。鼓励、引导社会力量参与公共法律服务，实现公共法律服务提供主体和提供方式多元化。进一步拓展法律服务领域。引导广大律师、公证员和基层法律服务工作者积极参与公益性法律服务，积极探索建立乡村（社区）法律顾问制度，深化政府法律顾问工作，引导律师积极参与信访、调解、群体性案（事）件处置和社区工作等公益法律服务。健全统一司法鉴定管理体制，拓展司法鉴定业务范围和服务领域，及时将与保障和服务民生密切相关的鉴定事项纳入统一登记管理的范围，积极为交通事故、保险理赔、医疗损害、职工工伤、房屋拆迁等争议解决提供公益性司法鉴定服务。

三是切实落实保障措施。积极推动将公共法律服务经费列入财政预算，将公共法律服务事项纳入政府购买项目，促进基本公共法律服务常态化、可持续。推动建立公益性法律服务补偿机制。加大对中西部地区和贫困地区政策支持力度。

（二）完善法律援助制度

十八届四中全会提出要完善法律援助制度，为进一步做好法律援助工作指明了方向。法律援助制度，也称法律救助，是为世界上许多国家所普遍采用的一种司法救济制度。是指国家在司法制度运行的各个环节和各个层次上，对因经济困难及其他因素而难以通过通常意义上的法律救济手段保障自身基本社会权利的社会弱者，减免收费提供法律帮助的一项法律保障制度。作为实现社会正义和司法公正、保障公民基本权利的国家行为，在一国的司法体系中占有十分重要的地位。

法律援助制度源于15世纪的英国。大体来说，资本主义国家法律援助制度的发展经历了三个阶段。第一阶段是"慈善阶段"，为法律援助制度发展的初期，在这一阶段，仅表现为对穷人的法律援助，因此常被称为"法律帮助"、"法律救济"。第二阶段是"政治阶段"。这一时期，资本主义国家机器在欧美主要国家已初步建立，天赋人权的观念成为资本主义国家所极力标榜的宪法原则，法律援助也进一步社会化，单纯的慈善事业向国家责任转化。第三阶段为"国家福利阶段"。二战以后，随着生产力的大幅度增长，西方各国经济飞速增长，出现了一批福利国家，为了实现社会的平等，西方各国进一步以社会为本位，在司法制度上强调当事人有取得律师帮助的权利。这代表了当今西方各国法律援助制度的新趋势。

我国的法律援助制度起步较晚，始于1994年，2003年9月《中华人民共和国法律援助条例》的实施，标志着中国法律援助制度的正式确立。在党中央、国务院的正确领导下，法律援助工作快速发展。2012年2月司法部审议通过《办理法律援助案件程序规定》，2013年3月最高人民法院、最高人民检察院、公安部、司法部修订了《关于刑事诉讼法律援助工作的规定》，2014年7月最高人民法院、司法部制定了《关于加强国家赔偿法律援助工作的意见》，法律援助覆盖面逐步扩大，服务水平不断提高，保障能力明显增强，有效维护了困难群众合法权益。同时也要看到，随着我国经济社会不断发展和民主法治进程加快推进，法律援助在实施过程中暴露出了一些亟待解决的问题，如法律援助"刑重民轻"现象严重，法律援助经费严重缺乏、人员不足、法律援助队伍素质有待提高等。我国应借鉴国外立法经验，充分认识到提高法律援助立法层次，推进发展和完善法律援助制度的重要性，从多个方面推进法律援助制度的发展与完善。

一要积极做好为困难群众提供法律援助的工作，扩大法律援助覆盖面。认真落实中央关于保障和改善民生的决策部署，及时为符合条件的困难群众提供诉讼和非诉讼代理服务，帮助他们依法解决涉及基本生存、生产生活方面的问题。围绕促进解决涉及困难群众切身利益的社会热点问题，积极组织办理劳动争议、环境保护、食品药品安全、医疗等领域涉及法律援助的案件，重点做好农民工、下岗失业人员、妇女、未成年人、残疾人等困难群众法律援助工作，依法维护其合法权益。面向公众免费提供来信、来访和网络等多种形式法律咨询服务，加强法律服务热线建设，积极开展法治宣传和公共法律教育，引导群众依法表达合理诉求。坚持在党委、政府统一领导下参与处理涉法涉诉信访案件，及时疏导化解矛盾纠纷，维护社会和谐稳定。紧密结合经济社会发展实际，适应困难群众民生需求，及时调整法律援助补充事项范围，将就业、就学、就医、社会保障等与民生紧密相关的事项逐步纳入法律援助范围；进一步放宽经济困难标准，使法律援助覆盖人群从低保群体逐步拓展至低收入群体。加快建立法律援助范围和标准的动态调整机制，促进法律援助与经济社会协调发展。认真贯彻执行修改后的刑事诉讼法关于扩大刑事法律援助覆盖面的规定，加强侦查、审查起诉阶段法律援助工作，完善与公检法机关的协作配合，依法维护犯罪嫌疑人、被告人等的诉讼权利。

　　二要深化法律援助便民服务，提高法律援助服务质量。健全基层法律援助服务网络，加强法律援助工作站和联系点建设，推进法律援助向社区、乡村延伸。继续推进临街一层法律援助便民服务窗口建设，改善服务设施，优化服务环境，改进服务态度。完善便民、利民举措，拓宽申请渠道，简化程序和手续，不断丰富便民服务内容，实现法律援助申请快捷化、审批简便化、服务零距离。创新服务方式和手段，开展流动服务和网上便民服务，将心理疏导融入法律援助服务，加强法律援助异地协作，有条件的地方逐步推行点援制，探索推行法律援助周转金制度。健全完善便民服务机制，促进法律援助便民工作常态化。认真履行受理、审查、指派等组织实施职责，教育引导广大法律援助人员严格遵守法定程序和执业规范，确保提供符合标准的法律援助服务。改进案件指派工作，综合案件性质和办案人员专业特长等因素指派合适承办人，严格办理死刑、未成年人等案件承办人员资质条件，提高案件办理专业化水平。

推进信息化在法律援助流程管理、质量评估、业绩考核等方面的应用，促进提高办案质量。完善服务质量监管机制，综合运用案件质量评估、案卷检查、当事人回访等措施强化案件质量管理，努力为受援人提供优质高效的法律援助。

三要完善法律援助工作制度，强化法律援助监管职能。制定完善《法律援助条例》配套规章和规范性文件，对质量监控、经费管理、组织机构和人员管理等进行规范。根据《办理法律援助案件程序规定》要求，健全完善组织实施各环节的业务规范和服务标准，制定刑事、民事、行政法律援助案件办理指南。建立健全投诉处理制度和业务档案管理、信息统计等内部管理制度。认真落实中央有关部署安排，深化法律援助体制机制改革。做好立法前期准备工作。完善法律援助工作管理体制，配齐、配强管理人员，落实各级司法行政机关监督管理职责。开展法律援助机构和工作人员执业情况考评，规范法律援助机构运行。建立健全律师协会等行业协会、法律服务机构对律师等人员提供法律援助的考核机制，督促其自觉履行法律援助义务。鼓励和支持社会组织和法律援助志愿者开展与其能力相适应的法律援助活动，依法规范机构设置，严格职业准入标准，维护法律援助秩序。加强法律援助经费监管，严格执行各项经费开支范围、标准和程序，确保资金使用安全。推行援助公开，建立法律援助民意沟通机制，主动接受社会监督。

四要提高法律援助工作保障水平。认真贯彻"三个纳入"要求，争取县级以上政府全部将法律援助业务经费纳入财政预算，协调加大中央和省级财政转移支付力度，建立法律援助办案补贴标准动态调整机制，拓宽社会筹资渠道，提高法律援助经费保障水平。完善公检法机关和民政、财政、人力资源和社会保障等相关部门支持配合法律援助工作机制。加强法律援助队伍思想政治、业务能力和工作作风建设，加大培训力度，建立健全学习、实践和交流机制，提高广大法律援助人员群众工作能力、维护社会公平正义能力、新媒体时代舆论引导能力、科技信息化应用能力和拒腐防变能力。

（三）建立健全司法救助体系

司法救助制度是国家法律制度的一项重要内容，是审判机关在民事诉讼、行政诉讼中，通过对当事人缓交、减交或免交诉讼费用的救济措施，减轻或者免除经济上确有困难的当事人的负担，保证其能够正常参加诉讼，依法维护其合法权益的法律制度。我国首次提出"司法救助"概念是在1999年最高人民法院出台的《〈人民法院诉讼收费办法〉补充规定》中。2000年7月最高人民法院颁布并于2005年4月修订的《关于对经济确有困难的当事人提供司法救助的规定》，首次对我国司法救助的内容作了原则性规定，标志着我国司法救助制度的确立。2006年12月国务院颁布的《诉讼费用交纳办法》（以下简称《办法》）第六章专章规定了对司法救助做了专章规定，使之更加完善。司法救助制度是现代司法文明的产物，也被作为一个国家法制完善程度的衡量标准。审判实践证明，我国现有的法律文件中有关司法救助的规定对于保障公民的基本人权，维护社会公平正义发挥了重要作用。但是，由于我国对司法救助制度的研究起步较晚，确立的时间不长，还存在着立法分散，制度发挥的功效较弱；实施主体单一，救助覆盖范围小；经费紧张，救助内容单一等问题。因此，党的十八届四中全会提出了健全司法救助体系的总体要求，为寻找切实可行的司法救助途径，完善我国司法救助制度指明了方向。建立健全司法救助体系需要把握以下几个问题：

一是提高思想认识，完善立法体系。在现代法治社会，是否建立完善的司法救助体系，已经成为衡量一个国家法律制度是否健全的重要尺度。让社会困难群体通过司法救助渠道及时得到法律帮助，是保障社会公平正义，促进社会和谐的必然要求。司法救助制度是社会全体公民都应享有的一项社会福利和社会保障权利，只有通过立法程序，将其上升为国家法律，才能使公民的司法救助权利真正获得法律的可靠保障。目前我国关于司法救助的规定比较分散、原则，且专门性的法律文件的位阶不高，不利于司法救助工作的开展。为此可以借鉴其他法治国家的做法，将司法救助制度纳入国家统一立法体系，制度专门的《司法救助法》，将司法救助的对象、机构、内容、标准、方式以及程序等以法律的形式确定下来，与刑事诉讼法、民事诉讼法等法律体系相衔接，明确司法救助的职责主体。充分体现国家立法对司法救助和弱势群体应有的人文关怀和重视态度。

二是扩大救助对象，确保救助权益。根据《关于对经济确有困难的当事人提供司法救助的规定》，实施司法救助的对象已达14类，很大程度上满足了不同困难群体的司法需求。但实践中，我国司法机关长期以来对刑事案件中的弱势群体予以高度重视，但迟迟未将其纳入司法救助的对象，限制了司法救助制度的发展。实行司法救助的对象还应当包括除社会公共福利机构外的其他法人和非法人组织。因为法人是由自然人设立的，享有许多和自然人相同的权利。法人和非法人组织的权利受到非法侵害后，由于经济困难交不起诉讼费的，也应可以向人民法院申请司法救助，这样才符合司法公正的原则，也有利于化解社会矛盾，维护社会主义市场经济的稳定，促进和谐社会的构建。

三是增加司法救助方式，拓宽司法救助的途径。我国现行司法救助方式单一，仅涉及诉讼费用的缓交、减交或者免交诉讼费用的司法救助，应针对新情况增加新的救助方式。1980年《海牙国际司法救助公约》对司法救助内容的规定包括了救助和咨询、诉讼费用担保的免除、记录和判决书的取得以及人身拘留和安全确立的救助，方式很全面，远多于我国。我们应当积极予以借鉴，结合我国的国情、民情不断调整改进，进而形成适合我国社会环境的救助方式。

拓宽司法救助的途径具体从以下几方面着手：一是立案救助。法院应当把司法救助作为一项诉讼权利告知当事人，以保证符合条件的当事人在知情的前提下决定是否申请司法救助。对因文化程度低或身体有残障等原因不能提交书面诉状而要求立案的，积极推行口头立案方式，可以口头起诉。二是案件审理救助。在保证司法公正的前提下，为弱势群体在诉讼中提供更多的便利，以帮助其充分实现合法权益，降低诉讼成本。三是案件执行救助。在执行阶段，涉及弱势群体的，则应做到既要维护法律权威，又要维护社会稳定，充分实现"弱势群体生存权保护原则"。维护困难群体的合法权益和社会公益。

四是建立司法救助的经费保障机制。为更好地开展司法救助工作，应加强法院经费保障，并把司法救助费用纳入国家财政预算，设立司法救助基金，从根本上解决司法救助经费短缺的问题。

五、健全依法维权和化解纠纷机制 推进社会治安综合治理

建设法治国家是系统工程，法律制度是前提，实施机制是保障。习近平指出，"如果有了法律而不实施，或者实施不力，那再多法律也是一纸空文，依法治国就会成为一句空话。"这些年我国社会治理存在的问题突出表现在维权和化解纠纷等法律的执行层面，突出表现在依法维权和化解纠纷机制运行不畅通等方面。为此，亟须健全运行机制，强化法律在维护群众权益、化解社会矛盾中的权威地位，引导和支持人们理性表达诉求、依法维护权益，推进社会治安综合治理，解决好群众最关心、最直接、最现实的利益问题。

（一）构建维护群众利益的制度机制

十八届四中全会指出，要建立健全社会矛盾预警机制、利益表达机制、协商沟通机制、救济救助机制，畅通群众利益协调、权益保障法律渠道。把信访纳入法治化轨道，保障合理合法诉求依照法律规定和程序就能得到合理合法的结果。

一是健全社会矛盾预警机制。社会矛盾预警机制是一种通过运用科学的理论和方法，对引发事件的各种矛盾进行监测、度量和评估，对矛盾将来可能引发的事件状况予以描述和预测，并及时做出处理的机制。具体而言，要通过多种渠道对排查的大量矛盾纠纷，自动生成预警重要信息，通过矛盾纠纷预警系统与大情报系统对接，时时掌控重点人员轨

迹，提醒有关部门和单位及早做好预防化解工作。

二是健全利益表达机制。实现民意表达的畅通高效、规范有序，全面真实地掌握群众的所思所想所盼，是有效维护群众利益的前提。在完善信访举报、投诉电话等传统诉求表达渠道的基础上，用制度形式固定电子政务、公众论坛、民意调查等新型民意表达渠道，认真对待、主动回应群众合理诉求，真心实意地予以解决，实现民意表达的多元化、便捷化和低成本、无障碍，使群众话有处说、有人听。同时，科学引导和疏导民意，规范诉求表达程序，使广大群众既敢说话、说得了话，又说真话、不乱说话，推动民意表达走上理性、有序、依法的轨道。

三是健全协调沟通机制。在错综复杂的利益关系和得失比较中，妥善处理各种利益冲突，消除利益纠纷诱因，是长效维护群众利益的关键环节。这就要求我们从制度层面科学设定、合理安排"权"与"利"之间的关系，通过市场化改革，切断权力寻租的通道，实现公共资源配置、公共资产交易、公共产品生产的公正廉洁，有效预防"暗箱操作"对群众利益的侵害。

四是健全救济救助机制。我国《宪法》规定："中华人民共和国公民在年老、疾病或者丧失劳动能力的情况下，有从国家和社会获得物质帮助的权利。国家发展为公民享受这些权利所需要的社会保险、社会救济和医疗卫生事业。国家和社会保障残废军人的生活，抚恤烈士家属，优待军人家属。国家和社会帮助安排盲、聋、哑和其他有残疾的公民的劳动、生活和教育。"这是我国开展社会救助的根本法律依据。近年来，我国社会救助工作以人人享有基本生活保障为目标，不断强化政府责任，城乡统筹，整体推进，基本构建起以城乡低保、农村五保为主体，医疗救助、教育救助、住房救助、司法救助、灾民生活救助、流浪乞讨救助等专项救助为补充，临时救助、慈善救助、优惠政策、社会互助相配套的社会救助体系，为促进社会和谐稳定与公平正义发挥了不可替代的作用。社会救济救助作为保障和改善民生的重要制度，其"兜底"保障作用将越来越受到党和政府以及社会各界的高度关注。健全救济救助机制，就是要推动实现救助制度法制化、救助理念人性化、救助政策配套化、救助标准科学化、救助范围扩大化、救助管理规范化、救助监督多元化、救助手段信息化、救助城乡一体化、救助资源整合化。

（二）健全社会矛盾纠纷预防化解机制

当前，伴随经济转轨和社会转型，我国人民内部矛盾凸显，由于各种利益诉求引发的矛盾纠纷增多，一些矛盾纠纷极易被无限放大，使其成为影响社会稳定的重大问题。尤其是因征地拆迁、劳资纠纷、安全事故等引发的矛盾纠纷明显增多，一旦处置不当就极有可能给社会稳定带来影响。只有强化机制建设才是做好当前社会矛盾纠纷预防化解工作的根本，因此，要进一步完善调解、仲裁、行政裁决、行政复议、诉讼等有机衔接、相互协调的多元化纠纷解决机制，加强行业性、专业性人民调解组织建设，完善人民调解、行政调解、司法调解联动工作体系，完善仲裁制度，提高仲裁公信力，健全行政裁决制度，强化行政机关解决同行政管理活动密切相关的民事纠纷功能。同时，把工作评判权交给人民群众，用民意引导各项社会矛盾纠纷预防化解工作，从而使社会矛盾纠纷预防化解工作者自觉将群众满意不满意、高兴不高兴、答应不答应、赞成不赞成作为根本标准，自觉从群众最关心、最急需的事情做起，从群众最直接、最现实的利益问题入手，积极回应人民群众的新要求、新期待，从而实现社会长治久安。

（三）深入推进社会治安综合治理

当前形势下，我国经济发展、政治稳定、民族团结、社会进步，总体形势很好。但也要看到，我国仍面临着错综复杂的国内外环境，影响社会稳定的因素依然存在。敌对势力加紧对我国进行渗透和破坏活动，境内外民族分裂势力、宗教极端势力和暴力恐怖势力相互勾结，严重扰乱社会秩序。一些地方社会治安形势相当严峻，带黑社会性质的犯罪团伙和流氓恶势力横行，爆炸、杀人、绑架、投毒、拐卖妇女儿童等重大恶性案件时有发生，盗窃、抢劫等多发性案件居高不下。不少地方人民内部矛盾突出，群体性事件增多。同时，在我国改革开放不断深化和社会主义市场经济加快发展的新形势下，我们的法治建设、思想教育和治安管理等方面工作还没有完全跟上，一些地方基层组织软弱涣散，群防群治工作受到削弱，社会治安综合治理措施没有落到实处，这也在一定程度上影响了上述问题的解决。因此，社会治安不仅是一个重大的社会问题，也是一个重大的政治问题。实现社会治理综合治理，最根本的要摒弃法律工具主义思想，坚持法治作为实现和保障社会公平正义这一价值目标，切实发挥法治在规范主体行为、维护社会秩序、化解社会冲突中的作用，以法治来凝聚改革的共识，不断创新社会治理体制机制，最大限度地实现社会良好治理。

一是要完善立体化社会治安防控体系，进一步创新体制机制，健全点线面结合、人防物防技防结合、打防管控结合、网上网下结合的立体化社会治安防控体系运行体制机制，有效防范化解管控影响社会安定的问题，保障人民生命财产安全。

二是要依法严厉打击暴力恐怖、涉黑犯罪、邪教和黄赌毒等违法犯罪活动，绝不允许其形成气候。打击犯罪是社会治安综合治理的首要环节，集中打击、专项整治和经常性打击紧密结合起来，整治治安混乱的地区，解决突出的治安问题。预防犯罪是依法维护社会治安秩序的积极措施，要集中力量，切实解决好影响社会稳定和社会治安的重点、难点问题；要进一步加强群防群治工作，建立和完善全社会的防控体系，下大力气做好预防和减少违法犯罪工作。

三是要依法强化危害食品药品安全、影响安全生产、损害生态环境、破坏网络安全等重点问题治理。食品、药品、生态环境安全是重大的民生问题，关系人民群众身体健康和生命安全，关系社会和谐稳定。网络安全事关国家重大利益，必须高度重视依法治理。重点要依法治理在食品、药品安全监管过程中徇私情私利，放纵制售伪劣商品犯罪行为，或是以罚代管、徇私舞弊,在执法检查中发现食品、药品安全问题却坐视不管,对依法应当移交司法机关处理的危害食品、药品安全的刑事犯罪案件不移交,包庇、纵容食品、药品安全违法犯罪等渎职犯罪问题。

第五章 民众的法治信仰和法治观念是全面推进依法治国的内生动力

· 重要论述 ·

增强全社会厉行法治的积极性和主动性

耿惠昌

党的十八届四中全会通过的《中共中央关于全面推进依法治国若干重大问题的决定》(以下简称《决定》)对"增强全民法治观念,推进法治社会建设"作出重要部署,明确要求"增强全社会厉行法治的积极性和主动性,形成守法光荣、违法可耻的社会氛围,使全体人民都成为社会主义法治的忠实崇尚者、自觉遵守者、坚定捍卫者"。《决定》突出强调了全社会厉行法治在法治国家、法治政府、法治社会一体建设中的重要地位和作用,对于全面贯彻落实《决定》精神,扎实推进法治社会建设,实现全面推进依法治国的总目标,具有十分重要的意义。

增强全社会厉行法治的积极性和主动性的重要意义

厉行法治,就是治理国家和社会要坚定不移地依靠法律、始终不渝地信仰法律、科学民主地制定法律、严格公正地执行法律、无一例外地遵守法律、齐心协力地实施法律。增强全社会厉行法治的积极性和主动性,就是要增强全体社会成员投身法治的责任意识和行为自觉,动员全社会每一名成员在推进法治国家、法治政府、法治社会一体建设中,严格依法行使权利,切实承担法定义务,积极主动、坚定不移地推进法治社会建设。

增强全社会厉行法治的积极性和主动性是建设法治社会的重要前提和基础。《决定》要求,增强全民法治观念,推进法治社会建设。法治社会是指一个社会的法治化状态,表现为国家权力和社会关系按照明确的法律秩序运行,并且按照严格规范的法定程序协调人与人之间的关系、解决社会矛盾,依法处理经济、政治、文化、社会等方面的公共事务。增强全社会厉行法治的积极性和主动性,有利于全社会对法律至上地位的普遍认同和坚决支持,有利于形成忠实崇尚法律、自觉遵守法律、坚定捍卫法律的良好社会氛围,有利于社会成员养成自觉运用法律手段、通过法定程序解决矛盾的习惯和意识,有利于法律法规由规范的民主程序产生和制定出来,有利于执法和司法活动受到全社会严格的监督。因此,必须组织动员全体社会成员真心拥护和真诚信仰法治,积极主动履行法治建设责任,坚定不移沿着法治道路前进,为法治建设提供充分思想条件和坚实群众基础,齐心协力推进法治社会建设。

增强全社会厉行法治的积极性和主动性是维护法律权威的基本保证。法律的权威性,就是法律效力的至上性和法律权威的最高性。法律权威不仅来源于宪法和法律的强制力,更来源于宪法和法律在全体社会成员心中的威信和地位。《决定》指出,必须使人民认识到法律既是保障自身权利的有力武器,也是必须遵守的行为规范。坚决维护法律权威的前提,是全社会对法律的普遍遵守和真心拥护,是全社会对法律实施的主动参与和坚定支持,是全社会对科学立法、严格执法、公正司法、全民守法的法治原则的充分信赖和始终坚持,是全社会对挑战法律权威的违法犯罪行为的勇敢抵制和坚决打击。因此,必须增强全社会厉行法治的积极性和主动性,增强全体社会成员尊法、守法、用法的主动意识,培养全社会对社会主义法治的坚定信念,以自觉的态度和坚定的决心,严格在法律范围内活动,依照法律行使权利、履行义务,切实保证法律有效实施,坚决维护法律的权威,依法推进法治社会建设。

增强全社会厉行法治的积极性和主动性是依法维护人民权益的迫切需要。我国的宪法和法律是党领导人民制定的,以保障人民根本利益为出发点和落脚点,是党的主张和人民意志的共同反映,体现了党的领导、人民当家作主、依法治国的有机统一。法律规定人民依法享有广泛的权利和自由,承担应尽的义务,既是人民必须遵守的行为规范,也是保障人民权益的有力武器。党领导人民严格有效地实施反映人民意志和愿望的法律，就是全社会厉行法治的过程，就是法律得到严格执行的过程，也是人民权益通过法律途径得以实现的过程。依法维护人民权益，就是要依法保障全体社会成员享有的广泛权利，保障每一个人的人身权、财产权、基本政治权利等各项权利不受侵犯，保证每一个人的经济、政治、文化、社会等各方面权利得到落实，保障人民群众对美好生活的实际享有和共同追求。因此，增强全社会厉行法治的积极性和主动性，使法律为人民所掌握、所遵守、所运用，确保法律不折不扣地得到统一、正确实施，才能最大程度地满足依法维护人民权益的需要，从而促进法治社会建设。

明确增强全社会厉行法治的积极性和主动性的目标任务

增强全社会厉行法治的积极性和主动性，目的就是促使全体社会成员积极主动、坚定不移地投身于社会主义法治建设实践，实现全民守法、社会治理法治化、推进法治社会建设的目标任务。

全民守法是全社会厉行法治的基本要求。《决定》强调，全面推进依法治国，必须坚持人民主体地位的原则，人民是依法治国的主体和力量源泉。中国特色社会主义法治建设的伟大实践证明，人民群众是法律实施的重要主体，是建设法治社会的根本力量。增强全社会厉行法治的积极性和主动性，就是要通过培养全体社会成员遵守和执行法律的主体意识和责任意识，使其知法、守法、信法，积极投入到社会主义法治建设之中，共同推进法治社会建设实践，在其中发挥主体作用。全民守法，就是全体人民对法律普遍遵守执行。全民守法，要求增强全社会的法治理念和法治精神，使全体社会成员对法治有信心。如果一个社会大多数人对法律不信任，法治社会就无法形成。全民守法，要求法律面前人人平等，任何组织或者个人都必须在宪法和法律范围内活动，任何公民、社会组织和国家机关都要以宪法和法律为行为准则，依照宪法和法律的规定行使权利或者权力、履行义务或者职责。全民守法，要求领导干部带头遵守宪法和法律，切实维护国家法制的统一、尊严和权威，更加注重发挥法治在国家和社会治理中的重要作用，提高运用法治思维和法治方式深化改革、推动发展、化解矛盾、维护稳定的能力。全民守法，要求在全社会营造良好的法治氛围，把守法光荣、违法可耻的观念确立为全社会认同的道德准则和文化意识，使全体社会成员切实增强法治观念，牢固树立法律意识，引导公民依法维护合法权益，自觉履行法定义务，养成自觉守法、遇事找法、解决问题靠法的行为习惯。

社会治理法治化是全社会厉行法治的基本任务。社会治理是国家治理的重要内容。传统社会管理到现代社会治理的转变过程，体现了坚持系统治理、依法治理、综合治理、源头治理的优势和良好效果。社会治理法治化，就是将各项社会事务纳入法律的轨道并规范运行。增强全社会厉行法治的积极性和主动性，就是动员全社会力量推进法治社会建设，形成依法治理社会活动的良好氛围，促使国家治理者更加善于运用法律制度治理社会，提高社会治理能力，激发社会成员活力。这既是社会治理法治化的根本任务，也是国家治理体系和治理能力现代化的重要组成部分。实现社会治理法治化，要求善于用法治精神引领社会治理、用法治思维谋划社会治理、用法治方式破解社会治理难题；要求健全完善依法治理社会事务的制度规范，建立有效解决社会矛盾的工作机制，引导和支持公民严格守法，用法律规范自身行为，依法理性表达合理诉求，运用法律武器维护自己的合法权益，通过法治方式解决人民群众最关心最直接最现实的利益问题；要求发挥社会主体自我约束、自我管理的积极作用，增强公民责任意识；要求建设完备的法律服务体系，保证人民群众在遇到法律问题或者权利受到侵害时，能够及时获得有效法律帮助；要求健全依法维权和化解矛盾纠纷机制，强化法律在维护群众权益、化解社会矛盾中的权威地位。

建设法治社会是全社会厉行法治的基本目标。法治社会建设是全面推进依法治国的重要组成部分，在法治国家、法治政府、法治社会三位一体建设中具有基础性地位和关键性作用。法治社会建设，不仅仅限于法律制度的建立和法律体系的健全，还在于全社会对法治精神的信仰和对法律权威的认同、支持和捍卫，并将法治精神内化为每个社会成员的自觉观念、外化为自觉行为，形成守法光荣、违法可耻的社会氛围，在党的领导下依法管理国家事务、管理经济文化事业、管理社会事务。建设法治社会，既是增强全社会厉行法治的积极性和主动性的基本目标，也是对全社会每一个成员的要求；既需要各级党委、政府以及立法、执法、司法和法制宣传教育等部门齐抓共管，也需要全体人民积极参与，共同推进法治社会建设，并以此推进法治国家、法治政府建设，实现科学立法、严格执法、公正司法、全民守法，促进国家治理体系和治理能力现代化。

采取有效措施增强全社会厉行法治的积极性和主动性

建设法治社会，要在党的领导下，通过弘扬法治精神和建设法治文化，为法治社会建设奠定牢固的思想政治基础和文化素质基础。同时，充分发挥党的基层组织、基层政权组织和各类社会组织的积极作用，共同推进法治社会建设。因此，增强全社会厉行法治的积极性和主动性，必须坚持党的领导，大力弘扬社会主义法治精神，努力建设社会主义法治文化，推进多层次多领域依法治理，促使全体社会成员牢固树立社会主义法治理念，积极推动社会主义法治建设，实现全面推进依法治国的总目标。

坚持党的领导，保证社会主义法治的正确方向。要坚持党领导立法、保证执法、支持司法、带头守法，充分发挥党总揽全局、协调各方的领导作用。要加强党对立法工作的领导，将党的意志通过法定程序上升为国家法律，为全社会在正确的政治方向下厉行法治提供科学有效的法律遵循。要善于使党组织推荐的人选通过法定程序成为国家政权机关的领导人员，善于通过国家政权机关实施党对国家和社会的领导。要加强党对政法工作的领导，把贯彻落实党的方针政策与严格执法、公正司法有机结合起来，在执法、司法工作中忠实执行党的意志，忠实执行法律。

党要带头并带领人民遵守法律、执行法律，坚持党在宪法和法律范围内活动，维护宪法和法律的连续性、稳定性、权威性，增强全社会学法尊法守法用法意识。

弘扬法治精神，在全社会大力开展法治宣传教育。要在全社会开展多种形式的法治宣传教育，使法律的基本精神和主要内容融入社会成员所熟知的基本生活经验和生活常识。要把法治宣传教育与法治实践紧密结合起来，把对法律的尊崇转化为社会成员的基本生活理念，把对法律的严格遵守培养成为社会成员的行为习惯，使社会主义法治精神真正进社区、进乡村、进机关、进企业、进学校、进单位，并逐步深入人心，让全社会每个成员在学法守法用法中深化对社会主义法治精神的认同，引导全体人民遵守法律，形成有问题通过法律来解决的良好氛围和依法办事的自觉行为，从而有效抵御错误观念的干扰和影响，认清社会主义法治是真正造福于人民，保证国家长治久安、人民安居乐业的法治，坚定对中国特色社会主义法治的信念。

建设法治文化，积极推动全社会参与法治实践。要深入开展以社会主义核心价值观为引领的公民道德建设，把法律的"他律"和道德的"自律"紧密结合起来，做到法治和德治相辅相成、相互促进，用社会主义核心价值观引领社会思潮、凝聚社会共识，提高公民道德素质，引导人们依法维护权益、自觉履行义务。要以提高立法质量为目的，深入推进科学立法、民主立法进程，拓展人民有序参与立法途径，进一步完善人民群众参与立法的各项制度和机制，广泛凝聚社会共识，切实增强法律的可执行性和可操作性，提高法律的权威性，更好地发挥立法的引领和推动作用。要加强司法人权保障，努力让人民群众在每一个司法案件中感受到公平正义。要创造有利条件，保障全体社会成员积极参与对法律实施的监督，确保通过有效监督使各级领导干部严格依法决策、各类公职人员认真履行法定职责、执法机关严格规范文明执法，真正做到有法必依、执法必严、违法必究，促进法律的统一、正确、严格实施。

充分发挥党的基层组织、基层政权组织和各类社会组织在法治建设中的积极作用。要创新基层党建工作，健全党的基层组织体系，加大非公有制经济组织、社会组织党建工作力度，确保党的组织和党的工作全覆盖。充分发挥基层党组织战斗堡垒作用，引导广大党员投身法治建设、作出积极贡献。加强党员队伍建设，增强基层干部法治观念和法治为民意识，提高依法办事能力，发挥先锋模范作用。基层政权组织要发挥基层一线工作优势，提高服务和管理能力，保证法律法规正确实施，善于协调解决人民群众各方面各层次利益诉求，运用法治思维和法治方式化解社会矛盾。加强基层法治机构建设，强化基层法治队伍，完善立足于基层、服务于基层的法治工作机制和相关保障，积极推进基层法治建设，为全面推进法治建设奠定牢固基础。鼓励和支持社会组织参与法治建设，发挥行业自律和专业服务功能，发挥对其成员的行为导引、规则约束、权益维护作用。完善社会组织参与社会事务、维护公共利益和人民权益、预防违法犯罪的机制和制度化渠道，加强在华境外非政府组织管理，引导其依法开展活动，共同促进社会主义法治建设。

（作者系国家安全部部长）

（《人民日报》2014年12月05日07版）

推动全社会树立法治意识

吴爱英

党的十八届四中全会通过的《中共中央关于全面推进依法治国若干重大问题的决定》(以下简称《决定》),从党和国家事业发展全局的战略高度,对全面推进依法治国作出一系列新的重大部署,是指导新形势下全面推进依法治国的纲领性文件。我们一定要认真学习领会、坚决贯彻落实。《决定》提出了推动全社会树立法治意识的重大任务。推动全社会树立法治意识,增强全社会厉行法治的积极性和主动性,形成守法光荣、违法可耻的社会氛围,使全体人民都成为社会主义法治的忠实崇尚者、自觉遵守者、坚定捍卫者,对于全面推进依法治国、建设社会主义法治国家具有重要意义。

全社会树立法治意识是全面推进依法治国的基础

法治意识是人们对法律发自内心的认可、崇尚、遵守和服从。习近平同志指出,法律要发生作用,首先全社会要信仰法律。如果一个社会大多数人对法律没有信任感,认为靠法律解决不了问题,那就不可能建成法治社会。因此,一定要引导全社会树立法治意识,使人们发自内心地对宪法和法律信仰与崇敬,把法律规定内化为行为准则,积极主动地遵守宪法和法律。只有这样,才能为全面推进依法治国,实现科学立法、严格执法、公正司法、全民守法奠定坚实的思想基础。

党中央、国务院历来高度重视法治建设,高度重视培育全社会法治意识。党的十八大明确提出法治是我们党治国理政的基本方式。党的十八大以来，以习近平同志为总书记的党中央多次就全面推进依法治国、建设社会主义法治国家和培育全社会法治意识提出要求部署，并明确提出全面推进依法治国的总体布局、主要任务和总的要求，标志着我们党对社会主义法治建设规律的认识和把握达到了新高度和新境界。伴随着我国法治建设的进程，全社会的法治意识不断增强。但必须看到，当前我国社会中信权不信法、信钱不信法、信访不信法的现象依然存在。究其原因，就在于全社会法治意识还没有真正树立起来。推动全社会树立法治意识，依然是一项长期而艰巨的任务。

深入开展法治宣传教育

《决定》明确提出，要坚持把全民普法和守法作为依法治国的长期基础性工作，深入开展法治宣传教育。开展全民普法，把法律交给亿万人民群众，是人类法治发展史上的一大创举。1985年以来，我国已制定实施了6个五年普法规划。近30年的法制宣传教育，有力提高了全体公民的法律素质，增强了全社会的法治意识。从法制宣传教育到法治宣传教育，内涵发生了深刻变化，既包括对法律体系和法律制度的宣传，也包括对立法、执法、司法、守法等一系列法律实践活动的宣传，更加突出了法治理念和法治精神的培育，更加突出了运用法治思维和法治方式能力的培养。要认真贯彻落实党的十八届四中全会精神，深入开展法治宣传教育，传播法律知识，弘扬法治精神，在全社会形成宪法至上、守法光荣的良好氛围。

把全民普法和守法作为依法治国的长期基础性工作。要持之以恒地开展法治宣传教育，深入学习宣传以宪法为核心的各项法律法规，深入学习宣传中国特色社会主义法律体系，使全体公民广泛了解和掌握相关法律知识。注重对法治理念、法治思维和法治信仰的培育，通过多种形式和途径，弘扬社会主义法治精神，培育社会主义法治文化，使人民群众充分相信法律、自觉运用法律，形成遇事找法、解决问题靠法的行为习惯。

把领导干部带头学法、模范守法作为树立法治意识的关键。要认真做好并不断深化领导干部学法用法工作，完善国家工作人员学法用法制度，努力使各级领导干部掌握履行职责所必需的法律知识，增强依法执政、依法行政意识，带头维护宪法和法律权威，自觉依法办事，提高运用法治思维和法治方式深化改革、推动发展、化解矛盾、维护稳定能力。把宪法和法律作为党委（党组）中心组学习内容，列为党校、行政学院、干部学院、社会主义学院必修课，推广领导干部任前法律知识考试制度和公务员法律知识考试等做法，增强领导干部和国家工作人员的法治观念和法律素质。

把法治教育纳入国民教育体系和精神文明创建内容。要坚持法治教育从青少年抓起，把法治教育纳入国民教育序列、列入中小学教学大纲，在中小学设立法治知识课程，保证在校学生都能得到基本法律知识教育。建立学校、家庭、社会一体化的青少年法治教育网络，充分利用第二课堂和社会实践，组织开展青少年喜闻乐见的法治教育活动，增强青少年法治教育的吸引力、感染力。把法治宣传教育纳入精神文明创建，把学法尊法守法用法等情况作为精神文明创建的重要指标，纳入精神文明创建考核评价体系，推进法治宣传教育不断深入。

创新普法宣传形式。要认真贯彻落实习近平同志"要创新宣传形式，注重宣传实效"的重要指示精神，努力推进普法教育工作创新。创新工作理念，进一步树立服务大局的理念，紧紧围绕党和国家工作大局来谋划和开展普法工作；进一步树立以人为本的理念，大力宣传与人民群众生产生活密切相关的法律法规；进一步树立普及法律知识与培育法治观念并重的理念，注重法治理念和法治精神的培育；进一步树立普法教育与法治实践结合的理念，积极推进多层次、多领域依法治理和法治创建活动；进一步树立注重实效的理念，探索建立普法宣传教育效果评估标准体系和跟踪反馈机制。创新方式方法，善于抓住重点、分类施教，针对不同对象，采取不同方法，提高法治宣传教育的针对性和实效性。广泛开展群众性法治文化活动，大力推进法治文化阵地建设，积极开展文化产品创造和推广,增强普法宣传教育的渗透力。建立健全媒体公益普法制度,推动普法宣传公益广告在公共场所、公共区域全覆盖。要加强新媒体新技术在普法中的运用,为公众提供更多、更便捷的学法渠道,提高普法实效。

健全普法宣传教育机制

健全完善的普法宣传教育机制,是推进普法宣传教育工作取得实效的重要保障。普法宣传教育是一项社会系统工程,涉及社会的方方面面。要通过加强领导、明确责任、健全制度,健全普法宣传教育机制,提高普法工作实效。

健全普法宣传教育机制。各级党委和政府要加强对普法工作的领导,宣传、文化、教育部门和人民团体要在普法教育中发挥职能作用。要广泛动员全社会力量,宣传普法工作,宣传法律知识,繁荣法治文化,弘扬法治精神,营造良好的普法教育社会氛围。

健全普法责任制。实行国家机关"谁执法谁普法"的普法责任制,落实各部门、各行业及社会各单位的普法责任。要积极引导群众关心、关注和参与立法活动,使立法过程成为宣传法律的过程。建立法官、检察官、行政执法人员、律师等以案释法制度,加大执法、司法过程中的普法力度,使办案过程成为向群众宣传法律的过程。执法、司法机关要定期编辑、推出各类典型案例,开展以案说法、以案释法活动,发挥典型案例的教育警示作用。

加强普法工作队伍建设。要重点抓好司法行政机关普法工作者队伍和各部门、各行业专兼职普法工作者队伍建设,配齐配强工作人员,切实提高能力素质。加强各级普法讲师团建设,选聘优秀法学人才参加讲师团,充分发挥讲师团在普法工作中的骨干作用。加强普法志愿者队伍建设,鼓励和引导司法人员、行政执法工作人员、社会法律从业人员、大专院校法律专业师生加入志愿者队伍,提高普法志愿者的法律素质和工作水平。

完善守法诚信褒奖机制和违法失信行为惩戒机制

《决定》指出,要牢固树立有权力就有责任、有权利就有义务观念。健全公民和组织守法信用记录,完善守法诚信褒奖机制和违法失信行为惩戒机制。这是培育全社会法治意识的制度动力和有力保障,有利于在全社会形成尚德守法的价值取向,使尊法守法成为全体人民的共同追求和自觉行为。

树立有权力就有责任、有权利就有义务观念。我国宪法第三十三条规定:"任何公民享有宪法和法律规定的权利,同时必须履行宪法和法律规定的义务。"树立法律意识和法治观念,首要的就是坚持权责统一、权利义务统一原则,不能只讲权利、不讲义务,也不能只讲义务、不讲权利。特别是国家机关及其工作人员应当树立有权必有责、用权受监督、违法受追究的意识,严格按照法定职责和权限行使权力、承担法律责任,自觉接受各方面监督,成为尊崇法律、运用法律、遵守法律、维护法律的表率。

完善守法诚信褒奖机制。守法诚信是社会公众的基本规范,是每个企业、事业单位和社会成员立足于社会的必要条件。守法诚信建设是一个系统工程,既要加强守法诚信教育,又要强化制度约束,形成守法诚信长效机制。要健全公民和组织守法信用信息记录,使每一个公民和组织的信用状况公开透明、可查可核。完善守法诚信褒奖机制,在确定经济社会发展目标和发展规划、出台经济社会重大政策和重大改革措施时,把守法经营、诚实信用作为重要内容,形成有利于弘扬诚信的良好政策导向和利益机制;在市场监管和公共服务过程中,充分应用信用信息和信用产品,对诚实守信者实行优先办理、简化程序等"绿色通道"支持激励政策,在全社会形成遵纪守法、诚实守信的良好氛围。

完善违法失信行为惩戒机制。完善违法失信行为惩戒机制,强化对违法失信行为的约束和惩戒,是维护宪法和法律权威、树立法治意识的重要途径。要完善失信行为约束和惩戒机制,实行失信发布制度,建立严重失信黑名单制度和市场退出机制，建立多部门、跨地区失信联合惩戒机制，加强对涉及食品药品安全、环境保护、安全生产、税收征缴等重点领域违法犯罪行为的专项整治，形成扬善抑恶的制度机制和社会环境。完善违法行为惩戒机制，坚持严格执法、公正司法，让受到侵害的权利都能得到有效保护和救济，使违法犯罪活动都受到应有制裁和惩罚，努力让人民群众从每一次执法活动中、在每一个司法案件中都感受到公平正义，从而发自内心地敬畏法律、信任法律和遵从法律。

加强公民道德建设

《决定》指出，要加强公民道德建设。法律是成文的道德，道德是内心的法律，二者相互依存、相互促进，具有天然的联系和共同的价值取向。推动全社会树立法治意识，必须加强公民道德建设，全面提高公民道德素质，使法治成为人们的道德追求。

坚持法治建设与道德建设相结合。习近平同志多次强调，要坚持依法治国和以德治国相结合，把法治建设和道德建设紧密结合起来，把他律与自律紧密结合起来，做到法治与德治相辅相成、相互促进。我国古代的德治思想十分丰富，儒法并用、德刑相辅是我国历史上常用的治理方式。要弘扬中华优秀传统文化，深入挖掘和阐发中华优秀传统文化讲仁爱、重民本、守诚信、崇正义、尚和合、求大同的时代价值，增强法治的道德底蕴。通过教育引导、舆论宣传、文化熏陶、实践养成、制度保障等，把道德建设融入法治建设各环节，强化规则意识，倡导契约精神，弘扬公序良俗，用良好的道德风尚引领全体公民自觉守法、维护法律权威。

全面提高公民道德素质。"国无德不兴，人无德不立"。一个国家的公民道德素质在一定程度上影响和制约着法治进程。要加强社会公德、职业道德、家庭美德、个人品德教育，深入实施公民道德建设工程，加强和改进思想政治工作，深化群众性精神文明创建活动，广泛开展志愿服务，推动学雷锋活动、学习宣传道德模范活动常态化，引导人们自觉履行法定义务、社会责任、家庭责任。广大党员干部要模范践行社会主义核心价值观,树立良好道德风尚,争做社会主义道德的示范者、诚信风尚的引领者、公平正义的维护者。

发挥法治在解决道德领域突出问题中的作用。党和国家高度重视并大力加强社会主义思想道德建设,干部群众的道德荣誉感和道德自觉性不断提升,公民文明素质和社会文明程度不断提高。同时也要看到,国内外环境深刻变化,经济社会深刻变革,人们的思想观念、价值取向日益多元,追求真善美与道德行为失范相互交织,诚信缺失、价值观扭曲问题依然存在。要根据经济社会发展需要和人民群众的愿望要求,把道德领域的一些突出问题纳入法律调整范围,加大执法、司法工作力度,弘扬真善美,制裁假恶丑。深入开展道德领域突出问题专项教育和治理,把加强道德教育和依法解决问题、健全制度保障结合起来,让违法行为不仅受到法律制裁,而且受到道德谴责,引导人们强化道德观念和法治意识,推动形成崇法守信的社会风尚。

(作者系司法部部长)

(《人民日报》2014年12月08日07版)

推进多层次多领域依法治理

汪永清

党的十八届四中全会通过的《中共中央关于全面推进依法治国若干重大问题的决定》（以下简称《决定》）提出推进法治社会建设的重大任务，强调推进多层次多领域依法治理，提高社会治理法治化水平。我们要深入学习领会全会精神，扎实推进多层次多领域依法治理，为推进法治社会建设、加快建设社会主义法治国家奠定坚实基础。

推进多层次多领域依法治理的重要意义

依法治理，就是运用法治方式进行社会治理。《决定》提出推进多层次多领域依法治理，是对多年来我国依法治理经验的总结，反映了我们党对社会治理和依法治国规律性认识的深化。

推进多层次多领域依法治理是创新社会治理、推进国家治理体系和治理能力现代化的必然要求。党的十八届三中全会从完善和发展中国特色社会主义制度、推进国家治理体系和治理能力现代化的高度，作出创新社会治理体制的战略部署。法治是国家治理最基本的形式，社会治理是国家治理的重要内容。习近平同志指出，国家治理体系和治理能力是一个国家的制度和制度执行能力的集中体现；法律是治国之重器，法治是国家治理体系和治理能力的重要依托。运用法律调节社会关系、维护社会秩序、规范人的行为，是依法治理的基本内容，也是古今中外历史反复证明了的有效方法。深入推进多层次多领域依法治理，在法治轨道上维护社会正常秩序、解决各种社会问题、协调各种社会利益关系、推动各项社会事业发展,对于推进国家治理体系和治理能力现代化,具有重要意义。

推进多层次多领域依法治理是全面推进依法治国、加快法治社会建设的必然要求。《决定》提出推进法治社会建设的明确要求。法治社会的重要特征是法律成为社会的基本准则,整个社会按照法律规范运行。随着我国经济社会快速发展,我国社会呈现社会层次立体化、社会主体多样化、社会利益差别化、社会矛盾复杂化的新格局,法治愈加成为加强社会治理、实现社会善治的必然选择。深入推进多层次多领域依法治理,用法律上的事实判断是非、用权利义务关系衡量对错,不同层次不同领域社会关系得到规范协调,社会主体能够依法理性表达诉求,社会矛盾纠纷能够依法按程序公正解决,对于推动建设全社会忠于、遵守、维护和运用宪法法律的法治社会,具有重要意义。

推进多层次多领域依法治理是维护社会和谐稳定、实现国家长治久安的必然要求。稳定是改革发展的基础和前提。当前,我国社会大局是稳定的,但维护社会和谐稳定任务仍然艰巨繁重。法治具有稳定性、连续性和权威性,对于维护社会和谐稳定具有基础性、长久性作用。习近平同志深刻指出,和谐社会本质上是法治社会。深入推进多层次多领域依法治理,把社会治理纳入法治化轨道,强化法律在维护群众权益、化解社会矛盾中的权威地位,推动形成行止有法、办事依法、遇事找法、解决问题靠法的良好社会氛围,对于维护社会和谐稳定、实现国家长治久安具有重要意义。

推进多层次多领域依法治理的主要任务

实现良好的社会治理,最重要的是要根据我国宪法法律确立的基本原则和基本制度,政府、基层群众自治组织、人民团体、社会组织和企业之间职责明确、合作共事,共同处理社会公共事务,实现公平与效率的统一、自由与秩序的统一。《决定》在全面总结地方、部门和行业依法治理实践的基础上,对推进多层次多领域依法治理作出全面部署。

深化基层组织和部门、行业依法治理。基层组织和部门、行业是社会的重要组成单元，在社会治理中具有重要地位。要按照《决定》要求，深入推进基层组织和部门、行业等多领域依法治理，支持各类社会主体自我约束、自我管理。要深化基层组织依法治理。习近平同志指出，社会治理的重心必须落实到城乡社区，社区服务和管理的能力强了，社会治理的基础也就实了。要深入贯彻村民委员会组织法、城市居民委员会组织法等基层群众自治法律法规，健全完善村（居）群众组织，推进村民委员会、居民委员会依照法律和章程自主管理村（居）事务，使广大基层群众在自我管理、自我服务中增强法治意识和权利义务观念，提高依法管理社会事务的意识和能力。要深入推进部门行业依法治理。各级政府部门担负着社会管理职能，许多部门还具有行政执法权；各行业同经济社会发展和人民生产生活密切相关。要大力推动各级政府部门和各行业普遍开展依法治理，实现依法治理对部门行业的全面覆盖，促进各级政府部门依法行政、严格执法，社会各行业依法办事、诚信尽责。要积极推动多层次的地方和区域依法治理，在省、市、县、乡各个层面上推进社会治理法治化，不断提高国家和社会治理法治化水平。

发挥社会规范在社会治理中的积极作用。法治是法律之治、规则之治。依法治理是依据完备的法律法规和制度规范体系所进行的社会治理。在社会治理规则体系中，法律法规居于基础性地位，我们日常所说的依法治理，主要就是依据法律法规进行社会治理。同时，现代社会纷繁复杂，社会治理规则体系是由不同类别、不同层级、不同效力的社会规范构成的集合体，除国家法律法规外，市民公约、乡规民约、行业规章、团体章程等多种形式的社会规范，对其效力所及的组织和成员个人具有重要的规范、指引和约束作用，也是治理社会公共事务的重要依据和遵循。要制定完善市民公约、乡规民约、行业规章、团体章程，推动形成多层次、多样化的社会治理规则体系，把那些可以通过社会成员契约合意自我规范或解决的问题交由社会规范或契约解决。要引导和支持城乡社区基层组织、行业和社会团体通过规约章程自我约束、自我管理，规范成员行为，依法维护成员合法权益。同时，要加强对市民公约、乡规民约、行业规章、团体章程等社会规范制订和实施情况的审查监督，确保这些社会规范不违反法律规定，符合社会主义法治原则和精神。

深入开展多层次多形式法治创建活动。我国社会主体数量众多，乡镇4万多个，建制村（居）80多万个，登记企事业法人1000余万家。这些基本社会单元的法治化程度，直接决定整个社会的法治化水平。要把法律规定和法治原则、法治精神体现在、落实到各类社会主体的活动之中，最大限度地实现依法治理的社会参与。要立足实际、突出特色开展法治创建。根据不同类型社会主体的性质、功能和特点，制定符合实际、特色鲜明的法治创建目标和实施方案，分类指导、务求实效。通过开展法治创建活动，使参与社会治理的所有主体都能明白自身的法定权力和责任、权利和义务，成为自觉遵守法律、善于运用法律的有作为的治理力量。对于行政区域，要着眼于法律全面实施，推进区域社会治理的制度化、法治化，规范公共权力行使，保障公民权利；对于市场主体，要着眼于建立现代企业制度，完善法人治理结构，促进依法经营、重信守诺；对于村（居）基层组织，要着眼于推进基层民主法治建设，完善村（居）民自治制度和机制，促进民主管理、依法自治；对于社会组织，要着眼于规范行为、激发活力，完善内部治理机制、强化自律功能。要探索建立科学完备的法治创建指标体系。根据社会主体的类型和特点，科学确定衡量社会主体法治创建效果的代表性要素，分类研究制定法治创建指标体系和法治创建效果评估体系，对社会主体法治化程度进行量化评估，指导和推动法治创建活动深入发展。

发挥人民团体和社会组织在法治社会建设中的积极作用。人民团体是党领导下的群众组织，是党联系人民群众的桥梁和纽带，在法治社会建设中肩负重要责任。要在党的领导下，教育和组织团体成员和所联系群众依照宪法和法律的规定，通过各种途径和形式参与管理国家事务，管理经济文化事业，管理社会事务。要发挥各自组织特点和优势，建立制度化管道、完善工作机制，积极开展法治宣传教育，依法维护团体成员和人民群众合法权益。市场经济条件下,社会组织是政府与市场之间、政府与社会之间、政府与公民之间的桥梁和纽带,是社会治理的重要主体。改革开放以来,我国社会组织发展迅速,但总的看,还存在数量不足、覆盖不广、监管不完善、作用发挥不充分等问题。要按照《决定》要求,引导和支持社会组织参与依法治理,发挥社会组织在法治社会建设中的积极作用。要建立健全社会组织发挥作用的机制和制度化渠道。创新社会组织培养扶持机制,建立健全政府购买服务机制,把适合由社会组织提供的公共服务和解决的事项交由社会组织承担。引导社会组织发挥专业优势、开展志愿服务,构建制度化服务平台。鼓励支持社会组织参与社会事务、维护公共利益、救助困难群众、帮教特殊人群、预防违法犯罪。要大力培育发展行业协会商会类社会组织。进一步推进政社分开,加快行业协会商会与行政机关脱钩步伐,使之真正成为组织健全、制度完善、权责明确、运行规范的社会主体,发挥行业自律和专业服务功能,为会员和社会公众提供方便快捷的专业化服务,规范和促进行业健康有序发展。要切实加强对社会组织的监督管理。完善社会组织管理相关法律法规,构建法律规制、政府监管、社会监督有机结合的监管体系,完善社会组织内部治理结构,提高自我管理、自我约束能力,确保社会组织有序发展、规范运行。加强在华境外非政府组织管理,引导和监督其依法开展活动。

　　深入推进社会治安综合治理。加强社会治安综合治理,是解决我国社会治安问题的根本途径。要始终坚持打防结合、预防为主、专群结合、依靠群众的工作方针,深入推进社会治安综合治理,努力建设平安中国,确保人民安居乐业、社会安定有序、国家长治久安。要依法严厉打击严重刑事犯罪,保障人民生命财产安全。要依法严厉打击暴力恐怖、涉黑犯罪、邪教和黄赌毒等违法犯罪活动,绝不允许其形成气候。要完善立体化社会治安防控体系。着力构建党政主导、综治协调、部门负责、社会协同、全民参与的立体化社会治安防控体系建设格局,健全以源头防控、动态防控、重点防控、科技防控、网格防控、区域防控和网络防控为主要内容的立体化社会治安防控网，有效防范化解管控影响社会安定的问题。深入开展基层平安创建活动，深化社会治安重点地区排查整治。坚持最严格的安全生产制度，依法强化危害食品药品安全、影响安全生产、损害生态环境、破坏网络安全等重点问题治理。完善对严重精神障碍患者等特殊人群的救治管理机制，切实解决影响平安的突出问题，增强人民群众安全感。要加强互联网管理。依法治理网络空间，健全信息网络管理体系，全面推行网络实名登记制度，推动落实网络运营、服务主体法定义务，推进网络空间诚信体系建设，营造健康向上的网络环境。加强信息网络安全管理基础性制度建设，依法打击整治网络违法犯罪，全力维护网络社会安全。

推进多层次多领域依法治理的基本要求

多层次多领域依法治理是法治社会建设的重要内容，是创新社会治理、实现社会善治的必由之路。在推进过程中，要切实把握以下几个方面。

坚持系统治理、依法治理、综合治理、源头治理。习近平同志深刻指出，社会治理是一门科学，治理与管理一字之差，体现的是系统治理、依法治理、综合治理、源头治理。坚持系统治理，就是要自觉把社会治理置于经济社会发展全局中来思考，放到推进国家治理体系和治理能力现代化的大局中来谋划，放到法治中国建设的战略布局中来推进。坚持依法治理，就是要善于用法治精神引领社会治理，用法治思维谋划社会治理，用法治方式破解社会治理难题，把社会治理纳入法治轨道。坚持综合治理，就是要健全落实综合治理领导责任制，坚持发挥党委领导核心作用、政府主导作用，发挥相关部门职能作用、社会各方面协同作用、广大群众主体作用，形成社会治理整体合力。坚持源头治理，就是要坚持标本兼治、重在治本，推动社会治理向前端、向基层延伸，从源头和基础上解决影响社会和谐稳定的深层次问题。

坚持人民主体地位。人民是国家的主人，是社会的主体，也是推进依法治理、建设法治社会的主体。要以促进社会公平正义、增进人民福祉为出发点和落脚点，紧紧依靠人民推进社会治理，充分调动人民群众参与依法治理的积极性，克服只讲"官"治、不讲"民"治的偏失，形成依法治理依靠人民、依法治理为了人民、依法治理成效造福于人民的良好局面。

坚持运用法治思维和法治方式。习近平同志多次强调，各级领导干部要提高运用法治思维和法治方式能力，在法治轨道上推进各项工作。要把法治要求落实到社会治理各层次、各领域，发挥好法治对社会治理的引领、规范和保障作用。要坚持用法治思维和法治方式预防化解矛盾，引导和支持人们依法理性表达诉求、依法律按程序维护权益。各级领导干部要自觉带头守法，善于运用法治思维和法治方式开展工作、解决问题，有效实施社会治理。

坚持党委领导、政府主导与调动社会积极性相结合。提升社会治理能力，关键在于创新社会治理体制，构建党委领导、政府主导、社会各方面有效参与的共治格局，确保社会既充满活力又和谐有序。要始终坚持党的领导，加强各级党委对各类社会主体依法治理的组织领导，确保依法治理沿着中国特色社会主义法治道路健康发展。各级政府要带头依法行政、严格执法，发挥示范带动作用，加强对各类社会主体依法治理活动的指导和监督，推动多层次多领域依法治理广泛深入开展。要尊重各类社会主体的依法治理主体地位，尊重基层和群众的首创精神，努力形成党政善治、社会共治、基层自治的良好局面。

（作者系中央政法委秘书长）
（《人民日报》2014年12月11日07版）

让法治精神进课堂进教材进头脑

朱善璐

党的十八届四中全会是我们党和国家发展史上一次具有里程碑意义的会议。学习贯彻十八届四中全会精神，是我们当前和今后一个时期的重要政治任务，也是加快创建世界一流大学的必然要求。为此，北京大学将着力做好以下工作。

掀起学习贯彻十八届四中全会精神的热潮。把学习贯彻全会精神与学习贯彻习近平同志今年5月4日在北京大学的重要讲话结合起来，与学校党委正在开展的"深化综合改革、聚力科学发展"讨论活动结合起来，精心策划，认真组织，深入推进。深刻把握党的领导和依法治国的关系，旗帜鲜明地讲清楚这个问题，形成全体师生的高度共识和共同遵循。在全校广泛开展以全面推进依法治国为主题的宣传教育活动，使全面推进依法治国的重大部署深入师生员工内心，在人才培养、科学研究、社会服务等各个方面贯彻全会精神，牢牢坚持正确导向，让全会精神进课堂、进教材、进头脑。

引导广大师生自觉服务党和国家工作大局，积极投身法治中国建设。这次全会明确了全面推进依法治国的重大任务，确立了建设法治中国的宏伟蓝图。北京大学将紧密结合这些重大任务，扎根中国大地办大学，充分发挥法学、政治学、社会学等人文社会科学优势，积极开展中国特色社会主义法治体系、法治政府、法治社会研究，使北京大学成为宣传马克思主义法治思想的坚强阵地、依法治国的重要智库。传递正能量，唱响主旋律，在增强法治观念、普及法律知识、建设法治文化等方面发挥示范引领作用，推动全社会树立法治意识。落实立德树人根本要求，加大教育教学改革力度，创新法治人才培养机制，形成完善的中国特色社会主义法学理论体系、学科体系、课程体系，培养造就熟悉和坚持中国特色社会主义法治体系的法治人才及后备力量。

全面推进依法治校。依法治校是依法治国的重要组成部分，也是依法治国在大学教育中的具体体现。大学章程是大学依法自主办学的根本依据和总纲领。全面推进依法治校，关键是以制定和实施大学章程为龙头，建立健全中国特色现代大学制度。坚持党委领导下的校长负责制，建立健全党委统一领导，党政分工合作、协调运行的工作机制。以构建政府、学校、社会新型关系为核心，正确处理办学自主权和大学自律机制的关系。探索学术权力与行政权力分工明确、各司其职、各负其责的管理机制，使二者有机协调。建立师生权利保障机制，率先在学校内部形成法治文化和民主管理氛围。

埋头苦干、改革创新，力争早日实现北大人创建世界一流大学的梦想。十八届四中全会通过的《中共中央关于全面推进依法治国若干重大问题的决定》与十八届三中全会通过的《中共中央关于全面深化改革若干重大问题的决定》形成了姊妹篇。北京大学将把十八届三中、四中全会精神紧密结合起来学习贯彻，用法治思维和法治方式构建现代大学制度，使改革在制度轨道上有序推进，使改革的力量通过制度体系有效凝聚，使改革的力度和师生员工的可承受程度有机结合，实现学校治理结构和治理能力现代化，加快建设中国特色世界一流大学。

（作者系北京大学党委书记、教授）

（《人民日报》2014年11月12日07版）

第六章

高素质的法治工作队伍是全面推进依法治国的核心力量

努力建设党和人民满意的过硬法治工作队伍，是全面推进依法治国的基础，是建设法治中国的重要保障。《决定》指出："全面推进依法治国，必须大力提高法治工作队伍思想政治素质、业务工作能力、职业道德水准，着力建设一支忠于党、忠于国家、忠于人民、忠于法律的社会主义法治工作队伍，为加快建设社会主义法治国家提供强有力的组织和人才保障。"这是在新的历史条件下，我国着眼建设一支什么样的法治工作队伍确立的总目标，根本上是要解决"服从谁、依靠谁、为了谁、依什么行事"的问题，它对于践行社会主义法治新理念，顺应人民群众新期待，开创法治工作新局面，具有十分重要的现实意义。必须重视法治工作队伍的思想建设、能力建设和组织建设，通过创新法治人才培养制度机制，不断提升法治工作队伍业务素质，为推进国家治理体系和治理能力现代化贡献力量。

一、建设一支忠于党、忠于国家、忠于人民、忠于法律的社会主义法治工作队伍

我国法治工作的性质和所承担的政治责任、社会责任，要求新形势下法治工作队伍必须对党、对国家、对人民、对法律忠诚。坚持党的事业、人民利益、宪法法律至上，加强涵盖立法、行政执法、司法在内的法治工作队伍建设，必须以坚定理想信念为根本，以提高职业素养为核心，以涵养道德操守为保障，抓住立法、执法、司法机关各级领导班子这个关键，增强专业化、职业化和正规化水平，确保法治工作队伍优素质、高水平和纯洁性。

（一）忠于党是政治灵魂

党的领导是中国特色社会主义最本质的特征，是社会主义法治最根本的保证。我国宪法确立了中国共产党的领导地位。坚持党的领导，是社会主义法治的根本要求，是党和国家的根本所在、命脉所在，是全国各族人民的利益所系、幸福所系，是全面推进依法治国的题中应有之义。忠于党是法治工作队伍的政治本色和最高精神境界，也是本质属性。在实践中，包括立法队伍、行政执法队伍、司法队伍在内的法治工作者要对党的事业忠心耿耿，在思想上以马克思列宁主义、毛泽东思想、邓小平理论、"三个代表"重要思想和科学发展观为指导，深入贯彻习近平总书记系列重要讲话精神，高举中国特色社会主义伟大旗帜，在政治上同党中央保持高度一致，在组织上服从党的绝对领导，在行动上成为巩固共产党执政地位的忠实力量。改革开放以来，社会主义建设面临的形势日益严峻，法治工作者的执法环境更加复杂多变，对党忠诚的重要性日益凸显。深入开展社会主义核心价值观和社会主义法治理念教育，不断坚定法治工作队伍理想信念，强化敢于担当的精神，切实肩负起社会主义事业建设者和捍卫者的职责使命。

（二）忠于国家是最高原则

忠于国家，是切实解决好"服从谁"的问题。坚持个人和集体的一切利益服从国家利益。党的性质决定党领导下的法治工作者没有自己的特殊利益，国家的利益就是我们的最高利益。在国家利益受到损害时，敢于挺身而出旗帜鲜明地开展斗争。同时，要像爱护自己眼睛一样维护国家统一、主权和尊严，始终把个人追求同祖国富强结合起来，把各民族繁荣发展同中华民族伟大复兴相统一，在热爱祖国奉献祖国中实现自己的价值观，在捍卫国家法治统一的司法实践中运用法律手段履行法定职责，坚决打击危害国家颠覆国家政权的犯罪，自觉维护国家的统一，维护民族的团结。忠于国家，就是要让法治工作者把国家的利益放在首位，祖国的荣誉高于一切，核心是对祖国具有高度爱国主义情感。积极开展忠于国家的教育，必将有助于法治工作者明确职业的政治使命和责任，强化职业意识，更好履行职责。

（三）忠于人民是根本宗旨

忠于人民是社会主义国家的性质所决定的，是法治工作人民性的要求的具体体现。早在千百年前，中国人就提出了"民惟邦本，本固邦宁"、"天地之间莫贵于人"，从孔子的"爱民如子，视民如伤"，到孟子的"民为贵，君为轻，社稷次之"，到荀子的"水能载舟，亦能覆舟"，再到唐朝的"国以民为本"，这些观念即为中国特有的民本思想。现在，党全心全意为人民服务的宗旨决定了法治工作队伍更加强调为民思想。可以说，为民做主的情结是忠于人民的直接体现。法治工作者忠于人民就是要求法治工作者把人民的利益作为一切工作的出发点和归宿，全心全意为人民利益而工作的职业精神和忠诚行为。坚持以人为本的科学发展观，坚持执法为民的社会主义法治理念，在执法目的上要以维护最大多数人民群众的利益为本，在执法标准上以人民群众满意为本，在执法方式上充分依靠人民群众，实行专门机关和群众路线相结合，真正做到想群众之所想急群众之所急，真心实意地为人民群众办实事办好事，真正做到权为民所用、情为民所系、利为民所谋。积极开展忠于人民的教育，有助于增强法治工作者的宗旨观念和公仆意识，提高职业忠诚度，形成良好的忠诚品质。

（四）忠于法律是职业准则

忠于法律，是法治工作者应有的行为操守和基本道德品质。在法治工作实践中，要求法治工作者，无论面对什么情况，都应毫不动摇地按照法律的要求行事，使执法行为始终以法律为准则，而不以法律赋予的职权谋取私利，更不能以个人的情感代替法律。尤其是十八届四中全会强调依据宪法法律治国理政。可以说，宪法法律至上是党中央对我国社会主义法治内涵的概括，也是对马克思主义法学理论的发展和突破。宪法法律至上正是基于对新时期党的执政方式的科学认识基础上提出的，是共产党总结和探索执政规律的重要成果，标志着党在思想认识上完成了领导方式和执政方式的重大转变。在这种条件下，法治工作者更应该信仰法治、坚守法治，做知法、懂法、守法、护法的执法者，站稳脚跟，挺直脊梁，只服从事实，只服从法律，铁面无私，秉公执法，站在社会发展前沿，努力为国家、为社会创造福祉，为全面建成小康社会，推进社会法治化进程贡献力量。

总之，"四个忠于"的目标要求中，忠于党是忠于国家、忠于人民、忠于法律的政治前提，是实现祖国强盛、维护人民利益、捍卫法律权威的政治基础；忠于国家、忠于人民、忠于法律是忠于党的利益归宿，是党的意志的价值体现。这四个方面在有机联系中规约了法治工作者必须在党的绝对领导下，以为人民服务为宗旨，以宪法和法律为活动准则，恪守国家和人民的利益高于一切的原则，不断提高和净化法治工作队伍，确保这支队伍的高素质和纯洁性。

二、畅通法律人才交流渠道 推进法治工作队伍正规化、专业化和职业化

孟子"徒法不足以自行"的古训，昭示了在现代法治中仍然需要重视人的因素。党的十八届四中全会绘就了全面推进依法治国的蓝图，加快推进中国的社会主义法治进程，必先造就一支能够支撑中国法治发展的法律职业者队伍。法律职业者，是以律师、检察官、法官为代表的，受过专门的法律专业训练，具有娴熟的法律技能与法律伦理的法律人。在建设法治中国的进程中，强调法律制度构建的同时，也愈加重视法律操作者的职业化造就。但是以往在法律职业造就过程中，把视角过分集中在法律职业内部角色差别上，认为法律职业内部不同部门的法律工作是各自独立、不同类型的工作。由此根据不同类型的法律工作特点建立起法律职业的分别化制度，包括不同的从业资格标准、资格授予程序、

方式和职业准则。目前分别化制度在实践中的弊端已愈显突出，从业资格的不同造成法官、检察官和律师职业者之间的互不认同；司法独立的法治原则在法律职业者之间也难以达成共识；分别的培养制度使本来就十分短缺的司法资源造成不应有的浪费。从法治目标的长远来看，建设高素质法治专门队伍，必须大力推进法律职业化进程，构建法律职业共同体，畅通不同部门之间法律人才的交流渠道，完善法律职业准入制度和保障制度，才能最终实现法治专门队伍的正规化、专业化、职业化。

（一）畅通干部和人才交流渠道

立良法、严执法、正司法、重守法，是实现法治的终极目标。建设高素质的法治专门人才队伍，必然是立法队伍、执法队伍、司法队伍建设的有机统一。十八届四中全会明确指出："加强立法队伍、行政执法队伍、司法队伍建设，畅通立法、执法、司法部门干部和人才相互之间以及与其他部门具备条件的干部和人才交流渠道。"如何打破部门之间的壁垒，畅通立法、执法、司法部门之间以及与其他部门的干部和人才交流，进而推动法律职业化依然是一个任重而道远的课题。畅通干部和人才交流渠道，关键是落实科学法律人才观，在干部和人才选用管理上建立"三条通道"。

1. 建立拓展职业发展空间的通道

我国立法、执法、司法部门采取的是行政化的人事管理。这种行政化不利于法官、检察官身份保障制度和职业荣誉感的建立，对司法公正也会产生负面影响，同时也一定程度阻碍了人才的流动。要在现在行政职务管理基础上，探索建立职务与职级、职称管理相结合的制度。这就非常有利于拓展法律人才职业发展空间，有利于打通"三支队伍"之间的流动渠道。具体做法是：在立法、执法、司法部门，在法律专业人才中，建立职务、职级、职称三种序列管理制度，三种序列的晋升可以独立进行，不需要一致。一般来讲，职务晋升是通过选举、竞聘等途径实现的，职级是以学历、资历、工作经历为基础，职称是走社会化评审的道路；

在分配待遇上可以以职级为主要依据，职务和职称可以提供相应的补贴。拓展法律人才职业发展空间，至少有三方面的好处：对行政职务的留恋感减少；对不担任领导职务的法律人才积极性有所提高；在分流中能获得生存机会。

2. 建立减少"官本位"利益吸引的通道

以往立法、执法、司法部门的干部和人才交流存在一些实践层面的问题。从交流方式上看，任职期满交流、回避性交流多，年轻人才的培养锻炼性交流少；从人才的流向上看，辖区间、机关内部、系统内部横向交流较多，上下级机关间的纵向交流、党政交流、跨系统交流相对较少等等。产生这些问题的一个重要原因在于法治部门掌握的权力"含金量"过大，职务上下之间存在着巨大的利差鸿沟，导致一些干部和人才不愿跨部门交流、不愿向下交流。所以，必须采取有效措施，减少"官本位"的利益吸引。第一，必须通过规范运作，加强权力监督，坚决杜绝权力的自由延伸。第二，要调节过高收入。根据实际情况，注意平衡法治部门与其他部门的收入差距，市级与区级、区级与乡镇街道的差距，通过媒体曝光、群众评比和市民投诉，以及政治、行政、法律、道德问责等手段，增加任职风险压力。第三，要给权力持有者加压。可以通过上级强制要求提高服务质量、提高执业能力的督促，以增加法治工作压力；可以通过"满意不满意"等评比工作和市民投诉等途径，使法治工作增加来自社会各方的压力。

3. 建立疏通退出人员阻力的通道

法治部门中不适合、不胜任岗位的人员退出，才能补充高素质的新鲜血液，使人才流动顺畅。目前我国还未建立起覆盖所有下岗人才、类似西方国家那样的公务员福利和社会保障机制，尤其是法律职业保障制度不健全。在这种情况下，法治部门干部和人才一旦退出岗位，撇开"官本位"、面子难看等因素不谈，造成待遇降低、收入减少、实际利益受损，导致干部和人才普遍担心下来后再上岗困难大，生活待遇反差大，因而愿意退出岗位的人自然就不多。对退出人员作适度政策倾斜是减少阻力的通道。可尽量在单位内安排退出人员工作；可以发放一次性补贴，"买断工龄"；适当地利用政府资源为他们进入企业、寻找就业，提供创业机会，在贷款等方面适度帮助，并给予政治上，生活上一些温暖、关怀等等。这些政策倾斜，是处理改革、发展、稳定的重要举措，也是疏通退出人员阻力的有效通道。

（二）完善法律职业准入制度

所谓法律职业准入制度是指法律职业从业人员从业资格的取得制度，通常也就是指相关人员必须经过法律知识和职业伦理水准的统一考试才能获得从业资格的制度。《法官法》和《检察官法》的修改及统一司法考试制度的设立，严格了从业资格条件。法学教育和培训的普及与繁荣，为法律职业输送了大量的优秀人才。我国的法律职业准入制度比以前有了较大的进步，但是还存在法学教育与法学职业脱节、司法考试形式单一、报考资格没有严格限制、职前培训流于形式等问题。完善法律职业准入制度必须从法学教育、司法考试、职前培训等几个方面入手。

1. 改革法学教育模式，实现法学教育与法律职业的接轨

针对当前法学专业教学面临的师资、教学质量低等问题，应当对目前的教学模式进行改革。首先应该控制法学专业的招生规模，并对现有各院校的教研实力进行评估，对那些不合格的不再准许开设法学专业，以提高办学水平。其次，针对不同院校自身的特点和学生不同的职业规划进行区别培养。对那些选择就业的更加注重其实用知识的培养，而对那些有潜力和意图继续深造的则注重理论方面的指导。最后，无论是学生还是教师都要尽量多地参与社会实践，将理论与实践结合起来，从具体的案例实务中掌握法律的真正意义，从而实现法学教育与法律职业的互通。

2. 严格考试主体资格，完善考试方式

各国的司法考试均在法科毕业生的层面上，采取层层选拔和考核的机制，保证通过者有良好的法律教育背景及具有从事法律实务的基本知识与修养。根据我国新的《法官法》和《检察官法》，在考试主体资格的限定上，将参考人员的学历要求从原来的大专提升到了本科，但并未规定法律专业的教育背景。在考试内容与形式上，根据《国家司法考试实施办法》，我国的司法统一考试每年举行一次，主要测试应试人员所应具备的法律专业知识和从事法律职业的能力。完善法律职业准入制度，需从源头上把好法治专门队伍的素质关。健全国家统一法律职业资格考试制度，将司法考试制度改为国家统一法律职业资格考试制度，改革考试内容，将法律职业立场、伦理、技能纳入考试范围。

3. 确立统一的职前培训制度

过去的初任法官、检察官和律师资格考试，通过者直接进入相应工作领域，由助审员、助检员或实习律师做起，经过一段时间的司法实践磨砺，成长为各专业合格或优秀的人才。这种通过自我积累业务经验和通过职业再教育的手段来取代任职前的专门实务培训制度的做法，不能确保未来司法官胜任将要从事的法律职务，难以适应现代法治对法律职业准入制度的需求。因此，在完善国家司法考试制度的同时，应当建立统一的法律职前培训制度。将现有的国家法官学院、国家检察官学院统一为国家司法培训学院，在各省市设立相应的司法培训学院分院，由资深法学家、资深律师、资深检察官、资深法官组成强大的师资队伍，对通过国家司法考试的人员进行一段时间的实务培训。培训应包括旨在提高受训者法律思维能力、法律分析能力、法律推理能力等法律实际运用技能及法律职业道德素质。培训结束后，可根据个人平时成绩和志向选择检察院、法院、律师事务所进行实习，实习结束后，应由所在部门出具实习意见，由此参加学院结业考核，考核通过者授予初任法官、检察官和执业律师资格。

4. 完善法官、检察官遴选制度

一是建立从符合条件的律师、法学专家中招录立法工作者、法官、检察官制度。法律职业间的自我封闭，必然形成职业壁垒和行业至上，法律职业共同体间难以达成一致的价值取向和职业认同。英美法系显著有效的法官准入制度值得我们借鉴，其法官从律师中选任的思路对我们应有所启发。在英美法系国家，法官享有较高声望和管理的独立性，他们与律师协会有密切关系，他们从那里被提升。被任命为法官是卓有成就的高级律师生涯的无上荣耀。十八届四中全会指出，"建立从符合条件的律师、法学专家中招录立法工作者、法官、检察官制度"，进一步肯定了借鉴英美法系法官准入的思路。但借鉴并不等于简单地照抄照搬，鉴于我国的历史文化背景、法治现状，如何立足国情，有益地借鉴与吸收，应是重点研究的问题。二是建立法官、检察官逐级遴选制度。初任法官、检察官由高级人民法院、省级人民检察院统一招录，一律在基层法院、检察院任职。上级人民法院，人民检察院的法官、检察官一般从下一级人民法院，人民检察院的优秀法官、检察官中遴选。

（三）完善法律职业保障制度

职业准入制度为选拔高素质人才把好了入口关，但是要真正吸引精英进入法律职业，没有相适应的职业保障是难以想象的。当前法律职业保障制度的欠缺，是司法机关整体素质不高，没有职业荣誉感，司法独立无法实现的重要原因。应进一步健全完善律师行业管理与自治制度、司法独立制度、法官检察官职务保障制度，使完善的法律职业保障制度成为法律职业者防止不当侵害的天然屏障和吸收优秀人才的畅通渠道。

1. 完善律师的行业管理与自治制度

《律师法》规定，律师协会是社会团体法人，是律师的自律性组织，但律师协会行政化现象仍然存在。明确律师协会的自治权，理顺律师协会和司法行政机关的关系，建立司法行政机关宏观指导下的律师协会行业管理为主的管理体制，还需要通过立法进一步予以明确。律师协会作为独立的组织，一方面，要充分发扬律师民主，保证律师的各项权利；另一方面，要对律师进行职业道德和执业纪律教育、检查、监督和管理，维护律师职业界的共同声誉。

2. 完善司法独立制度

我国宪法规定，人民法院依法独立行使审判权、人民检察院依法独立行使检察权，不受行政机关、社会团体和个人的干涉。但实际上由于人、财、权等一系列关系没有理顺，我国司法受地方化和行政化的干预严重。实行司法独立，一是要改革司法人员任命方式。担任法官、检察官必须通过统一职前培训考试，法院院长、法院副院长、审判委员会委员、检察长、副检察长、检察委员会委员必须从法官、检察官中选任。司法机关中的非法律职务按行政公务员程序任命。二是改革现行财政拨付制度，建立独立、统一的司法财政体系。三是司法官全国统一任命、统一调配，实行回避、流动制度。

3. 完善法官、检察官职务保障制度

法官、检察官职务保障制度目的是保证法官、检察官队伍的相对稳定，实现法官、检察官公正司法，完成法律赋予的神圣职责。这些制度包括：（1）法官、检察官科学分类制度。应该明确在法院、检察院工作的人不都是法官、检察官，法院、检察院工作人员中还有书记官、事务官、执行官、司法警官以及其他工勤人员。后者的管理与法官检察官不同，更不可能晋升为法官、检察官。对法官、检察官本身也应进一步分类，以便管理。（2）司法官任职与考核、晋升制度。建立符合法官检察官职业化、专业化、正规化特点的保障制度。同时执行严格的任职资格、选拔任命、晋升程序。（3）法官、检察官劳动报酬制度。建立法官、检察官、人民警察专业职务序列及工资制度。（4）法官、检察官职业伦理和惩戒制度。要制定明确具体的职业守则，建立专门惩戒机构，依法定程序对司法官的失职、违纪和枉法行为予以处理。

三、着眼信念坚定、监管有力、结构合理的要求，加强法律服务队伍建设

广义的法律服务是指法人或自然人为了实现自己的合法权益，为了提高经济效益，排除不法侵害行为，防范法律风险，聘请律师、法律工作者、专业人士或机构以其法律知识和技能提供服务的专业活动。狭义的法律服务是指由司法行政机关主管的法律服务机构及其工作人员接受

当事人的委托，以法律知识和诉讼技能向委托人提供法律帮助，维护当事人的合法权益，以保障和促进国家法律体系的顺利实现的专业性社会活动。无论广义还是狭义的法律服务都是由律师、法律工作者等专业人员开展的专业性活动，因此法律服务工作者的能力素质直接决定了法律服务的质量。

目前，我国法律服务队伍由律师、公证员、基层法律服务工作者和法律援助机构工作人员组成，其中律师是法律服务队伍的主力军，更是我国社会主义现代化建设和民主法制建设的重要力量。加强法律服务队伍建设，重点是构建一支信念坚定、优势互补、结构合理的高素质律师队伍。当前律师队伍建设要抓住以下几个方面的重点工作。

（一）推进律师队伍思想政治建设、业务建设和职业道德建设

要按照习近平关于"五个过硬"和"三严三实"的要求，结合律师工作的特点，贴近律师行业的思想和实际，创新形式，改进方法，经常性地开展律师队伍教育培训，坚持把律师队伍思想政治素质、业务素质和职业道德素质"三个素质"一起抓，相支持，融会贯通。

1. 在思想政治素质建设方面，增强走中国特色社会主义法治道路的自觉性和坚定性

政治素养体现律师的政治理论水平和政治信仰，也是律师首先具备的素质。律师队伍加强思想政治素质建设，一是要提高理论水平。要以中国特色社会主义理论为思想指导，会运用理论分析问题，透过现象认识事物本质，解决好法律工作中出现的问题，提高鉴别问题的能力。二是要坚定政治方向。在我国，律师的本质属性是社会主义法律工作者，律师既要为当事人提供法律服务，更重要的是承担着维护社会主义法治尊严，维护司法公正，推进依法治国，建设社会主义法治国家的职责。因此律师队伍必须坚持正确的政治方向，坚持社会主义法律工作者的本质属性。要通过开展多种形式的教育培训和实践活动，组织广大律师深入学习贯彻党的十八大，十八届三中、四中全会精神和习近平总书记系

列重要讲话精神，引导广大律师坚定中国特色社会主义理想信念，坚定中国特色社会主义道路自信、理论自信和制度自信，坚持做中国特色社会主义事业建设者、捍卫者。三是要筑牢法治信仰。法治信仰是社会主体对法治的一种心悦诚服的认同感和归依感。法律如果不被信仰，将变成一纸空文；法治如果不被信仰，依法治国就不可能得到落实。律师队伍作为法律服务的主力军，要深入学习贯彻十八届四中全会关于依法治国的重要精神，增强广大律师走中国特色社会主义法治道路的自觉性和坚定性，将法治作为坚定不移的信仰。

2. 在业务素质建设方面，抓好业务培训工作

律师职业是从事法律的专门行业，因此律师需要具备过硬的业务素质。律师业务素质的高低直接影响其服务的质量。《律师法》规定，有高等院校本科以上学历人员，通过国家司法考试取得法律职业资格，即由国务院司法行政部门授予律师资格。所以在我国，只要通过司法考试，就可以申请律师资格，没有限定只有经过专门法学教育的人才有资格申请参加报考律师资格考试。在现实中，很多没有经过系统的法学专业学习的人通过考试取得了律师资格。要保证律师队伍较高的业务素质，就要加强律师业务培训。加强律师队伍业务素质建设，就是要适应新形势新要求，增强律师业务培训工作的针对性有效性，突出业务技能培训重点，不断提高律师业务能力和水平，促进律师依法规范诚信执业。

3. 在职业道德建设方面，健全律师职业道德规范制度

律师是一个特殊的职业，职业的特殊性对其提出了很高的职业道德要求，就像人们所说的那样："所谓'圣职'的光环势必消失殆尽，部分律师将堕落成浑身散发着铜臭气的奸商或者趋炎附势的政治掮客。"[①]《律师法》第三条规定律师应"恪守律师职业道德和执业纪律"，这实际上就是对律师的道德素质要求。加强律师队伍职业道德建设，就是要认真贯彻落实《司法部关于进一步加强律师职业道德建设的意见》和全国

---

① 季卫东：《律师的重新定位与职业伦理》，《中国律师》，2008年第1期。

律协《律师职业道德基本准则》，健全完善律师职业道德规范制度体系、教育培训机制、监督管理机制、扶持保障政策等长效机制，切实教育引导广大律师做到坚定信念、服务为民、忠于法律、维护正义、恪守诚信、爱岗敬业。

（二）加强律师队伍党的建设和行风建设

1. 大力加强律师队伍党的建设，不断提高律师队伍党的建设科学化水平

当前，律师事务所党组织建设是律师行业党建工作的重点，通过单独建、联合建以及指派党建工作指导员、联络员等方式，已经实现了党的组织和党的工作对律师行业全覆盖。但必须清醒地认识到，随着我国律师事业的不断发展和律师制度改革的逐步深化，律师事务所组织形式日益多样化，律师执业流动性、分散型强的特点更加明显，这对加强律师事务所党组织建设不断提出新的要求。要不断巩固和扩大律师行业党的组织和党的工作全覆盖工作成果，提高党的工作在律师队伍的辐射力、影响力。严格按照中央关于加强基层服务型党组织建设的要求，全面加强思想建设、组织建设、作风建设、制度建设和反腐倡廉建设"五项建设"，不断提高律师行业基层党建科学化水平。

2. 大力加强律师队伍行风建设，建立诚信执业的长效机制

当前，律师行业诚信意识薄弱、诚信制度和诚信体系不完善等问题依然存在，影响律师队伍健康发展。进一步加强以诚信建设为重点的律师行风建设的重要措施是加快律师队伍诚信体系建设，真正建立坚持诚信执业、反对失信行为的长效机制，不断提高律师行业的社会诚信度，树立律师队伍良好行风。要做好《律师执业行为规范》和《律师协会会员违规行为处分规则》的修订工作，进一步明确具体要求，完善相关制度和程序，促进律师依法规范诚信执业。要加快落实《律师和律师事务所诚信信息披露办法》，建立律师不良执业信息披露制度，不定期公布律师违规违纪行为惩戒典型案例。

（三）完善律师队伍建设管理制度

1. 进一步发挥"两结合"管理体制的作用

现行的律师管理体制是司法行政机关和律师协会"两结合"的管理体制，是指律师行业管理工作由司法行政部门和律师行业自律管理共同进行。"两结合"体制就是政府监管和行业自律的结合。

司法行政机关作为政府监管律师行业的职能部门，主要负责资质管理和市场监管。目前，对律师资质管理已经有一套办法，有关规章制度也比较健全，但对法律服务市场秩序、对律师的执业行为和竞争行为的监管还比较薄弱，缺少一整套预警、督察、处理、评价的办法。因此，维护正常的市场秩序，加强对律师流动、律师竞争秩序、律师收费、律师业务活动等方面的监管，制定出相应的办法，已是加强政府监管的当务之急。

律师行业协会是行业自律任务的主要承担者。从国际上看，行业自律主要体现在制定行业规范、组织继续教育、加强职业道德建设、维护律师权益等。目前，我国律师行业自律的空间还相当大，比如，如何建立系统的行业规范体系和质量标准，如何实现继续教育的系统化、正规化，如何将行政机关的处罚转化为行业协会对会员的惩戒，如何进一步增强行业协会在律师维权中的对外交涉力和影响力等。

政府监管与行业自律既有区别，各有侧重，又有交叉。司法行政机关在履行监管职责时，也负有推进行业自律的责任；律师协会在履行行业自律职责时，也要积极配合政府监管的进行。只有这样才能形成律师管理的合力，增强管理效能，共同推动我国律师业的发展。

2. 完善律师队伍监管的相关制度

有效的监管需要健全的制度。加强律师队伍的监管必须完善相关制度，实现律师队伍管理的规范化。规范化是法治社会的需要。要强化依法管理、规范管理，做到有规可依、有规必依、执规必严、违规必究。健全完善队伍建设的各项规章制度特别是促进律师队伍依法规范诚信执业的制度，做好《律师执业行为规范》和《律师协会会员违规行为处分规则》的修订工作，进一步明确具体要求，完善相关制度和程序；建立健全律师专业评价体系，探索建立律师执业评价办法，完善评价指标体系，促进律师法律服务专业化、规范化，引导律师事务所建设朝着规范化、品牌化、专业化方向发展；研究律师事务所表彰奖励办法，完善行业协会评优程序，提高行业奖励工作科学化水平。

3. 健全律师队伍的监督惩戒机制

有效的监督惩戒机制是保证律师依法执业的重要制度。加强对律师执业的日常监督，特别是加强对重大案（事）件办理律师的监督管理，依法处理律师违规违纪执业行为，才能推动律师队伍建设取得实效。完善律师和律师事务所年度考核制度，健全律师行业投诉查处工作机制，建立律师不良执业记录披露制度，建立律师执业舆情监督应对机制，强化律师协会自律管理约束机制，及时解决律师执业违法、违纪问题。

（四）优化律师队伍结构

我国律师从执业资格上分为社会律师、公职律师和公司律师三类。社会律师，也就是通常意义上的律师，按照《律师法》的定义就是"依法取得律师执业证书，接受委托或者指定，为当事人提供法律服务的执业人员"。社会律师可以对外承接案件并且收费。公职律师，是指具有律师资格，供职于行政机关或依法履行社会公共管理、服务职能的事业单位或者政府法律援助机构，经司法行政机关核准取得公职律师执业证，专门从事本机关、本单位法律事务的公职人员。公司律师，是在公司律师试点单位工作取得法律职业资格证并已经公司同意聘为公司律师的人员，其业务类型一般包括：公司设立、公司并购、公司治理、股权纠纷、公司诉讼、公司投资、公司融资、公司改制、公司上市、公司破产、公司清算、公司法律顾问等。

《决定》指出："构建社会律师、公职律师、公司律师等优势互补、结构合理的律师队伍。"要实现这一目标，优化律师队伍结构，充分发挥三类律师在法律服务中的作用，实现三类律师的优势互补，就要扩大公职律师的范围，提高公司律师的地位，提高社会律师参与法律援助工作的程度。

1. 扩大公职律师的范围

在《司法部关于公职律师试点工作的意见》中，公职律师被界定为"在政府职能部门或行使政府职能的部门"专职从事法律事务的人员，这一定义缩小了公职律师的外延。按照"在政府职能部门或行使政府职能的部门专职从事法律事务的人员"这一定义，在此所指的公职律师就是"政府律师"。那么公职律师是否可以和政府律师划等号呢？严格意义上来说，这个等式显然是不成立的。公职律师不仅指"在政府职能部门或行使政府职能部门"从事法律服务的人员，还应包括以下各类：国家权力机关的公职律师，即各级人大及其常委会中任职或被招聘专门从事法律事务的人员；国家司法机关的公职律师；国家行政机关的公职律师，即政府律师；国家军事机关的公职律师，即军队律师；法律援助律师，即由政府出资组建的以专门为社会弱势群体提供无偿法律服务，以便使法律赋予每一位公民的法定权利得以实现的公职律师；国有企业律师，即大中型国有企业中的公司律师。除此之外，还有党的各级委员会及其有关的部门、工会、共青团组织、妇联以及政协等，在这些机关里供职或受聘于上述机关专门从事法律事务的人员，也属于公职律师范畴。"公职律师"不等同于"政府律师"，使公职律师的范围增大了，极大地增强了公职律师在律师队伍中的影响力。

2. 提高公司律师的地位

提高公司律师的地位，增强公司律师队伍的整体实力，一是要整合公司律师与企业法律顾问的关系。公司律师制度与企业法律顾问制度在功能上基本相同，应将企业法律顾问执业资格与法律职业资格并轨，建立我国统一的企业法律职业制度。二是要切实提高公司律师在企业的地位。公司律师应在其职责范围内依法独立地处理各种法律事务，出具各类法律意见。为了使公司律师最大限度地发挥其应有的优势，应设立首席公司律师这一职位。事实上在英美等国家，大中型公司都设立有首席律师或首席法务执行官。他们往往同时属于公司的高级管理人员。我国也可借鉴英美国家设立首席公司律师，明确其在公司中的地位、权利和职责，以便使其更好地发挥职能。三是要明确公司律师执业权利，保障其权利落到实处。根据《司法部关于开展公司律师试点工作的意见》，公司律师的权利包括：在执业活动享有依法调查取证、查阅档案材料等执业权利；加入律师协会，享有会员的权利；可以参加律师职称评定；可以直接转换为社会律师等。公司律师应享有一般社会律师享有的合法执业权利，包括以公司律师身份出庭，参与诉讼仲裁，以公司律师身份开展调查取证，办理相关的法律事务。司法机关和公司应保障公司律师以上权利的行使。

3. 提高社会律师参与法律援助工作的程度

政府出资组建的以专门为社会弱势群体提供无偿法律服务的法律援助律师属于公职律师的范畴，所以法律援助律师也被称为"困难群众的律师"。社会律师虽然是提供有偿法律服务的执业人员，但是其在法律援助工作中的作用也不可忽视，社会律师为法律服务工作提供必要的专业保障。当前实践中由于经费制约，重视程度不足，服务质量有待提高等原因，社会律师在法律服务工作中的作用还没有充分发挥。要从加强经费保障，拓宽筹资渠道，扩大法律援助范围，丰富法律援助工作形式，提高法律援助案件服务质量等方面进一步促进和提高社会律师的参与程度，不断提高法律援助质量。才能实现习近平总书记提出的"拓展法律援助服务领域，不断扩大法律援助覆盖面，加强法律援助案件质量监管，深化法律援助便民服务，进一步提高法律援助质量和水平"这一工作目标。

四、创新人才培养机制　造就大批高素质社会主义法治人才

全面推进依法治国，建设法治社会，人才培养是关键，法治教育是源头。良好的法治教育，对于促进社会发展与进步，为法治建设提供优

质的智力支持,具有重大理论和现实意义。改革开放30多年来,我国法治教育在不断调整和完善中飞速发展,但也暴露出培养方式、目标定位以及教育资源配置不合理,与法治社会需求相脱节等问题,制约了法治人才的培养和质量的提高。《决定》指出:"创新法治人才培养机制,形成完善的中国特色社会主义法学理论体系、学科体系、课程体系,推动中国特色社会主义法治理论进教材进课堂进头脑,培养造就熟悉和坚持中国特色社会主义法治体系的法治人才及后备力量。"为此,必须立足我国实际,以终身教育思想和司法职业实践为指导,构建与全面推进依法治国相适应的法治人才培养体系,是新时期法治教育的历史责任和时代机遇。

(一)以塑造法律信仰为核心,创新法治人才培养目标

作为我国司法制度重要组成部分的法治教育,只有确立明确的培养目标,才能培养出优秀的法治人才。当今各国对于法律人才的培养,主要集中在通过法学教育为社会输送什么样的人才的基本认识上。一般意义上,法学教育的培养目标主要有三种,法律学者、法律工作者和法律修养的人。培养的模式主要有以培养法律工作者为主的美国模式,以培养具有法律理念和职业技能为培养目标的德国模式,把法学教育与法律职业严格分离的日韩模式。改革开放30多年来,我国的法律教育逐步形成以高等法学院系、大中专层次的法律职业学校、业余教育中的法律专业,以及各种层次的、不同学习期限的司法干部训练学校或管理学院等形式的多层次的体系,办学主体多元化,导致法学教育目标和人才培养模式的不同,也没有明确的培养目标,致使我国现今的法学教育各个学校不顾自己的师资水平、学校特色和学生情况,一味盲目效仿其他院校的教育模式,致使我国各学校的法学教育千篇一律,没有自己的特色,指向性不强。为此,只有变革传统法学教育观念,合理定位法律人才培养目标,真正实现法学教育理论教育与实务教育相统一,专业理论教育与通识教育相统一,专业教育与职业教育相统一,才能使法治教育之路越走越宽广。

1. 突出法律信仰塑造的法律职业能力形成

面对日益完善的法律制度和纷繁的法律现象，法学教育的任务不仅在于传播法律专业知识，培养法律职业技能，更在于培养出具有传播法律精神、促进民主政治、维护社会正义和秩序、实现司法公正的法律人。唯此，才能最终实现法学教育的价值目标。因此，法学教育在教育过程中，除了知识的传授外，应当更强调综合素质和职业能力的培养。从更高的层面来评判法律工作者，法学教育除了传授专业知识以外，还应培养学生对法的价值的深刻理解，包括对自由、公平、效率的追求，使学生形成对法律的信仰和崇拜，有着比一般社会成员更强的社会责任感和正义感，更严于律己，而不仅仅把法律作为谋生的工具。我国应借鉴德国培养模式，不仅要培养学生具有解决实践问题能力，更要培养学生具有法律的信仰。如果学生只具备相应的能力，而缺乏对于法律正义的信仰，那么这样的人对于我们整个社会不仅不会有益处，还很可能是有害的。从药家鑫案就能看出，我国社会法律信仰缺失的程度。药家鑫之所以一定要致被害人死亡，害怕农民难缠，这足以体现其并不信任法律能正确认定当事人的责任，并对其做出公正合理的判决。因此，只有当我们所培养出的将来从事法律工作的学生具有法律信仰，敢于为法律的正义而献身，这样才能逐渐地影响整个社会，促进整个社会的法治化建设进程。如果没有法律精神的养成，社会仍然以伦理为核心，不崇尚法治理性，就难以推进国家治理体系和治理能力现代化。具体来说，法律职业的基本素质主要包括：法律意识与现代司法理念；法律精神与法律信仰；法律职业伦理与执业规则；法律语言与法律思维法律方法等。此外，职业能力主要包括自学能力、创新能力、组织和协调能力、信息处理能力、社交与表达能力、适应和应变能力等。根据当前西方法学教育发达国家的发展趋势来看，我国高等法学教育必须改变传统的教学模式，在教学过程中应该注重法律职业素质的培养，注重法律通识教育与法律专业教育的结合，通过法律职业共同体和法学教育机构的互动，培养适合我国法治发展要求的法律人才。

2. 促进一体化法律职业共同体的建设

法学教育是从事法律职业的必由之路，法律职业队伍的专业化、职业化是现代法治国家的重要特征。法律职业共同体是法律语言的共同体、精神理念的共同体、利益的共同体及知识的共同体等的总和。我国社会主义市场经济呼唤形成全国统一的社会主义市场经济法律体系，这是一个政治决策的问题，同时也是一个教育问题。法学是关系到整个社会秩序社会利益的科学法学教育，具有教育性和法律性的双重属性。由于目前我国法学教育的办学主体比较复杂，导致法学教育目标和人才培养模式等的不同，这就很难企求各法律学校的毕业生，走上工作岗位后可以适应国家统一的法律标准，很难企求他们有共同的法律语言。而世界经济全球化的加剧，使法律职业共同体成员的同质化程度越来越高，这就要求国家制定严格的法学教育准入制度。就高校法学教育而言，应在保障高校办学自主权的基础上，制定全国统一的法学院系审批机构资格审查程序和审批条件，尤其要以促进法律职业为目标导向，规定法学院系必须具备的最低办学条件，对法学教育实行必要的宏观调控，规范我国的不同办学主体举办的法学教育，统一全国的法律执业资格，只有这样，法律职业的共同体才能得以实现，进一步规范和明确法治教育目标，不断提高法治教育质量和水平。

（二）突出实践能力培养，创新法治人才培养体系

目前，我国法学教育出现了法学教育与法律职业之间相互脱节，法学教育与法律职业之间缺乏机制联动等问题，解决的途径之一是使法律职业与法学教育之间相契合，使法学教育致力于法律职业目标的确立，致力于法律职业的共同体建设和促进法律职业素质的养成。

1. 优化教学课程设置

立足法学基础理论研究，形成完善的中国特色社会主义法学理论体系、学科体系、课程体系的要求，法学专业课程体系要加强包括公共必修课程、专业核心课程、选修课程、实践教学等在内的课程体系的系统

建设。然而，在实施过程中，大都存在着对核心课程重视不够、选修课程任意性较大、实践课程流于形式或根本没有开设等状况。因此，加强核心课程的精品课，选修课要因需而设而非因人而设，法律以外的学科也应列入选修的范围，实践课要落到实处，比较法学的课程也应该引起重视。同时，现代法学是开放式的，学习法律的学生也不要局限于法律，对法律以外的各种学科也要有所涉猎，譬如社会学、哲学、历史、经济学、政治学等。

2. 改进教学方式方法

教师教学方法的创新对于学生职业能力的培养尤为重要，在教学中要克服灌输式、填鸭式、经院式的教学方法，采取双向互动式、启发式、辩论式、研讨式的教学方法，增强教学效果。一方面，法院旁听应该成为实践教学中的重要一环。定期组织学生参加法院旁听，亲历案件的审理过程，真实感受法律在生活中的运用，学习律师、当事人、法官、检察官等庭审参与者在诉讼中的行为，把学生所学知识直接与实践联系起来的同时，有利于强化学习效果，查漏补缺；同时，学生可以直接感受法律的威严，建立起对法律的信仰。另一方面，模拟法庭演练也是学生走进法庭的一种重要方式。模拟法庭的设置与普通法院一样，演习时完全按照诉讼法的规定进行，诉讼参与人的行为举止都要和在法院庭审一样，教师要严加指导，纠正他们的错误。此外，法律援助中心是学生从事实践的重要基地。法律援助中心可以由法学院校独办，也可由学校和当地律协联办，为学生提供一个学习实践的空间。

3. 改革法学教材体系

教材守旧现象不改变，要改革教学就是一句空话。《决定》指出："组织编写和全面采用国家统一的法律类专业核心教材，纳入司法考试必考范围。"因此，改革更新教材，建立法学教材体系，要面向世界、面向未来，既要组织系统翻译国外优秀教材，提倡使用原文教材，同时，又要积极鼓励学有成就的法学家，把自己成熟的研究内容编写成教材，关于社会司法实践的有益成果纳入教材。这样，既做到知识传播的全面，又避免现在许多教材粗糙肤浅错漏的缺憾，为法学教育提供全面系统、科学及时的教育资源，推动中国特色社会主义法治理论进教材、进课堂、进头脑。此外，还要特别着眼最新的自然科学成就和最新的人文科学社会科学的知识，要使学生既获得最基本的、最新的法学知识，又大大减轻繁重负担，能有富余时间多读自己需要的感兴趣的读物。

（三）建立高素质教师团队，打牢法治教育根基

法学作为一种实践科学，不论是在做法律理论的研究，还是从事法律事务工作，都要求其具备一定的实践经验。高素质的法学教育必须要有高素质的教师团队。《决定》指出："健全政法部门和法学院校、法学研究机构人员双向交流机制，实施高校和法治工作部门人员互聘计划，重点打造一支政治立场坚定、理论功底深厚、熟悉中国国情的高水平法学家和专家团队，建设高素质学术带头人、骨干教师、专兼职教师队伍。"而我国当今所面临的一个问题，是缺少既有理论水平又有实践经验，且懂外语的高素质的教师。教师担负着法律人才培养的重任，也是教学方法改革的关键环节。一名合格的高等院校法学专业老师，首先，要具备深厚的法学理论功底，能够深刻把握法律精髓，具备灵活运用法律解决实际问题的能力；其次，要善于追踪最新法律动态，把前沿的法律精神贯彻到教学当中；再次，要具备一定的科研能力，能够洞悉与本专业相关的最新学术动态，同时还要具备一定量的哲学、逻辑学、政治学、伦理学、管理学、教育学与心理学相关知识。因此，要注重学科带头人的示范作用，通过鼓励一批有能力的学科带头人，带动一系列的法学领域的研究和教学能力的进步。要重点培养中青年教师，一方面培养其法学理论素养，使其具备一定的创新能力，另一方面为其提供时间和机会到实践部门积累实践经验，以便其能更好地将理论与实践相结合。一些高校派一些教师到相应的司法实践部门从事挂职锻炼能够在教学过程中促进职业素质的培养，实现通识教育与法律专业教育的结合，通过法律职业共同体和法学教育机构的互动，培养适合我国法治发展要求的法律人才。

· 重要论述 ·

大力建设高素质法治工作队伍

江金权

党的十八届四中全会通过的《中共中央关于全面推进依法治国若干重大问题的决定》(以下简称《决定》)提出:"全面推进依法治国,必须大力提高法治工作队伍思想政治素质、业务工作能力、职业道德水准,着力建设一支忠于党、忠于国家、忠于人民、忠于法律的社会主义法治工作队伍,为加快建设社会主义法治国家提供强有力的组织和人才保障。"贯彻落实好这一要求,对于建设中国特色社会主义法治体系,建设社会主义法治国家,具有重要意义。

一、充分认识加强法治工作队伍建设的重大意义

全面推进依法治国,建设一支德才兼备的高素质法治工作队伍至关重要。四中全会《决定》设专章对法治工作队伍建设进行部署,本身就表明其在法治建设全局中的重要地位和意义。

加强法治工作队伍建设是推进国家治理体系和国家治理能力现代化的需要。党的十八届三中全会把完善和发展中国特色社会主义制度、推进国家治理体系和治理能力现代化确立为全面深化改革的总目标,是我们党探索中国特色社会主义规律的重要成果,不仅为全面深化改革指明了方向,而且为全面推进依法治国提供了重要遵循。国家治理现代化的显著标志是国家治理的法治化,国家治理能力现代化的最突出特点是国家治理队伍普遍具有依法治理国家和社会的能力。法治工作队伍包括法治专门队伍和社会法律服务队伍,是国家治理队伍的一支重要力量,处

于法治实践的最前沿。他们的素质如何,直接影响和制约着国家治理法治化的进程。没有一支高素质的法治工作队伍,就不可能提高立法、执法、司法的质量和效率,再完备的法律体系也难以变为法治实践,实现国家治理体系和国家治理能力现代化就将是一句空话。

加强法治工作队伍建设是更好地贯彻落实依法治国战略部署和各项任务的需要。新的时代条件下,法治在党和国家工作全局中的地位更加突出,在统筹社会力量、平衡社会利益、协调社会关系、规范社会行为等方面的作用更加凸显,在保护人民群众合法权益、维护社会公平正义等方面的任务更加艰巨。全面落实四中全会提出的目标要求,坚持依法治国、依法执政、依法行政共同推进,坚持法治国家、法治政府、法治社会一体建设,实现科学立法、严格执法、公正司法、全民守法,都离不开一支高素质的法治工作队伍。做好立法工作,为国家立规矩、为社会定方圆,需要建设一支具备遵循规律、发扬民主、加强协调、凝聚共识能力的立法工作者队伍。正如马克思所说:"立法者应该把自己看作一个自然科学家。他不是在创造法律,不是在发明法律,而仅仅是在表述法律,他用有意识的实在法把精神关系的内在规律表现出来。如果一个立法者用自己的臆想来代替事情的本质,那么人们就应该责备他极端任性。"做好执法工作,履行好政府职能、管理好经济社会事务,需要建设一支忠于法律、捍卫法律,严格执法、敢于担当的执法工作者队伍。保证公正司法,为人们定分止争、化解矛盾,需要建设一支信仰法律、坚守法律,端稳天平、握准法槌,铁面无私、秉公司法的司法工作者队伍。搞好普法和法律服务,引导和帮助公民学法知法、用法守法,需要建设一支弘扬法治精神、恪守职业道德、热心服务群众的社会法律服务者队伍。总之,只有建设一支思想政治素质好、业务工作能力强、职业道德水准高、社会责任感强的法治工作队伍,才能把全面推进依法治国的各项任务落到实处。

加强法治工作队伍建设是解决自身素质不适应不符合问题的需要。当前,法治工作队伍总体上是好的,是一支党和人民完全可以信赖与依靠的有战斗力的队伍。同时还要清醒地看到，法治工作队伍的整体素质和能力还存在与新形势新任务要求不适应不符合的问题，比如，有的理想信念不坚定，自觉不自觉地受到西方法学思想的影响，信奉西方政治制度和司法制度；有的把握国情不准、了解民意不深、大局观念不强，制定的法律不能反映客观规律、体现人民愿望，甚至在立法立规中掺杂一己利益；有的执法不严格、不规范、不透明、不文明，搞选择性执法、趋利性执法，吃拿卡要、寻租牟利、贪赃枉法，甚至充当黑恶势力的"保护伞"；有的司法不公，办案不廉，"吃了原告吃被告"，搞金钱案、关系案、人情案；有的违背职业操守，缺乏社会责任感，借帮助群众维权之名鼓动当事人闹事，与党和政府作对，唯恐天下不乱，等等。这些问题严重破坏法治的权威和尊严，严重影响人民对社会公平正义的信心，严重损害党的形象，必须采取切实有效措施，认真加以解决。

因此，我们要把建设高素质法治工作队伍作为全面推进依法治国的基础性、战略性任务来抓。要坚持党管干部、党管人才原则，深入研究法治工作队伍建设的特点和规律，探索一套有别于党政领导人才、科技人才、经营管理人才的法治人才选拔、任用、管理办法，创新法治人才培养机制，努力提高法治工作队伍建设科学化水平。

二、大力加强法治专门队伍建设

法治专门队伍主要包括在人大和政府从事立法工作的人员，在行政机关从事执法工作的人员，在司法机关从事司法工作的人员。这支队伍承担着立法、执法、司法重任，建设好这支队伍，特别是建设好立法、执法、司法机关各级领导班子，对全面推进依法治国至关重要。

第一，把思想政治建设摆在首位。立法、执法、司法工作政治性、政策性很强，对立法、执法、司法工作者的政治立场、政治追求、政治品格、政治要求很高。政治上合格，是成为法治专门工作者第一位的条件。要加强理想信念教育，教育引导法治专门工作者常补精神之"钙"，练就金刚不坏之身，把对马克思主义的信仰、对共产主义和社会主义的信念作为终身追求，真正立牢"主心骨"，增强政治定力，自觉抵制各种错误思想影响，坚定中国特色社会主义道路自信、理论自信、制度自信，始终不渝为中国特色社会主义不懈奋斗；带头用社会主义核心价值观包括"忠诚、为民、公正、廉洁"法治专门队伍核心价值观涵养自己，内化于心、外化于行，以自己的思想、行动和良好形象树标杆、立标准、做榜样，并自觉贯彻和体现到立法、执法、司法的具体实践中；牢固树立社会主义法治理念，始终坚持党的事业、人民利益、宪法法律至上，始终做到党在心中、人民在心中、法在心中、正义在心中。

第二，推进立法、执法、司法干部和人才跨部门交流。《决定》提出："畅通立法、执法、司法部门干部和人才相互之间以及与其他部门具备条件的干部和人才交流渠道。"这是深化干部人事制度改革的重要举措，对于法治专门队伍改善结构、增强活力、开阔视野、提高能力水平，十分必要。要推进立法、执法、司法干部和人才相互之间交流。建立健全人大与"一府两院"干部和人才交流机制，打通立法、执法、司法三支队伍之间的干部交流通道，积极推动立法、执法、司法系统干部上下交流，注重从基层立法、执法、司法机关和岗位选拔干部。要注重从其他党政部门选拔符合条件的干部和人才到法治部门工作。推动立法、执法、司法机关优秀干部特别是优秀年轻干部到其他党政部门任职、到基层一线和艰苦岗位培养锻炼，帮助他们加深对国情社情民意的了解，增强党的观念和执政意识，提高解决实际问题的能力和水平。重点抓好立法、执法、司法机关各级领导干部的交流，在更大范围、更宽领域选贤任能，积极推动干部跨部门跨条块交流。尤其要把那些政治上强、经历多岗位锻炼、领导经验丰富、善于抓班子带队伍的人选拔到政法部门主要领导岗位上来。进一步健全领导干部交流制度，认真执行新提拔担任法院、检察院、公安机关主要领导的必须异地交流任职的规定。

第三，积极推进法治专门队伍正规化、专业化、职业化。《决定》强调："推进法治专门队伍正规化、专业化、职业化，提高职业素养和专业水平"，并部署了一系列重大改革任务。一是完善法律职业准入制度，从源头上把好法治专门队伍的素质关。健全国家统一法律职业资格考试制度，将司法考试制度改为国家统一法律职业资格考试制度，改革考试内容，将法律职业立场、伦理、技能纳入考试范围。建立法律职业人员统一职前培训制度，对职前培训实行统一管理，着力提高法律职业人员法律信仰、职业操守和职业技能。健全从政法专业毕业生中招录人才的规范便捷机制，重点解决专业人才引进难、公安院校毕业生入警难、边远艰苦地区招录门槛高等问题。二是探索建立法律职业从业者之间良性流动和开放的人才吸纳机制。建立从符合条件的律师、法学专家中招录立法工作者、法官、检察官制度。畅通具备条件的军队转业干部进入法治专门队伍特别是执法队伍的通道。三是加快建立符合职业特点的法治工作人员管理制度，探索实行差别化管理模式。完善法治人员职业保障体系，建立法官、检察官、人民警察专业职务序列及工资制度，特别是要重视解决基层法治人员流失的问题，切实增强他们的职业荣誉感和使命感。

第四，建立法官、检察官逐级遴选制度。这是提升司法队伍专业化、职业化水平的重要措施，对于建立合理的法官、检察官培养阶梯和机制，推动法官、检察官眼睛朝下、精力下沉、主动接地气，增强司法能力，满足司法为民要求，提高司法公信力，意义重大。根据《决定》精神，除书记员、司法警察等司法辅助人员外，中级以上人民法院和市级以上人民检察院不再直接从应届毕业生中招录法官、检察官。初任法官、检察官由高级人民法院、省级人民检察院统一招录，一律在基层法院、检察院任职。在充分消化现有在编人员基础上，中级以上人民法院、检察院不再任命助理审判员，今后各级人民法院、检察院招录的法官助理符合转任法官、检察官条件的，应当经过法定选任程序，一律到基层人民法院、检察院任职。上级人民法院、人民检察院的法官、检察官，除可面向社会公开招录符合条件的律师、法学学者和其他法律工作者外，一般从下一级人民法院、人民检察院中经过一定年限职业训练的优秀法官、检察官中遴选。

三、发展壮大社会法律服务队伍

大力发展以律师为主体的社会法律服务队伍，壮大力量、提高素质、扩大工作覆盖面，为党政机关、企事业单位和公民个人提供高质量法律服务，是加强法治工作队伍建设的重要任务。

律师是中国特色社会主义法律工作者，在服务经济社会发展、保障公民和法人的合法权益、维护社会公平正义、化解社会矛盾纠纷、促进社会和谐稳定方面发挥着重要作用。他们同立法、执法、司法工作者一样，都是全面推进依法治国、建设社会主义法治国家的重要力量，都要服从和服务于中国特色社会主义法治建设大局，都要符合党对法治工作者提出的思想政治素质、业务工作能力、职业道德水准等方面的要求。要加强律师队伍思想政治建设，采取切实有效措施，教育引导广大律师把拥护中国共产党的领导、拥护社会主义法治、拥护中国特色社会主义法学理论和法治体系作为律师从业的基本要求，坚决抵制违反我国宪法原则、不符合我国国情的西方政治制度、法律制度、法治理念，坚决抵制、拒绝参与由境内外敌对势力插手挑起的所谓"维权"活动，不断增强走中国特色社会主义法治道路的自觉性和坚定性。

要以提高律师服务能力为重点，加大培训力度，加强诉讼、仲裁、调解、普法等专项法律服务业务技能培训，使广大律师不仅精通法律，而且熟悉国情、了解社会，不仅精通国内法律，而且了解国际法律，不断提高业务素质。要进一步完善律师执业保障机制，落实法律赋予律师执业的权利，积极拓展律师业务领域，为律师服务经济社会发展搭建平台。采用政府购买和财政补贴相结合的方式，完善律师承担公益性法律服务的经费保障机制。大力加强以严格依法、恪守诚信、勤勉尽责、维护正义为核心内容的律师职业道德建设，建立健全律师诚信执业制度，完善律师诚信执业的评价、监督机制和失信惩戒机制，强化准入、退出管理，实行律师从业向宪法和法律宣誓制度，严格执行违法违规执业惩戒制度，严重者要终身退出律师行业。

要加强律师事务所管理，发挥律师协会自律作用，规范律师执业行为，监督律师严格遵守职业道德和职业操守。加强律师行业党的建设，扩大党的工作覆盖面，切实发挥律师事务所党组织的政治核心作用。根据党章规定，建立健全各级律师协会党组织。凡有3名以上正式党员的律师事务所，应当单独建立党支部，不足3名党员的律师事务所，也要通过联所等方式联合建立党支部。律师协会和律师事务所党组织要针对律师在法律服务中的实际，特别是存在的突出问题，创新活动载体、丰富活动形式、拓展活动内容，积极开展党员教育和管理，增强党在律师队伍中的影响力和凝聚力。

各级党政机关和人民团体普遍设立公职律师，企业可设立公司律师。这是《决定》着眼于构建优势互补、结构合理的律师队伍提出的重大改革举措。党依法执政、政府依法行政、企业依法经营，会遇到大量、经常性的法律事务，需要有专门的律师队伍提供法律咨询，承担法律服务，提高决策质量，维护合法权益，防范法律风险。自2002年司法部开展公职律师、公司律师试点工作以来，各试点单位积极探索，大胆创新，积累了不少有益经验。同时也存在试点范围狭小、队伍规模增长缓慢、身份地位不明确、管理体制不顺等问题。据统计，全国现有公职律师4600多人，公司律师1700多人，公职律师和公司律师仅占律师队伍的2.5%，远不能适应实践需要。要加快试点步伐，进一步扩大试点范围，在总结经验的基础上，推动县级以上党政机关、人民团体普遍设立公职律师，引导有条件的企业特别是国有和国有控股企业设立公司律师。研究制定公职律师、公司律师管理办法，明确公职律师、公司律师地位及权利义务，建立适合公职律师、公司律师执业特点的管理体制和工作机制。

发展公证员、基层法律工作者、人民调解员、法律服务志愿者等基层法律服务队伍，是加强社会法律服务队伍建设的重要内容。各级党委政府特别是法治工作部门，要在健全和严格执行相关行为规范的同时，真正重视、真情关怀、真心帮助基层法律服务工作者，经常倾听他们的心声，帮助他们解决实际困难，让他们安心工作，充分发挥其反映群众法治诉求、化解社会矛盾和纠纷、有效提供优质法治服务方面的作用。要进一步完善激励保障机制，实行政策倾斜，建立法律服务人才跨区域流动机制，优化法律服务人才资源配置，逐步解决边疆地区、民族地区和基层法律服务资源不足和高端人才匮乏问题。一些地方在乡镇建立律师顾问团，为农民群众提供法律咨询、法律服务，效果很好，值得推广。

（作者系中央政策研究室副主任）

（《光明日报》2014年12月04日01版）

创新法治人才培养机制

袁贵仁

党的十八届四中全会通过的《中共中央关于全面推进依法治国若干重大问题的决定》（以下简称《决定》），提出了建设中国特色社会主义法治体系、建设社会主义法治国家的总目标，对"创新法治人才培养机制"提出新的更高要求，具有重大而深远的指导意义。我们要深入学习领会、认真贯彻落实好《决定》的决策部署，坚持以改革创新精神开创法治人才培养工作新局面。

深刻认识创新法治人才培养机制的重要意义

全面推进依法治国，核心是坚持党的领导、人民当家作主、依法治国有机统一，坚定不移走中国特色社会主义法治道路，不断促进国家治理体系和治理能力现代化，为实现"两个一百年"奋斗目标、实现中华民族伟大复兴的中国梦提供有力法治保障。"致天下之治者在人才。"《决定》明确提出，"全面推进依法治国，必须大力提高法治工作队伍思想政治素质、业务工作能力、职业道德水准，着力建设一支忠于党、忠于国家、忠于人民、忠于法律的社会主义法治工作队伍"。这指明了法治人才队伍建设的正确方向和法治人才培养的根本要求。

随着改革开放以来社会主义法治建设各项事业的发展，经过30多年的探索实践，我国已经建立了以学位教育为主体、其他教育为补充，学历教育和在职培训进修相互衔接的法治人才培养体系，为法治领域输送了数以百万计的高素质专门人才。与此同时，初步形成了教育部门宏观管理、司法部门行业指导、教育行业协会自律管理、法学院校自主管理"四位一体"的管理体制，既有以法学理论传授为主的法学学术学位教育，又有具备行业特点的法学专业学位教育，还有贯穿于法律职业生涯的继续教育。高等法学教育坚持专业教育与通识教育并重、大众化教育兼顾精英教育理念，初步形成了法学教育、司法考试及法律职业之间的良性互动关系，培养造就了大批具有法律人格、法律知识和法律职业技能的专门人才。

但是，我们也要清醒看到，同加快建设社会主义法治国家的新形势新要求相比，法治人才培养质量和机制还存在一些亟待解决的问题。不同地区之间法学教育资源特别是师资配置仍不平衡，法学院校与法治实务部门协同育人机制不够完善，法学教育与司法考试、法律职业的衔接不够紧密，加强和改进中国特色社会主义法治人才培养工作需要进一步加大力度，创新法治人才培养机制刻不容缓。

正确把握创新法治人才培养机制的关键环节

创新法治人才培养机制，要深入学习贯彻习近平同志系列重要讲话精神，始终遵循习近平同志关于"更加注重改革的系统性、整体性、协同性"的重要论述，抓住牵一发动全身的关键环节，重点突破、扎实推进，尽快取得实质性进展。

坚持把思想政治建设摆在创新法治人才培养的首位。思想政治素质是社会主义法治人才第一位的要求，忠于党、忠于国家、忠于人民、忠于法律是社会主义法治人才思想政治素质的具体表现。必须立足法治国家、法治政府、法治社会一体建设的全局，认真总结中国特色社会主义实践经验，不断提高法治人才的思想政治素质。全面贯彻党的教育方针，坚持立德树人，把社会主义核心价值观融入教育教学全过程，做到内化于心、外化于行，切实增强道路自信、理论自信、制度自信。牢牢掌握意识形态工作领导权话语权，"坚持用马克思主义法学思想和中国特色社会主义法治理论全方位占领高校、科研机构法学教育和法学研究阵地",加强对社会思潮辨析引导,分清重大是非,绝不给错误思潮传播提供任何渠道和空间。教育部和中央政法委将深入实施卓越法律人才教育培养计划,坚持"宽口径、厚基础、提能力、多样化、强协同",创新法治人才培养模式,着力增强法治人才的思想政治素质和社会责任感。

重点加强理论体系、学科体系、课程体系建设。《决定》强调,"加强法学基础理论研究,形成完善的中国特色社会主义法学理论体系、学科体系、课程体系,组织编写和全面采用国家统一的法律类专业核心教材,纳入司法考试必考范围。"这既指明了我国法学教育和法学研究必须坚持的正确方向,也明确了把法治教育纳入国民教育体系的基本路径。理论体系是关于客观规律的理性认识,是在丰富实践基础上累积而成的;学科体系是由理论体系提炼升华集成,具有稳定规范的基本概念、方法论、分析工具及其分支结构等;课程体系则是理论和学科体系的重要载体和集中反映。对人才培养机制而言,三大体系建设必须相互贯通、有机联系。当前,我国已经形成多层次高等法学教育体系,具有中国特色、中国风格、中国气派的法学理论体系、学科体系和课程体系日臻完善。但同时也要看到,法学教育在充分体现马克思主义法学思想和中国特色社会主义法治理论方面还有不少薄弱环节,有些地方、高校在教材编写和教学实施过程中还存在偏重于西方法学理论、缺乏鉴别批判等问题。深入贯彻《决定》要求,要落实好三个方面重点举措。一是把中国特色社会主义法学理论体系、学科体系、课程体系建设同教材编写、基础研究紧密结合,深入实施马克思主义理论研究和建设工程,集中全国高水平专家学者,加强法学基础理论研究,立足当代中国法治实践,研究各项法律制度的中国传统文化元素,吸收借鉴各国优秀法律文化,不断完善中国特色社会主义法学理论体系、学科体系和课程体系。二是精心编写国家统一的法律类专业核心教材,力求全面准确反映中国特色社会主义法治理论最新成果,全面准确反映中国特色社会主义法治建设丰富实践,全面准确反映本学科领域最新进展。要采取强有力措施,推动高校全面采用国家统一的法律类专业核心教材,将其列为高校法律类专业考核的重要内容和学生必修的基本教材,确保中国特色社会主义法治理论占领高校法学教育教学阵地。三是加强政策措施的配套,在国家司法考试中将国家统编教材所概括的中国特色社会主义法治理论作为应知应会的必考内容;进一步强化法治人才培养的政治方向,确保高校用好、教师教好、学生学好国家统一的法律类专业核心教材,激发法治人才培养机制创新的活力。

着力培养造就优秀法治人才及后备力量。《决定》要求,"坚持立德树人、德育为先导向,推动中国特色社会主义法治理论进教材进课堂进头脑,培养造就熟悉和坚持中国特色社会主义法治体系的法治人才及后备力量。""为政之要,莫先于用人"。实现建设法治中国宏伟目标,必须创新人才培养机制,努力建设一支信念执著、品德优良、知识丰富、本领过硬的法治人才队伍。要认真落实《决定》关于"把法治教育纳入国民教育体系,从青少年抓起,在中小学设立法治知识课程"的要求,制定学校法治教育工作规程,努力在所有课程教学和有关学习活动中渗透法治教育的内容,不仅为每个公民从小树立社会主义法治理念、增强学法尊法守法用法意识打下良好基础,也为在高等教育阶段培养德才兼备的法治人才及后备力量打好坚实基础。要认真落实《决定》关于"建设通晓国际法律规则、善于处理涉外法律事务的涉外法治人才队伍"的要求,积极探索涉外法治人才培养多样化机制,完善与国外院校交流、双学位联合培养、国际组织实习等项目,加强对外交流合作,拓展法治人才国际化视野,抓紧培养政治可靠、素质过硬、业务精良的涉外法治人才。

切实增强创新法治人才培养机制的条件保障

全面推进依法治国是一项系统工程,法治人才培养是其中的基础性环节。根据《决定》的总体要求,必须健全党委统一领导和各方分工负责、齐抓共管的责任落实机制,为创新法治人才培养提供坚强有力的保障。

建设一支高素质的法治人才培养专家和教师队伍。《决定》明确提出，"健全政法部门和法学院校、法学研究机构人员双向交流机制，实施高校和法治工作部门人员互聘计划，重点打造一支政治立场坚定、理论功底深厚、熟悉中国国情的高水平法学家和专家团队，建设高素质学术带头人、骨干教师、专兼职教师队伍。"这充分体现了习近平同志关于"教师是立教之本、兴教之源"的重要思想。要把建设高素质专家和教师队伍作为创新法治人才培养机制的核心，深入实施教育部会同中央政法委等六部门联合启动的高校与法律实务部门人员互聘"双千计划"，即选聘1000名左右有较高理论水平和丰富实践经验的法律实务部门专家到高校法学院系兼职或挂职任教，承担法学专业课程教学任务，选聘1000名左右高校法学专业骨干教师到法律实务部门兼职或挂职，参与法律实务工作。在"双千计划"的牵引下，全国法学院校及法学研究机构还要从实际出发，切实加强与法律实务部门的多方位合作，精心打造专兼结合的法学专业教学团队，共同制定培养目标，共同设计课程体系，共同建设实践基地，注重特邀法律界先进模范人物授课讲座或指导学生，重点加强案例教学领域理论研究和教材编写，广泛开展探究式学习讨论，增强学习者全面适应法治国家、法治政府、法治社会建设需求的素质能力。

增强法治人才培养多方协作的合力。创新法治人才培养机制，必须多方配合、增强合力，多措并举、协同攻关。改革开放以来，党和国家高度重视法治人才培养，在强化教育系统培养法治人才主体地位的基础上，充分调动业务主管部门、行业企业参与人才培养的积极性，收到明显实效。国务院学位委员会、教育部、人力资源和社会保障部成立专业学位研究生教育指导委员会，邀请最高人民法院、最高人民检察院、公安部、司法部等部门有关负责同志参加。特别是进入新世纪以来，政法部门把在职攻读法律硕士项目纳入干部教育培训规划，全国共有两万多名在职人员获得专业研究生学位，为大幅提高法治人才队伍专业化水平发挥了重要作用。今后，将继续加强培养单位与法治工作部门之间紧密合作和联合培养，着力增强实践能力，推动专业学位与职业资格有机衔接，努力在提高法学教育质量和人才培养使用效益方面迈上新的台阶。

强化法治人才培养的政策配套。创新法治人才培养机制，还要在政策配套上作出不懈努力。要深化人事制度改革，紧密结合事业单位分类改革进程，完善法学院校和法学研究机构内部治理结构，在培养单位和法治工作部门人员交流互聘、积极试行"双导师"制等体制机制建设方面走出新路，合理安排不同单位和部门的人员选聘条件、程序、期限、考核管理和政策保障。高度重视法治人才的职业发展，统筹职前教育和职后教育，推进从业人员在职进修培训、攻读学历学位的学习成果累计、认可、转换等制度的规范化，推进继续教育与工作考核、岗位聘任（聘用）、职务（职称）评聘、职业（执业）注册等人事管理制度的衔接，构建符合国情的法治人才终身教育体系。不断完善相关政策，教育部门将与法治工作部门密切联系，推动法治人才培养规划和各类资源向农村、边远、贫困、民族地区倾斜，加强发达地区对欠发达地区培养单位的对口支援，积极运用信息化手段扩大法学教育优质资源共享，特别是重视和加强民族地区"双语"法治人才培养，加大少数民族法治人才培养力度，着力解决好法学教育发展与法治人才培养地区不平衡问题。

（作者系教育部部长）

（《人民日报》2014年12月12日07版）

建设法治中国该如何培养法律人才

王先林

党的十八届四中全会通过的《决定》提出了加强法治工作队伍建设的任务，要求"建设高素质法治专门队伍""加强法律服务队伍建设""创新法治人才培养机制"。在全面推进依法治国、建设社会主义法治国家的进程中，我国法治人才培养面临新机遇和新挑战。

法治人才培养是法治国家建设的重要保障

法律本质上是一种制度。在制度与人的关系上来看，好的制度还要靠人去执行，制度本身也要靠人去制定。明代海瑞即言："得其人而不得其法，则事必不能行；得其法而不得其人，则法必不能济。人法兼资，而天下之治成。"这说明，要推进依法治国建设，高素质的法治工作队伍绝对是一个关键因素。

法治工作队伍既包括法治专门队伍，也包括法律服务队伍；前者包括立法队伍、行政执法队伍、司法队伍，后者主要是律师队伍；在广义上，法治队伍还应包括法学研究和法学教育队伍。中国特色社会主义法治体系是一个立体、动态、有机完整的体系，它包括法律规范体系、法治实施体系、法治监督体系、法治保障体系和党内法规体系。法治人才队伍是法治保障体系中一个重要方面，直接影响着其他体系的形成和实现。只有建设一支高素质的法治工作队伍，科学立法、严格执法、公正司法以及促进全民守法的重任才能得到更好地实现。

改革开放30多年、特别是进入本世纪的10多年来，经过恢复、重建、改革和发展，在我国以法学学士、硕士、博士教育为主体，法学专业教育与法律职业教育相结合的法学教育体系已经形成，在招生人数、向国家和社会输送法治人才方面形成了相当规模，在一定程度上适应了社会主义法治建设的需要。据粗略统计，1977年，全国只有三所法律院系，1978年全国法学专业共有在校学生223人，到1990年全国已有70多所高校设置法律院系或法学专业，1999年这一数量已经超过300所，而现在全国有600多所高校有法学本科专业，全国每年招收法学本科生超过10万，在校的法学本科生超过了40万；300多所大学或者研究机构招生法学硕士或者法律专业硕士研究生，年度招生约2万人，在校生规模超过6万人；有40多所高等学校和科研单位具有招收法学博士的资格，法学博士研究生年度招生超过1000人，在校生规模大约3000人。法治人才队伍的壮大，为推动中国的法治进程和经济社会发展做出了重要贡献。

但同时，我国的法学教育还不能完全适应社会主义法治国家建设的需要，具体体现在，社会主义法治理念教育还不够深入，培养模式相对单一，学生实践能力不强，应用型、复合型法律职业人才培养不足。法治人才的培养面临着多重矛盾和困境，主要包括规模和质量的矛盾、现实需求和供给不足的矛盾、模式化培养和多样化需求的矛盾、法学教育和司法考试的矛盾等。其中，最突出的问题表现在：一方面，法律类专业扩张迅速，但低水平重复建设较多，教学质量难以得到保证，就业形势严峻，法科毕业生总体上供过于求，法科毕业生就业率非常低，近年来甚至被排到了就业率最低的专业之一而被警示，已经就职的多数人也从事着与法律无关的工作；另一方面，人才培养规格单一，难以满足社会对多样化法治人才的需求，真正适应社会需要的高层次法治人才十分短缺，尤其是高层次法律职业人才和涉外高端法律人才严重不足，以至于我国涉及世贸和其他国际争端的官司往往要请国外的律师，面临很大的泄密风险，相关国际组织中的我国法律雇员也少得可怜。因此，有人指出，我国法学教育现在面临的最基本问题是学生的就业生存，还谈不到培养的法学人才怎么引领社会发展，怎么参与国家、国际社会的事务与秩序构建。这种观点虽然不够全面，但也有一定道理。这些都为我国法治人才的培养提出了新的要求。

加强我国法治人才培养需要创新培养机制

全面推进依法治国、建设社会主义法治国家，对法治人才的培养提出了新要求，也提供了新机遇。法律具有很强的专业性和严密的逻辑体系，这决定了法治队伍的基本特点也在于其专业性，要求具有法律专业精神和专业素养，形成法律职业共同体，即以法官、检察官、律师、法学家为核心的法律职业人员所组成的特殊的社会群体。它必须经过专门法律教育和职业训练，是具有统一的法律知识背景、模式化思维方式、共同法律语言的知识共同体；其成员间通过长期对法治事业的参与和投入，达成了职业伦理共识，是精神上高度统一的信仰共同体。在全面推进依法治国，建设社会主义法治国家的过程中，形成法律职业共同体成为我国法治社会生活的内在要求。法治人才队伍和法律职业共同体不会自发形成，而需要培养。虽然培养的渠道和形式是多种多样的，但是最基础和最重要的无疑是专门法学教育机构的专业培养，也就是通常所说的法学教育。与此同时，我们建设的是社会主义法治国家，因此，必须始终高度重视和强调中国特色社会主义理论精髓贯彻其中，来加强法治人才的培养。结合四中全会精神和我国法学教育面临的主要问题，创新法治人才培养机制，培养满足法治国家建设所需要的高素质法治人才，可以提出以下几点建议：

第一，进一步加强社会主义法治理念教育，夯实法学教育基础。在技术的教育之上是思想的教育。法学教育应当以马克思主义法学思想和中国特色社会主义法治理论为指导，加强法学基础理论研究，形成完善的中国特色社会主义法学理论体系、学科体系、课程体系，组织编写和全面采用国家统一的法律类专业核心教材，纳入司法考试必考范围。注重基础知识、基本规范、基本能力的训练，使之有清晰的逻辑思维，有较好的组织材料、推理、表达的能力。

第二，加强职业素养教育，培养法律职业操守和职业伦理。坚持立德树人、德育为先导向，在知识与技能教育之外，进行深入细致的职业伦理教育，使得培养出的人才具有公民意识、法治意识、民主意识、公正意识，为全民法治素养的培育奠定基础，以培养造就熟悉和坚持中国特色社会主义法治体系的法治人才及后备力量。

第三，进一步明确各层次法学教育的定位，实行法治人才的分类培养。法学本科教育、法律硕士教育、法学硕士教育、法学博士教育等不同层次教育有各自的功能和目标定位。法治国家建设既需要立法人才、行政执法人才、司法人才等法治专门队伍和律师等法律服务队伍，也需要法学研究和法学教育人才队伍，法律职业人才和法学学术人才宜做分类培养。其中，法学学术人才培养应当少而精，而法律职业人才培养则是主要任务，为此应强化学生法律实务技能培养，促进法学教育与法律职业的深度衔接。

第四，建设通晓国际法律规则、善于处理涉外法律事务的涉外法治人才队伍。适应世界多极化、经济全球化深入发展和国家对外开放的需要，应当培养一批具有国际视野、通晓国际规则，能够参与国际法律事务和维护国家利益的涉外法治人才。

第五，健全政法部门和法学院校、法学研究机构人员双向交流机制，实施高校和法治工作部门人员互聘计划，重点打造一支政治立场坚定、理论功底深厚、熟悉中国国情的高水平法学家和专家团队，建设高素质学术带头人、骨干教师等。

（作者系上海交通大学法学院常务副院长、教授）

（《解放日报》2014年11月13日13版）

第七章

党的领导是全面推进依法治国的政治保证

建立中国特色社会主义法治体系，建设社会主义法治国家的根本前提是坚持中国共产党的领导。党的领导是推进依法治国的最根本保证，是社会主义法治的根本要求，是全面推进依法治国的题中应有之义。党的领导和社会主义法治是一致的，社会主义法治必须坚持党的领导，党的领导必须依靠社会主义法治。

一、坚持依法执政

依法执政是依法治国的关键。提高党的依法执政能力，加强和改善党的领导是依法治国的根本保证，是改革和完善中国共产党的领导方式和执政方式的重要途径。

（一）维护宪法法律权威

依法执政首先要做到依宪执政。习近平指出："依法治国，首先是依宪治国；依法执政，关键是依宪执政。"宪法是国家的根本大法。1954年9月，第一届全国人大第一次会议通过了新中国第一部宪法。1982年，全国人大通过了新宪法，并于1988年、1993年、1999年先后通过第一、第二、第三个宪法修正案。从第一部宪法开始中国共产党的领导地位就以国家根本法的形式确认和规定下来，这是坚持党的领导的法律依据。人民授予了党的领导权。正是由于人民的授权，使党的领导起着决定性作用。"权为民所赋、权为民所用、心为民所系、利为民所谋"。2012年12月4日，在首都各界纪念现行宪法公布施行30周年大会上的讲话中，习近平开宗明义指出："新形势下，我们党要履行好执政兴国的重大职责,必须依据党章从严治党、依据宪法治国理政。"各级党组织和领导干部要深刻认识到,维护宪法法律权威就是维护党和人民共同意志的权威,捍卫宪法法律尊严就是捍卫党和人民共同意志的尊严,保证宪法法律实施就是保证党和人民共同意志的实现。宪法和法律的贯彻落实离不开党的领导,而党领导人民治理国家的基本方略是依法治国。因此,依法治国说到底是党领导人民依照宪法和法律管理国家事务和社会事务。各级领导干部要对法律怀有敬畏之心,牢记法律红线不可逾越、法律底线不可触碰,带头遵守法律,带头依法办事,不得违法行使权力,更不能以言代法、以权压法、徇私枉法。

(二)健全党领导依法治国的制度和工作机制

党领导依法治国的制度和工作机制是否科学有效,直接影响着依法治国的成效,决定着党的执政能力的强弱。健全和完善党对立法工作的领导制度和工作制度,是依法治国,正确处理立法涉及的重大政治问题和社会关系的制度保证。党中央必须坚持党对立法工作的领导,在立法实践中主要是通过全国人大及其常委会来实现。党对立法、执法、守法、法律监督的领导主要通过各级党委进行。依法执政必须要完善党委依法决策机制。这就要求党委内部议事和决策的方式、程序必须合法,党委决策必须进行合法性审查,全面规范决策行为。党委要定期听取政法机关工作汇报,做促进公正司法、维护法律权威的表率。发挥政策和法律的各自优势,促进党的政策和国家法律互联互动。各级党委要领导和支持工会、共青团、妇联等人民团体和社会组织在依法治国中积极发挥作用。党政主要负责人要履行推进法治建设第一责任人职责。《决定》在完善党的领导制度范畴做出了一系列调整和创新,如推行政府权力清单制度、建立重大决策终身责任追究及责任倒查制度、建立领导干部干预司法及插手具体案件的记录制度、把法治建设成效纳入政绩考核指标体系等。只有健全党领导依法治国的制度和工作机制,统一领导、部署、统筹协调依法治国进程,促使党的领导与国家各权力部门模范遵守宪法法律，才能形成一个举国上下重法、守法、崇尚法治的现代国家氛围。

（三）加强各级党组织在依法治国中的领导和监督作用

《决定》指出："人大、政府、政协、审判机关、检察机关的党组织和党员干部要坚决贯彻党的理论和路线方针政策，贯彻党委决策部署。各级人大、政府、政协、审判机关、检察机关的党组织要领导和监督本单位模范遵守宪法法律，坚决查处执法犯法、违法用权等行为。"各级党组织应强化监督意识，切实重视和加强对本单位守法遵法监督工作的领导。一段时期，我国各级政府组织的权力过分集中在各级党组织，党代替国家直接行使管理职能，各级党组织不仅掌握政治领导权，而且还包揽了许多本来应该属于国家机关的行政权力、司法权力。这种权力过分集中、权力错位现象带来了一系列的问题，如严重专权、以权谋私、官僚主义等。依法治国的提出，表明党的领导和监督方式开始发生了历史性转变，使我们党领导和推动的权力制约监督逐步由人治走向法治，由无序走向规范。党管监督，是落实依法治国的重要保障。一些党员领导干部迷恋"权力至上"，"拍脑袋就干，掐腰子就上"以及"大包大揽"，不善法治、不会法治、不敢法治。党在这方面要使用监督权，保障"依法治国"理念融入各级单位组织具体执政行为之中，保障司法部门对"不作为"、"乱作为"的违法现象进行严厉打击和纠正，使司法部门确实成为维护社会公平正义的"最后一道关口"，也让全社会形成尊重法律、信仰法治、全民守法氛围，为全面建成小康社会奠定良好的政治环境。

（四）完善政法委员会的职责

中央成立政法委员会之初，就明确政法委员会的职能是"联系、指导政法各部门的工作"。但在工作实践中往往出现党政不分，以党代政，权力过分集中。为此，各级党委政法委员会要把工作着力点放在把握政治方向、协调各方职能、统筹政法工作、建设政法队伍、督促依法履职、创造公正司法环境上，带头依法办事，保障宪法法律正确统一实施。党对政法工作的领导，不仅体现在政法委员会对各政法部门进行指导与联系的制度，还表现在各政法部门直接向党委请示的制度。各级政法部门则必须自觉地接受党委领导，建立健全重大事项向党委报告制度。这需要完善政法机关党组织的建设，保证其有效地履行职责，在法治建设中充分发挥党组织政治保障作用和党员先锋模范作用。

二、加强党内法规制度建设

加强和改进党对推进依法治国的领导，既要求党依据宪法法律治国理政，也要求党依据党内法规管党治党。治国必先治党、治党务必从严。党的事业发展，既要求管好党、治好党，又要求建设好党。拥有一套完善的党内法规是我们党的一大政治优势。党规党纪体现着党的理想信念宗旨、组织保障、行为准则和纪律约束。党内的组织保障和法规制度建设是执政党自我治理、自我完善、自我进步的"重器"。

（一）完善党内法规体系

党内法规制度的完备程度是政党发展成熟与否和执政水平高低的一个重要标志。政党发展到高级阶段，都离不开完备的党内规章制度，否则就无法规范党内秩序、严明党的纪律，也就无法实现党的集中统一。新中国成立以来特别是改革开放以来，我们党陆续制定颁布了一批重要党内法规，初步形成了党内法规制度体系框架，为管党治党、治国理政提供了重要制度保障。新形势下，党的建设面临一系列新情况新问题新挑战，党要管党、从严治党的任务比以往任何时候都更为繁重、更为紧迫。全面提高党的建设科学化水平，必须建立健全以党章为根本、以民主集中制为核心、由一系列相关具体法规制度组成的党内法规制度体系。

党章是我们立党、管党、治党的总章程，是最根本的党内法规，在党内具有最高的权威性和最大的约束力。党章对党的性质和宗旨、党的路线和纲领、党的指导思想和奋斗目标都作了明确规定，对党内政治生活、组织生活的所有重大原则问题都提出了明确要求，既为全党统一思想、统一行动提供了根本准则,又为制定党内其他规章制度提供了根据和基础。民主集中制是党的根本组织原则,也是党的根本组织制度和领导制度,贯穿于党的组织和活动的各个方面,体现在党的路线方针政策的制定和实施的全过程,是党内法规制度体系的核心。党内各项制度,包括组织制度、领导制度、生活制度、工作制度,实质上都是民主集中制原则在党的建设和党内生活中的具体体现和实际应用。只有以党章为根本,以民主集中制为核心,推进党内根本制度、基本制度、具体制度的健全与完善,才能逐步形成完整、系统、配套、协调的党内法规制度体系。

《中央党内法规制定工作五年规划纲要（2013—2017年）》中提出,到2017年要基本形成涵盖党的建设和党的工作主要领域、适应管党治党需要的党内法规制度体系框架,使党执政的制度基础更加巩固,为到建党100周年时全面建成内容科学、程序严密、配套完备、运行有效的党内法规制度体系打下坚实基础。为实现这一目标,就要坚持科学立法、民主立法的基本理念,坚持内容科学、程序严密、配套完备、运行有效的基本要求,遵循法规制度建设的内在规律,妥善处理数量与质量、前瞻性与现实性等关系,确保法规制度适应党的建设和党的工作需要,体现广大党员干部意愿,经得起实践和历史检验。

中央纪律检查委员会是制定党内法规的重要主体之一,要全面贯彻落实党的十八届四中全会精神,按照《中国共产党党内法规制定条例》的要求,加快推进党风廉政法规制度建设,认真完成《五年规划纲要》提出的工作任务,提高制度安排的系统性、科学性,努力形成不敢腐、不能腐、不想腐的有效机制。要针对党的建设和党的工作中存在的突出问题,以发展党内民主、推进作风转变、规范权力行使、严明党的纪律、强化党内监督、保障党员权利等为重点,进一步健全权力运行制约和监督体系,完善作风建设监督惩戒制度,完善惩治腐败、预防腐败的党内法规,完善纪律处分制度、党员申诉制度、检举控告的制度,完善纪检监察体制机制,完善党风廉政建设主体责任和监督责任的有关规定。在这个过程中，要注重提高反腐倡廉法规制度的针对性和可操作性，进一步强化程序性、保障性、惩戒性规定，不断提高反腐倡廉法规制度的执行力。

（二）严格依照党规党纪管党治党

运用党内法规把党要管党、从严治党落到实处，促进党员、干部带头遵守国家法律法规。党内法规必须被严格遵守，否则就形同虚设。党的纪律是党内规矩。党规党纪严于国家法律，党的各级组织和广大党员干部不仅要模范遵守国家法律，而且要按照党规党纪以更高标准严格要求自己，坚定理想信念，践行党的宗旨，坚决同违法乱纪行为作斗争。对违反党规党纪的行为必须严肃处理，对苗头性倾向性问题必须抓早抓小，防止小错酿成大错、违纪走向违法。"党的奋斗目标越宏伟、面临的形势越复杂、肩负的任务越艰巨，就越要严字当头、从严治党。党规党纪严于国家法律。党是肩负神圣使命的政治组织，党员是有着特殊政治职责的公民。入了党，就意味着多尽一份义务，就要在政治上讲忠诚、组织上讲服从、行动上讲纪律。坚持从严治党，就要以严的标准要求党员、严的措施管住干部。作为执政的中国共产党，各级党组织和全体党员尤其是党员领导干部，必须受到党章党规党纪的刚性约束，必须模范遵守国家法律法规。"党依法执政除了首先要依国家的宪法和法律之外，还必须依党内法规执政。因为党的组织、党的领导体系、党的执政权力结构、党的执政方式与党内监督、责任机制等均不能由国家法律规定。显然，如果没有党内法规，党要实现依法执政是不可能的。在中国，要推进依法治国，建设法治中国，就必须推进依法执政，而要推进依法执政，就必须在中国共产党党内也实行法治，在党内实行法治，就必须规范党内法规。这些党内法规的建设是规范依法执政，党要管党，规范党的决策行为，保证科学民主执政的重要内容。我们党是靠革命理想和铁的纪律组织起来的马克思主义政党，纪律严明是党的光荣传统和独特优势。维护党的团结统一、确保全党统一意志、统一行动、步调一致就必须严明党的纪律。严明党的纪律就要从遵守和维护党内法规制度入手。

我们全党必须在思想上政治上行动上同党中央保持高度一致。决不允许"上有政策、下有对策",决不允许有令不行、有禁不止,决不允许在贯彻执行中央决策部署上打折扣、做选择、搞变通。在党内形成不敢腐的惩戒机制、不能腐的防范机制、不易腐败的保障机制制度建设和完善。十八大以来,党中央坚持从严治党,深入推进党风廉政建设和反腐败斗争,得到党内和广大人民群众的衷心拥护。随着社会主义法治体系尤其是党内法规体系的完善,党的廉政建设和反腐斗争将坚定不移地走下去。

(三)依法依纪反对不良风气和行为

面对世情、国情、党情的深刻变化,精神懈怠危险、能力不足危险、脱离群众危险、消极腐败危险更加尖锐地摆在全党面前。党内脱离群众的现象大量存在,集中表现在作风上的形式主义、官僚主义、享乐主义和奢靡之风这"四风"上。"四风"问题严重损害了党在人民群众中的形象,严重损害了党群干群关系,是人民群众反应最强烈的问题。加强党内法制建设必须依纪依法反对和克服形式主义、官僚主义、享乐主义和奢靡之风,形成严密的长效机制。对腐败现象,我们党始终态度坚决。但滋生腐败的土壤依然存在,反腐败形势依然严峻复杂,一些不正之风和腐败问题影响恶劣。习近平指出,防止党在长期执政条件下腐化变质,是我们必须抓好的重大政治任务。反腐败高压态势必须继续保持,坚持以零容忍态度惩治腐败。"把权力关进制度的笼子里",建立健全惩治和预防腐败体系是国家战略和顶层设计,依法律完善反腐败体制机制,增强权力制约和监督效果,保证各级纪委监督权的相对独立性和权威性。"以猛药去疴、重典治乱的决心,以刮骨疗毒、壮士断腕的勇气,坚决把党风廉政建设和反腐败斗争进行到底"。在法制建设中完善和严格执行领导干部政治、工作、生活待遇方面各项制度规定,着力整治各种特权行为。深入开展党风廉政建设和反腐败斗争,严格落实党风廉政建设党委主体责任和纪委监督责任,对任何腐败行为和腐败分子,必须依纪依法予以坚决惩处,决不手软。

三、提高党员干部法治思维和依法办事能力

党员干部是全面推进依法治国的重要组织者、推动者、实践者。党员干部要自觉提高运用法治思维和法治方式深化改革、推动发展、化解矛盾、维护稳定能力。高级干部尤其要以身作则、以上率下。

（一）提高党员干部法治思维

我国正处于改革攻坚期、发展机遇期、社会风险期"三期叠加"，经济社会发展面临的形势仍然严峻，深化改革、推动发展的任务非常繁重，化解矛盾、维护稳定的压力相当艰巨，这对提高领导干部的法治素养提出了新的更高要求。但实践中"有法制、缺法治"现象仍然存在，少数领导干部习惯于依靠权力发号施令，习惯于以人治的思维和方式处理各类问题，甚至出现以言代法、以权压法、徇私枉法等现象。因此，强调提高党员干部运用法治思维和法治方式深化改革、促进发展、化解矛盾、维护稳定的能力，就尤为紧迫和重要。法治思维，其实质是按照法治的逻辑来观察、分析和解决社会问题的思维方式，是一个以合法性为起点，以公平正义为中心的逻辑推理过程，是将法律规定、法律知识、法治理念付诸实施的认识过程。党员干部要树立法治思维，如合法性思维、权利义务思维、公平正义思维、责任后果思维、权力制衡思维等。党员干部树立法治思维，要知道"凡属重大改革都要于法有据""法无禁止即可为""法无授权不可为""有权必有责、用权受监督"。法治思维不仅要定纷止争、凝聚共识，而且是对民族精神的提炼和升华，意味着更多的公平和正义。

（二）提升党员干部依法办事能力

提升党员干部依法办事能力，就是提高运用法治思维和法治方式深化改革、推动发展、化解矛盾、维护稳定的能力。领导干部依法办事，主要应为带头遵守法律、运用逻辑推理解决问题、依法进行重大决策。

面对攻坚期的复杂难题，领导干部要把改革主张转换成法治主张，用法治方式化解改革风险。因此，《决定》中把法治建设成效作为衡量各级领导班子和领导干部工作实绩的重要内容，纳入政绩考核指标体系。把能不能遵守法律、依法办事作为考察干部的重要内容，在相同条件下，优先提拔使用法治素养好、依法办事能力强的干部。对特权思想严重、法治观念淡薄的干部要批评教育，不改正的要调离领导岗位。将法治作为硬性指标来从整体上规范，对官员的行为进行约束，有利于树立法治思维。领导干部要在法治的框架内处理各种矛盾和改革，寻求法治之下的最大共识，确保改革行稳致远。健全依法决策机制，把公众参与、专家论证、风险评估、合法性审查、集体讨论决定确定为重大行政决策法定程序，建立行政机关内部重大决策合法性审查机制，建立重大决策终身责任追究制度及责任倒查机制。新时期的政绩考核指标中法治的权重明显上升反映着执政理念的变化，对规范官员行为，规范公权力意义重大。

四、推进基层治理法治化

基层是各类社会活动的主要场域。国家法律贯彻执行得如何，民主法制建设进展得怎样，基层是"晴雨表"。基层治理法治化建设在法治中国建设中占有十分重要的地位，是中国社会主义法治化建设整体推进的基础环节。

（一）基层工作必须在法治轨道上解决各种矛盾和问题

加强基层依法治理工作，就是要完善基层执政方式，建立和规范基层利益协调、矛盾处理、社会建设和社会管理机制，引导基层组织和基层干部依法办事，引导基层群众以理性合法的形式表达自己的利益要求，从而促进社会的和谐与稳定。随着依法治国基本方略的确定和实施，我国基层法治建设不断加强，区域法治建设蓬勃发展。各地法治建设的实践探索，为法治中国建设积累了宝贵经验。基层工作必须善于在法治轨道上解决各种矛盾和问题。基层治理法治化建设既包括基层对法律制度贯彻执行和落实情况，又包括基层对实践探索、经验总结和提升的内容。这要求：基层一定要维护国家法治统一和宪法法律权威，以法律的有效实施和群众合法诉求的有效解决为基准，不断提高全体社会成员学法、尊法、守法、用法的自觉性；鼓励基层在法治实践探索过程中，对有益法治的创新做法及时总结推广；重点解决基层法治过程中存在的普法走过场、执法有弹性、司法看对象和执法司法公信力差等问题。从基层推进法治中国建设，既能加强法律的执行力，又有助于促进地方创新和开展法治实践。

（二）发挥基层党组织在全面推进依法治国中的战斗堡垒作用

在推进基层治理法治化过程中，必须发挥基层党组织在全面推进依法治国中的战斗堡垒作用。党的基层组织是党的全部工作和战斗力的基础。我们党有400多万个基层党组织、8600多万名党员，这是世界上任何其他政党都不可能具有的强大组织资源和组织优势。正是充分发挥党的基层组织的战斗堡垒作用，我们党获得了应对各种困难和风险、永远立于不败之地的最可靠的力量源泉，团结带领人民群众在革命、建设、改革各个历史时期取得了一个又一个胜利。新世纪新阶段，在推进国家治理法治化、国家治理现代化的新时期，迫切要求改进各基层党组织设置方式、活动形式和发挥作用的途径；迫切要求各基层党组织在法治轨道上创新管理模式、组织模式，增强基层党组织协调社会利益关系和做好群众工作；迫切要求解决部分基层出现的党组织软弱涣散、覆盖面不广，党员党的意识淡化，先锋模范作用不明显，基层党建工作责任制落实不到位、保障不足等问题。基层党组织必须把握推进依法治国的机遇，加强党建工作。充分发挥党的组织优势、制度优势，坚持以加强党的依法执政能力建设为主线，始终把抓基层的法治建设摆在更加突出的位置，努力把基层党组织的组织优势转化为依法、守法、普法的科学发展优势，充分发挥基层党组织在推进法治建设中的示范作用和辐射作用，服务群众、凝聚人心、促进和谐。各级党委、政府要进一步加强对基层依法治理工作的领导，用法治的理念、务实的作风推进基层依法治理工作，加强普法教育，提高全民法治观念；扩大基层民主，发展民主政治；加强社会治安综合治理，促进社会和谐稳定。

（三）建立"重心下移、力量下沉"的法治工作机制

各级党委、政府要从坚持依法执政、科学执政、民主执政的战略高度，在推进基层治理法治化过程中，建立"重心下移、力量下沉"的法治工作机制。在基层法治化建设中要进一步提高法治建设的重要性和紧迫性的认识，坚持工作重心下移，把基础放在基层、重点放在基层、关爱送到基层，切实加强基层依法治理工作，不断巩固党在基层的执政基础。新中国成立后，党群关系一直密切，党关注群众的需要，群众在党的领导下建设社会主义，可以说，国家与基层民众的联系非常紧密。近年来，一些地方重经济发展，轻社会发展，少数领导干部和"老板"靠得太近而与普通民众离得太远，在一定程度上表现出脱离群众的倾向，从而导致各种矛盾不断积累，各种不和谐因素不断增长，最终导致干群关系紧张、恶化，甚至诱发各种突发性群体事件。党和政府对这些现象给予了充分的警觉和关注，并采取了一系列的措施来矫正，要求将工作重心下移、力量下沉，创新社会管理，加强基层工作。重心下移、力量下沉的工作机制要求各级党政干部倾听基层群众的心声；让工作平台更加贴近群众的日常生活；加强基层干部队伍建设，大规模培训基层领导干部；加大向基层的投入力度。可以称之为干部下访、平台下置、人力下投、资源下引。近年来，中央和各级地方政府掀起了下乡热潮。地方党政领导纷纷赴基层调研，拉近政府与基层民众的距离。地方政府在了解民情的基础上，主动解决基层问题。为了更有效地为人民服务，有的地方组织开展了群众工作站试点，下移市县工作重心，前置服务平台，提供便民服务。重心下移、力量下沉不是一个短期行动，而是党和政府长期坚持的执政理念，是始终保持党同人民群众的血肉联系，始终代表最大多数人民群众利益的迫切需要。应逐步建立保障重心下移、力量下

沉深入基层的法治工作长效机制。

（四）培训基层干部是加强党依法执政能力的重要方面

近年来，对党员干部培训的重心不断下移，甚至到了社区和村这一级，培训范围进一步向基层推进。2011年5月起党中央用一年时间开展了全国基层党组织书记加强社会管理集中轮训。加强对他们的培训，表明了中央对基层工作的重视。在重视基层干部队伍建设方面，近年来国家加强了对基层的人力投入，大学生村官制度是典型的代表。各省、市、自治区启动了村村有大学生"村官"计划。在基层干部的选拔和任用方面，越来越注重基层工作经验，健全基层干部的晋升机制。

此外，近年来，中央和各级政府也推出了大量的惠农、支农等相关政策法规来加强对基层的资源投入的保障，如农资农机良种补贴、家电下乡补贴、计划生育奖励、农民工培训补贴、孕产妇住院分娩补助、退耕还林补助、政策性农业保险、农村沼气国债等多种政策支持。党和政府依法积极推动各种公共资源向基层覆盖。从学有所教到学有优教、劳有所得到劳有多得、老有所养到老有颐养、住有所居到住有宜居、病有所医到病有良医、困有所帮到困有多帮的转变，真正让改革发展成果更好地惠及广大人民群众。

五、深入推进依法治军从严治军

改革开放以来，我们党大力推进依法治国，国家法制与军事法制一体建设，依法治国与依法治军相互促进。法治成为治国理政的基本方式，法治精神深入人心，法治水准不断提高。与此同时，依法治军也确立为军队建设的重要指导方针。

（一）党对军队绝对领导是依法治军的核心和根本要求

党对军队的绝对领导是依法治军的根本要求。《宪法》作为国家的根本大法，在国家法律体系中处于最高地位，具有最高的法律效力。所有的法律规范，包括军事立法在内的国家一切立法必须依据《宪法》的原则来制定。《宪法》第93条规定："中华人民共和国中央军事委员会领导全国武装力量。"党的领导权对于军队来说是唯一的、全面的、集中的、最高的。党对军队的绝对领导权没有超越《宪法》的规定，恰好是来自《宪法》和《国防法》的授权。因此，党对军队的绝对领导有着充分的法律授权依据，是依法治军的根本要求。

党对军队的绝对领导也是依法治军的核心。坚持党对军队的绝对领导、搞好军队党的建设是军队法治建设发展的核心问题，它关系到党的执政地位，关系到我军性质宗旨，关系到部队战斗力。习近平总书记强调，我军之所以能够战胜各种艰难困苦、不断从胜利走向胜利，最根本的就是坚定不移听党话、跟党走。这是我军的军魂和命根子，永远不能变，永远不能丢。军队党的建设的首要任务是确保党对军队的绝对领导，这也是对军队党的建设的根本要求。要深入贯彻落实党的十八大精神，坚持不懈用党的创新理论武装官兵，毫不动摇坚持党对军队绝对领导的根本原则和制度，确保全军在任何时候任何情况下都坚决听从党中央、中央军委指挥。

（二）健全适应现代军队建设和作战要求的军事法规制度体系

制定和完善军事法规体系是加强人民军队法治建设的重点。经过多年努力，我国中国特色军事法规体系建设取得了一定的成绩。第一，我国军事法规制度体系基本形成，国防和军队建设的各个领域基本实现了有法可依。军事法规制度体系中的法律法规规章数量形成了规模。截至2014年8月，我国军事法规已达4000多件。这些法规制度的内容涵盖作战、战备训练、政治工作、后勤保障、装备保障等国防和军队建设的各个方面，从不同层面、不同角度对国防和军队建设中的各种社会关系进行了规范，基本反映了军事斗争、国防和军队各项建设法律保障的客观需要。第二，在国家法律层面、在国务院和中央军委联合制定的军事行政法规层面、在军委制定的军事法规层面的一些重要法规如《国防法》、《军队参加抢险救灾条例》、《军队政治工作条例等基本齐全完备》。这些法规在军事法规制度体系中起着重要支撑作用，为军队有效履行使命任务提供了法规制度保障。第三，军事法规制度体系各层级、各门类规范之间，遵循法制统一的原则和要求，基本实现了衔接配套。但我国依法治军仍然存在许多问题，如我国军事法治体系还有与新的国际、国内形势不相适应的地方，我国还缺少与中国军队参与国际治理的相关法规等。中国军队在阔步走向世界，在亚丁湾护航、联合国军演、反恐等事务中发挥着重要作用。如何把军事行动涉及的各种内外关系的处理纳入法治轨道是急需探讨的。随着中国军队参与国际事务增多，将会面临许多新问题，胸怀和视野也更宽广，需要更完善的军事法治体系做保障，因此要借鉴西方一些成熟的经验，制定新的法律法规。健全适应现代军队建设和作战要求的军事法规制度体系，严格规范军事法规制度的制定权限和程序，将所有军事规范性文件纳入审查范围，完善审查制度，增强军事法规制度的科学性、针对性、适用性。

推进依法治军、从严治军、构建完善的中国特色军事法治体系，提高军队法治化水平，可以有效解决军队目前面临的新情况新问题，实现军队现代化建设的战略转型发展。只有不断提高国防和军队建设的法治化水平才能真正做到从严治军。

（三）在法治轨道上积极稳妥推进国防和军队改革

国防和军队改革是全面改革的重要组成部分，也是全面深化改革的重要标志。着眼实现强军目标，正确把握深化国防和军队改革的指导原则。深化国防和军队改革是中国特色社会主义军事制度自我完善和发展，是为了更好发挥中国特色社会主义军事制度的优势。国防和军队改革必须在法治轨道上开展。改革是要更好坚持党对军队的绝对领导，更好坚持人民军队的性质和宗旨，更好坚持我军的光荣传统和优良作风。坚持以军事斗争准备为龙头，坚持问题导向，把改革主攻方向放在军事斗争准备的重点难点问题上，放在战斗力建设的薄弱环节上。要牢牢把握军队组织形态现代化这个指向。没有军队组织形态现代化，就没有国防和军队现代化。要深入推进领导指挥体制、力量结构、政策制度等方面改革，为建设巩固国防和强大军队提供有力制度支撑。要牢牢把握积极稳妥这个总要求。该改的就要抓紧改、大胆改、坚决改。同时，重大改革举措牵一发而动全身，必须稳妥审慎，依法行事。改革举措出台之前，必须反复论证和科学评估，保证其在法治的框架内，力求行之有效。我们应深化军队领导指挥体制、力量结构、政策制度等方面改革，加快完善和发展中国特色社会主义军事制度。

（四）完善执法制度，健全执法监督机制

治军贵在从严，也难在从严。这些年来，军委对从严治军始终高度重视，采取了一系列有力举措，但治军"松"和"软"的问题在一些部队和单位还不同程度地存在，有的地方还相当严重。必须深入研究和把握新形势下治军带兵特点规律，切实把依法治军、从严治军方针贯彻落实到部队建设的全过程和各方面，始终保持部队正规的战备、训练、工作和生活秩序。要着力增强法规制度执行力，狠抓条令条例和规章制度落实，坚决杜绝有法不依、执法不严、违法不究的现象。要把纪律建设作为核心内容，强化官兵号令意识，培养部队严守纪律、令行禁止、步调一致的良好作风。坚持从严治军铁律，加大军事法规执行力度，明确执法责任，完善执法制度，健全执法监督机制，严格责任追究，推动依法治军落到实处，军队建设要不折不扣地落实依法治军、从严治军方针。

（五）健全军事法治工作体制，建立完善领导机关法治工作机构

依法治军就是要使国防和军队建设的各个领域、各个方面、各个环节都有法可依，有法必依，执法必严，违法必究，从制度和法律上保障党的基本路线和基本方针在国防和军队建设领域的贯彻实施。我国国防和军队改革进入了攻坚期和深水区，要解决的大都是长期积累的体制性

障碍、结构性矛盾、政策性问题，推进起来非常困难。这时，对依法治军的推进需要健全的军事法治工作体制予以保证。《决定》着重指出要改革军事司法体制机制，完善统一领导的军事审判、检察制度，维护国防利益，保障军人合法权益，防范打击违法犯罪。尤其是在各级领导机关设立军事法律顾问，完善重大决策和军事行动法律咨询保障制度。改革军队纪检监察体制。依法治军必须增强法规制度执行力，要严明责任机制，严密监督机制，严格考评机制，严肃奖惩机制。党的十八大以来，为深入推进依法治军，军队内部已经出台了诸多新的制度和规定，涉及军队审计、财务、审批、人事等多方面。采取有力措施狠抓依法治军从严治军贯彻落实，形成党委首长依法决策领导、机关部门依法组织指导、部队依法实施行动、官兵依法履职尽责的良好局面，促进领导管理模式和运行机制法治化。

（六）提高官兵法治素养

依法治军必须强化法律至上的理念，引导官兵充分认识到，法规是神圣的，任何单位和个人只有依法办事的义务，没有高于法规之上的权力。依法治军必须从严治官、以上率下，领导干部必须带头尊法守法。依法治军必须强化官兵法治理念和法治素养，把法律知识学习纳入军队院校教育体系、干部理论学习和部队教育训练体系，列为军队院校学员必修课和部队官兵必学必训内容，完善军事法律人才培养机制，提高官兵依法开展工作的能力。

六、依法保障"一国两制"实践和推进祖国统一

我国始终坚持以"一国两制"方针实现祖国的和平统一，坚持依法促进港、澳、台长期稳定繁荣。

（一）依法保障香港、澳门长期稳定繁荣

香港、澳门回归以来，走上了同祖国内地优势互补、共同发展的宽

广道路,"一国两制"实践取得举世公认的成功。维护香港、澳门长期稳定和繁荣发展,是我们坚定不移的目标。坚持宪法的最高法律地位和最高法律效力,全面准确贯彻"一国两制"、"港人治港"、"澳人治澳"、高度自治的方针,严格依照宪法和基本法办事,完善与基本法实施相关的制度和机制,依法行使中央权力,依法保障高度自治,支持特别行政区行政长官和政府依法施政,保障内地与香港、澳门经贸关系发展和各领域交流合作,防范和反对外部势力干预港澳事务。中央及特别行政区政府带领香港、澳门各界人士集中精力发展经济、切实有效改善民生、循序渐进推进民主、包容共济促进和谐,深化内地与香港、澳门经贸关系,推进各领域交流合作,促进香港同胞、澳门同胞在爱国爱港、爱国爱澳旗帜下的大团结,防范和遏制外部势力干预港澳事务。中央政府对香港、澳门实行的各项方针政策,根本宗旨是维护国家主权、安全、发展利益,保持香港、澳门长期繁荣稳定。必须把坚持一国原则和尊重两制差异、维护中央权力和保障特别行政区高度自治权相结合。

在法治化、民主化进程中,存在分歧是正常的,但坚决不能被外来政治所操控,裹挟其所谓的"民意",违反法律法规,破坏港、澳的繁荣稳定。香港回归以来,在中央政府全力支持下,香港特区按照基本法和全国人大常委会有关决定的规定,推进香港的民主合法有序发展。当前,香港一些人公然违反基本法和香港法律,与依法推进香港民主发展的原则和民意相悖,更是与法律程序、民主精神背道而驰,试图以极端的方式来绑架民意、表达诉求,导致部分地区交通堵塞,学生上课、员工上班、商店营业和应急服务等受到严重影响,社会呈现乱象。中央和香港特别行政区政府必须坚定依法依规维护香港的繁荣稳定,推进香港的民主法治化进程,用依法治国的利器迎接香港更加繁荣发展的未来。

(二)坚持"一国两制"的基本方针推进两岸和平统一

两岸同胞同属中华民族,是血脉相连的命运共同体,理应相互关爱信赖，共同推进两岸关系，共同享有发展成果。我国应运用法治方式巩固和深化两岸关系和平发展，完善涉台法律法规，依法规范和保障两岸人民关系、推进两岸交流合作。我国将继续积极推进两岸人员往来和经济、文化交流，增强相关领域的法治化建设，依法保护台湾同胞在大陆的正当权益。中央继续推动在一个中国原则基础上的两岸对话和谈判。坚决反对违反《反分裂国家法》，用法律手段捍卫一个中国原则，反对任何形式的"台独"分裂活动，增进维护一个中国框架的共同认知，推进祖国和平统一，绝不允许任何人以任何方式把台湾从中国分割出去。我们要切实保护台湾同胞权益，团结台湾同胞，维护好、建设好中华民族共同家园。

（三）加强内地同香港和澳门、大陆同台湾的执法司法协作

执法司法协作是内地与港、澳、台加强合作的一大举措。这一举措对中国不断加强同各地司法制度的协作，具有积极意义和现实效果。通过与各地司法部门配合，建立起一个长久的执法合作机制，形成一个国际化的执法环境，共同打击违法犯罪。这种合作方式也封堵了贪官外逃躲避法律制裁的通道。中国应该逐渐建立并完善国际间，以及与港、澳、台的反腐败合作机制，特别理顺相关的司法合作机制。共同打击跨境违法犯罪活动，这样才能更有效地震慑犯罪，维护法律尊严。

七、加强涉外法律工作

涉外法律是中国特色社会主义法律体系中的重要内容。在依法治国的过程中，我们应重视加强涉外法律的建设。

（一）加强涉外法律工作的必要性

随着改革开放的全面深入，尤其是加入WTO以来，中国与世界的联系空前紧密。中国与世界各国的商贸交往、文化交流、国际合作等将日益增多，发生纠纷的概率也在增大。中国融入世界的程度逐渐加深。

在解决国际贸易、海外投资、国际争议等问题时需要越来越复杂的涉外法律支撑。在新时代背景下，必须要改革完善涉外法律，为国际交往保驾护航，维护权益。涉外法律工作主要包括国际贸易、海外投资和国际争议解决三个方面。中国的涉外法律服务经过20多年发展，从无到有、从小到大，获得了长足的进步和发展，并取得了显著的成绩：我国的涉外律师队伍逐渐壮大起来；涉外法律服务的领域不断拓宽；管理体制日益完善。但由于我国涉外法律服务起步晚、基础差，所以仍面临很多的问题：我国涉外法律制度不够完善；缺乏足够数量的具有丰富经验的法律工作者；我国律师的政治素质和全局观念有待增强，否则很难适应激烈的国际竞争。

（二）加快完善涉外法律工作

随着全球化步伐加快，我国在涉外法律工作方面依然有很多工作要做：首先，适应对外开放不断深化，完善涉外法律法规体系，促进构建开放型经济新体制。中国当前涉外法律并不少，既包括像《外资企业法》、《中外合资经营企业法》、《对外贸易法》、《涉外民事关系法律适用法》这样专门的法律，也有散见于民事诉讼法、船舶登记条例等法律法规中的涉外条文。但涉外法律体系不系统，有的涉外法律规定不全面、不具体。其次，强化涉外法律服务，维护我国公民、法人在海外及外国公民、法人在我国的正当权益，依法维护海外侨胞权益。外国人来中国，在遵守国籍国法律的同时，也要遵守中国法律；同样，中国人去外国，在遵守中国法律的同时，也要遵守所在国法律。目前中国保护本国公民和法人海外正当权益的法律还相对欠缺，需要加强研究。在参照国际法的基础上，中国可以借鉴其他国家的经验，逐步完善"法律保护网"。再次，积极参与国际规则制定，推动依法处理涉外经济、社会事务，增强我国在国际法律事务中的话语权和影响力，运用法律手段维护我国主权、安全、发展利益。最后，深化司法领域国际合作，完善我国司法协助体制，扩大国际司法协助覆盖面。加强反腐败国际合作，加大海外追赃追逃、遣返引渡力度。积极参与执法安全国际合作，共同打击暴力恐怖势力、民族分裂势力、宗教极端势力和贩毒走私、跨国有组织犯罪。此外，涉外法律工作的有效开展，离不开一批具有国际眼光、精通涉外法律业务的高素质律师人才。《决定》做出涉外法律相关部署安排，展现出国家维护公民权益的决心，是国家综合实力增强的体现。

・重要论述・

深入推进依法治军从严治军

许其亮

《中共中央关于全面推进依法治国若干重大问题的决定》(以下简称《决定》),是新形势下我们党坚持依法执政、推进国家治理体系和治理能力现代化的纲领性文献,开启了建设法治中国新航程。《决定》把依法治军从严治军纳入依法治国总体布局,作出战略部署,必将引领我军在法治轨道上朝着强军目标阔步前进。我们要深刻领会、坚决贯彻《决定》精神,把依法治军从严治军作为全局性基础性长期性工作,推动全军大力提升法治化水平,开创国防和军队现代化新局面。

一、在强国强军征程上深入推进依法治军从严治军具有重大战略意义

当前,党、国家和军队建设站在新的历史起点上。党的十八届四中全会专题研究依法治国重大问题,《决定》系统阐述中国特色社会主义法治道路,标志着我们党对执政规律、社会主义建设规律和人类社会发展规律的认识达到了新高度。我们要乘依法治国的时代东风,更加坚定自觉地推进依法治军从严治军新实践。

一手抓改革一手抓法治,是我们党治国治军方略的重大创新和强国强军必由之路。党的十八大以来,以习近平同志为总书记的党中央接过历史接力棒,继往开来,以中国梦凝聚意志力量,高举群众路线大旗、改革开放大旗,这次四中全会又高擎起依法治国大旗,展示了我们党立党强党的新理念、执政方式的新变革。群众路线是我们党安身立命之本、执政兴国之基；坚持改革与法治并举，犹如车之两轮、鸟之双翼，必将助推我们在中国特色社会主义道路上加快前进，实现民族复兴、走向世界舞台中心。强国强军呼唤强法。法治是一个国家文明进步的重要标志，也是一支现代军队的鲜明特征；实现国家治理体系和治理能力现代化，必然要求建设法治国家，必然要求建设法治军队。建设法治军队，是建设法治国家的重要组成部分。我军历来是党的理论和路线方针政策的模范执行者，贯彻党依法治国基本方略，军队必须走在前列，大力推进依法治军从严治军，坚决服从服务于建设法治中国大局，为实现中国梦强军梦提供坚强保障。

　　崇尚法治厉行法治，是建军治军铁律和打造现代化军队的必然要求。刑起于兵，师出以律。法制源于军队，无法不成军。《孙子兵法》就把"法"列为兵者五事之一，指出"善用兵者，修道而保法，故能为胜败之政"。古今中外军队，都把严明法纪作为治军通则，无制之军不堪一击。120年前甲午战争清军惨败，纪律涣散是一个重要原因。我军一贯重视纪律建设，是唱着"三大纪律八项注意"走向胜利的，是秉持"一靠理想二靠纪律"走向正规化的，也是在坚持依法治军从严治军中发展进步的。新形势下，我军正以强军目标为引领，加快战略转型，打造世界一流的现代化人民军队。转型不仅是装备和技术升级，更重要更深层的是人的理念、素质转型，是军队组织形态、管理模式的重塑。只有强化法治精神法治思维，注重制度建设、制度创新、制度引领、制度规范，才能以法的权威性强制力保障转型发展，以更高水平的正规化推动现代化升级，胜利实现军队组织形态现代化、构建中国特色现代军事力量体系的战略目标。

　　依法治军从严治军，是增强军队凝聚力战斗力和有效履行使命任务的坚强保证。习主席指出，依法治军、从严治军是强军之基。法是一支军队对内规范秩序、巩固团结统一，对外服务打仗、保障军事力量运用的重要支撑。当前，网络等新兴媒体高度发达，多元多样多变的思想文化传导军营，官兵民主意识、法治诉求增强，部队建设管理面临许多新情况新挑战。随着我军使命任务拓展，由传统守土卫疆向更广阔空间范围遂行任务转变，由维护传统安全向维护综合安全转变，对抢占法理制高点、依法遂行多样化任务提出更高要求。必须看到，我军法治化水平总体不高，官本位、家长制、人情观念影响根深蒂固，以言代法、以权压法甚至徇私枉法现象依然存在，影响公平公正的不良风气在一些单位还比较突出，一些领域特别是新型安全领域还有法律空白。必须适应新的形势推进依法治军从严治军，密织法律之网，强化法治之力，建设人人遵章守法、处处依法办事的法治军营，锻造律令如铁、威武文明的钢铁之师，有理有法有力地维护国家主权、安全和发展利益，坚决完成党和人民赋予的使命任务。

二、准确把握深入推进依法治军从严治军的目标任务

《决定》依法治军从严治军部分，明确了总体思路、核心原则和目标任务。总的要求是，以邓小平理论、"三个代表"重要思想、科学发展观为指导，深入贯彻习近平总书记系列重要讲话精神，紧紧围绕党在新形势下的强军目标，着眼全面加强军队革命化现代化正规化建设，创新发展依法治军理论和实践，构建完善的中国特色军事法治体系，提高国防和军队建设法治化水平，为建设巩固国防和强大军队提供有力保障。目标是，力争2020年前构建起中国特色军事法治体系，主要包括一个覆盖全面、有机统一、科学实效的军事法规制度体系，一个党委依法决策、机关依法指导、部队依法行动、官兵依法履职的军事法治实施体系，一个党内监督、层级监督、专门监督、群众监督等互联互动、有力有效的军事法治监督体系，一个理论科学、队伍过硬、文化先进的军事法治保障体系。据此，《决定》部署了五个方面的任务，我们要全面领会把握，坚决贯彻落实。

坚持在法治轨道上积极稳妥推进国防和军队改革。这是当前依法治军最现实最紧迫的任务。改革是革故鼎新，变革必然伴随"变法"。习主席强调，凡属重大改革都要于法有据，在整个改革过程中要高度重视

运用法治思维和法治方式，发挥法治引领和推动作用。当前，国防和军队改革进入攻坚期深水区，破解体制性障碍、结构性矛盾，更加需要法治保障。一方面，要充分发挥法治在军事制度建构中的作用，围绕国防和军队改革重点，建立与领导指挥体制改革、优化军队力量编成相配套的法规制度，完善军事人力资源政策制度、军费管理制度和军民融合深度发展相关政策制度，推动中国特色社会主义军事制度自我完善和发展。另一方面，坚持改革与立法并行，对影响制约改革的重要法规制度，及时修订、废止和完善，加强法律法规前瞻设计，以规范引领和推动改革持续健康深入发展。要把改革成果及时用法固化下来，做到改革进行到哪一步，法治建设就跟进到哪一步。

健全适应现代军队建设和作战要求的军事法规制度体系。这是依法治军的重要前提。目前，已制定18件军事法律、340多件军事法规、3700多件军事规章，中国特色军事法规制度体系基本形成，各领域各类军事活动基本有法可依，但还存在不完备、不协调和操作性不够强等问题，特别是一些法规制度滞后于现代战争发展。必须适应强军目标新要求，以新的视野和理念审视立法，从全局和顶层上搞好设计，规划完善法规制度体系，增强系统化精细化和实用性。突出立法重点，从解决军事斗争准备突出矛盾、官兵反映强烈问题、腐败易发多发领域入手，加快相关立法，特别是制定完善新型安全领域以及信息化建设、非战争军事行动等方面法律法规。改进军事法规制定机制，科学界定立法权限，优化立法程序，拓宽官兵和专家学者参与立法渠道。将所有军事规范性文件纳入审查范围，完善审查制度，维护军事法规制度体系协调统一。

加大军事法规执行力度。习主席指出，法律的生命力在于实施，权威性也在于实施。不严格执法，法律法规就会成"纸老虎""稻草人"。《决定》强调，坚持从严治军铁律，加大军事法规执行力度，明确执法责任，完善执法制度，健全执法监督机制，严格责任追究，推动依法治军落到实处。明确执法责任，就是科学界定各级党委、机关职能，厘清各级各部门权力边界和执法要求,把"板子"打到具体人。完善执法制度,就是细化执法程序、标准、方法、时限,增强法的刚性和约束力,防止粗放型、变通式、选择性执法。健全执法监督机制,就是综合运用各类监督形式,构建严密高效的监督体系,加大责任追究力度,坚决纠正有法不依、执法不严、违法不究的现象。

建立完善军队法治工作体制。这是依法治军从严治军的重要依托和组织保障。我军军事法制工作机构尚不健全,专门人才队伍薄弱,司法职权配置和权力运行不够科学,影响军事立法和法规制度贯彻执行。《决定》明确,健全军事法制工作体制、改革军事司法体制机制、建立军事法律顾问制度。要在领导机关建立完善军事法制工作机构,负责统筹管理军事法规制度制定与执行、咨询保障、备案审查等任务。适应军队反腐倡廉建设新形势新任务,改革纪检监察体制。贯彻中央深化司法体制改革的要求,完善统一领导的军事审判、检察制度,科学配置司法职权,规范司法活动,坚决防止有案不立、大案化小、小案化了等现象。这次明确提出建立军事法律顾问制度,在各级领导机关设立军事法律顾问,是适应军队法治建设新需求的创举,有利于提高党委依法决策水平、辅助机关部门依法指导和开展工作,有利于为部队遂行重大军事行动提供及时有力的法律服务。

强化官兵法治理念和法治素养。法律的根基伟力,来自人们真诚信仰和内心拥护。必须让法律法规融入官兵血脉,植根军队建设肌体每个细胞,成为一种思维方式、生活方式、工作方式和治理方式,最终变成一种文化形态。要从兵之初官之初抓起,把法律知识学习纳入院校教育体系、干部理论学习和部队教育训练体系,列为军队院校学员必修课和部队官兵必学必训内容,加强普法宣传,营造学法尊法守法用法浓厚氛围。党委、领导和机关要培塑法治精神,改进工作指导方式,从仅靠会议、文件、讲话推动工作向依法推动工作转变。同时,完善军事法律人才培养机制,健全军事法律教育和研究机构,走开依托国民教育培育军事法律人才路子,努力建设规模适度、结构合理、素质优良、充满活力的新型军事法律人才队伍。

三、坚定不移走中国特色依法治军从严治军之路

深入推进依法治军从严治军，必须在党的绝对领导下，坚持和弘扬我军优良传统，借鉴外军有益经验，走出一条符合我国国情军情的法治道路。

坚持把党对军队绝对领导作为依法治军的核心和根本要求。党对军队绝对领导是我军建军的根本原则和制度，体现了我军作为党的军队、人民的军队、社会主义国家的军队的本质要求。毛主席在我军创建之初就确立了党指挥枪的根本原则和制度，邓主席、江主席、胡主席和习主席不断丰富发展，我军历史就是一部在党的领导下的成长发展史。我国宪法、国防法明确规定了中国共产党对国家武装力量的领导地位。这一制度，是实践证明了的符合我国国情军情的中国特色社会主义基本军事制度，必须始终不渝坚持下去，决不容动摇怀疑。当前，意识形态领域斗争尖锐复杂，敌对势力妄图把我军从党的旗帜下拉出去。我们要从思想政治上铸牢军魂，从法规制度上捍卫军魂。深入推进依法治军从严治军，必须有利于坚持和维护党对军队绝对领导，决不能照搬西方建军治军模式。要把党关于建军治军的新理念新成果用法固定下来，善于从法理高度旗帜鲜明批驳"军队非党化、非政治化"和"军队国家化"。要创新军队党的建设制度机制，规范完善党委决策程序方法，提高贯彻民主集中制的质量，加强对官兵特别是领导干部政治上的考核监察，确保党指挥枪的原则制度落底见效。军委主席负责制，是宪法明确规定的我国军事制度的重要内容，是党对军队绝对领导根本制度的最高实现形式。要围绕贯彻军委主席负责制，完善和落实相关制度机制，确保全军一切行动听从党中央、中央军委和习主席指挥。

坚持把服务战斗力、保障能打胜仗作为依法治军的要义和根本目的。这是全部军事法规制度的价值所在。坚持依法治军从严治军，很重要的是落到作战训练上，不能仅仅盯着行政管理、安全工作。要规范作战训

练各领域各环节各要素，构建覆盖战斗力生成和释放全链条的标准体系、评估体系，使之科学化标准化具体化、可操作可监控可问责。尤其要抓紧制定完善联合作战、联合训练、联合保障的一整套条令法规。立起鲜明导向，强化法治约束，激励督导各级党委把统兵打仗作为第一要务，领导干部把带兵打仗作为第一职责，广大官兵把练兵打仗作为第一追求，推动信息化条件下战斗力标准立起来落下去。发挥作战、训练、法制、纪检、监察、巡视、审计等职能部门作用，加大检查监督力度，纠治训风演风考风不实，加强战备工程建设、武器装备研发、大宗物资采购等领域法治监管。完善人才培养、战斗精神培育等法规制度，形成体系化设计、工程化推进、法治化落实的工作格局。

坚持把永葆人民军队本色作风作为依法治军从严治军的指向和重要内容。人民军队来自人民，全心全意为人民服务是我军赢得群众支持、巩固提高战斗力的重要法宝。现在社会环境深刻变化，一些病菌不断侵蚀部队肌体，"四风"和腐败现象也不同程度存在，特别是徐才厚、谷俊山等违纪违法案件，严重损害党和军队形象。必须坚持思想教育与严格执纪相结合，整肃军纪，猛药去疴，从里到外立起军队"好样子"。要巩固和深化党的群众路线教育实践活动成果，把成功经验制度化系统化，建立作风建设常态化机制。要扭住纪律建设这个核心，构建惩治和预防腐败制度体系，使纪律和法治有机衔接，有案必查，有腐必惩，决不让腐败分子有藏身之地，营造风清气正良好环境。

坚持依法治军与从严治军相统一。这是军队作为武装集团的属性决定的，是建军治军规律的内在要求。必须把握军队、军人、军事活动的特殊要求，坚持在立法、执法、司法、守法各个环节体现从严，标准高于社会组织、严于普通公民。从严要以依法为前提，严在法内、严之有据、严之有度，不能层层加码、搞"土政策"。狠抓条令条例和规章制度贯彻落实，严格教育、严格管理、严格要求，保持部队正规秩序，防范重大事故案件，确保部队高度集中统一和安全稳定。

坚持法治建设与思想政治建设相结合。《决定》强调坚持依法治国和以德治国相结合。对军队来说,就是要发挥政治工作的生命线作用,把依法治军从严治军建立在高度政治自觉的基础上。要抓好基本理论、基本传统、基本规范、基本道德教育,大力培育社会主义核心价值观和当代革命军人核心价值观,引导官兵坚定理想信念,坚守精神家园,眼睛向内立德修德践德,做有灵魂有本事有血性有品德、文明守法的新一代革命军人。强化党组织的领导力组织力,严格落实党内生活制度,锻造军队建设的"钢筋铁骨"。运用法律手段帮助官兵解决个人和家庭实际困难,完善军人权益保障、退役军人安置、伤病残军人移交等法律法规,激励官兵投身强军实践,创先争优、建功立业。

党的十八届四中全会吹响建设法治中国新号角,我军依法治军从严治军步入新进程。全军和武警部队要认真学习贯彻四中全会精神和习主席系列重要讲话,把思想和行动统一到中央决策部署上来。各级党委要加强组织领导,结合实际研究制定贯彻落实的有力措施,推动依法治军从严治军向更高水平迈进。领导干部、领导机关要带头崇尚法治、建设法治、厉行法治,带领部队在强国强军征程上奋力书写新的篇章。

(作者系中共中央政治局委员、中央军委副主席)
(《人民日报》2014年11月04日06版)

加强涉外法律工作

汪 洋

涉外法律工作是社会主义法治建设的重要组成部分，是顺利推进对外开放事业的重要保障。党的十八届四中全会通过的《中共中央关于全面推进依法治国若干重大问题的决定》（以下简称《决定》）就新形势下加强涉外法律工作作出了重要部署，反映了新一届中央领导集体的国际视野和使命担当，对于更好统筹国内国际两个大局、更好维护和运用我国发展的重要战略机遇期、更好实现我国和平发展的战略目标，对于建设中国特色社会主义法治体系、建设社会主义法治国家，都具有重要意义。

一、充分认识新形势下加强涉外法律工作的重要性和紧迫性

改革开放以来，我国涉外法律工作取得长足进步，保障了改革开放有序开展，维护了国家安全和正当权益，有力地促进了经济社会发展。当前，我国全面建成小康社会进入决定性阶段，改革进入攻坚期和深水区，对外开放面临新形势新任务，涉外法律工作在国家法治建设和现代化建设中的分量更加突出、作用更加重大。

（一）开创高水平对外开放的新局面，需要加强涉外法律工作

党的十一届三中全会之后，我国陆续制定了"外资三法"、海关法、商检法、对外贸易法、涉外民事关系法律适用法、出境入境管理法以及外汇管理条例等一系列骨干性、支撑性的涉外法律法规，在民事、刑事等基本法律中也都规定了专门的涉外条款，为对外开放有序进行提供了

法律保障。加入世界贸易组织前后，我国开展了新中国成立以来最大规模的法律法规和政策措施立、改、废工作，基本建立起符合我国国情和世贸组织规则的涉外法律体系，支撑了全方位对外开放新格局。但也要看到，涉外法律工作还存在不少薄弱环节，对外投资、对外援助、口岸、开发区、领事保护等领域无法可依或法规层级较低，对外贸易、国籍、在华外国人管理等领域的法律法规比较原则笼统，内外资法律法规不尽统一，一些政策性法规缺乏透明度，都制约着对外开放进一步深化。新一届中央领导集体提出实施新一轮高水平对外开放，构建开放型经济新体制。这就需要按照《决定》部署，完善涉外法律法规和涉外法治实施、监督、保障体系，提升对外开放的制度化、法治化水平。

（二）适应建设法治政府的新形势，需要加强涉外法律工作

近些年来，外国人员、企业和组织来华快速增长，外商累计来华设立企业超过80万家，2013年在华常住的外国人近60万，在华就业的外国人约19万，入境过夜游客超过5000万人次，"三非"（非法居留、非法入境、非法就业）问题也日益突出。与此同时，在海外的中国公民数量大、增速快、分布广，2013年我国内地居民出境旅游9818万人次，境外注册企业累计超过2.2万家，累计派出劳务人员近700万人次，海外留学生160多万人，涉及的各类利益纠纷、权益保护事件急剧上升。由于相关涉外法律法规建设相对滞后，对政府和相对人的权利和义务缺乏明确规定，政府提供服务、实施监管、处理纠纷的法律依据不足，压力日益增大。这就需要按照《决定》部署，完善涉外法律法规，更加注重运用法治思维和方式处理各类涉外关系，提高各级政府在开放条件下依法行政的能力。

（三）应对维护国家安全稳定的新挑战，需要加强涉外法律工作

随着我国对外开放程度加深，国家安全的内涵比任何时候都丰富，时空领域比任何时候都宽广，内外因素比任何时候都复杂。一方面，走私、贩毒、洋垃圾、疫病疫情、跨国犯罪等呈现严峻态势，反恐、海外追赃追逃、打击洗钱等任务也日益艰巨，跨境执法合作、国际司法协助

案件数量大幅增加。另一方面，国际形势复杂多变，我国公民和企业在海外的人身和财产安全面临威胁。近10年，我国政府组织实施境外撤离行动10余次，处理公民在境外遭绑架、袭击案件数百起。但目前维护国家安全的法律法规不健全，领事保护工作主要依赖外交交涉，手段较单一。这就需要按照《决定》部署，制定修订有关法律法规，依靠法律手段，辅之以必要的行政手段，为我国企业、公民构筑强大的"安全网"。

（四）担当国际舞台的新角色，需要加强涉外法律工作

我国经济总量已居世界第二位，对外贸易居世界第一位，双向投资居世界前列，综合国力、国际竞争力、国际影响力大幅提高。我国已进入国际重大政治、发展和经贸问题谈判的核心圈，在联合国、二十国集团、世界银行、国际货币基金组织等全球治理体系中发挥越来越重要的作用。但我国作为现行国际规则适应者、接受者的角色还没有根本改变，这与我国的综合国力和国际地位不相称。积极参与全球治理，做国际规则的维护者、建设者，既是维护我国发展利益、塑造良好外部环境的迫切需要，也是国际社会的普遍期待。这就需要按照《决定》部署，积极参与国际规则制定，提升国际事务话语权，增强运用法律手段维护国家利益的能力。

二、加强涉外法律工作必须坚持从中国实际出发

《决定》提出，全面推进依法治国，必须坚持从中国实际出发，汲取中华法律文化精华，借鉴国外法治有益经验，但决不照搬外国法治理念和模式。这对做好涉外法律工作具有很强的针对性和指导性。必须深刻领会《决定》精神，确保涉外法律建设始终沿着正确的轨道推进。

（一）紧扣依法治国总目标

《决定》提出，"全面推进依法治国，总目标是建设中国特色社会主义法治体系，建设社会主义法治国家。"各个领域的法律工作都必须始终紧紧围绕这个总目标来开展，涉外法律工作也不能例外。否则就会偏

离方向，甚至误入歧途。加强涉外法律工作，必须大力弘扬建设社会主义法治国家的基本精神，坚决贯彻建设社会主义法治国家的主要原则，全面落实建设社会主义法治国家的重点任务，促进国家治理体系和治理能力现代化。

（二）始终坚持党的领导

《决定》指出，"党的领导是中国特色社会主义最本质的特征，是社会主义法治最根本的保证。"坚持党对涉外法律工作的领导，能够发挥党总揽全局、协调各方的政治优势，把党全面推进改革开放的政治主张通过法律程序上升为国家意志，确保在错综复杂的国内外环境中把握正确方向。加强涉外法律工作，必须坚持党领导立法、保证执法、支持司法、带头守法，把党的领导贯彻到涉外法律工作全过程和各方面。

（三）适应改革开放的新要求

《决定》指出，全面推进依法治国，"必须从我国基本国情出发，同改革开放不断深化相适应"。30多年来的实践表明，涉外法律既是改革开放的前进动力，也是改革开放的制度保障。市场经济是法治经济，开放型经济新体制是国际化法治化的市场经济体制。加强涉外法律工作，必须把握经济全球化发展趋势，适应我国改革开放的实际变化，服务于构建开放型经济新体制，发挥好法治对改革开放的引领、规范和保障作用。

（四）借鉴国际有益经验

任何国家都不能在封闭条件下谋发展，也不能关起门来兴法治。一个国家要面向世界，实行的法治也要面向世界。我国对外开放的时间还不长，涉外法治建设的经验还不多，这也是中国的国情和实际。加强涉外法律工作，需要学习借鉴其他国家法治建设的有益内容，结合我国实际不断创新，体现开放性和包容性，节约探索成本，少走弯路。

（五）统筹有序推进

《决定》指出，"全面推进依法治国是一个系统工程，是国家治理领域一场广泛而深刻的革命，需要付出长期艰苦努力。"涉外法律工作千头万绪，不可能一蹴而就。必须根据需要和可能，区分轻重缓急，制定科学合理、切实可行的立法规划和工作计划，有重点、有步骤地向前推进。要坚持把修改旧法和制定新法摆在同等重要位置。抓紧制定扩大开放急需的涉外法律法规，填补法律空白；及时修订和废止不适应形势发展的法律法规，为扩大开放排除制度障碍。

三、加强涉外法律工作的重要任务

涉外法律工作涉及面广、环节多、任务重，要全面贯彻《决定》精神，立足当前、着眼长远，突出重点、把握关键，扎扎实实做好各项工作，提高涉外法律工作水平。

（一）完善涉外法律法规体系

《决定》提出，要"适应对外开放不断深化，完善涉外法律法规体系"。今后一段时期应着重抓好以下工作：一是完善对外贸易法律制度。以促进发展、完善监管、规范秩序为导向，制定修订一批对外贸易的法律法规。推动服务贸易立法，以适应服务贸易加快发展的新态势。尽早出台《口岸工作条例》。二是制定出台统一的外国投资法。借鉴国际通行做法，推行负面清单的外资管理方式，构建统一的外资准入管理和事中事后监管制度，完善外商投资国家安全审查制度，调整完善相关外资法律，做好外国投资法与公司法等法律的衔接。三是尽早出台对外投资法律法规。理顺对外投资管理体制，确立企业和个人对外投资主体地位，健全权益保护、投资促进、风险预警等服务保障。四是适应加强和改进对外援助工作的需要，构建中国特色的援外法律制度。五是完善外国人服务管理法律法规。抓紧研究制定外国人在中国居留和工作的管理法规，制定规范在华难民管理、在华境外非政府组织管理的法律。六是加快领事保护法律法规建设，规范政府和公民在领事保护中的权利和义务。

（二）大力规范涉外行政执法

法律面前一律平等，内外资企业的合法权益同等受法律保护，违法行为都要受法律追究。《决定》提出，"坚持严格规范公正文明执法"，"创新执法体制，完善执法程序，推进综合执法，严格执法责任"，"建立健全行政裁量权基准制度，细化、量化行政裁量标准"。涉外执法程序要据此加以完善，行政许可、行政处罚、行政强制、行政征收、反垄断调查、行政检查等执法行为，都要制定具体执法细则、裁量标准和操作流程，切实做到步骤清楚、要求具体、期限明确、程序公正。要健全行政执法调查取证、告知、听证、罚没收入管理、执法争议协调等制度，充分保证外国企业的知情权、表达权、参与权、监督权、救济权。加强对行政执法的监督，坚决惩治涉外执法中的腐败现象。

（三）提高涉外司法工作水平

涉外司法国际关注度高，是一项特殊而重要的工作。提高涉外司法工作水平，是建设社会主义法治国家的必然要求，关系我国国际地位和法治文明形象，也关系国家主权、安全和发展利益。《决定》提出，"保证公正司法，提高司法公信力"，"健全事实认定符合客观真相、办案结果符合实体公正、办案过程符合程序公正的法律制度"，"构建开放、动态、透明、便民的阳光司法机制"。这就要求涉外司法工作必须严格遵守我国缔结或参加的国际条约和国内法相关规定，遵循对等原则和国际惯例。深化涉外审判方式改革，推行听证、证人出庭作证等制度，严格依法开展涉外案件文书送达、调查取证等工作。提高涉外司法工作透明度，全面实现办案过程公开，办案结果、理由和文书公开。强化程序意识和权利保障意识，确保涉外案件当事人诉讼地位平等、程序合法正当、结果公正有理。完善涉外商事海事司法体制和工作机制，依法积极行使涉外案件管辖权，培养国际化的涉外审判人才，提高涉外审判水平。推进知识产权法院建设，完善知识产权司法保护工作机制，简化知识产权授权确权程序，严格依法平等保护中外当事人的权益。

（四）提高政策法规透明度

政策法规的公开透明，是建设国际化法治化营商环境的必然要求，是打造阳光政府、法治政府的重要抓手。《决定》明确提出，"全面推进政务公开。坚持以公开为常态、不公开为例外原则，推进决策公开、执行公开、管理公开、服务公开、结果公开。各级政府及其工作部门依据权力清单，向社会全面公开政府职能、法律依据、实施主体、职责权限、管理流程、监督方式等事项"，"涉及公民、法人或其他组织权利和义务的规范性文件，按照政府信息公开要求和程序予以公布"。中央政府要兑现承诺，所有法律、法规、规章实施之前，保留30天以上的公众评论期；要通过《中国对外经济贸易文告》定期发布法律和涉外法规英文汇编，在合理期限内对相关部门规章提供英文翻译；要向世界贸易组织履行相关法律法规的通报义务。

（五）强化涉外法律服务

《决定》提出，"强化涉外法律服务，维护我国公民、法人在海外及外国公民、法人在我国的正当权益，依法维护海外侨胞权益。"这对新形势下做好涉外法律服务工作提出了新要求。一要继续完善领事保护、投资保护、知识产权保护机制，努力做到中国公民和企业走到哪里，涉外法律服务就跟进到哪里。做好各类涉外突发事件应对预案，进一步健全中央、地方、驻外使领馆、企业和个人"五位一体"的领事保护联动机制，维护我国公民和法人在海外的合法权益。二要积极为我国企业和公民走出去提供法律服务和保障。加强对出国人员的法制宣传和法律咨询服务，帮助他们了解外国有关法律制度。引导中国企业和公民自觉遵守所在国法律法规，与当地企业、居民和谐相处。三要依法保障外国人在华合法权益。根据我国缔结或参加的条约或按照对等原则，依法保护在华外国人的正当权利。积极为外国人在华依法获得司法救济、律师服务、翻译服务等提供必要的便利。

（六）积极参与国际规则制定

国际规则的制定是国际博弈的结果，是各国政治、经济、外交综合实力的反映。《决定》提出，"积极参与国际规则制定，推动依法处理涉外经济、社会事务，增强我国在国际法律事务中的话语权和影响力，运用法律手段维护我国主权、安全、发展利益。"我们要遵循联合国宪章宗旨和原则，恪守国际法和公认的国际关系准则，履行我国缔结的国际条约相关义务。坚持世界贸易体制规则，积极参与多哈回合谈判，推动全球贸易自由化便利化。坚持双边、多边、区域次区域开放合作，加快环境保护、投资保护、政府采购、电子商务等国际经贸新议题谈判，提升参与规则制定的话语权。要积极参与国际金融等体制改革，参与国际反恐、禁毒、核不扩散、应对气候变化、网络安全、海洋极地、公共卫生、人权等全球治理，促进世界和平与共同发展。

（七）加强涉外法律事务国际合作

随着全球化的深入发展，国际交往日趋频繁，许多法律事务跨越国界，需要通过国际合作妥善解决。《决定》提出，"深化司法领域国际合作，完善我国司法协助体制，扩大国际司法协助覆盖面。"重点要加快《刑事司法协助法》立法进程，加快商签刑事司法协助条约，为完善我国刑事司法协助的体制机制、职责分工、条件程序等提供制度保障。同时，还要在民商事等司法领域加强国际合作。《决定》提出，"加强反腐败国际合作，加大海外追赃追逃、遣返引渡力度。"我们要在加强双边合作的同时，继续依托《联合国反腐败公约》、《联合国打击跨国有组织犯罪公约》等多边框架，综合运用公约设定的刑事定罪与执法、国际合作、资产追回等机制，积极推动国内法律与公约的衔接。要完善涉腐资产追回制度，积极开展反腐败国际合作。《决定》提出，"积极参与执法安全国际合作，共同打击暴力恐怖势力、民族分裂势力、宗教极端势力和贩毒走私、跨国有组织犯罪。"要根据我国已缔结或参加的国际条约的要求，完善国家安全、反恐怖等方面的国内立法，实现国内立法与国际条约的相互协调，全面推进同世界各国的执法安全合作，主动参与区域和次区域安全合作。针对贩毒、走私、洗钱、电信诈骗、拐卖人口等跨国犯罪，深化执法国际合作，积极开展联合执法行动。

（作者系中共中央政治局委员、国务院副总理）

（《人民日报》2014年11月06日06版）

坚持依法执政

何毅亭

坚持依法执政是我们党领导人民长期探索治国之道历史经验、不断深化对共产党执政规律认识的科学总结。党的十八届四中全会通过的《中共中央关于全面推进依法治国若干重大问题的决定》（以下简称《决定》）强调"依法执政是依法治国的关键"，并对依法执政提出了一系列明确要求。我们应深刻学习领会，认真贯彻落实。

自觉维护宪法法律的权威和尊严

宪法法律至上，是现代法治国家的重要标志，也是衡量现代社会文明进步的重要标准。坚持依法执政，首先要保证宪法法律在党内、在各级党组织和领导干部中的权威和尊严。

宪法是治国安邦的总章程，是人民权利的保障书。宪法以国家根本大法的形式，确立了中国特色社会主义道路、中国特色社会主义理论体系、中国特色社会主义制度的发展成果，规定了中国共产党的领导地位，规定了公民的基本权利和基本义务，规定了国家政权机构的组织体系、职责权限和运行机制，充分反映了我国各族人民的共同意志和根本利益，是党和国家中心工作、基本原则、重大方针、重要政策在国家法治上的最高体现，具有最高的法律地位、法律权威、法律效力。根据宪法制定的各种法律法规和规章是宪法精神、宪法原则、宪法内容的进一步展开和具体化，是全体社会成员必须遵行的行为规范。宪法法律的权威和尊严得到保障，国家和社会生活的法治化就有坚实基础，经济发展、政治清明、文化昌盛、社会公正、生态良好就有可靠保障，党和国家事业兴旺发达就能获得蓬勃力量。正因为如此，《决定》强调："各级党组织和领导干部要深刻认识到，维护宪法法律权威就是维护党和人民共同意志的权威，捍卫宪法法律尊严就是捍卫党和人民共同意志的尊严，保证宪法法律实施就是保证党和人民共同意志的实现。"

各级党组织自觉在宪法法律范围内活动，是宪法和党章的明确要求，也是维护宪法法律权威和尊严的重要保障。我们党是执政党，各级党组织在我国政治生活和社会生活中处于领导核心或政治核心地位，自觉维护宪法法律权威和尊严，对整个社会具有直接而深远的影响。这就要求各级党组织培养法治意识，把贯彻实施宪法法律贯穿于一切活动的始终。执掌国家政权、开展施政活动，要忠于宪法法律，严格按照法定原则、法定权限、法定程序行使职权、履行职责，为人民掌好权、用好权，保证国家机关统一有效组织各项事业。践行党的宗旨、服务人民群众，要注重运用法治来协调利益关系、保障改善民生，实现好、维护好、发展好人民群众的合法权益，引导人民群众通过合法渠道理性表达利益诉求，坚决防止和反对侵犯人民群众合法权益的行为。对少数群众不合理不合法的利益要求，要加强教育引导，坚持依法办事，不能违反法律规定"花钱买平安"。加强自身建设、开展党内活动，包括制定党内法规、开展组织生活、化解党内矛盾、解决党内存在的突出问题等，既要遵守党章和党规，又要符合宪法法律精神，不得与宪法法律相抵触，尤其要注重教育广大党员培养法治素养，做学法尊法守法用法的模范。

领导干部带头遵守法律，带头依法办事，对维护宪法法律权威和尊严至关重要。在领导干部中，法治观念淡薄、特权思想严重、目中无法、信奉权大于法的人还不少。这是法治建设的大敌、依法执政的大敌。领导干部必须高度重视宪法法律的学习，把熟练掌握宪法法律知识、法治理念、法治精神作为履职尽责的基本条件，不断提高运用法治思维和法治方式深化改革、推动发展、化解矛盾、维护稳定能力。想问题、作决策、办事情，要时刻绷紧法治这根弦，做到心中有法、虑必及法、行必依法。对法律要有敬畏之心，始终坚持法律面前人人平等、法律面前没有特权、法律约束没有例外的原则，牢固确立法律红线不可逾越、法律底线不可触碰的观念，不得违法行使权力，更不能以言代法、以权压法、徇私枉法。尤其是在依法行使自由裁量权时，一定要恪守公平正义的法治理念，正确处理权与法、情与法、利与法的关系，公正决断是非，不因私利抛公义，不因私谊废公事，不因私情弃公平，确保权力行使不偏离法治轨道、不突破法律边界、不逃避法律责任。

发挥政策和法律各自优势

正确认识和处理政策与法律的关系，是依法执政会经常遇到、必须认真解决好的一个重大问题。《决定》指出："完善党委依法决策机制，发挥政策和法律的各自优势，促进党的政策和国家法律互联互动。"这不仅从理论上回答了政策和法律的地位、作用及其相互关系，而且为我们在实践中把握好二者关系提供了重要遵循。

党的政策和国家法律在本质上是一致的，都是党和人民共同意志的反映，都是党领导人民治理国家的重要方式，都是党用以统筹社会力量、平衡社会利益、调节社会关系、规范社会行为以及推动科学发展、全面深化改革、促进社会和谐的重要手段。所不同的是，政策和法律因各自独有的表现形式、作用范围、效力支撑而有着不同的特点和优势。党的政策更具有灵活性、时代性、探索性、指导性等特点，在研判国际国内发展大势、确定国家未来走向的宏观战略，指导最新创造性实践，解决改革发展稳定中不断出现的新矛盾新问题、人民群众反映强烈的热点难点问题等方面发挥着重要作用。国家法律更具有普遍性、稳定性、反复适用性、国家强制性等特点，在规范公民权利与义务、国家机关权力与责任，定纷止争、维护社会稳定和社会公平正义，调整相对成熟、相对稳定的重大社会关系等方面发挥着重要作用。同时，政策和法律又具有紧密的内在联系。党的政策是国家法律的先导和指引，是立法的依据和执法司法的重要指导；国家法律是党的政策的定型化，党的政策成为法律后，实施法律就是贯彻党的意志，依法办事就是执行党的政策。它们相辅相成、相互补充、相得益彰。不能把二者割裂开来，更不能将二者对立起来。

在新的历史起点上全面深化改革，完善和发展中国特色社会主义制度，推进国家治理体系和治理能力现代化，不仅催生着越来越密集、越来越迫切的政策和法律需求，而且为政策和法律发挥各自优势开辟了越来越广阔的空间。在深化改革的顶层设计方面，在重要领域和关键环节改革试点先行、投石问路方面，在涉及群体广泛、利益关系复杂、牵一发而动全身的深层次改革方面，在前沿改革的探索性实践方面，凡此等等都要注重发挥政策的积极作用。当改革取得的重要成果需要及时巩固、改革积累的成功经验需要普遍推广、改革理顺的利益关系趋于合理稳定需要固化定型，就要及时发挥法律的积极作用。当然，在全面深化改革过程中，政策和法律的作用范围并不是泾渭分明、截然分开的，往往是交互作用、同频共振，共同推动改革有序进行。这里需要强调的是，要注重立法和改革决策相衔接，做到重大改革于法有据、立法主动适应改革和经济社会发展需要。也就是说，谋划重大改革、推进重大改革，要主动把法律因素考虑进来，自觉运用法治方式。实践证明行之有效的，要及时上升为法律；实践条件还不成熟、需要先行先试的，要按照法定程序作出授权；对不适应改革要求的法律法规，要及时修改和废止，确保重大改革在法治轨道上进行。

完善党委依法决策机制，是提高决策质量和水平的重要保证，也是促进政策和法律互联互动的重要条件。党委依法决策，强调的是决策主体、决策程序、决策内容、决策责任都要始终贯穿和体现法治思维，并采取和运用法治方式。每作一项决策，都要认真想一想法律上谁有权决策，有多大权限决策，决策的法律依据是什么，应当遵循的法定程序是什么，应当承担什么样的法律责任，等等。要把合法性论证作为党委重大决策的必经程序，确保决策符合法律，实现政策与法律的有效对接和统一。《决定》提出，各级党政机关普遍设立公职律师，"参与决策论证，提供法律意见，促进依法办事，防范法律风险"。这为开展党的重大决策合法性论证提供了有力支持。要建立重大决策终身责任追究制度及责任倒查机制，对违反法律规定进行决策导致严重失误、造成重大损失和恶劣影响的，严格追究有关领导和责任人员的法律责任。

健全依法执政的工作机制

坚持依法执政、提高依法执政水平，需要一套科学有效、系统完备的工作机制来保障。否则，依法执政很容易停留于一般号召，很容易取决于领导者个人认识和重视程度，很难真正落实到具体执政实践中。这里，既有重大政治原则需要我们毫不动摇地坚守，又有大量制度和体制机制障碍需要我们大胆突破。

依法正确处理党同国家政权机关之间的关系，是健全依法执政工作机制的重大任务。要旗帜鲜明地坚持宪法确定的党的领导地位，把党对国家政权机关的领导作为依法执政最根本的原则，充分发挥党总揽全局、协调各方的领导核心作用。同时，要按照宪法法律规定的原则、职责和程序，不断改进党领导国家政权机关的方式方法，把党总揽全局、协调各方同人大、政府、政协、审判机关、检察机关依法依章程履行职能、开展工作统一起来，善于使党的主张通过法定程序成为国家意志，善于使党组织推荐的人选通过法定程序成为国家政权机关的领导人员，善于通过国家政权机关实施党对国家和社会的领导，善于运用民主集中制原则维护中央权威、维护全党全国集中统一。

健全党领导依法治国的制度和工作机制，完善保证党确定依法治国方针政策和决策部署的工作机制和程序，才能实现党对法治工作的领导具体化、制度化。要建立健全党领导立法的工作制度。凡立法涉及重大体制和重大政策调整的，必须报党中央讨论决定，宪法修改由党中央向全国人大提出建议。法律制定和修改的重大问题由全国人大常委会党组向党中央报告。进一步完善党领导政府的工作机制,深入推进依法行政,创新执法体制、完善执法程序、推进综合执法、严格执法责任,建立权责统一、权威高效的依法行政体制。加快建设职能科学、权责法定、执法严明、公开公正、廉洁高效、守法诚信的法治政府,确保各级政府始终坚持在党的领导下、在法治轨道上开展工作。进一步健全党委统一领导和各方分工负责、齐抓共管的责任落实机制,加强党对全面推进依法治国的统一领导、统一部署、统筹协调,把法治建设贯穿于经济建设、政治建设、文化建设、社会建设、生态文明建设以及党的建设各个方面。党政主要负责人要履行推进法治建设第一责任人的职责,不仅自身要带头遵守宪法法律、带头依法办事,而且要抓好领导班子和干部队伍法治素养和能力的培养提高。各级人大、政府、政协、审判机关、检察机关的党组织要领导和监督本单位模范遵守宪法法律,坚决查处执法犯法、违法用权等行为。

政法委员会作为党委职能部门,是党委领导政法工作的组织形式,必须长期坚持。各级党委政法委员会要把工作着力点放在把握政治方向、协调各方职能、统筹政法工作、建设政法队伍、督促依法履职、创造公正司法环境上,做依法办事的表率,保障宪法法律正确统一实施。政法机关党组织要建立健全重大事项向党委报告制度,政法工作的重大部署、事关社会团结和谐的重大问题、涉及社会政治稳定的重大敏感案件、群众反映突出的执法司法问题等要及时向党委报告,决不能搞先斩后奏、边斩边奏,甚至斩而不奏。要大力加强政法机关党的建设,坚持围绕政法中心工作抓党建,运用好党的群众路线教育实践活动成功经验,创新工作方式方法,创新活动内容载体,严肃党内政治生活,真正使政法机关党组织成为政法干警经受党内生活锻炼、增强党的意识、提高思想觉悟、加强党性修养的熔炉。要针对政法队伍中存在的突出问题,教育引导广大党员干警在坚定理想信念上当先锋模范,坚持党的事业、人民利益、宪法法律至上,强化政治意识、大局意识、责任意识、法治意识,永葆忠于党、忠于国家、忠于人民、忠于法律的政治本色;在忠于职守上当先锋模范,肩扛公正天平,手持正义之剑,坚持公正无私、执法如山的职业情怀,坚守公正廉洁的职业道德,让人民群众在每一个案件中都能感受到公平正义。

(作者系中央党校常务副校长)

(《人民日报》2014年12月15日07版)

大力加强党内法规制度建设

黄树贤

治国必先治党,治党务必从严,治必依据法规。管理好我们党这样一个有着8600多万名党员、430多万个基层党组织的大党,离不开完备的党内法规制度作保障。《中共中央关于全面推进依法治国若干重大问题的决定》(以下简称《决定》)明确提出,要加强和改进党对全面推进依法治国的领导,"加强党内法规制度建设"。这为我们党在全面推进依法治国的背景下大力加强党内法规制度建设,更好地坚持依法治国和依法执政,坚持依据党内法规管党治党,进一步指明了方向。

党内法规是建设社会主义法治国家的有力保障

《决定》指出:"党内法规既是管党治党的重要依据,也是建设社会主义法治国家的有力保障。"直接阐明了党内法规同依法治国的关系。这对全面推进依法治国和依规管党治党意义重大。

全面推进依法治国必须充分发挥党规党纪的作用。经过长期艰辛探索,我国于2010年形成以宪法为统帅的中国特色社会主义法律体系,为依法治国、建设社会主义法治国家奠定了坚实基础。在中国特色社会主义法律体系的基础上进一步构建中国特色社会主义法治体系,就要求我们除了进一步完善国家各项法律法规外,还要特别注意完善以党章为根本的党内法规制度体系,处理好依法治国和依规治党的关系。我们既要充分发挥法律法规的作用,还要充分发挥党规党纪的作用,使之相互作用、相得益彰。

全面推进依法治国必须加强党内法规制度建设。党内法规这一概念，是毛泽东同志于1938年在党的六届六中全会上提出来的，至今已有76年的历史。此后，邓小平、江泽民、胡锦涛等党的中央领导同志均对党内法规建设作过重要阐述，党的十四大将党内法规的表述写入了党章。党的十八大以来，以习近平同志为总书记的党中央高度重视党内法规制度建设，制定颁发《中央党内法规制定工作五年规划纲要（2013—2017年）》（以下简称《五年规划纲要》），党内法规制度建设取得新进展。实践表明，加强党内法规制度建设，为党和国家事业发展提供了制度遵循和有力保障。

全面推进依法治国必须充分发挥党内法规对国家法律的保障作用。有一种观点认为，党规党纪强调得多，法律法规就会被弱化。事实上，加强党内法规制度建设，不仅不会削弱国家法律的权威，而且有利于国家法律实施，二者相辅相成、相互促进。党制定党内法规，调整党内关系、规范党内生活，为党组织和党员提供行为遵循；党又领导人民制定宪法和法律，调整社会关系、规范社会秩序，为公民、法人和其他组织提供活动依据。党内法规和国家法律都是党和人民意志的反映，二者在本质上是一致的。历史经验告诉我们，如果党内法规执行得好，法律法规就能得到较好遵守，法治建设就能顺利推进；如果党内法规执行不好，法律法规的权威也树立不起来，依法治国也就无法实现。

完善以党章为根本、民主集中制为核心的党内法规制度体系

党内法规制度的完备程度是政党发展成熟与否和执政水平高低的一个重要标志。政党发展到高级阶段，都离不开完备的党内规章制度，否则就无法规范党内秩序、严明党的纪律，也就无法实现党的集中统一。新中国成立以来特别是改革开放以来，我们党陆续制定颁布了一批重要党内法规，初步形成了党内法规制度体系框架，为管党治党、治国理政提供了重要制度保障。新形势下，党的建设面临一系列新情况新问题新挑战，党要管党、从严治党的任务比以往任何时候都更为繁重、更为紧迫。全面提高党的建设科学化水平，必须建立健全以党章为根本、以民主集中制为核心、由一系列相关具体法规制度组成的党内法规制度体系。

党章是我们立党、管党、治党的总章程，是最根本的党内法规，在党内具有最高的权威性和最大的约束力。党章对党的性质和宗旨、党的路线和纲领、党的指导思想和奋斗目标都作了明确规定，对党内政治生活、组织生活的所有重大原则问题都提出了明确要求，既为全党统一思想、统一行动提供了根本准则，又为制定党内其他规章制度提供了根据和基础。民主集中制是党的根本组织原则，也是党的根本组织制度和领导制度，贯穿于党的组织和活动的各个方面，体现在党的路线方针政策的制定和实施的全过程，是党内法规制度体系的核心。党内各项制度，包括组织制度、领导制度、生活制度、工作制度，实质上都是民主集中制原则在党的建设和党内生活中的具体体现和实际应用。只有以党章为根本，以民主集中制为核心，推进党内根本制度、基本制度、具体制度的健全与完善，才能逐步形成完整、系统、配套、协调的党内法规制度体系。

《五年规划纲要》中提出，到2017年要基本形成涵盖党的建设和党的工作主要领域、适应管党治党需要的党内法规制度体系框架，使党执政的制度基础更加巩固，为到建党100周年时全面建成内容科学、程序严密、配套完备、运行有效的党内法规制度体系打下坚实基础。为实现这一目标，就要坚持科学立法、民主立法的基本理念，坚持内容科学、程序严密、配套完备、运行有效的基本要求，遵循法规制度建设的内在规律，妥善处理数量与质量、前瞻性与现实性等关系，确保法规制度适应党的建设和党的工作需要，体现广大党员干部意愿，经得起实践和历史检验。

中央纪律检查委员会是制定党内法规的重要主体之一，要全面贯彻落实党的十八届四中全会精神，按照《中国共产党党内法规制定条例》的要求，加快推进党风廉政法规制度建设，认真完成《五年规划纲要》提出的工作任务，提高制度安排的系统性、科学性，努力形成不敢腐、不能腐、不想腐的有效机制。要针对党的建设和党的工作中存在的突出问题，以发展党内民主、推进作风转变、规范权力行使、严明党的纪律、强化党内监督、保障党员权利等为重点，进一步健全权力运行制约和监督体系，完善作风建设监督惩戒制度，完善惩治腐败、预防腐败的党内法规，完善纪律处分制度、党员申诉制度、检举控告的制度，完善纪检监察体制机制，完善党风廉政建设主体责任和监督责任的有关规定。在这个过程中，要注重提高反腐倡廉法规制度的针对性和可操作性，进一步强化程序性、保障性、惩戒性规定，不断提高反腐倡廉法规制度的执行力。

实现党内法规同国家法律的衔接和协调

坚持依法治国和依法执政，在治国理政方面的依据是宪法和国家法律，在管党治党方面的依据是党章和党内法规。改革开放以来，在中国共产党领导下，中国特色社会主义法律体系已经形成并不断发展完善，党内法规制度建设也取得了长足进展。但受诸多主客观条件的限制，两者之间还存在一些衔接不够、协调不够的地方。有的党内法规在制定过程中缺乏论证，部分党纪规定与国法重复，有些党纪规定还有待进一步转化为国法，等等。建设中国特色社会主义法治体系，必须注重党内法规同国家法律的衔接和协调，处理好党内法规与国家法律之间的关系，不断提高党内立规和国家立法的科学化水平。

实现党内法规同国家法律的衔接和协调，必须坚持以党章和宪法为基本遵循。党章规定"党必须在宪法和法律的范围内活动"。《中国共产党党内法规制定条例》也规定，制定党内法规应当"遵守党必须在宪法和法律范围内活动的规定"的原则。宪法明确规定必须坚持党的领导。我们要将这些原则贯彻到党内立规实践中去，保证党内法规体现党章和宪法的精神和要求，保证党内法规制度体系与中国特色社会主义法律体系内在统一，为管党治党提供坚实的依据和保障。要切实做好党内法规特别是党纪的立、改、废、释工作，对于党纪中虽有规定但可以由法律法规进行规范的，尽量通过法律法规来体现；对于法律既没有规定也不适合规定的事项，应由党纪逐步实现全面覆盖；对于同实践要求不相适应的党纪，应及时修订或废止；对于立法法明确规定应由国家法律规定的事项，党内法规不应做出规定；对于那些经过实践检验、应转化为法律的党纪，应及时通过法定程序将其转化为国家法律，逐步形成党的纪律与国家法律的衔接机制。

实现党内法规同国家法律的衔接和协调，必须坚持党纪严于国法。《决定》强调，"党规党纪严于国家法律"。党纪严于国法，主要表现为党纪对党员的要求比国法对公民的要求标准更高。这是由我们党的先锋队性质决定的。党的各级组织和广大党员干部不仅要模范遵守国家法律，而且要按照党规党纪以更高标准严格要求自己，坚定理想信念，践行党的宗旨，坚决同违法乱纪行为作斗争。要坚持与时俱进，及时修改完善党风廉政法规制度。凡是法律已有明确规定的违反法律的行为，也一定是违反党纪的行为。凡是党员和党员领导干部违法犯罪的，必是违纪在前。当前，要抓紧修订廉政准则、党的纪律处分条例、党内监督条例等党内法规。要建立协调顺畅的案件查处机制，发现党员违纪问题，纪检监察机关查清其违纪事实，及时作出党纪处分。如涉嫌违法犯罪，必须移送司法机关依法处理。党员和党员领导干部要正确对待党组织纪律审查的决定，必须如实反映相关情况，配合组织查清事实。干扰、妨碍组织审查和进行非组织活动，必须从严从重处理，体现党纪严于国法的要求。

党的各级组织和党员干部要自觉遵守纪律，模范遵守国家法律

中国共产党是执政党，党的纪律在党内具有规范性和强制性。党的各级组织和广大党员干部，在立法、执法、司法、守法各个环节中发挥着中坚作用，只有严格遵守党规党纪，模范遵守国家法律，依法治国才有保障。

党的各级组织和广大党员干部要自觉遵守党的纪律。我们党有着严

明的纪律要求，从成立的第一天起就要求各级党组织和全体党员必须严守党的纪律。党的纪律是自觉的纪律。我们党是按照自己的政治纲领、政治路线，为实现自己的政治目标而组织起来的马克思主义政党。广大党员干部都是来自五湖四海，为着共同的奋斗目标和理想信念走到一起来的。加入党组织，是个人的自愿选择；拥护党的纲领，遵守党的章程，严守党的纪律，是面对党旗宣誓入党时对党作出的庄严承诺。这就决定了党员干部的行动是自觉的行动。要进一步增强党员干部遵守纪律的自觉性，使接受纪律约束成为一种习惯，并把习惯内化为一种行动，进而升华成一种文明素养。要进一步增强各级党组织遵守纪律的自觉性，始终同党中央保持高度一致，始终在党的纪律范围内活动。同时，党的纪律也是铁的纪律，必须无条件遵守。不自觉遵守甚至违反党的纪律的，就必须受到处理，直至开除出党。

党的各级组织和广大党员干部要模范遵守法律。党的各级组织和党员必须受党的纪律和国家法律双重约束，既要做党的纪律的自觉遵守者，又要做国家法律的模范遵守者，坚决同违法乱纪行为作斗争。群众对党组织和党员干部总是听其言、观其行的。党的组织和党员干部能否带头遵守法律，对能否实现全民守法具有重要影响。各级党组织和党员领导干部要按照党领导立法、保证执法、支持司法、带头守法的要求，不断提高依法执政能力和水平，不断推进各项治国理政活动的制度化、法律化。各级领导干部要提高运用法治思维和法治方式深化改革、推动法治、化解矛盾、维护稳定能力，努力推动形成办事依法、遇事找法、解决问题用法、化解矛盾靠法的良好法治环境，自觉在法治轨道上推动各项工作。

党的各级纪律检查机关要按照党要管党、从严治党的要求，切实承担起监督执纪问责的职责。要加强对党员的日常管理和监督，严格执行党的政治纪律、组织纪律、财经纪律、工作纪律和生活纪律，克服组织涣散、纪律松弛现象。要铁面执纪，不讲情面、不怕得罪人，敢于动真碰硬，敢于对违反纪律的行为亮剑，坚决查处违反党纪的行为，确保纪律刚性约束。要坚持抓早抓小，对苗头性倾向性问题早发现、早提醒、早纠正、早查处，防止小错酿成大错、违纪走向违法。要正确处理党纪与国法、党内审查与法律处理的关系，切实提高以法治思维和法治方式反对腐败的能力。要严格责任追究，对问题突出的单位要启动问责机制，对维护党纪、执行党纪不力的地方、部门和单位，要严肃追究责任，形成依据党内法规管党治党的强大合力。

（作者系中央纪委副书记、监察部部长）
（《人民日报》2014年12月16日07版）

提高党员干部法治思维和依法办事能力

陈 希

党的十八届四中全会通过的《中共中央关于全面推进依法治国若干重大问题的决定》（以下简称《决定》）明确提出提高党员干部法治思维和依法办事能力，并强调指出，高级干部尤其要以身作则、以上率下。这是全面推进依法治国、建设社会主义法治国家的关键所在，是在新的历史条件下对党员干部素质能力提出的新要求，各级党组织、广大党员干部特别是各级领导干部必须认真学习领会、切实贯彻落实。

提高党员干部法治思维和依法办事能力的重要性和紧迫性

法治思维是基于法治的固有特性和对法治的信念来认识事物、判断是非、解决问题的思维方式。法治方式是运用法治思维处理和解决问题的行为方式。法治思维是一种规则思维、程序思维，它以严守规则为基本要求，强调法律的底线不能逾越、法律的红线不能触碰，凡事必须在既定的程序及法定权限内运行。法治思维的核心是权利义务观念，对于党员干部特别是各级领导干部而言，除了具有公民应有的权利义务观念，还要有法治的权力观，即权力的有限性与程序性，以及守护法律、维护宪法与法律权威的职责意识。提高党员干部法治思维和依法办事能力，就是要求在坚持党的领导、人民当家作主、依法治国有机统一的指引下，增强法治观念、弘扬法治精神，带头尊崇和遵守宪法法律，自觉在法治轨道上想问题、作决策、办事情，不断提高运用法治思维和法治方式深化改革、推动发展、化解矛盾、维护稳定的能力。

提高党员干部法治思维和依法办事能力，是由党员干部在全面推进依法治国中的示范带动作用决定的。一国的法治总是由一国的国情和社会制度决定的。党员干部是全面推进依法治国的重要组织者、推动者、实践者，在建设社会主义法治国家进程中担负重要责任，对其他社会群体起着形象塑造和榜样引领作用。只有牢固树立法治理念，具有坚守法治定力，自觉在宪法法律范围内活动，以上率下，才能形成良好的法治风尚，影响和带动全社会形成办事依法、遇事找法、解决问题用法、化解矛盾靠法的良好法治环境。这对全面推进依法治国具有深远意义。

提高党员干部法治思维和依法办事能力，是对执政能力和领导水平提出的新要求。党的十八届三中全会提出了完善和发展中国特色社会主义制度、推进国家治理体系和治理能力现代化的宏伟目标。法律是治国之重器，法治是国家治理体系和治理能力的重要依托。随着经济社会的发展、全面深化改革的展开和人民法治意识的提高，法治作为党治国理政的基本方式，在国家治理体系中的地位越来越重要。党员干部特别是各级领导干部只有适应新形势对法治建设提出的新要求，善于运用法治思维和法治方式调节经济社会关系、统筹协调各种利益、实现改革于法有据，才能更好地规范发展行为、凝聚改革共识、促进矛盾化解、保障社会和谐，不断提高科学执政、民主执政、依法执政水平。因此，必须把提高运用法治思维、法治方式的意识和能力作为推进国家治理体系和治理能力现代化的重要切入点、作为加强党的执政能力建设的基本要求，鲜明地提到全党面前。党员干部特别是各级领导干部是否具有法治思维和依法办事能力，直接决定着能否把法治作为治国理政的基本方式，直接决定着领导工作的有效性，也直接决定着能否建成法治中国。

提高党员干部法治思维和依法办事能力，具有现实紧迫性。当前，一些党员干部特别是领导干部依法执政、依法行政意识和能力不强，运用法治思维和法治方式管理经济社会事务水平不高。有的把法治建设喊在嘴上、贴在墙上，搞形式主义、口号化，就是没有抓在手上；有的存在特权思想和官本位意识,认为法律是管老百姓的,是约束别人的,知法犯法、以言代法、以权压法、徇私枉法现象依然存在。这些问题说明,提高党员干部的法治思维和依法办事能力是一项重大而紧迫的任务。

提高党员干部法治思维和依法办事能力的思路和办法

全面推进依法治国,必须把党员干部特别是领导干部带头学法、模范守法作为树立法治意识的关键,造就一支宏大的具有法治素养和法治意志的治国理政干部队伍。根据《决定》的部署,提高党员干部法治思维和依法办事能力,重点是做好三个方面工作。

重视法治思维养成,教育引导党员干部在学习和实践中提高依法办事的能力。由于历史原因,我国社会比较缺乏法治传统,一些领导干部不习惯、不善于运用法治思维、法治手段推动工作、解决问题。因此,必须重视法治思维的养成,教育引导党员干部着力提高法治素养。一要牢固树立法治信念。党员干部要从关系社会主义法治国家建设、关系国家治理体系和治理能力现代化、关系党和国家长治久安的高度,进一步深化对法治的认识,怀有对法治发自内心的认同和尊崇。要深刻认识到,维护宪法法律权威就是维护党和人民共同意志的权威,捍卫宪法法律尊严就是捍卫党和人民共同意志的尊严,保证宪法法律实施就是保证党和人民共同意志的实现。二要加强法治学习培训。中央有关部门在分析违法犯罪的多名原领导干部反省材料后发现,81.4%的人认为自己犯罪与不懂法有关。在法治已确定为党治国理政基本方式的今天,如果领导干部不学法、不懂法,有的连基本法律常识都不知道,怎么能当好领导?怎么能保证不出事?党员干部特别是领导干部要带头学法,不仅要学履行职责所需要的法律知识,而且要学法的原则、原理,学法的价值、精神。通过学习,知道法律授予了什么权力,这些权力的边界在哪里,权力行使的原则、程序是什么,不依法行使权力需要承担什么责任等,提高依照法定权限、程序行使权力的素养。各级党组织及其组织部门要加强法治教育培训,把宪法法律列为党委(党组)中心组学习内容,列为党校、行政学院、干部学院、社会主义学院必修课，把法治教育纳入各级干部教育培训规划，帮助广大干部切实提高法治思维水平和能力。同时，要坚持把法治教育与道德建设结合起来，引导广大党员干部自觉做弘扬社会主义核心价值观的模范。三要高度重视法治实践。法治思维的养成特别是法治能力的提高，关键靠实践。各级领导干部在领导和推进依法治国的过程中，一定要扑下身子、躬身实践，凡是想问题、作决策、办事情，第一原则就是按法律办事，有法律规定的，遵循法律规定；没有法律规定的，遵循法治原则、法治原理。同时，要深入法治工作第一线，注意剖释个案，善于总结经验教训，从而不断提高运用法治思维和法治方式开展工作、解决问题的能力。

把能不能遵守法律、依法办事作为考察干部重要内容，形成良好法治环境。改进干部考核评价工作，对于坚持正确的用人导向、形成依法办事的良好环境至关重要。《决定》提出："把能不能遵守法律、依法办事作为考察干部重要内容，在相同条件下，优先提拔使用法治素养好、依法办事能力强的干部。"这是继党的十八届三中全会提出纠正单纯以经济增长速度评定政绩后，对干部考核评价机制又一重要调整完善。把法治素养和依法办事能力作为考察干部的重要内容，有利于引导和督促各级干部自觉做学法尊法信法守法用法的模范。我们党选拔任用干部的标准，从大的方面来说，就是德才兼备。不同的历史时期，对干部德才的具体要求有所不同。在全面建成小康社会、全面深化改革开放、全面推进依法治国的新形势下，习近平同志提出了"信念坚定、为民服务、勤政务实、敢于担当、清正廉洁"的党和人民需要的好干部标准，赋予德才兼备以新的时代内涵，是做好干部工作的根本指针。按照德才兼备要求和好干部标准全面准确地考核评价干部，当然包含着干部法治思维和依法办事能力的内容。比如，信念坚定，就包含自觉坚持党的领导、人民当家作主、依法治国有机统一，坚定不移走中国特色社会主义法治道路；为民服务，就包含坚持法治建设为了人民、依靠人民、造福人民，把促进社会公平正义作为核心价值追求；敢于担当，就包含坚守法治定力、厉行法治意志、坚决与破坏法治行为做斗争；清正廉洁，就包含依纪依法反对和克服形式主义、官僚主义、享乐主义和奢靡之风，形成严密的长效机制。所以，我们要把尊宪守法作为衡量干部德才素质的重要标准，把法治素养和依法办事能力作为提拔使用干部的重要依据。通过发挥考核评价和选人用人这个指挥棒和杠杆的作用，引导和督促各级干部把依法执政和依法行政的要求落到实处，自觉养成办事依法、遇事找法、解决问题用法、化解矛盾靠法的良好习惯。

完善干部考核评价机制，切实把法治建设成效和依法履职的情况考准考实。《决定》提出："把法治建设成效作为衡量各级领导班子和领导干部工作实绩重要内容，纳入政绩考核指标体系。"我们要按照《决定》要求，围绕依法执政、科学立法、依法行政、公正司法、平安建设、权力制约等重点环节，科学设定考核指标体系。法治建设的衡量标准既要体现依法治权的内容，也要体现公众参与、民主建设的内容。党规党纪严于国家法律。要把党员干部遵守党章和党规党纪的情况纳入考核评价的内容，促进广大党员干部不仅模范遵守国家法律，而且按照党规党纪以更高标准严格要求自己。对党政主要负责人，还要考核其履行推进法治建设第一责任人职责、及时解决本地区本部门法治建设重大问题等情况。要将领导干部遵守法律，依法决策、依法管理、依法办事的情况作为年度考核、任用考察的重要内容。总结一些地方的做法，可探索建立对领导班子和领导干部实行述职述廉述法三位一体的考核制度。每年由上级党委对下级党委政府、部门的领导班子和领导干部学法尊法守法用法情况进行全面考评。被考评对象的述法报告内容包括单位及个人学法守法情况、重大事项依法决策情况、依法行政或公正司法情况等。对本单位及工作人员出现违法行政或司法不公造成恶劣影响，领导干部干预执法司法，党员干部中出现违纪违法案件等情况的，都应给予否定性评价。

坚持奖惩并举，真正使法治思维和依法办事能力成为一种硬标准、硬要求、硬约束。考核评价干部目的是为了更好地使用干部，要把法治建设的成效和依法履职情况作为干部晋升、奖惩等的重要依据。按照《决定》的部署和要求，一方面，要优先选拔使用法治素养好、依法办事能力强、推进法治建设成效明显的干部。另一方面，对那些特权思想严重、法治观念淡薄的干部要批评教育，不能提拔重用。经教育不改的，要调离领导岗位。各级党组织对党员干部遵守宪法和法律要作出具体规定，建立刚性约束机制。应将严格依法办事作为对党员特别是各级领导干部的政治要求，像抓作风建设和惩治腐败一样抓依法办事。要坚持有权必有责、用权受监督、失职要问责、违法要追究，加强对领导干部依法执政、依法行政的监督检查，健全问责制度，规范问责程序，对违法枉法、失职渎职行为依法追究责任。党员干部触犯法律规定的，必须依法处理，不能用党内纪律处分代替依法追究责任。总之，要通过加强激励约束机制建设，督促干部真正做到依法执政、依法行政、依法办事，决不允许以权压法、以言代法、徇私枉法。

加强法治部门领导班子建设，把善于运用法治思维和法治方式推动工作的人选拔到领导岗位上来

《决定》提出，抓住立法、执法、司法机关各级领导班子建设这个关键，突出政治标准，把善于运用法治思维和法治方式推动工作的人选拔到领导岗位上来。习近平同志在中央政法工作会议上明确要求党委政法委要带头在宪法法律范围内活动，善于运用法治思维和法治方式领导政法工作。根据《决定》部署和习近平同志讲话精神，提高党员干部法治思维和依法办事能力，必须切实加强立法、执法、司法机关领导班子和领导干部队伍建设。

把思想政治建设摆在首位。立法、执法、司法机关是党领导下的法治专门机关，政治性、政策性、人民性都很强。这种性质决定了立法、执法、司法机关的领导干部在政治思想上必须有更高的标准、更严的要求。立法、执法、司法机关各级领导干部要坚持不懈地用中国特色社会主义理论体系武装头脑，切实加强对习近平同志系列重要讲话精神的学习，牢固树立社会主义法治理念，大力弘扬社会主义核心价值观，进一步坚定理想信念、增强党性、坚持原则、坚守清廉、真抓实干。要严守党的政治纪律、组织纪律，切实增强政治敏锐性、政治鉴别力和政治定力，始终在政治上思想上行动上同以习近平同志为总书记的党中央保持高度一致，一切行动听党指挥。

着力提高领导干部运用法治思维和法治方式推动工作的能力。立法、执法、司法机关作为执掌国家立法权、行政权、司法权的专门机关，其领导干部是否具有法治思维、善不善于运用法治方式领导推动工作，对社会主义法治国家建设关系重大。要通过加强能力建设，把依法治理的理念根植于头脑中，自觉用法律厘清权力边界，用法律约束权力行使，确保严格按照法定权限和程序行使权力，防止随意执法、粗暴执法，更不能徇私枉法、执法犯法；坚持用法治保护公民、法人的合法权益，自觉把维护人民权益作为政法工作的根本出发点和落脚点，从实体、程序、时效上充分体现依法保护公民、法人合法权益的要求；在法治轨道上解决问题，既要做到不越权、不滥权，又要做到不失职、能办事，特别是要能打赢依法处理复杂敏感案件的法律仗。要运用法治思维解决工作中遇到的各种冲突和矛盾，正确处理好政策与法、维权与维稳、实体正义与程序正义、法理情等重大关系，不断提高依法履职的能力和水平。

把善于运用法治思维和法治方式推动工作的人选拔到立法、执法、司法部门领导岗位上来。坚持党管干部原则，按照习近平同志提出的好干部标准，重视选拔那些法治素养好、对党和人民的事业敢于负责、敢于担当的人，选那些关键时刻站得出来、有所作为的人，选那些为国家富强、民族振兴、人民幸福而不懈奋斗的人。进一步拓宽选人视野，积极推动干部跨部门跨条块交流，尤其要把那些政治上强、熟悉法治工作、领导经验丰富、善于抓班子带队伍的人选拔到政法部门主要领导岗位上来。按照《决定》的部署，畅通立法、执法、司法部门干部和人才相互之间以及与其他部门具备条件干部和人才交流渠道，特别是推动立法、执法、司法机关优秀年轻干部到地方、基层一线和艰苦岗位培养锻炼，帮助他们加深对国情社情民意的了解，增强党的观念和执政意识，提高解决复杂问题能力和水平，进而不断增强整个干部队伍的法治意识和法治能力。

（作者系中央组织部常务副部长）

（《人民日报》2014年12月17日07版）

出版说明

十八届四中全会通过的《关于全面推进依法治国若干重大问题的决定》，立足我国社会主义法治建设实际，直面我国法治建设领域的突出问题，明确宣示我们必然在法治轨道上推进国家治理体系和治理能力现代化，是加快建设社会主义法治国家的纲领性文件。

为帮助广大读者深入领会《决定》精神、科学把握"依法治国新常态"，我们邀请武警广州指挥学院等院校的专家学者，对全面推进依法治国的意义，对科学立法、严格执法、公正司法、全民守法的内涵与要求，对加强法治工作队伍建设和党的领导的重要性与具体举措等，进行解读。同时，书中特别收录《人民日报》《求是》等发表的重要文章，供读者学习参考。

本书由武警广州指挥学院牵头编写，中山大学社会教育学院、广东财经大学参与编写。承担编写任务的是：第一章，吴军、潘子友、肖艳；第二章，谭毅；第三章，何建军、罗鹏；第四章，柯卫、马腾；第五章，朱学萍、刘军民；第六章，樊军平、吴丹；第七章，李文珍、钟明华。吴军、朱学萍负责总体设计和统稿。中山大学社会教育学院李辉院长和林滨副院长对编写给予了支持和帮助。